Tania Blixen
Mottos meines Lebens

Tania Blixen

Mottos meines Lebens

Betrachtungen aus drei Jahrzehnten

Ins Deutsche übertragen
von Sigrid Daub, Walter Boehlich,
Hanns Grössel und Hans Hjort

Mit einem Vorwort
von Sigrid Daub

Deutsche Verlags-Anstalt
Stuttgart

Die dänische Originalausgabe erschien 1985 bei Gyldendal,
Kopenhagen, unter dem Titel »Samlede Essays«
© by Gyldendalske Boghandel, Kopenhagen
Der Essay »Moderne Ehe und andere Betrachtungen« erschien
im selben Verlag als Einzelausgabe unter dem Titel
»Moderne ægteskab og andre betragtninger«
© by Rungstedlundfonden 1981
Lizenz der deutschen Übersetzung dieses Essays mit freundlicher
Genehmigung des Suhrkamp Verlags
© Suhrkamp Verlag, Frankfurt am Main 1987

CIP-Titelaufnahme der Deutschen Bibliothek

Blixen, Tania:
Mottos meines Lebens : Betrachtungen aus drei Jahrzehnten /
Tania Blixen. Ins Dt. übertr. von Sigrid Daub ... – Stuttgart :
Deutsche Verlags-Anstalt, 1991
ISBN 3-421-06591-8
Vw: Blixen-Finecke, Karen [Wirkl. Name] → Blixen, Tania

© 1991 Deutsche Verlags-Anstalt GmbH, Stuttgart
Alle Rechte an dieser Ausgabe vorbehalten
Typographische Gestaltung: Sigrid Steller
Satz: IBV Satz- und Datentechnik GmbH, Berlin
Druck und Bindearbeiten: Spiegel, Ulm-Jungingen
Printed in Germany

Inhalt

Vorwort

Erst 1965, drei Jahre nach dem Tod von Tania Blixen, veröffentlichte der Kopenhagener Verlag Gyldendal eine Sammlung von Prosatexten, die zu Lebzeiten der Autorin nur verstreut erschienen waren. Alle diese Texte, die in unserer Ausgabe wie der der »Samlede Essays« von 1985 chronologisch geordnet sind, verdanken ihre Entstehung durchaus unterschiedlichen Anlässen: Vorträge und Zeitungsartikel stehen neben Radioessays und Festansprachen. Ihre Zusammenstellung aber zeigt ihre Gemeinsamkeit. Deutlich wird hier, mit welcher Akribie Tania Blixen nach ihrer Rückkehr aus Afrika, seit sie Schreiben als ihren Beruf betrachtete, jeden einzelnen dieser Texte komponierte, wie sie alle gleichermaßen von der Auseinandersetzung mit Gegenpositionen leben, mit welch eigenwilligen, schon aus den Erzählungen der Dichterin bekannten, subtilen Mitteln der Beweisführung Leser und Zuhörer veranlaßt werden, die gängige Perspektive aufzugeben und die orthodoxe Lehrmeinung in Frage zu stellen.

Ein roter Faden zieht sich durch das Leben Tania Blixens von dem auf die Schulhefte des jungen Mädchens geschriebenen Imperativ »Essayez!« bis hin zu dem Entschluß der weltberühmten, todkranken Dichterin, in New York unter Aufbietung ihrer letzten Kräfte, den versprochenen Vortrag *Die Mottos meines Lebens* zu halten. Ihre Rigorosität sich selbst gegenüber verbietet ihr, Halbheiten zu dulden, mit Unausgefeiltem an die Öffentlichkeit zu treten. Nie erlahmt ihr Mut, Widrigkeiten entgegenzutre-

ten. Die Suche nach einem Gegenüber, einem Echo, und die
Sorge um die zunehmende seelische Verarmung der Menschheit
müssen ihr ungeheure Kräfte für das Erproben immer neuer
Ansätze gegeben haben.

So kam auch das essayistische Genre dem Temperament und
der Lebenseinstellung der großen Erzählerin entgegen. Es war
ihr eine Freude, Widerspruch herauszufordern, gängige Vorstellungen und Behauptungen in Frage zu stellen. Die überraschende
Wendung, die illustrierende Anekdote mitten in der Argumentation nehmen gefangen und verzaubern, lassen Hörer und Leser
ohne Zögern ihren eigenwilligen Gedankengängen folgen. Je älter sie wird, um so souveräner, eleganter, aber auch engagierter,
trägt sie ihre Anliegen vor, fern aller akademischen Erörterung.
Weil sie aus persönlichem Interesse ihre Themen wählt, selbst
die Erzählerin ist, selbst ans Rampenlicht tritt, entfällt das Ver-
steckspiel hinter den von ihr geschaffenen Figuren, wie sie es
sonst liebt, besonders wenn es um Fragen ihres eigenen Metiers
geht. Tania Blixen bezieht in diesen Texten Stellung und äußert
Ansichten, die ihr die Interviewer so eindeutig kaum je haben
entlocken können. Ja, jeder dieser Essays illustriert eine Phase
ihres Lebens, einen Abschnitt ihrer Biographie.

Den großen Aufsatz über die *Moderne Ehe* hat Tania Blixen
Ende 1923 in Afrika als literarische Fingerübung begonnen, zunächst, wie sie versichert, nur um zu sehen, ob sie noch des Dänischen und der Konzentration auf geistige Arbeit fähig sei. Unter
der Hand geriet er ihr aber zu einer grundsätzlichen Auseinandersetzung mit den sie selbst bedrängenden Fragen. Ein gutes
halbes Jahr hat sie zur Ablenkung von ihren afrikanischen *shau-
ries* an diesem Aufsatz gearbeitet, zunächst sollte er nur eine
Fortsetzung der Gespräche mit ihrem Bruder sein, einzig für ihn
bestimmt, dann aber meint sie, auch die anderen Familienmit-
glieder sollten lesen, wie weit und mit welchem Recht sie sich
von den Vorstellungen ihrer Jugend und ihres Elternhauses gelöst hat. Der weitausholende Gestus ihrer Darlegungen läßt
Zweifel aufkommen, ob es ihr mit der Beschränkung auf den
kleinen, privaten Kreis von Lesern ganz ernst war, sie nicht vielmehr schon damals auf eine Veröffentlichung hoffte.

Der Erfolg ihrer beiden ersten Bücher brachte ihr dann das große Publikum. Die Dichterin wurde zur begehrten Festrednerin. 1938, als Autorin von »Out of Africa« nach Stockholm und Lund eingeladen, hält sie einen Vortrag über *Schwarze und Weiße in Afrika.* Man muß diese skeptische Schilderung auf dem Hintergrund der in jener Zeit in Europa durchaus noch lebendigen Kolonialträume sehen, um zu begreifen, wie treffend die bewußt subjektive Sicht der Dichterin die Situation am Ende einer Epoche charakterisiert. Indem sie mit großer Sensibilität die Grenzen des gegenseitigen Verstehens zwischen Schwarzen und Weißen nachzuziehen versucht, löst sie in ihren Zuhörern den gleichen Effekt aus, der ihr durch ihr eigenes Afrika-Erlebnis zuteil geworden ist: sie fordert sie heraus, Grundsätzliches der eigenen Existenz neu zu überdenken.

Mit Ausbruch des Krieges 1939 steigert sich Tania Blixens Angst, in ihrem Elternhaus Rungstedlund eingeschlossen zu werden, nicht genug Anregungen von außen zu bekommen. Sie möchte um jeden Preis der Enge entrinnen. Anfang 1940 gelingt es ihr, von der Tageszeitung »Politiken« den Auftrag zu erhalten, nach London, Paris und Berlin zu fahren und in Feuilletonbeiträgen aus den Hauptstädten der kriegführenden Mächte zu berichten. Diesem Versuch, sich auch auf dem Gebiet des Journalismus zu erproben, verdanken wir die für uns heute hochinteressanten *Briefe aus einem Land im Krieg,* die das Berlin vom März 1940 schildern. Als die Deutschen wenige Tage nach Tania Blixens Rückkehr Dänemark besetzten, konnte von den Reisen nach London und Paris keine Rede mehr sein, und die Dichterin hat die »Briefe« in der Schublade verschwinden lassen und sie dann 1948, mit dem hier auch nachzulesenden Vorwort versehen, in der damals neugegründeten literarischen Zeitschrift »Heretica« veröffentlicht. Auch das war mutig, waren doch zu der Zeit die Wunden Dänemarks noch frisch und nur wenige ihrer Landsleute in der Lage, das Phänomen Nationalsozialismus mit Distanz und aus dem Blickwinkel des Kulturhistorikers zu betrachten. Heute fällt es leichter, zu erkennen, mit welcher Delikatesse die Besucherin aus dem neutralen Dänemark sich ihres schwierigen Auftrags entledigt, ohne ihre Gastgeber offen zu brüskieren, und doch macht sie keinen Hehl aus ihrer Verachtung für die Großmannssucht und das Banausentum der Nationalsozialisten und bringt ihre Vorahnungen von dem ganz Europa drohenden Unheil zum Ausdruck.

Ende der vierziger Jahre gingen die jungen Männer des Kreises um die »Heretica« in Tania Blixens gastfreiem Haus ein und aus. Viele Streitgespräche um existentielle Fragen des Künstlertums wurden unter ihrer Ägide auf Rungstedlund ausgetragen, und die jungen Schriftsteller schätzten das Urteil und die oft höchst pragmatischen Ratschläge der um vieles älteren Dichterin. 1949–50 kam es zu Differenzen innerhalb dieses Kreises. Die Ansichten einzelner Redakteure und Beiträger über die eigentliche Aufgabe der Zeitschrift und die Bestimmung der Literatur gingen auseinander.

In die Zeit dieser Auseinandersetzungen fiel das Erscheinen von Hans Christian Branners Roman »Rytteren«, der in Dänemark großes Aufsehen erregte und als Schritt in eine neue Richtung gepriesen wurde. Tania Blixen griff zur Feder und suchte in der Rezension von *H. C. Branner »Der Reiter«* Punkt für Punkt nachzuweisen, daß dem Autor die Verquickung von psychologisierendem Realismus mit mythischer Überhöhung mißlungen sei. So sehr sie sich zunächst um die sachliche Untermauerung ihrer These bemüht, kann sie doch ihren Zorn über das zu jener Zeit um sich greifende Selbstmitleid und Pathos nicht verbergen. Sie wendet sich ausdrücklich an ihre jungen Dichterkollegen und macht ihnen klar, daß Branner sehr wohl erkannt habe, wonach die Leser dürsteten, nachdem man sie so viele Jahre hindurch lediglich mit naturalistischer Schilderung abgespeist habe. Sie fordert sie auf, das zu vollbringen, was Branner beabsichtigt habe, nämlich endlich dem Mythos wieder Geltung in der Dichtung zu verschaffen, nur müsse man die großen Bilder für sich allein wirken lassen und nicht, wie dieser Autor es getan habe, den Mythos mit dem Mysterium vereinen wollen. Das sind klare Worte aus den Erfahrungen der eigenen Arbeit.

Im Sommer 1950 schrieb die Dichterin auf Bitten der »Berlingske Aftenavis« den begleitenden Text *Zu vier Kohlezeichnungen* aus der Zeit ihrer Ausbildung an der Kopenhagener

Kunstakademie. Neben der humorvollen Schilderung ihrer Nöte und Freuden angesichts der ersten systematischen Schulausbildung ihres Lebens findet man hier wichtige Aussagen über den Einfluß der bildenden Kunst auf ihr Leben und Schaffen.

Zu Beginn der fünfziger Jahre hat der dänische Rundfunk »Danmarks Radio« Tania Blixen für sich entdeckt; oder soll man sagen, Tania Blixen hat das Radio für sich entdeckt? Bis dahin hatte sie nur wenig Rundfunkerfahrung sammeln können, jetzt eröffnete sich aber für sie eine neue Möglichkeit, trotz ihres immer schlechter werdenden Gesundheitszustandes Verbindungen nach draußen zu knüpfen, ein größeres Publikum zu erreichen. Bis zum Jahre 1960 wurden elf Sendungen unter dem Titel »Karen Blixen erzählt« ausgestrahlt. Mal las die Dichterin Erzählungen, die gewissermaßen frisch aus ihrer Werkstatt kamen, dann wieder Texte, die sie eigens für dieses Podium geschrieben hatte.

Die erste Sendung dieser Reihe am 24. März 1950 widmete sie ihrem Somalidiener *Farah*. Der Text dieses Essays erschien noch im gleichen Jahr als selbständige Publikation. Heute findet man ihn in dem Band »Schatten wandern übers Gras«.

In Zeitungskritiken ihrer Bücher begegnete ihr der Vorwurf, sie entziehe sich den Problemen ihrer Gegenwart, indem sie die Handlung ihrer Erzählungen stets in die Vergangenheit verlege. Als eine Art Antwort darauf könnte man ihren Radioessay *Daguerreotypien* lesen, in dem Tania Blixen ihr Verständnis von Geschichte und Gegenwart deutlich werden läßt. An Hand dieser langsam verbleichenden Bilder erzählt sie im Januar 1951 angeblich von ihren Vorfahren überlieferte Historien und Anekdoten. Erklärtes Ziel dieser lebendigen und humorvollen Schilderung ist es, Verständnis für die Ideale, Vorurteile und Träume vergangener Zeiten zu wecken, mögen sie uns heute auch noch so absurd und überholt vorkommen. Den Hintergrund alter Traditionen zu begreifen, hieße ja nicht, zu ihnen zurückzukehren, sondern sich der eigenen Wurzeln bewußt zu werden, sie bei aller Fortschrittsgläubigkeit nicht zu verleugnen. Man spürt, wie ihr das Thema am Herzen liegt. Aus ihrer Vorliebe für das neunzehnte Jahrhundert kann sie keinen Hehl machen, ja, gerade die Verknüpfung mit ihrer eigenen Vergangenheit und der persönliche Erzählton, der in einigen Passagen nahezu an Hans Christian Andersen erinnert, scheint ihren Landsleuten ungemein gefallen zu haben. Dabei bediente sie sich nie gängiger Umgangssprache, ihr leicht stilisiertes Dänisch ist frei von jedem Versuch der Anbiederung.

War die Dichterin bis dahin nur für eine dünne Schicht gebildeter Dänen ein fester Begriff, so erlangte sie jetzt durch die Radiosendungen ungeahnte Popularität. Sie ist glücklich über das Echo, das ihr von allen Seiten entgegenschallt. »Von den vier Elementen ist mir immer die Luft das liebste gewesen, und ich bin gerne eine Stimme im Äther.« Die von ihr selbst entworfene Vorstellung, die Hörer am Radio seien bei ihr in Rungstedlund zu Gast und lauschten ihren Ausführungen beim Schein des Kaminfeuers, erinnert sie an Erzählsituationen in Afrika.

Die Einbeziehung des Publikums durch die Schaffung einer imaginären Szenerie erinnert an dramatische Spielformen mit festgelegter Rollenverteilung: hier die Gastgeberin, dort die Gäste, mal sind die Hörer zur gemütlichen Plauderei, mal zum Betrachten alter Bilder, mal zum Gang durch die Geschichte von Rungstedlund und seinen Park eingeladen, dann wieder werden sie zu Gästen beim Abschlußfest eines Frauenrechtlerinnen-Kongresses, der vor vierzehn Jahren stattgefunden hat und bei dem Tania Blixen eigentlich die Festrede hätte halten sollen, die sie, wie sie sagt, nun mit großer Verspätung nachholt.

Diese Rede nennt sie »Båltale«. Womöglich ist auch diese Bezeichnung Teil der Inszenierungen der Dichterin. Der Begriff ist schwer ins Deutsche zu übertragen, ursprünglich bezeichnete er jede Ansprache, die an einem unter freiem Himmel entzündeten Feuer gehalten wird, ganz gleich, ob das Feuer als Freudenfeuer zur Feier der Johannisnacht oder eines Sieges entzündet worden ist oder einer Gruppe als abendliches Lagerfeuer dient. Die Übersetzerin hat sich für die letztgenannte Möglichkeit entschieden und es nicht bei der, sicher auch denkbaren übertragenen Bedeutung »Festansprache« belassen, bestärkt durch die große Rolle, die das Bild des Feuers unter freiem Himmel bei Tania Blixen in Erinnerung an Afrika, an Ngomas und Safaris, gespielt hat. Die Frauen des Kongresses von 1939 hatten schwerlich Grund, beim

Abschlußfest Siegesfeuer zu entzünden. Nehmen wir also an, Tania Blixen assoziierte eine nachdenkliche Versammlung um ein Lagerfeuer, und in diesen Kreis hat sie die Hörer gleich mit einbezogen.

Frauenrechtlerinnen von 1953 fühlten sich durch die *Festrede am Lagerfeuer* brüskiert, die Ansprache bezeuge eine erzreaktionäre Haltung. Von den damals vordringlichen politischen Zielen der Frauenbewegung war hier allerdings wirklich nicht die Rede, und von der Notwendigkeit einer Emanzipation von ganz anderen Zwängen, die nach Meinung Tania Blixens den Mann genauso wie die Frau bedrohen, waren die Kritikerinnen noch nicht überzeugt. Die Dichterin forderte junge Akademikerinnen auf, die etwa in der Theologie, Jurisprudenz und Medizin eroberten Plätze nicht mehr nur in Nachahmung der Bedingungen einer Männerwelt auszufüllen, sondern ihre weibliche Wesensart dem Beruf zugute kommen zu lassen, dann bestehe Hoffnung, daß der bloßen Jagd nach immer mehr Effektivität und technischer Vervollkommnung Einhalt geboten werde, ehe die Menschlichkeit vollends auf der Strecke bliebe.

Schon im Herbst 1952 hatte Tania Blixen sich mit Zeitungsartikeln in die öffentliche Debatte um die Beschränkung wissenschaftlicher Tierversuche eingemischt, ohne Erfolg, wie sie meinte. Das Thema ließ ihr keine Ruhe, im Mai 1954 griff sie es am Radio noch einmal auf und forderte in dem flammenden Appell *Von Laie zu Laie* ihre Hörer auf, durch Einflußnahme auf den Gesetzgeber die Tierversuche einer strengeren Kontrolle zu unterziehen. Sie wirft ihr ganz persönliches Engagement in die Waagschale und spart nicht mit Sarkasmen, um gegen blinde Wissenschaftsgläubigkeit zu Felde zu ziehen und klarzumachen, daß der Mensch die Verantwortung für die anonymen Versuchstiere um seiner selbst willen übernehmen muß. Dieser Aufruf mit seiner Vision von der Entfremdung des Menschen hat bis heute kaum an Aktualität eingebüßt.

Wesentlich gelassener klingt Tania Blixens nächste Bitte an die ihr mittlerweile so vertrauten Hörer zum Schluß der an einem Sonntagabend im Sommer 1958 ausgestrahlten Sendung über ihr Elternhaus und dessen Park, *Rungstedlund*. Wieder geht es ihr um die Bewahrung der Natur und damit zugleich um die Erhaltung eines Stücks der eigenen dänischen Geschichte.

Nachdem sie und ihre Geschwister ihre Anteile am Besitz von Rungstedlund in einen Fonds eingebracht haben, sie selbst darüber hinaus alle Rechte an ihren Werken dem Fonds übertragen hat, soll sichergestellt werden, daß der zum Vogelschutzgebiet erklärte Park auch nach Erlöschen ihrer Urheberrechte noch diesem Zweck dienen kann, dafür sollen die Hörer je eine Krone spenden.

Die sehr persönlich gehaltene Ansprache an ihre Gäste am Kamin, die poetische und humorvolle Schilderung all dessen, was dieses schöne Fleckchen Erde schon gesehen hat, die energische Verteidigung des Areals gegen die Ansprüche einer immer mehr um sich greifenden Reihenhaus-Mentalität, taten ihre Wirkung. Ihre Landsleute bekundeten der Dichterin ihre Sympathie, auf das angegebene Konto gingen mehr als 80 000 Kronen ein, und noch viele Wochen nach der Sendung überreichten die Menschen Tania Blixen mitten auf der Straße, im Restaurant oder im Taxi plötzlich Kronenstücke für den Vogelschutzpark.

So unpathetisch und lebensnah die beiden letzten der hier abgedruckten Texte für den Rundfunk klingen mögen, man kann heraushören, daß sie gewissermaßen testamentarische Verfügungen enthalten, Warnungen und Ermahnungen. Ihren Landsleuten, die noch sehr viel länger als sie selbst dieses liebenswerte Fleckchen Erde bewohnen werden, will sie die Augen öffnen für die richtige Gewichtung der Werte, die ihr zukünftiges Leben ärmer oder reicher machen können. Sie sind eng verwoben mit ihrem ästhetischen Credo: Nur wer Phantasie hat, kann sich die Konsequenzen seines Tuns auch vorstellen.

Im Alter von 73 Jahren, zu einem Zeitpunkt, wo ihre körperliche Verfassung ihr eigentlich jede Reise verbieten sollte, erhält Tania Blixen eine Einladung in die USA. Amerika ist das Land, das ihren Büchern zum Durchbruch verholfen hat, in dem sie als Isak Dinesen ein großes, treues Publikum hat. Vom Januar 1959 an absolviert sie in den Staaten ein Programm, das schon einen gesunden Menschen überfordert hätte, mit ungeheurer Energie stellt sie sich allen Anforderungen, hat schon zu Hause alle Texte

formuliert und trägt sie frei vor, Lesungen, Interviews, Fernseh-
auftritte, Einladungen und Empfänge setzen der stark unterer-
nährten Patientin so zu, daß sie für eine Woche in ein Krankenhaus eingeliefert werden muß. Trotzdem bleibt sie über ein viertel Jahr in Amerika.

Das wichtigste Vorhaben auf Tania Blixens Reise in die Neue
Welt war ihre Festvorlesung *Die Mottos meines Lebens* beim
Jahrestreffen des National Institute of Arts and Letters in New
York am 28. Januar. Carson McCullers schildert den Auftritt
der Gastrednerin: »She was very, very frail and old, but as she
talked her face was lit like a candle in an old church. My heart
trembled when I saw her fragility. When she spoke at the Academy dinner that evening, something happend which I had never
seen before. When she finished her talk, every member rose to
applaud her.«

Die Zuhörer mögen gespürt haben, daß, was ihnen hier in Form
einer launigen Causerie präsentiert wurde, die Summe und Subli-
mierung eines zu Ende gehenden Lebens war; wer die Dichterin
und ihren nie erlahmenden Tätigkeitsdrang gut kannte, wird hell-
hörig geworden sein, als sie einräumte: »Der Drang danach, der
Welt seinen Willen und sein Wesen aufzudrücken, verwandelt
sich in eine Sehnsucht danach, imstande zu sein, hinzunehmen,
sich dem Universum zu ergeben – Dein Wille geschehe.«

Filmdokumente von dieser Rede sind inzwischen um die Welt
gegangen, hat man sie im Gedächtnis und kann nun ihren Text
nachlesen, ahnt man, womit die Dichterin ihre Zuhörer verzaubert hat: Es müssen die Grazie und die Leichtigkeit gewesen sein,
mit denen sie ihr Leben resümierte, als sei es ein Spiel gewesen, in
dem es einzig darauf angekommen sei, alle nur erdenklichen
Möglichkeiten auszuschöpfen.

Besonderen Dank für ihre hilfreiche Begleitung meiner Arbeit
schulde ich Clara Selborn. Bei der Erstellung der Anmerkungen
waren mir die Hinweise in der englischen Ausgabe, Isak Dinesen, Daguerreotypes and Other Essays, Chicago/London 1979,
und das Referenzinventar von Bernhard Glienke, Fatale Präze-
denz, Neumünster 1986, eine große Hilfe.   *Sigrid Daub*

MODERNE EHE
und andere Betrachtungen

I *Über Ideal und Natur*

Aus Darwins Wüste kam ich, jung noch, in Lamarcks grünende Gärten.

Was für Früchte die Bäume hier doch trugen! Alle, die die Menschheit in ihren köstlichsten Träumen gesehen hat: Schönheit, Wissen, ewige Jugend – ja, alles, was du willst.

Kannst du dir überhaupt eine neue Vollkommenheit vorstellen, kannst du einen neuen Wunsch formen und dir wirklich etwas wirklich Begehrenswertes denken – dann blicke empor! Es hängt schon an den grünen Zweigen.

Daß es ein wenig hoch hängt, ist nur ein Scherz, eine liebenswerte Fopperei, so wie wenn eine Mutter Naschwerk so hoch in den Weihnachtsbaum hängt, daß ihr kleines Kind sich bis zum äußersten strecken muß, um es zu erreichen.

Außerhalb der Reichweite ist bis jetzt nichts gewesen. Die einzige Frage, die sich stellt, ist: Worauf hast du Lust?

Die Spielregel ist immer die selbe: Was du wünschst, sollst du bekommen.

Die Kunst schafft einen neuen, fremdartigen, übernatürlichen Typus, entwickelt ihn aus dem unbewußten Sehnen des Menschen, und die nächste Generation wird mit diesem Aussehen geboren. Denn zwischen Ideal und Natur ist kein Wesensunterschied, sondern ein Gradunterschied.

Es ist eine Frage der Zeit, wann das Ideal den Namen wechseln und sich Natur nennen wird.

Wir haben unseren Schwanz weggewünscht – wenn wir ihn

mit hinreichender Ausdauer zurückwünschen, werden wir eines Morgens mit ihm erwachen.

Wollt ihr in der Luft fliegen? Habt ihr wirklich Lust dazu, und sagt euch dieser Gedanke mehr als irgendein anderer zu? Dann haltet ein paar tausend Jahre an eurem Wunsche fest, und es werden euch Flügel wachsen.

Viele Generationen haben von dem, was sie für ganz und gar unmöglich hielten, gesagt: Das ist so unmöglich wie Fliegen. – Ja, man sagt es immer noch, aber man fliegt. Wenn man etwas daraus lernen kann, dann dies: daß nichts unmöglicher ist als Fliegen.

Jetzt sagt man: Das ist so unmöglich, wie zum Monde zu fliegen. Aber daß wir nicht zum Monde fliegen können, kommt daher, daß wir keine Lust dazu haben, jedenfalls wird es im allgemeinen nicht brennend gewünscht. Die Geheimnisse des Universums werden den Erdbewohnern nicht mit besonderer Strenge vorenthalten, sie sind unbekannt, weil die Menschen noch keine sonderliche Lust haben, sie zu kennen.

Das ist wie mit den Geheimnissen jenseits des Grabes, sehr wenige wünschen wirklich, sie zu kennen.

Kommt also irgendein Konflikt der Menschheit daher, daß sie auf zu viele Dinge Lust hat und Wünsche hat, die einander widerstreiten?

Die Giraffen hatten Lust darauf, die frischen Wipfelsprosse an den Bäumen zu essen, und sie reckten ihren Hals viele tausend Jahre danach, bevor ihr Wunsch vollkommen in Erfüllung ging. Aber damit scheint das Streben der Giraffen zufriedengestellt worden zu sein, und die nächsten tausend Jahre bewirkten keine wesentliche Veränderung in ihrer Natur.

Die komplizierten Menschen haben viele Wünsche und verändern ihren Geschmack von Generation zu Generation.

Können sie also riskieren, sich bei so unterschiedlichem Bestreben den Hals zu brechen oder sich den Kopf verdrehen zu lassen?

Selbst wenn es einen Klügeren braucht, darauf zu antworten, so kann man auf jeden Fall sagen, daß es in vielen Fällen so aussieht, ohne sich so zu verhalten, denn wir trinken als kleine Kinder aus dem selben Grunde und mit dem selben Ergebnis Milch, wie wir später ein gebratenes Huhn essen, und wir kleiden uns im Winter in Wolle und im Sommer in Musselin, um dieselbe Temperatur zu erreichen.

Das Pendel schlägt nicht zurück und ändert die Richtung, weil seine Richtung für falsch befunden worden ist, sondern die Uhr geht, weil das Pendel sich hin und zurück bewegt.

Die Kunst entwickelt sich durch wilde Romantik weiter durch wild nüchternen Naturalismus. Sie ist in ihrem Bestreben nicht umgeschlagen, sie hat unablässig versucht, Ausdruck des Sehnens der Menschheit zu sein. Der, der ein römisches Bad nimmt, ändert nicht seine Meinung, weil er erst so warmes Wasser wählt, wie er überhaupt aushalten kann, und mit dem allerkältesten aufhört; dasselbe Ergebnis von Wohlbefinden und Kräftigung wäre auch nicht erreicht worden, wenn er gleich bei Betreten des Bades alle Wärmegrade von Wasser in ein gemeinsames Bassin eingelassen hätte.

Bisweilen erweckt dieselbe Sache auch in unterschiedlicher Beleuchtung einen ganz unterschiedlichen Eindruck.

Bei bestimmten Somalistämmen kann kein junger Mann heiraten, bevor er einen Mann getötet hat. Das muß nicht eigentlich bedeuten, daß diese Stämme besonders blutdürstig sind, sondern kann genauso gut bedeuten, daß die Verhältnisse dort so kriegerisch sind, daß ein junger Mann, der nicht als Zwanzigjähriger wenigstens ein Mal auf Leben und Tod gekämpft hat, eine Memme sein muß, deren Nachwuchs der Stamm sich nicht wünschen kann.

Ebenso verhält es sich mit der Entwicklung des europäischen Ideals der jungfräulichen Unschuld, das außer Kurs gesetzt ist, weil die Verhältnisse sich verändert haben.

In alten Zeiten, als die Frauen der höheren Klassen von vielfachen moralischen Mauern umgeben waren, mußte es aussehen, als ob das junge Mädchen, das die Möglichkeit sah, sich auf ein Liebesverhältnis einzulassen, ja, sich überhaupt eingehender mit der Liebe zu beschäftigen, »le diable au corps« hätte, und ein verständiger Mann konnte schon seine Bedenken gegen eine Ehe haben. – Im zwanzigsten Jahrhundert ist es ebenso einleuchtend, daß das junge Mädchen, das in der modernen Atmosphäre von Freiheit und Erotik das fünfundzwanzigste Jahr überschritten hat, ohne daß es wenigstens ein Mal geglaubt hat zu lieben, im gemeinen Bewußtsein entweder als besonders tot oder als besonders berechnend gelten und seinem Zukünftigen Anlaß zu ganz anderen Bedenken geben muß.

Mitunter verändert sich ja auch die Bedeutung einzelner Wörter auf Grund von Umständen... so wenn es der größte Stolz eines englischen Soldaten ist, einer der »contemptibles«* gewesen zu sein.

II   *Über Zweifel und Kampf*

In der ganzen Geschichte der Menschheit ist kein Ideal aufgegeben worden, weil zu große Schwierigkeiten mit ihm verbunden waren, sondern alte Ideale sind verworfen worden, weil sie ihren Glanz verloren und keiner mehr Lust auf sie hatte oder sich wirklich von ihnen angesprochen fühlte.

Es gibt keine Anstrengung, Gefahr oder Qual, die die Menschheit dauerhaft auf ihrem Wege zum Erreichen eines Ideals aufhalten kann, aber die Stunde des Ideals hat geschlagen, wenn allgemein gefragt wird: *wozu soll das gut sein?*

Wenn es heutzutage keine Menschen gibt, die sich um des Paradieses willen verbrennen oder aus der Gesellschaft ausstoßen lassen, dann nicht deswegen, weil wir mit unseren verfeinerten Nerven den Scheiterhaufen oder die Armut oder die Verstoßung mehr fürchten, als die Alten taten, auch nicht, weil wir daran zweifeln, daß unsere Qualen uns ins Paradies bringen werden – denn ein solcher Glaube könnte jedenfalls zu jedem beliebigen Zeitpunkt leichtlich entstehen –, sondern weil das Paradies, das uns in Verbindung mit diesen Qualen versprochen wird, uns nicht zusagt. Wir haben keine Lust darauf und wollten überhaupt nicht hineingelangen, selbst wenn der Zutritt frei wäre.

Da hingegen im Volke der Glaube mächtig wurde, daß die Seligkeit in Automobilen, einem guten Weinkeller usw. zu finden sei, fand sich der größte Teil der Menschheit bereit, jahrelang in

Kontoren, Fabriken und Börsen schreckliche Qualen zu ertragen, in der Hoffnung, am Ende diese Seligkeit zu erlangen. Vielleicht würden in diesem Augenblick 50% der zivilisierten Menschheit sich damit abfinden, alle Qualen der ersten Christen zu erdulden, wenn sie wüßten, daß sie auf der anderen Seite mit einem jährlichen Auskommen von 50000 £ für den Rest ihres Lebens erscheinen würden... und es gibt für sie ja keinen Grund, Neros Opfern, auf die eine ewige Seligkeit wartete, ihre Charakterstärke zu mißgönnen.

Manche Frauen ertragen Qualen, die einer täglichen Schinderei gleichkommen, um nicht etwa ihre Jugend, sondern den Schein davon zu bewahren, und würden was auch immer erdulden, um wirklich die Jugend, die für sie das Paradies war, zurückzubekommen.

Es ist stets die Idee des Paradieses, auf die es ankommt, und wenn eine hinreichend ansprechende Illusion erschaffen werden kann, folgt die Wirklichkeit von selbst. Das gilt für alle Unternehmungen wie für die Errichtung der Peterskirche, daß sie erst in Gang kommen, wenn sie auf die eine oder andere Weise zu einer Angelegenheit der Seligkeit werden.

(Jetzt steht die Peterskirche da, und wir, die wir daran zweifeln, daß die Seelen damals für ihren Beitrag dazu erlöst worden sind, müssen uns doch darüber freuen, daß das ganze Unternehmen in Gang gekommen ist.)

Es ist unrichtig, zu sagen, u. a. in Verbindung mit der Rolle der Liebe im Leben, daß dieses oder jenes Ideal zu erhaben sei, selbst wenn es an sich begehrenswert wäre. Es hat sich stets gezeigt, daß kein Ideal zu erhaben war. Als es zu Beginn des neunzehnten Jahrhunderts die Ideale der Romantik waren, die selig machten, war es die einfachste Sache der Welt für die jungen Liebenden, das ganze Leben zu warten, vor Kummer zu sterben, das Leben auf die Erinnerung an eine Jugendliebe zu gründen, in Tränen auszubrechen, bei einem Wiedersehen ohnmächtig zu werden.

Das alles würde den jungen Menschen unserer Zeit, die keine Lust dazu haben, die fragen, wozu das gut sein soll, vorkommen wie schwierige, wenn nicht unmögliche Aufgaben. Aber nicht weniger schwierig würden die Dinge, die der Jugend heutzutage leicht ausführbar erscheinen, Werther und Lotte vorgekommen sein, z. B. ganz ruhig ein Verhältnis, das Jahre gedauert hat, oder ohne sonderliches Trara eine Ehe oder eine Familie um einer Unstimmigkeit willen aufzulösen.

Als Nora* sich zuerst darauf einließ, weil es für sie eine Angelegenheit der Seligkeit war, wurde von allen Seiten eingewandt, daß das viel zu leicht schien und daß das ganze Problem beinahe unmöglich war, aber jetzt geschieht das jeden Tag und wird von niemandem mehr als ein besonderer »tour de force« angesehen.

Wollt ihr Sigurd und Brünhilde, Romeo und Julia sein?... Wenn ihr wirklich Lust darauf habt, werdet ihr es werden.

Wollt ihr Klister und Malle* sein, sagt euch das in eurem Herzen mehr zu?... Ihr seid es schon.

Ist, »la garçonne« zu sein, euer wirkliches Ideal? Ihr seid es ja schon lange gewesen.

Ein Ideal wie eheliche Treue oder vollkommene Keuschheit hat sich als leicht zu verwirklichen erwiesen, als es noch in ein so oder so beschaffenes Paradies führte, und würde noch heute verwirklicht werden können, wenn nicht gefragt würde: *wozu soll das gut sein?*

Die Dichter späterer Zeiten, die sich des langen und breiten mit den Qualen junger Mönche unter dem Ideal der vollkommenen Keuschheit beschäftigt haben, deuten ihre eigenen Gefühle, wenn sie den jungen Mönch denken lassen, daß er mit seiner Geliebten lieber Räuber in den Bergen als Klosterbruder wäre, oder sie denken an eine Zeit, in der das Ideal seinen Glanz verloren hatte. Es war für die ursprünglichen Franziskaner, deren Herzen in Treue, in Liebe zu der heiligen Jungfrau und Sehnsucht nach dem Paradies brannten, nicht schwerer, in Armut und Keuschheit zu leben, als es für Carpentier* ist, sich während eines Trainings für einen Kampf gegen Dempsey* in Kondition zu halten. Künftige Zeiten, die den Sinn für das Boxen verloren haben, werden auf die gleiche Weise in Vers und in Prosa Mitleid mit den Qualen der Boxer im zwanzigsten Jahrhundert wecken.

Es wird gesagt, daß in der Frage der Liebe und des Glaubens der persönliche Wille zu kurz komme, aber die Wahrheit ist, daß er sich nirgends stärker zeigt.

Ich will ein Beispiel, das den Glauben betrifft, aus Martensen-Larsens* Buch »Zweifel und Glauben« nehmen.

Da wird beschrieben, wie ein moderner Mensch mit sehr starker Lust und Willen, zu glauben, den Glauben an die Versöhnung durch Christi Tod in Übereinstimmung mit der modernen Wissenschaft und Moral zu bringen versucht.

Für den außenstehenden Leser ist das wirklich ein spannender Kampf, denn die Aufgabe scheint zunächst unmöglich, und doch ist deutlich, daß der, der das schreibt, seinen ganzen Seelenfrieden eingesetzt hat. Das ist, wie wenn man den »looping of the loop« versucht sieht, und der, der das vorher nie gesehen hat, glaubt nicht daran, daß sich das machen läßt... der einzige Grund dafür, die einzige Hoffnung darauf sind des Versuchenden brennende Lust und Wille, daß es gehen muß.

Und seht nun!... dadurch, und ausschließlich dadurch, glückt es wirklich. Man liest, wie der Autor beständig weitermacht, obgleich ihm ein Versuch nach dem anderen mißglückt. Schließlich hat eine Zeile im Neuen Testament, ein Wort von Christus – das selbstverständlich jedes beliebige andere Wort sein könnte – die wunderbare Wirkung: der Versuch glückt, er glaubt.

Der Autor sieht das so klar, daß er, ohne sich selbst alles zuzuschreiben, sich doch schließlich, seinen Erfolg bedenkend, den schwächeren Seelen zuwendet, die er auffordert, ihm zu folgen, die aber der Mut verlassen hat, und ihnen Vorhaltungen macht, daß sie sehr wohl glauben könnten, wenn sie wirklich wollten, daß ihr Wille aber schwach sei. Darin hat er auch vollkommen recht, und es ist nur eine schlechte Ausrede, die die Ungläubigen benutzen, wenn sie sagen, daß sie dies oder jenes nicht glauben *können*. Was sie wirklich antworten sollten, ist, daß sie es auf keine Weise glauben wollen, und die Gläubigen müßten das für die Wahrheit nehmen.

Wenn die Zweifelnden sich wirklich von der Idee des Versöhnungstodes Christi und der Auferstehung oder vom Gedanken einer gerechten Vorsehung, zu der sie im Notfall beten könnten, angesprochen fühlten, so könnten sie sehr leicht an sie glauben – ja, viele von denen, die hier behaupten, außerstande zu sein zu glauben, haben Beweise für ein ganz anderes Vermögen, was das

Glauben angeht, gegeben und gründen ihr Leben darauf, daß sie mit ihren Toten vermittels eines Tisches reden – aber diese Ideen sprechen sie nicht an, sie haben in keiner Weise Lust dazu, an sie zu glauben.

Eine Art Nebenschwierigkeit tritt, trotz allem, in Übergangszeiten auf, in denen sich die Menschheit nicht klar über ihre Ideale oder Wirkungsmittel ist, so daß sie z. B. glaubt, einen Boxkampf mit solchen Vorbereitungen gewinnen zu können, wie sie sie nur ins Paradies führen können.

III   Moderne Ehe oder »Was ihr wollt«

Es verhält sich mit einer ehrwürdigen Institution oft so, daß das, was am längsten von ihr lebt, der Name ist, denn für viele Menschen hat der Name mehr Wirklichkeit als die Idee.

Daß der Inhalt aufgezehrt ist, die Schale sich aber aufrechterhalten kann, das ist bisweilen ein Zustand, der alle Teile zufriedenstellt, und ein Vorschlag, sich des Namens zu entledigen, würde vielleicht aufrührerisch wirken zu einem Zeitpunkt, in dem der Gedanke und das Ding schon verwittert sind wie Staub im Grabe.

Die leere Schale kann sich in der Regel so lange aufrechterhalten, wie Kinder der wirklich Glaubenden leben, solche Menschen, die ihre Begriffe von Vorfahren haben, zu deren Zeit der Inhalt wirklich existiert hat.

Vielleicht noch so lange, wie noch Kinder von diesen leben, solche, die sich an die Pietät ihrer Vorfahren erinnern können, wenn das Wort genannt wird. So ist das z. B. noch der Fall mit dem Begriff: Weihnachten, oder Weihnachtsstimmung, denn die Worte, die Melodien, der Duft, besitzen immer noch Heiligkeit durch die Erinnerung an die Stimmen der Menschen, für die die Heiligkeit Wirklichkeit war, und jene wird mit dieser verwechselt. Die Illusion wird so weit getrieben, daß selbst z. B. Milchreis und Apfelkrapfen, die im Alltag kein sonderlich großes Ansehen genießen, bei dieser Gelegenheit eine Stellung als Festspeise mit einem heiligen Gepräge geltend machen.

So z. B. mit dem modernen Königtum, das den Namen und etwas von dem Glanz bewahrt hat, der dem alten angemessen war – selbst wenn weder Harald Schönhaar* noch Ludwig XIV. die jetzige Institution als solche auch nur im geringsten anerkannt oder ohne Anleitung überhaupt erkannt hätten.

Es gibt sicherlich noch heute Menschen, die ihre Herzen bei der Entgegennahme eines Ordens aus der Hand des Königs beben fühlen, und sie wissen nicht, daß diese eigentlich vom Echo der Stimme ihres gläubigen Großvaters beben, wenn der ihnen die Wachtparade vor Amalienborg zeigte. Aber sie schrecken in denselben Herzen nicht davor zurück, den König einen Sch... zu nennen, wenn er anders auftritt, als sie billigen können.

Es verhält sich mit einer neuen Idee oft so, daß, wenn sie bescheiden und mit den besten Erklärungen für ihre Existenz kommt und an die Tür der Gesellschaft klopft, drinnen ein beispielloser Aufstand ausbricht.

Man einigt sich darauf, daß, wenn diese Idee jemals Eingang in die Gesellschaft erhält, die Gesellschaft nicht lange bestehen wird.

Die ganze Bürgerwehr wird zusammengerufen, um die Tore zu verbarrikadieren, und die Geistlichen sind in der Regel zur Stelle gewesen, um von den Kanzeln gegen den Feind zu beten. Wenn auf solche Weise halbwegs für Sicherheit gesorgt ist, legt sich die Aufregung, und es wird wieder eine Zeitlang still um die Idee, und das nächste, was man von ihr entweder hört oder sieht, ist, daß sie den Bürgermeister beim Verfassungsmahl zum Tischherrn hat.

Niemand weiß, wie sie hereingekommen ist, und das ist eine Frage, die man deswegen links liegenlassen kann.

Ich will die korsettlosen Frauenkleider als Beispiel nehmen.

Ich habe in einer Zeit gelebt, in der wegen dieser Frage mächtig auf die Pauke gehauen wurde. Die Zeitungen, nicht nur die speziellen Frauenblätter, veröffentlichten Artikel darüber, und die korsettlose Tracht wurde Reformtracht genannt. Damals haben die Korsetts gewonnen. Es hat freilich Leute gegeben, die damit einverstanden waren, daß die Korsetts etwas kürzer und weiter sein könnten, aber daß eine Dame ohne Korsett angezogen sein und sich zeigen könnte, das war ausgeschlossen, denn wie sollte ein Kleid ohne Korsett genäht werden können und wie sollte es sitzen können? Diese Frage konnte niemand beantworten, und die Korsetts wurden länger und länger.

Als die Angelegenheit auf diese Weise geregelt war, wurde es ziemlich still um sie. Und jetzt, 15 Jahre später, kann man durch alle fashionablen Salons, Theater und Restaurants gehen, ohne ein einziges Korsett zu sehen. Die jungen Frauen, die die Mode machen und die nichts mit irgendwelcher Reformtracht zu tun haben wollen, wollen genausowenig ihre Silhouette mit einem Korsett ruinieren. Die Frage, wie Kleider genäht werden oder sitzen können, ist gelöst, obgleich niemand richtig erklären kann, wie das eigentlich zuwege gebracht worden ist.

Wenn in diesem Augenblick ein Vorschlag gemacht wird, der klipp und klar dazu führt, die Ehe abzuschaffen, so wird er vielleicht eben jetzt auf ziemlichen Widerstand stoßen. Vielleicht wird er von einzelnen Gruppen als revolutionär betrachtet.

Wie! – es leben noch viele alte Partisanen der Ehe, die, die vor vielen Jahren deren Fahne im Kampf gegen die freie Liebe hochhielten und siegten.

Ihr alten Partisanen der Ehe! Habt ihr in der Hitze des Kampfes der »freien Liebe« nie so fest ins Antlitz geblickt, daß ihr sie erkennt, wenn ihr ihr wiederbegegnet?

Dreht euch um. Es ist die freie Liebe, die mitten in der Bürgerschaft sitzt. Die Geistlichen segnen sie, die Bürgermeister registrieren sie, sie geht mit Ring, sie hat das Szepter und den Reichsapfel der Ehe, die Achtung der Gesellschaft und den Namen der Ehe selbst annektiert.

IV   Moderne Ehe oder »Was ihr wollt«
(Fortsetzung)

> The confusion of marriage with morality
> has done more to destroy the conscience of the
> human race than any other single error.*
> Bernard Shaw

Wenn man versuchen würde – z. B. mittels einer Abstimmung unter modernen gebildeten Menschen –, eine Antwort auf die Frage zu erhalten: »Was macht ein Verhältnis zwischen einem Mann und einer Frau von einem unmoralischen zu einem moralischen Verhältnis?« – würde man in 99 von 100 Fällen die Antwort bekommen: »Die Liebe.«

Das beweist, daß moderne gebildete Menschen einen ziemlich sicheren und festen Begriff dessen haben, was Moral ist und was Liebe ist.

Aber wenn man in demselben Kreis fragen würde: »Was macht ein Verhältnis zwischen einem Mann und einer Frau von einem freien Verhältnis zu einer Ehe?« – das heißt, moralisch und ideell gesehen, denn legal gesehen weiß ich das, wenigstens in diesem Augenblick –, dann würden die meisten modernen gebildeten Menschen in große Verlegenheit geraten, irgendeine Antwort zu geben. Denn moderne gebildete Menschen haben keine Vorstellung davon, was Ehe ist.

Es wäre ganz interessant, nur mal so die Möglichkeiten für die Antworten, die eingehen könnten, durchzugehen.

Würde z. B. irgendein moderner Mensch wagen, dem Gesetz und dem Geist des Gesetzes so sehr zu widersprechen, daß er antwortete: ihre Unauflöslichkeit? Allerhöchstens könnte er vorschlagen: ihre Dauer, und man könnte vielleicht einen Zeitpunkt festsetzen, zu dem ein freies Verhältnis in eine Ehe überginge.

Oder würde er wagen, Geist und Moral der Zeit so sehr zu widersprechen, daß er das Achtbare in dem Willen, die Welt zu vermehren, hervorhöbe und diesen als Wesensunterschied zwischen dem freien Verhältnis und der Ehe festsetzte? – mit dem Risiko, genötigt zu sein, die Hälfte der achtbaren Ehen in die Klasse der freien Verhältnisse zu versetzen.

Wäre es denkbar, daß man die Antwort bekäme: ihre Offenheit, ihre Anerkennung durch den Staat – als eine (zweifelhafte) moralische Rechtfertigung durch die Gruppe Menschen, die sich am eifrigsten der Offenheit der freien Verhältnisse widersetzt hat, ja diese für um so schamloser hält, je offener sie sich bekennen – und die auch auf keine Weise versuchen will, die Verbindungen anderer Art, denen der Segen der Staatsanerkennung zuteil wird oder jedenfalls vor einigen Jahren zuteil wurde, im Ansehen zu heben?

Vielleicht würde man die Antwort bekommen: die Zuverlässigkeit oder die Treue. Es wäre jedenfalls wünschenswert, daß man diese Antwort bekäme, denn nichts zeigt deutlicher als die Auffassung des Treue-Begriffes, wie sehr die modernen Menschen die Idee der Ehe aus den Augen verloren haben, während sie den moralischen und ideellen Code der freien Liebe an ihren fünf Fingern herzählen können.

Denn nach der Moral der freien Liebe ist, solange das Liebesverhältnis währt, Untreue eine Todsünde.

Wo die Liebe das höchste, ja, das einzige Gesetz ist, ist ein Abfall von ihr eine Aufhebung des ganzen Verhältnisses. Die Untreue ist im Liebesverhältnis, was im Verhältnis zu Gott die Sünde ist, die man: wider den Heiligen Geist nennt, und genauso, wie wenn es sich um diese handelt, gibt es keinen Gradunterschied, sondern im Größten wie im Kleinsten ist sie mit Verdammnis gebrandmarkt.

Aber in der Ehe? Sollte man da nicht um der höheren Ideale willen eine Schwäche in einer Frage, die keine Seligkeitsfrage ist, vergeben können?

Die Ehe hat ja mit so vielen anderen Sünden rechnen müssen, und nicht nur in ihren eigenen vier Wänden, denn sie befand sich ja in einem Verhältnis zur Umwelt, und Sünden gegen die Umwelt wirkten zurück auf die Ehe selbst. Ein Gatte, der seinen Ruf verspielte oder seinen guten Namen ruinierte, sündigte gegen seine Ehe, und seine Gattin konnte Rechenschaft von ihm fordern, was für einen Liebenden oder eine Liebende gar nicht in Frage kam.

Sollte sie in diesem Punkt nicht nachsichtig sein?

Und muß nicht die moderne Lebensanschauung willig einräumen, daß sie in dem Augenblick, in dem sie das Recht erhalten hat, eine Ehe um eines einzigen Treubruchs willen aufzulösen, die Ehe als ein Liebesverhältnis anerkannt hat?

V   Moderne Ehe oder »Was ihr wollt«
(Fortsetzung)

Es ist heutzutage doch denkbar, daß ein junger Mann von unanzweifelbarer Ehrenhaftigkeit, mit hochentwickelten zeitgemäßen Ehrbegriffen, auf einer Reise, an einem Badeort oder bei »winter sports« einem jungen Mädchen begegnet und sich in es verliebt, ja, sich klar darüber wird, daß es für ihn das höchste Glück bedeuten würde, sie zu gewinnen, und erst dann erfährt, daß sie verheiratet ist.

Es hat Zeiten gegeben, in denen der ehrenhafte junge Mann das Verhältnis als beendet ansehen mußte, selbst wenn es beiden Partnern so vorkam, als wäre es alles Glück und alle Harmonie ihres Lebens, auf die sie verzichten müßten.

Oder andere Zeiten, in denen es sich einem jungen Mann von höchsten Ehrbegriffen anders darstellen mußte – da hatten sowohl der Himmel als auch die Erde Hindernisse zwischen ihnen errichtet. Ihre Liebe mußte heimlich sein wie die Sterne der Nacht – oder alles, Stellung, Familie und Freunde, mußte ihr geopfert werden, und ihre Seligkeit wurde auf diese Ruinen gegründet.

Heutzutage stellt es sich anders dar. Diese Ehe ist ein Hindernis, das zu überwinden er alles Recht hat, seine ganze Energie einzusetzen. Das wird seine Zeit brauchen, aber die Liebenden erhalten die Möglichkeit, die Stärke ihrer Gefühle zu beweisen und die Sympathie des Publikums zu gewinnen.

Sie haben ebenso das Gesetz wie die Propheten auf ihrer Seite.

Eine Ehe hat da geringere Chancen als ein freies Liebesverhältnis unter denselben Bedingungen. Ein moderner ehrenhafter und ideal veranlagter junger Mann erkennt die Liebe an und hat Ehrfurcht vor deren ewigem Recht; er wird vielleicht Bedenken haben, in ein Liebesverhältnis einzubrechen, die einer Ehe gegenüber nicht im mindesten in Betracht kämen.

Und in der Frage der Sympathie der Allgemeinheit gilt dasselbe. Denn als die Ehe ihre alten Waffen wegwarf, um in den schönen Kleidern der Liebe zu glänzen, mußte sie sich der Gefahr aussetzen, daß diese Waffen gegen sie gewandt wurden. Wenn sie jetzt angegriffen wird, kann sie sich nur auf das Recht der Liebe berufen, und es ist schlecht, wenn so alte Rücksichten wie Familie, Eigentum, Stellung überhaupt an das Licht des Tages gebracht werden, denn sie wecken doch immer Mißtrauen gegen die reine, unverfälschte Liebe, unter deren Flagge sie segelt... vielleicht hat er sie ihres Geldes wegen genommen, und verdient er da etwas anderes, als sie zu verlieren?

Wir wollen, um noch deutlicher zu beweisen, wie die Ehe auch das andere große Gebot im Code der freien Liebe übernommen hat: »Unhesitating, uncomplaining acceptance of a notice of a change of feeling from either side« –, die dritte Person in der Komödie ins Auge fassen, den Ehemann oder die Ehefrau, und sehen, wie diese in der modernen Ehe moralisch und ideell gesehen in dieser Sache dastehen.

Da der moderne Ehemann ein ehrenwerter junger Mann mit hochentwickeltem Ehrbegriff ist, kann er in diesem Konflikt nur ehrlich und anständig, unter dem Zeichen der Liebe, siegen oder verlieren. Kann er als Liebender die Frau zurückgewinnen, die zu verlieren er drauf und dran war, dann ist das ein ehrlicher Sieg, er hat seinen Nebenbuhler beschämt und kann triumphieren... sogar Romane und Theaterstücke haben sich damit beschäftigt.

Kann er ihre Liebe nicht zurückerobern, sondern liebt sie den anderen Mann tiefer als ihn, muß er sich vor dem Recht der Liebe beugen und kann auch auf keine Weise Sympathie erringen, selbst wenn er im Schatten steht, wo der Glanz der siegreichen Liebe auf das glückliche Paar fällt.

Aber wenn er sie und sich aus Eigennutz erniedrigen will, indem er sie zu einem Zusammenleben ohne Liebe zu überreden versucht, bringt er alle und jeden gegen sich auf, denn in der ganzen Bibel der freien Liebe gibt es nichts Jämmerlicheres als den Liebenden, der mit äußerlichen Umständen, mit alten toten Versprechen, mit materiellen Werten die Liebe erzwingen will... für die moderne Lebensanschauung ist das ein Kampf zwischen Geist und Buchstaben, und der ist von vornherein verloren.

Welche Waffen sollte eine Ehe denn auch haben, mit denen sie kämpfen könnte?

Die bedrohten Ehegenossen in alten Tagen kämpften für eine Idee, wenn sie für die Ehe kämpften – oder konnten doch wenigstens in ihrem eigenen Interesse eine Idee ins Feld führen. Zu guter Letzt konnten sie die Kirche oder Gott selbst ins Spiel bringen.

Jetzt ist die Hälfte der Ehen bürgerlich eingesetzt, und es gibt keinen Grund mehr zu glauben, daß Gott ein besonderes Interesse an ihnen haben sollte... wohingegen es wohl der allgemeinen Auffassung entspräche, daß er auf der Seite der Liebe steht.

Sie nutzten das Heim und die Kinder als ihre erhabensten Argumente, aber auch diese haben ihre Kraft verloren, denn was kann es dem Heim oder der Familie Gutes bringen, daß der, der sie beherrschen soll, sein höchstes Ideal im Stich gelassen hat? Viel eher müßte man damit rechnen, daß das eine Art Fluch zur Folge hätte... wie für einen Kreuzfahrer, der aus irgendeinem Anlaß zum Islam überträte, wie für die ehrenhaften Ehefrauen in alten Zeiten, die sich um ihres Kindes willen, ja, um dessen Leben zu retten, mit den Machthabern einließen und ihre »Ehre« verkauften.

Für seinen Namen oder seine Stellung in der Gesellschaft kann der geschädigte Ehepartner nur rein formal kämpfen... denn was bedeutet ein Name in der modernen Gesellschaft, und was kann eigentlich gegen die Stellung der geschiedenen Frau oder des geschiedenen Mannes eingewandt werden, die ein großer Teil der Nation äußerst vergnügt einnimmt?

Übrig bleiben rein materielle Gesichtspunkte, für die kein Mensch in einer Angelegenheit, in der es um Liebe geht, Sympathie haben kann... und besser ist es sicherlich für den verschmähten Ehepartner, sich so schnell wie möglich abzufinden oder auf einen guten Rat zu hören: sein Glück in einer neuen Liebe zu versuchen... so geh hin und tue desgleichen!*

Dies hätte nicht zwischen ehrenhaften Menschen mit gesun-

dem Ehrgefühl geschehen können, für die die Ehe eine Wirklichkeit, eine Idee war – und die Fähigkeit des Wortes, die Sache zu
überleben, kann ein weiteres Mal darin gesehen werden, daß es
für manche doch eine Art Vorstellung davon gibt, daß die Ehe
moralischer ist als das freie Verhältnis.

VI   *Moderne Ehe oder »Was ihr wollt«*
(Schluß)

Wenn diese Einschätzung richtig sein sollte und man etwas über
die moralischen Werte sagen wollte, ist die moderne Ehe höchstens der Wolf im Schafspelz, und zudem ist die Wolle ziemlich
dünn.

Das Ganze will eigentlich nur besagen, daß die Gesellschaft
sich stillschweigend mit sich selbst geeinigt hat, daß ein Schaf,
wenn es nur auf eine bestimmte Weise mit Tinte aus dem Bürger-
meisterbüro eingeschwärzt ist, wirklich sehr gut so aussehen und
auf diese Art blöken kann.

Aber so verhält es sich nicht. Eher könnte man sich eines anderen Vergleiches bedienen und sagen, daß es sich genauso, wie
man z. B. hier draußen Tiere gegen gewisse Krankheiten impft
und sie dann mit einem bestimmten Brandmal zeichnet, um zu
zeigen, daß das geschehen ist, in alten Zeiten mit der Ehe ver-
hielt. Es wird vorausgesetzt, daß eine gewisse Idee dem Seelenle-
ben und Gedankengang des Brautpaares implantiert wurde und
Kirche und Gesetz ihren Stempel darauf setzten, um es der Umwelt anzuzeigen.

Aber bei der Impfung stirbt ein großer Prozentsatz der
Geimpften, und die Gesellschaft könnte ja aus vielen anderen
Gründen zu der Überzeugung gelangt sein, daß das Impfen die
Mühe nicht wert sei. Wenn man sie trotzdem das Brandmal und
eine gewisse Ehrfurcht vor ihm bewahren sah, mußte man annehmen, daß dem die eine oder die andere von zwei Auffassun-
gen zugrunde lag: entweder daß es in sich selbst eine wundertä-
tige Kraft besaß und für den ganzen Prozeß entscheidend war –
wovon man sich nicht recht vorstellen kann, daß es als Überzeu-

gung unter modernen gebildeten Menschen Bestand hat – oder: daß das Brandmal sich rein ästhetisch gut ausnahm und zu einem zivilisierten und vollständigen Aussehen beitrug. Von der moralischen Seite der ganzen Angelegenheit zu reden lohnte sich ja nicht.

So ist es mit der modernen Ehe.

Es existiert vielleicht immer noch unter den Menschen, die sich vor einem Menschenalter an dem Kampf für die Ehe gegen die freie Liebe beteiligten – und siegten –, die Vorstellung, daß die Ehe im allgemeinen aus ästhetischen Rücksichten verworfen, aber aus moralischen Rücksichten bewahrt wird... aber in Wirklichkeit verhält es sich eher genau umgekehrt.

Selbst diese alten Vorkämpfer der Ehe, die sich auf sicherem moralischem Grunde glauben, müßten, wenn sie ausnahmsweise ihre eigenen Herzen und Nieren prüfen wollten, einräumen, daß sie das ewig Rechte, das dem Besten der Menschheit dient, mit ihrem eigenen persönlichen Geschmack verwechselten... (eine Verwechslung, die ja selbst unter den ehrenhaftesten Menschen ständig stattfindet, aber nirgends öfter oder verhängnisvoller als in allem, was die Liebe angeht)... und mit heiligem Eifer für Schönheits- und Anständigkeitsrücksichten kämpften, während sie glaubten, eine Schlacht für die Art hohe Ideale zu schlagen, die eine Lebensbedingung für die Menschheit sind.

Über den Geschmack läßt sich nicht streiten... es muß erlaubt sein, diesen alten Lehrsatz zu zitieren, solange das Bestreben ihn zu bestätigen, so groß scheint, denn über nichts wird hitziger gestritten... und ob man für eine junge, schüchterne und schlichte Hausfrau schwärmt oder eine geistvolle und schöne Freundin oder eine Walküre und Fylgie*, muß eine persönliche Angelegenheit sein und ist nur insofern von Interesse, als die Persönlichkeit von Interesse ist. Es ist sicher, daß die Herzen beben und sich begeistern können beim Gedanken an sie, die »soll treten ins Frauengemach, und Reinheit und Ruh sollen kommen mit ihr«, genauso wie an sie, die ist »terrible comme l'aspect d'un étendard... et la charme de son regard / est un clairon qui nous entraine«... oder an die, deren »Seele zum Lied wurde in deiner Brust – mich selbst fängst du nicht«... und poetische Gemüter können von jeder von ihnen gleich stark bewegt werden. Man kann wohl alles in allem sagen, daß die freie Liebe in Poesie und Kunst ein wenig ehrlicher gewesen ist als die Ehe – die da gerne ein paar Kunststücke machen möchte, was die Schönheitsideale und das »aufs Bürgerglück Zielende«* betrifft –, aber die hatte es da auch leichter; und es gibt ja alles in allem keinen Grund, nicht den Hut zu ziehen, wenn man mit einem Gedankengang oder einer Ideenrichtung abgerechnet hat, die die Welt verschönt hat und deren Zeit abgelaufen ist.

Es war einem gewissen Zeitalter – das noch in unserem eigenen weiterlebt – unerträglich, es bestand ein paar Generationen lang eine gewisse Scheu, der Liebe als einer Naturmacht oder einer Gottheit in die Augen zu schauen.

Wo die jetzige junge Generation der aus dem Meer emporsteigenden Venus Anadyomene mit Palmenzweigen entgegenlaufen würde, würden die Repräsentanten dieses Zeitalters, die sozusagen immer noch die Verantwortung für unsere Sitten und Bräuche haben, sich abwenden oder ihre Gesichter verhüllen. Das ist als Geringschätzung aufgefaßt worden, aber auf solche Weise behandelt diese geistige Generation das, was für sie das Höchste im Leben darstellt, und hat damit auf jeden Fall eine schätzenswerte Tradition für sich... so wie wenn das Gesetz des Islam fordert, daß die junge freie Frau, nach seiner Lebensauffassung der höchste Wert des Daseins, vom Hals bis zu den Knien bedeckt sein und ihren Leib »shameful« nennen soll – während eine Sklavin sehr viel leichter bekleidet umhergehen kann, ohne das Gesetz zu verletzen.

Man kann hier von einer größeren oder geringeren Feinheit der Auffassung sprechen, und vielleicht werden beide Seiten von geschmackvoll oder geschmacklos sprechen... aber über den Geschmack läßt sich nicht streiten.

Es ist dieser Generation – die unsere Hochzeitsbräuche geregelt hat und den Ehrenplatz auf unseren Hochzeiten einnimmt – unerträglich, wenn nicht sogar ganz unmöglich, an der Einweihung eines Liebesverhältnisses teilzunehmen, und dieses erweist ihr die Rücksicht, sich mit mehr oder weniger Koketterie hinter Familie und Stellung, Haus und Heim zu verstecken. Die Braut wird bei der Hochzeit aus einem Fräulein Rosenfeldt zu einer Frau Løvenskjold, darüber kann man sprechen und scherzen, und mit dem, was sonst geschieht, beschäftigt man sich nicht.

Die moderne Ehe ist hier zu einem Feigenblatt geworden, über das man zwar ästhetisch streiten kann, das man aber moralisch als ein Nichts ansehen muß.

Gegen diese Auffassung von Schönheit und Schamhaftigkeit haben deren Gegner nichts anderes einzuwenden, als daß sie sie nicht teilen, und zwar aus dem Grunde, daß sie von ihr und ihrem ganzen Wesen nichts wissen wollen. Die junge Generation, die sich darauf versteht, die die ideale Schönheit in Nacktheit sieht – von der Barfußtänzerin bis zu der sogenannten nackten Wahrheit in allen Verhältnissen –, schließt ihre Ehen offen als Liebesverhältnisse und feiert ihre Hochzeiten als Liebesfeste… und wenn sie trotzdem die Traditionen liebt und an ihnen festhält, verändern diese unmerklich in einem neuen Lebenslicht ihre Bedeutung, und der Brautschleier, den es noch gibt, bezeichnet bereits weniger die mit der Liebe Unbekannte als die in die Liebe Eingeweihte.

Es nützt der älteren Generation nichts, darauf zu bestehen, daß ihr Geschmack in dieser Hinsicht der bessere war, denn über den Geschmack läßt sich nicht streiten, und von der Schamhaftigkeit kann gesagt werden, daß sie befriedigt ist, wenn Sitte und Brauch bekommen haben, was ihrer ist… oder sollte man von dieser älteren Generation denken können, daß sie bestreiten würde, daß dem Reinen* alles rein ist?

VII   *Der große Kaiser Otto*

> The great emperor Otto
> could never decide on a motto.
> He hovered between:
> »L'etat c'est moi« and: »Ich dien«.*

Als Kormak* um Stengerde warb und ihr im Gedanken an ihr zukünftiges gemeinsames Glück sang:

Liebesflug wir fliegen
Nirgends, nirgends hin,
Unter Freyjas Himmel
Ruhen wir auf Schwingen,
Alle Jubeltöne
Stürmen uns entgegen
es geschah aber:
Daß des Mädchens Zunge
Darauf sprach zu mir:
Liebesflug wir fliegen
Unserm Ziele zu.
Hin durch Freyjas Himmel
Gleiten jubelnd wir,
Denn das Glück, das winket
Uns am Ende erst.

da predigte er ihr die freie Liebe, aber sie antwortete mit der Ehe, und aus diesem Unterschied in der Auffassung des Liebesverhältnisses und des Glückes, das in ihm liegt, kam ihr ganzes Unglück.

Denn wo die Liebe das höchste Gebot und Freyjas Himmel das endgültige Ziel ist, da ist das Verhältnis zwischen Mann und Frau ein Liebesverhältnis und ideell gesehen ein freies Liebesverhältnis, selbst wenn sie von Häuptlingen oder Göttern getraut sind, was Kormak und Stengerde gleichermaßen wollten.

Aber ein Liebesverhältnis zwischen einem Mann und einer Frau wird zu einer Ehe, wenn es eingegangen wird in Anerkennung der Tatsache, daß die persönlichen Gefühle beider Partner, wie sehr sie zu Beginn auch auf diese bauen, einer Idee sich unterordnen und dienen sollen, die für beide höher steht als die Liebe selbst, einer Idee, die in aller Regel beider Lebenszeit in Anspruch nimmt, falls deren Anspruch nicht noch weiter geht.

Im Lauf der Zeit sind viele Ehen und freie Liebesverhältnisse, wie das von Kormak und Stengerde, dadurch zerstört worden, daß sie zwischen diesen beiden Idealen hin und her schwankten.

Nachdem man eine Zeitlang versucht hatte, die Liebe auf die Ehe zu gründen, und es für gegeben angesehen hatte, daß dort, wo eine gute und solide Ehe zugrunde lag, die Liebe sich mit

Leichtigkeit und sozusagen von selbst, als deren Zier, darüber erbauen ließ… gab man diesen Baustil auf, der offensichtlich irgendwo fehlerhaft berechnet war, und kehrte das ganze Gebäude von oben nach unten, indem man die Liebe als Basis nahm und damit rechnete, daß eine gute und solide Ehe errichtet werden würde, wo ein starkes Gefühl das Fundament wäre.

Noch immer verstopft sich die Gesellschaft häufig ihre Ohren mit dieser Theorie, wenn der Lärm der einstürzenden Ehen in unserer Generation widerhallt.

Aber ein solches Gebäude kann höchstens so werden wie der schiefe Turm von Pisa und hat nur wenige Chancen, sich so gut zu halten. Denn in einem Verhältnis ist die Geliebte ein und alles, Anfang und Ende, wie Stengerde das für Kormak war, aber in der Ehe begegnen zwei Persönlichkeiten einander in einer Idee, und keine von beiden ist für die andere der höchste Lebenssinn, aber die Ehe selbst ist es für sie beide. So ist das Verhältnis zwischen einem General und einer Armee, wo die heißeste Hingabe auf beiden Seiten gefunden werden kann: der General ist jedoch nicht alles für die Armee oder die Armee für den General, sondern der Krieg, den sie planen, ist es für beide Partner. So zwischen einem König und einem Volk: der König ist nicht alles für das Volk oder das Volk für den König, sondern die Idee des Reiches ist es für sie beide. So mit einem Geistlichen und seiner Gemeinde, die einander lieben; der Geistliche ist nicht alles für die Gemeinde oder die Gemeinde für den Geistlichen, sondern Gott ist es für beide Partner.

So sind die meisten Ehen, wenn man sie als Ehen und nicht als Liebesverhältnisse nimmt, wie eine Armee und ein Offiziersstab in einem Lande, in dem der Krieg für immer ausgeschlossen ist, ein König und ein Volk ohne Land, eine Gemeinde und ein Geistlicher ohne Glauben.

Es ist einleuchtend für jeden, der sich überhaupt mit der Entwicklung und Zukunft der Menschheit beschäftigt und die Hoffnung hat, daß sie auch hier mehr Schönheit, Harmonie und Glück erlangen können sollte, daß sie in allem, was die Liebe betrifft, weit mehr Klarheit, Offenheit, Idealismus braucht, als sie je hier gewollt hat, und daß sie in unserem Jahrhundert am Beginn einer bewußten Erziehung in allen Verhältnissen, die die Liebe berühren und die vollkommen vernachlässigt worden sind, steht.

Wenn die Menschheit also auf die ideale freie Liebe Lust hat, sich von ihr angesprochen fühlt, sie sich als höchstes Ziel setzen sollte, muß sie versuchen, sich eine so hohe Idee von der Liebe an sich zu erschaffen, wie es überhaupt möglich ist.

Tausend Jahre hindurch ist gegen die Liebe als etwas an sich Niedriges gepredigt worden, und ihre Stellung leidet immer noch darunter. Viele Jahrhunderte hindurch ist in Gedichten und Romanen so geredet worden, als wäre der Liebesdienst der leichteste von allen, und diejenigen, die ihn ableisten, litten und irrten dabei.

Denn um in einem freien Liebesverhältnis leben zu können, bedarf es bei dem einzelnen eines hohen Idealismus, instinktiver Anerkennung des Rechtes des Individuums und großen Schönheitsgefühls... denn auf der Schönheit beruht das freie Liebesverhältnis schließlich und endlich, und das schöne freie Liebesverhältnis ist der Menschheit stets als die höchste erreichbare Offenbarung der Schönheit erschienen.

Und außerdem: die Gabe, wirklich zu lieben, ohne durch Gewohnheit oder äußere Verhältnisse darin bestärkt zu werden, und die göttlichste höchste Offenbarung, die andere in der Religion, der schönen Natur, der Kunst, der Pflicht, einem Vaterland sehen... in einem einzelnen Menschen und die eigene Heilig- und Seligwerdung in der Vereinigung mit diesem einen zu sehen.

Es besteht heutzutage ein Mißverständnis in der Lebensbetrachtung darin, daß die Liebe für die meisten Menschen als das Höchste von allem gilt, während sie gleichzeitig kein Gefühl dafür haben, daß sie gerade hier das Äußerste leisten müssen, was ihre Natur vermag. Daran trägt die Lebensanschauung der Ehe große Schuld, ist aber gleichzeitig entschuldigt, weil sie der Liebe nicht den höchsten oder heiligsten Platz einräumte – und selbst wenn sie förmlich verworfen ist, hat sie in der Wirklichkeit noch so viel Macht über die Sinne, daß die meisten Menschen in ihren Liebesverhältnissen auf beiden Beinen hinken – »aber so gleichmäßig, daß man es nicht sieht.«

Bis die Liebe offen als Ideal anerkannt wird und die Idealität in der Liebe offen gefordert wird, erhalten die meisten Menschen ihre Erziehung zur Liebe – zur selben Zeit, in der sie ihre Erziehung zur Wissenschaft, Politik, Landwirtschaft und Kunst durch die vorzüglichsten erreichbaren Repräsentanten erhalten – durch die niederen Tempeldiener der Liebe und finden sich infolgedessen später im Leben im Dienste der Liebe mit viel geringeren Ansprüchen an sich selbst in bezug auf Selbstlosigkeit, Wohlanständigkeit, Feinsinn, Verstehen, Selbstbeherrschung ab... als in irgendeinem anderen Verhältnis. Es ist eine betrübliche Wahrheit, daß die meisten jetzt lebenden alten Menschen, sofern sie vorurteilslos auf ihr Leben zurückblicken würden, anerkennen müßten, daß ihre schäbigsten Leistungen als menschliche Wesen ihrem Verhältnis zur Liebe gegolten haben.

Trotzdem haben die schönsten Stimmen der Menschheit von der Liebe als dem Höchsten, das das Menschenleben gewähren kann, gesungen... und im Laufe von ein paar tausend Jahren haben sie sich vielleicht nicht nur als schöne Musik Gehör geschaffen, sondern sind ins Bewußtsein der Menschheit gedrungen.

Wenn die Menschheit Lust darauf haben sollte, wenn es ihr wirklich zusagte und sie die freie Liebe zu ihrem höchsten Ziel erklärte, wird sie es im Lauf der Zeit einmal erreichen, daß alle wahrheitsliebenden und begabten Menschen den Prüfstein ihres Wesens in ihrem Liebesverhältnis sehen werden.

Aber wenn die Menschheit sich entschließen sollte, etwas Zusagenderes darin zu sehen, mehr Lust auf die Ehe zu haben, dann bedarf sie heute und morgen der Idee, auf die die Ehe gegründet werden kann.

Denn die Ehe kommt nicht zu Fall, wie sie selbst beliebt, dieses Verhältnis darzustellen, weil die freie Liebe wie ein Irrlicht die Gegenwart ins Moor gelockt hat, indem sie ihr ein Ideal gezeigt hat, dem viele bequemer und leichter folgen konnten. Sie kommt zu Fall durch ihren eigenen furchtbaren Mangel an Idealismus, ihre eigene freiwillige Unterwerfung unter den Buchstaben, so daß eine Ehe eine Ehe war und die schrecklichsten Dinge innerhalb ihrer vier Wände vor sich gehen konnten, ohne daß sie um ihres eigenen guten Namens willen eine Veranlassung fand, zu protestieren. Sie kommt nicht zu Fall, weil ihre Gesetze streng sind und Aufopferung fordern – das erschreckt keinen einzigen Menschen –, sondern sie kommt zu Fall, weil sie keinen Himmel kennt, der am Ende des Weges winkte, und weil sie keine Idee hat, weil die allgemeine Haltung ihr gegenüber jetzt ist: »wozu soll das gut sein?« Sie muß sich daher bequemen, diese Frage zu beantworten... oder mit Würde ins Bewußtsein der Menschheit einzugehen als etwas, das an die Ehrwürdigkeit des Vergangenen gebunden ist... womit die heilige Armee und das heilige Königtum sich abzufinden im Begriffe sind.

Wenn es nicht denkbar ist, daß noch ein paar Jahrhunderte Lebenskraft in dem Prinzip einfacher und schlichter Orthodoxie stecken: daß die Ehe heilig ist.

Die alleinseligmachende Kirche hat lange gelebt, die alleinseligmachende Ehe kann sich vielleicht noch eine Zeitlang lebendig erhalten, und es läßt sich im Kampfe zwischen der Orthodoxie und dem freien Gedanken immer einiges zugunsten der Orthodoxie sagen. Man vertieft sich in die Geschichte der seligmachenden Kirche mit wachsendem Staunen über deren Fähigkeit, die Menschen dazu zu bringen, ihre eigenen und anderer höchste Wünsche und Lebensbedingungen hinzuopfern auf die bloße Versicherung hin, daß sie dadurch selig werden würden. Zuletzt fragt man: Sind sie denn selig geworden?... und erhält zur Antwort: nein, selig sind sie sicherlich nicht geworden, aber durch diese ungeheuren Opfer erreichten sie doch, zufriedener zu sein, als ihr scheint.

Wenn die Orthodoxie sich auch nicht immer berühmen kann, Frieden gefunden zu haben, kann sie doch auf alle Fälle sagen, daß die Menschheit, hätte sie nur auf sie gehört und danach gehandelt, Frieden gefunden hätte.

Nur eines kann die Orthodoxie nicht: sie kann nicht im Namen des Ideals kommen.

Und die Menschheit hat Lust auf das Ideal.

VIII Der heilige Christophorus

> Reprobus, später der heilige Christophorus,
> war ein syrischer Häuptling von ungewöhn-
> licher Größe und Stärke, der einen suchte,
> der stärker war als er selbst und dem er
> dienen konnte.
>
> Jacobus de Voragine: Die goldene Legende

Jetzt ist das Feldgeschrei: »L'art pour l'art« so altbekannt, daß wir sicherlich nicht einmal richtig verstehen, was es bedeutete, als es ein Feldgeschrei war.

Wenn wir es zum erstenmal und ohne jede Voraussetzung hörten, ist es naheliegend, daß wir es als eine Forderung an die Kunst auffassen würden, und zwar die allerstrengste: »Sei Kunst. Kein Liebäugeln mit Sensationen, keine erborgten Federn, kein billiger Einkauf unter Zuhilfenahme von unzugehörigen Effekten. Sei rein, sei Kunst!«

Aber so wurde es nicht verstanden, es erscholl vielmehr aus dem Lager der Kunst selbst, von dem man doch annehmen sollte, daß dort kein Mensch etwas dagegen hätte einwenden können. Oft scheint es als eine Art Entschuldigung für die Schwächen der Kunst gebraucht worden zu sein, und in der Regel für solche Werke, die man jetzt am strengsten nach dem Gesetz »L'art pour l'art« verurteilt sehen würde. Merkwürdigerweise geschah das auch gleichzeitig damit, daß die Kunst ein zweifelhaftes Recht beanspruchte, ihr Reich auszudehnen und sich darauf einzulassen, moralische Probleme zu lösen und moralische Grenzpfosten zu verrücken.

Nun würden sich gewiß die meisten Menschen einig darüber sein, daß das eine ganz berechtigte Forderung ist, und daß die, die das bestreiten, eine falsche Vorstellung oder eine kurzsichtige Auffassung von der Reichweite der Kunst haben.

Um sich besser darüber klarzuwerden, kann man ein Beispiel aus der Kochkunst nehmen, welche eine Kunst ist, die eine solide und intime Verbindung mit dem Leben besitzt.

Es wird oft gesagt, daß »the proof of the pudding is in the

eating«, und das wird sicherlich gemeinhin vor allem mit Rücksicht auf das verstanden, was dem Auftischen vorausgegangen ist, und ermahnt dazu, es mit der Zubereitung nicht zu genau zu nehmen, solange ein wirklicher Genuß dabei herauskommt, und besonders, keinen Vorurteilen zu verfallen. Wenn ein Koch aus einer Handvoll toter Ratten ein wohlschmeckendes Gericht herstellen kann, hat er kochkünstlerisch gesehen »recht«, und Ratten können in der Zukunft als gute und feine Ingredienzien einer Mahlzeit in die Kochbücher eingehen. Aber so verstanden, erweist diese Redensart eine falsche Auffassung von der Reichweite der Kochkunst, denn die ist ja nicht mit der Mahlzeit selbst an ihr Ende gekommen, und wenn die Gesellschaft stirbt oder sich auch bloß danach sehr unwohl fühlt, fällt the proof of the pudding wieder anders aus.

Man kann sagen, daß zum Beispiel den Köchen der Borgias nicht erlaubt war, nach dem Prinzip l'art pour l'art zu handeln, denn in deren Küchen war die Kochkunst politischen und religiösen Rücksichten untergeordnet. Aber damit war die Kochkunst auf eine Bahn geraten, der sie auf die Dauer nicht hätte folgen können, ohne selbst zugrunde zu gehen. Die Mohammedaner und die Juden müssen ja immer noch religiöse Rücksichten beim Schlachten und bei der Zubereitung nehmen, aber was die Mohammedaner angeht, ist es mit deren Kochkunst ohnedies nicht weit her. Zweifelsohne muß bei Gelegenheiten, bei denen in diesem Zusammenhange überhaupt von Kunst gesprochen werden kann, bei den Gastmahlen der großen Paschas und Barone, jede religiöse Rücksicht hintangesetzt werden... und würde überhaupt irgendein Mensch, der sich wirklich für die Kochkunst interessierte und begeisterte und, was Gesundheit und ökonomische Möglichkeiten betrifft, freie Hand hätte, einen Koch anstellen, der sich nicht zum L'art pour l'art bekennte?

Und das wäre nicht so zu verstehen, daß selbst dem passioniertesten Koch nicht dämmerte, daß es höhere Ziele im Leben gibt als die Kochkunst. Man könnte ihn sich sogar so vorstellen, daß er sich darüber klar wäre und nichts dagegen hätte, daß seine Kunst direkt politischen Ambitionen diente, aber er hätte die richtige Auffassung, daß sie auch diesen am besten diente, wenn sie in sich selbst als Kunst am höchsten entwickelt wäre. An und für sich ist das auch der idealen Kochkunst selbst gleichgültig, sie bereitet der einen Richtung kein geringeres Essen als der anderen.

Der heilige Christophorus hatte eine andere Lebensanschauung: er wollte dienen, und er stellte die vernünftige Forderung, daß der, dem er dienen sollte, auf die eine oder andere Weise stärker wäre als er selbst.

Laßt nun die Liebe, die sich selbst nicht genug ist, sondern »Ich dien« in ihrem Schild führen will… das heißt, laßt den, der noch Wert legt auf die Ehe und ihr das Wort redet, seinem Beispiel folgen und sich, ohne eine Mühe zu scheuen, vielleicht sogar wie möglicherweise der heilige Christophorus selbst ohne große Hoffnung, auf die Wanderschaft begeben, um etwas zu finden, was stärker ist als er selbst, stärker als die Liebe, und ideell, wie der heilige Christophorus, darauf bestehen, niemandem und nichts, das dieser Forderung gegenüber zu kurz kommt, dienen zu wollen und auch die Liebe nicht dienen lassen zu wollen.

Dem droht eine lange Wanderschaft, und es wäre für ihn der Mühe wert, sich dessen Geschichte zu Herzen zu nehmen, wenn er dadurch seinen Weg verkürzen könnte und da begönne, wo jener endete: das heißt, für den, der seine Legende kennt, mit dem Dienst an Gott. Hat es für ihn einen Sinn, hier seine Sache vorzubringen und, indem er offen anerkennt, daß er sich selbst nicht genug ist, sondern etwas Größeres und Stärkeres sucht, zu fragen: Ist es Gott, dem ich dienen soll?

Es gibt viele Stimmen, die sich beeilen würden, mit Ja zu antworten.

Die Kirche, die Tradition, antwortet zuerst. Aber die weiß nicht, zu wem sie spricht, und deswegen liegt hinter der Antwort überhaupt keine Wirklichkeit. Die suchende Liebe, der moderne heilige Christophorus, kann hier mit großem Ernst den Fahneneid ablegen, aber sie wird trotzdem später finden, daß er nur eine Formel ist, daß sie keinen wirklichen Dienst annimmt, denn es gibt keinen.

Das bedeutet in diesem Zusammenhange nicht, daß moderne Menschen nicht an Gott glauben. Nein, es verhält sich anders.

Der zivilisiertere Teil der Menschheit hat mehrere tausend Jahre lang voller Stolz behauptet, nur an einen Gott zu glauben. Mit diesem modernen Monotheismus verhält es sich ebenso wie mit der modernen Ehe, die sich auch Monogamie nennt... das heißt, daß sie jeweils nur an einen Gott auf einmal geglaubt hat. Moses' Gott würde nicht nur nicht den Gott der Christian Science als identisch mit sich anerkennen, sondern er würde ihm im höchsten Grade feindlich gegenüberstehen, ja, es fragt sich sogar, ob er nicht schlicht und recht meinen würde, daß er sein alter Gegner, der Teufel, unter einer neuen Maske wäre. Gottes Stimme im Menschenherz hat vielleicht dieselbe Kraft und denselben Klang, aber deren Repertoire ist von Jahrhundert zu Jahrhundert etwas gänzlich Verschiedenes, denn: der Gott, den du suchst, ist dein eigener Gott... was willst du mehr? Und das Verlangen nach dem Ideal schafft den Gedanken an Gott, aber der Gedanke an Gott kann auf keine Weise ein anderes Ideal schaffen als das, das es schon gibt.

Der Gott der alten Patriarchen war ein Stammesgott, deswegen sprach Gottes Stimme in ihren Herzen für die Sache des Stammes und deswegen stand er auf der Seite der Ehe.

Der Gott des alten Deutschland war der Gott des Vaterlandes und der Dynastie, und seine Stimme sprach in deren Interesse für die Sache der Ehe. Der Gott der alten Zeiten war überhaupt der Gott der Familie, der Ordnung, des Gesetzes und dadurch der Gott der Ehe.

Aber der Gott der modernen Menschen ist der Gott des Individuums, er ist der Gott des Gefühls, und eins seiner ersten Gebote ist, daß der Buchstabe tötet*, aber der Geist lebendig macht... da müßte man zum mindesten auch glauben: legitimiert. Er ist eine äußerliche Ordnung, in der den Geist hungert, ein Zusammenleben ohne Liebe, abscheulich, seine Stimme wird es im Herzen jeden modernen jungen Mannes oder jeder modernen jungen Frau verurteilen... und es ist wohl auch sehr zweifelhaft, ob irgendein Geistlicher sich von der Kanzel herab bequemen könnte, im Namen des Gesetzes, oder der Ordnung, oder irgendeines anderen Ideals, sich dafür einzusetzen – er hat Partei für die Liebe und gegen die Ehe ergriffen.

Wenn die modernen Menschen ihr höchstes Ideal z. B. in der Familie, dem Vaterland, dem Stamm sähen, hätten sie gleichzeitig einen Gott, der ihnen diese Ideale vor Augen stellte und geltend machte, und dann könnte die Liebe ihm dienen. Aber dann brauchte sie ihn nicht.

Der moderne heilige Christophorus verläßt den Altar, dem er sich zuerst zuwandte, und ergreift seinen Wanderstab.

IX   *... beginnt seine Wanderschaft*

Während die Menschheit sich entwickelt, werden unmerklich eine Menge Ideale nicht gerade als verwerflich, aber als unanwendbar abgeschafft.

In einer Gesellschaft kam die Rede darauf, wie viele der Zehn Gebote für das höchste Ideal der modernen Zeit: den vollkommenen gentleman, als unabdingbar angesehen werden müßten.

Obgleich es keine Diskussion gab, waren die Vorstellungen doch ziemlich übereinstimmend und wären sicherlich annähernd die gleichen gewesen, wo auch immer über dieses Problem debattiert worden wäre.

Das Gebot, um das die vollkommene gentlemanliness nicht herumkommen konnte, war das achte. Ebenso war es auch die allgemeine Meinung, daß Übertretungen des neunten und zehnten Gebotes nicht zum Charakter des vollkommenen gentleman gehören dürften, selbst wenn ja eine einzige Übertretung ihm keinen Abbruch tun könnte. Was das siebente Gebot angeht, kam bei ihm alles auf die Umstände an. Man war der Auffassung, daß selbstverständlich viele professionelle Diebe leben, die wahre gentlemen genannt werden können, und die Zeit hat sich ja auch eine Art Ideal in dem gentleman-Dieb Raffles* geschaffen.

Da man im allgemeinen davon ausgeht, daß der vollkommene gentleman in Verhältnissen lebt, die ihm ermöglichen, den Unterschied zwischen Feiertag und Wochentag zu ignorieren, wird eine peinliche Einhaltung des dritten Gebotes vielleicht den Schatten eines Verdachts auf seine Vollkommenheit werfen, aber an und für sich kann man nicht sagen, daß das etwas mit der Auffassung von der vollkommenen gentlemanliness zu tun hat.

Aber die Zehn Gebote wurden seinerzeit mit Donnern und Blitzen vom Berge Sinai gegeben, und wir sind nicht berechtigt zu glauben, daß irgend etwas in ihnen als Füllwort auf die Steintafeln gesetzt war.

Wir müssen im Gegenteil davon ausgehen, daß das: den Namen des Herren mißbrauchen, einen Mann in der Achtung der damaligen moralischen Elite herabsetzen mußte, jedenfalls ebensosehr wie es z. B. vor 50 Jahren das: sich über seine Erfolge in der Liebe zu verbreiten, getan hätte, oder heutzutage z. B. Mangel an Großmut Untergebenen gegenüber, oder der Versuch, eine Frau zu einem Zusammenleben, das ihr widerwärtig wäre, zu zwingen oder sie dazu zu überreden, oder der Verdacht, beim Kartenspielen zu betrügen.

Mit dem Gedanken daran, wie moralische Wertungen auf diese Weise verändert werden, müssen wir darauf vorbereitet sein, daß künftige Zeiten unseren heutigen moralischen Verabredungen völlig verständnislos gegenüberstehen werden.

Wird nun der große Begriff: Sippe, der so viele Jahrhunderte lang als eines der höchsten und unumstößlichsten Ideale bestanden hat, und für das so viel Blut, so viel Kraft, so viele persönliche Gefühle und Leidenschaften geopfert worden sind... aus dem Wörterbuch der Menschheit getilgt, und ist es die Idee der Sippe, die die der Ehe mit sich ins Grab genommen hat?

Wenn der heilige Christophorus dieser Betrachtungen zu mir persönlich käme und mich darüber befragte, würde ich mit Ja antworten.

Auf die Sippe, den Stamm, die Nation ist die Ehe gegründet, und da der Gang der Entwicklung, da der Geist der modernen Zeit taten, was sie konnten, um diese Begriffe und all deren Werk und Wesen abzuschaffen, und ihnen schließlich, was sie sich an Ansehen und Eigentum angeeignet hatten, bis zum Boden unter ihren Füßen abluchsten, rissen sie das Fundament unter der Ehe mit sich fort. Es konnte dann nicht mehr lange dauern, bis sie fiel, und ihr Fall war tief.

Für eine Untersuchung über Begriff und Wesen der Sippe gibt

es kein wirklich lebendiges Material mehr. Kein Mensch kann, wenn er sich damit beschäftigt, erwarten, Material für einen direkten Einfluß oder Hilfe für die Gegenwart zu finden, das ganze Unternehmen wird mehr zu dem: ins Museum gehen... wo man wohl auch hoffen kann, durch Vertiefung in das Wesen entschwundener Zeiten gelegentlich etwas zu finden, was zum Verständnis der Gegenwart dienen oder indirekt in ihr genutzt werden kann.

Laßt uns also, um Klarheit darüber zu erlangen, in welchem Grad eine edle Sippenverbindung die Forderungen verwirklichte, die an die Ehe gestellt werden müssen, an einem... Sarkophag stehenbleiben. An dem Sarkophag der Herzogin von Rohan*, die, als sie ihr Kind erwartete, höhere Ehrenbezeigungen forderte, weil sie mit einem Rohan schwanger ging.

Man muß sich vorstellen, daß der Begriff Rohan sich im Bewußtsein festgesetzt hat, im Bewußtsein des ganzen Volkes ebenso wie in dem der beiden jungen Menschen, die um dieser Sippe willen eine Ehe eingehen. Sie vertritt hier gewisse bestimmte Eigenschaften: Mut, Königstreue, Großzügigkeit, Ritterlichkeit... vielleicht auch solche, die gemeinhin nicht für verdienstvoll gehalten werden: Härte, Genußsucht oder mit roten Haaren und kleinen Augen... das besagt nichts, diese Sippe ist ein Begriff, als solcher ist er in die Geschichte des Landes eingegangen, ein Rohan ist mehr (oder weniger) als ein Mensch, er ist ein Rohan.

Auch in seiner eigenen Seele besteht kein Zweifel daran, daß diese Eigenschaft die höchste und bedeutsamste in seiner Persönlichkeit ist, ja, seine ganze Persönlichkeit dient ihr und bekommt Gewicht von ihr. Welche persönlichen Verdienste er immer haben kann... Schönheit, Begabung, Tapferkeit... sie haben ihren Wert, weil sie der Sippe Rohan von Nutzen sein oder Glanz auf sie werfen können. Der Rohan, der glaubt, durch seine persönliche Schönheit, Begabung, Tapferkeit etwas anderes oder mehr zu sein als ein Rohan, hat sich der Idee seiner Sippe entfremdet.

Deswegen kann der junge Herzog von Rohan, der sich verheiraten soll, viele Frauen aus allen Nationen, Glaubensbekenntnissen und Geistesrichtungen getroffen und geliebt haben... es besteht trotzdem immer nicht nur ein Gradunterschied, sondern ein tiefer Wesensunterschied zwischen diesen Verhältnissen – und ihrer Rolle in seinem Leben – und seinem Verhältnis zu einer Ehefrau. Denn hier hat er geliebt, gesiegt, gelitten als junger, hübscher, begabter, tapferer, leidenschaftlicher Mann, aber er verheiratet sich in seiner Eigenschaft als Rohan, dem höchsten Begriff, den sein Leben kennt.

Die Verbindung, die durch seine Hochzeit geschaffen wird, ist kein persönliches Anliegen, hier gilt, daß »the woman (and man) of noble birth marries as the man of noble birth fights, on political and family grounds, not on personal ones«.

Die Persönlichkeit seiner Braut wird wie seine eigene beurteilt: nach ihrem Wert für die Sippe. Ihre Schönheit, ihr Verstand, ihre Tatkraft bekommen Bedeutung: sie ist die, die die Juwelen der Rohans tragen, in ihrem Hause die Honneurs machen, in schweren Zeiten den Familiennamen verteidigen soll. Vorausgesetzt, daß sie der Sippe Rohan nützlich ist oder Glanz über sie verbreitet, kann sie den Maßstab, an dem die übrige Welt sie mißt, leichtnehmen. Das junge Fräulein von Rohan, das mit dem Sohn des Herzogs von Guise, dem Herzog von Chevreuse, verheiratet wurde, war berühmt für seine Abenteuer und Intrigen, aber seine Begabung und sein Charme waren trotzdem Perlen, die mit Befriedigung zusammen mit der reichen Familiensammlung aufgefädelt wurden. Erzogen und erwählt für den Dienst an einer Idee, war sie eine Erwerbung von ungeheuer großem Wert für die Rohan-Sippe, kniend empfing sie mit ihrer Heirat eine Aufgabe und einen Namen, der wie ein Diadem auf ihrer Stirn saß.

Das Verhältnis zwischen den Ehegatten war kein persönliches Verhältnis, und sie konnten, streng genommen, einander nicht persönlich oder direkt glücklich machen oder enttäuschen, sondern sie mußten wechselseitig füreinander die größte Bedeutung durch das Verhältnis, in dem sie standen, und die Bedeutung, die es für sie hatte, nämlich ihre gemeinsame Lebensaufgabe, erhalten. Es konnte für den Herzog von Rohan niemals die Rede von einem wirklichen Vergleich zwischen seiner Ehefrau und anderen Frauen sein: sie konnten (niemals) so viel schöner, begabter und begehrenswerter sein, sie blieb doch die einzige Frau in der

Welt, die einen Herzog von Rohan gebären konnte. Die Feste, die sie gab, waren die Feste der Rohans, die Armen, denen sie half, waren die Bauern und Armen der Rohans.

Selbst die Art und Weise ihrer wechselseitigen Gefühle mußte von der selben Idee her beurteilt werden: so wie eine innerliche Hingabe ein großer Wert für die Familie und eine Sicherung des Glückes war, während eine heftige persönliche Leidenschaft zu einer Gefahr für sie werden konnte... sogar ihr intimes Zusammenleben erfolgte sozusagen im Dienst einer Idee.

Im Prinzip mußten wohl beide Ehepartner wohlwollend ihre Augen vor einem gewissen Versagen der Seite in der Natur ihres Ehepartners verschließen, die vom Herzen gesteuert wurde und die man »Gefühle« nannte, vorausgesetzt, daß es nie ein Versagen der Idee gegenüber war, die für sie beide als das Bedeutsamste und ideell Höchste in ihrem Leben dastand, aber es versteht sich von selbst, daß das unpersönliche Gewicht in dem Verhältnis meistens, zwischen anständigen Menschen, zu »cette douce amitié, cette tendre confiance, qui, jointes à l'estime, forment le véritable, le solide bonheur des mariages«*... führen wird (so wie die Heuchlerin Madame de Merteuil in einem Zeitalter, das den Respekt vor der Idee der Sippe verloren hatte und die persönliche Leidenschaft pflegte, mit hämischer Falschheit die Ehe beschreibt). Auf jeden Fall war ihnen beiden klar, daß das Verhältnis zwischen ihnen unauflöslich war – so wie ihr Verhältnis zum König oder zum Vaterland tief verwurzelt war – ja, es dauerte über das Grab hinaus. In den künftigen Rohan-Sippen oder in der Geschichte der Sippe waren sie vereint. Vielleicht konnte einer von ihnen davon träumen, im Paradies einen anderen, geliebteren Geist wiederzusehen, aber im Sarkophag über ihrem Grab in der Rohan-Kapelle verweilten sie für immer zusammen in dem unvergänglichen Marmor.

Man kann schon sagen, daß dergleichen nur für eine sehr begrenzte Anzahl von Sippen Geltung hatte. Aber die Gegenwart einer Elite macht sich dem ganzen Volke bemerkbar. Der Glanz der Verbindungen der großen Sippen fiel beständig auf das Hochzeitsritual, wo immer es vorgelesen wurde.

Er war auch nicht – wenngleich weniger prunkvoll – dort we-

niger inbrünstig, wo ein junger Pfarrer sich mit einer Pfarrers-
tochter verheiratete und zwei Familien sich vereinten, die Jahrhunderte lang mitgeholfen hatten, das Christentum des Landes
zu stützen, oder wo eine alte Bauernsippe, die aufopfernd den geliebten Boden über Generationen bewahrt hatte, sich zu einer
ausgesuchten und würdigen Hausmutter für Menschen und
Tiere des Hofes verhalf, und zu einer Mutter und Großmutter
für die, die mit erneutem Glauben die Arbeit dort aufnehmen
sollten... die höchsten weiblichen Würden, die sie sich vorstellen konnten. Mag es auch so sein, daß solche Begriffe wie weibliche Würde und die Heiligkeit der Ehe etwas abgenutzt wirken
können, wenn man aus Morbihan* kommt, so ist es doch gewiß,
daß der Bauer auf dem Bakkegaard – solange der Respekt für die
Sippe und die Idee des Eigentums groß und unbestritten waren –
mit der Hausmutter auf dem Bakkegaard mit mehr Ernst und
Andacht zu Bette ging, als er bezeugt haben könnte, wenn es
selbst die Prinzessin des Landes gewesen wäre, die ihm die Ehre
erwiesen hätte.

Ja, man kann sich ganz gut vorstellen, daß in einem Lande wie
z. B. Deutschland während des Krieges etwas von diesem Glanze
auf die Ehen einer ganzen Nation fallen konnte, und auf ihre
Aufgabe: neue Deutsche zu schaffen und sie im wahren Glauben
zu erziehen... oder daß in alten Zeiten, als das Menschengeschlecht seinem Selbstverständnis nach als Kinder Gottes im
Kampfe gegen die Naturkräfte und das Böse stand, derselbe
Glanz auf diese Aufgabe fallen konnte: die Erde zu bevölkern...
und auf diese Weise sozusagen aus jedem Liebesverhältnis eine
Ehe zu machen.

Aber heißt das nicht, zu viel vom Kandidaten Petersen zu verlangen, daß er etwas von ihrer Persönlichkeit und ihrem persönlichen Liebesverhältnis in seiner jungen Frau Petersen unabhängig symbolisiert finden solle, mit der er einmal an einem Vormit-
tag im Rathaus gewesen war und mit der er eine Reihe wechseln-
der Wohnungen und Sommerwohnungen, Mühsal mit wechselnden »Mädchen« und Lieferanten, manche überflüssige und
quälende Geselligkeit und ganz unpersönliche Wohltätigkeit
teilt? Heißt das nicht, zu viel zu verlangen... nicht so sehr von

seiner moralischen Stärke als von seiner Einbildungskraft… daß er einen Wesensunterschied zwischen dem Kind, das er vor seiner Hochzeit mit einer süßen, jungen Büroangestellten hatte, und seinen drei ehelichen Kindern, von denen er und seine Frau das dritte zu vermeiden hofften und suchten, sehen soll?

Die junge Frau Petersen gab ihre Jugend und Frische samt der Zeit und den Gaben, die sie früher… jetzt denkt sie manchmal: mit mehr Dank… ihrer Arbeit hingab, für das Vergnügen hin, mit Herrn Petersen zusammenzuleben und ein paar süße, kleine Babies zu haben, von denen sie hofft, daß sie fähig sein werden, sich auf die eine oder andere Weise durchs Leben zu schlagen. Wird das Vergnügen bisweilen zweifelhaft, dann wird das ganze Unternehmen ein wenig zweifelhaft.

Als ökonomische Spekulation – unter welchem Gesichtspunkt sie es übrigens nie betrachtet hat – war es von Beginn an zweifelhaft, denn sie hatte sich im Grunde freier und bessergestellt gefühlt, als sie Stenotypistin war, und wäre im Falle einer freien Verbindung mit dann nur einem Kind und dem gesetzlichen Zuschuß des Vaters richtig gut zurechtgekommen.

Sie bekam fraglos seinen Namen für ihre Kinder, aber sie war selbst eine geborene Petersen.

Es ist nicht verwunderlich, daß dieses junge Ehepaar an seine Verlobungszeit als die befriedigendste Periode seines Verhältnisses zurückdenkt…, während diese Zeit für den Herzog und die Herzogin von Rohan über ihr Versprechen hinaus nicht den geringsten Inhalt hat.

Der Charme, den Herr und Frau Petersens Ehe hat, ist der Charme eines freien Verhältnisses, und er ist nicht auf eine höhere Ebene gehoben worden, sondern ist nur mit Gewichten von der Art versehen worden, die ein freies Liebesverhältnis, ein ausschließlich persönliches Verhältnis nur schwer tragen kann.

An dem Abend, am 1. Mai, als sie als jung Verlobte auf dem Motorrad an den Gribsee fuhren und am Strand ihre Zigaretten rauchten, während hinter ihnen im Buchenwald eine Nachtigall zu singen begann, während sie sich ein einziges Mal ganz allein auf der Welt fühlten und das Leben ihnen weder Vergangenheit noch Zukunft zu haben schien…, da kamen sie sich selbst wie etwas Wirkliches vor und ihr Verhältnis wie etwas Wirkliches.

Hätten dieser Inhalt und diese Wirklichkeit nicht besser bewahrt werden können, und haben sie keinen Anlaß, Familie und Gesellschaft... und sich selbst wehmütig vorwurfsvoll zu fragen: was das eigentlich ist und wozu das eigentlich gut sein soll, wofür sie das geopfert haben?

Aber die Zeit der Sippe ist vorbei und kann nicht zurückgerufen werden. Sie würde auch nicht gerufen werden, selbst wenn sich das machen ließe. Viele Generationen haben ihre Gedanken, ihre Kräfte darauf verwandt, sie zunichte zu machen. Wir lesen von den Werten, die ihre Idee mit sich gebracht haben kann, mit einer gewissen Wehmut, wie wir am Schlosse von Chambord* davon lesen, daß »the voitures de gala which were prepared in 1873 for the royal entrance of the comte de Chambord in Paris may be seen for 1 franc extra per person«.

Der heilige Christophorus muß sich von der Vergangenheit ab- und der Gegenwart oder Zukunft zuwenden.

X   *...setzt seine Wanderschaft fort*

Die Leute haben im allgemeinen eine ziemlich verworrene Vorstellung von dem Begriff: Wahrheit.

Manche Menschen verwenden die Wahrheit im negativen Sinne: der, der nicht lügt, sagt die Wahrheit. Sie gehen ins Grab, ohne jemals eine Lüge über die Lippen gebracht zu haben und ohne eine Idee davon zu haben, was Wahrheit ist.

Andere sind der Ansicht, daß man die Wahrheit am besten als eine Art geistigen oder Gefühls-Kommunismus anwendet. Der, der im Verhältnis zu einem anderen wahrhaftig sein will, darf nichts für sich selbst behalten, sondern muß alles hergeben und ebenso alles verlangen. Die volle Wahrheit kann nicht erreicht werden, ehe man des anderen Kindheitsverliebtheiten und Zahnschmerzen bis ins Detail kennt. Der wahrhaftige Freund, Sohn, Ehemann besitzt in seiner ganzen Seele nicht einen Winkel, den er sein eigen nennen kann, keinen Besitz, den er nicht gewissenhaft in der Kommune verteilt hat, und er empfindet eine Heimlichkeit nicht wie eine Süße in seiner Seele, sondern mit schlechtem Gewissen.

Diese Art der Wahrheitssuche wird vor allem zu Hause gepflegt, und die dänische Kunst, die aufs Ganze gesehen dieser Form von Wahrheit gehuldigt hat, hat sie in vielen Hunderten von Interieurs verherrlicht: der Mann mit Pfeife oder einem Toddyglas vor sich, der liest, die großen Kinder, die ihre Schularbeiten machen, Milch und Tee trinken und ihre Butterbrote essen, die Frau, die das kleinste Kind nährt, alle um dieselbe Lampe herum, während der Hund, auf dem Teppich ausgestreckt, das Seine zum intimen Duft des Heimes beiträgt.

Wenn die Heime sich außerdem noch mit einem Nimbus von Idealität umgeben, ja, sich selbst als den größten Schatz der Nation einschätzen, dann vielleicht, weil sie sich als Träger dieser besonderen Art von Wahrheit fühlen..., die mit der Art von Wahrheitsliebe und dem Drang zu wirklicher Intimität zusammengehört, die in alten Zeiten die kleinen »Häuser« so niedlich mit einer Reihe Sesseln, einer neben dem anderen, einrichteten, wo eine Versammlung guter Freunde die gemeinsamen Angelegenheiten in Ruhe und Frieden diskutieren konnte.

Sie erklären diese Wahrheitsliebe zu einer ihrer achtenswertesten Eigenschaften und behaupten, es sei eines der Verderben des freien Verhältnisses, daß die Liebhaberin in ihm ihre Gaben und ihre Anziehung nutzt, um den Liebhaber festzuhalten, und auch dazu gezwungen ist (oje, oje, diese armen ältlichen Liebhaberinnen – *Zitat*), anstatt sich vor ihm in ihrer ganzen Wahrheit zu zeigen, so wie sie könnte, wenn sie eine rechtmäßige Ehefrau mit dem Gesetz auf ihrer Seite wäre, so daß sie keine Angst zu haben brauchte, gewogen und zu leicht befunden* zu werden.

Manche angetrauten Frauen rufen sich dieses Glaubensbekenntnis in die Erinnerung zurück, weil man in ihren Heimen nicht vermeiden kann, an die für den Ehemann beinahe himmlische Veränderung zu denken, der sie unterworfen wären, wenn es ihnen plötzlich aufginge, daß sie nicht fest im Sattel säßen, sondern bestimmte Anstrengungen machen müßten, um sich in ihm zu halten.

In Wirklichkeit ist ein langes tägliches Zusammenleben gewiß ein gefährlicher Ort, eine solche Wahrheit und Intimität zu pflegen, und es läßt sich einiges für die alte Regel anbringen, daß »la chemise est jetée pour l'amant, mais gardée pour le mari«.

Ein Paar Liebender kann und muß das letzte Kleidungsstück abwerfen, weil es sich nur rein und schön und zur Liebe geneigt trifft. Aber ein noch so verliebtes Paar, das willens ist, sein Zusammensein das ganze Leben lang fortzusetzen, müßte bedenken, daß in einer so langen Zeit früher oder später Umstände eintreffen, die es ratsam erscheinen lassen, ein gewisses Minimum an Kleidung anzubehalten, und daß es kein sonderlich anziehender Augenblick ist, wenn die Verhältnisse sie dazu zwingen, sich wieder anzuziehen... Es ist leichter, die Wahrheit und Offenheit in einem Verhältnis zu vergrößern, als sie einzuschränken, wo sie Eingang gefunden hat, und der Geist, der die Eheleute in alten Zeiten »Sie« zueinander sagen ließ, wirkte noch bisweilen wie diese kühle Atmosphäre, in der Waren sich halten und nicht so leicht verderben.

Das Leben ist beschwerlich, wenn man, wie gesagt wird, schlecht gebettet ist, und in alten Zeiten waren, wie König Frederik VI.* erfahren mußte, zu Hause »die Kissen von der Wiege an hart«. Aber von einem geistig-hygienischen Standpunkt aus betrachtet, hatte das doch seine guten Seiten. Die Heime, in denen die Jugend der Gegenwart auf das Leben vorbereitet wurde und denen es an jeder Idee überhaupt mangelt, vom Dogma der Heiligkeit des Heims an sich einmal abgesehen, konnten mit einem guten, weichen Bett verglichen werden. Es läßt sich ja auch nicht leugnen, daß viel dafür spricht, denn es gibt dem Müden Ruhe und mindert die Qualen der Kranken und Überanstrengten. Aber man soll es nicht idealisieren, vielmehr kann man sagen, daß es um so besser ist, je kürzer man sich, ohne Schaden zu nehmen, in ihm aufhalten kann. Genauso wenig soll man das Verlangen nach ihm idealisieren, wenn man auch mit ihm sympathisieren kann, denn das Heimweh, das Kinder, die dort mit Selbstmitleid vergiftet worden sind, fühlen und erleiden, ist oft mit dem Verlangen eines verzärtelten Menschen nach seinem guten, weichen Bett vergleichbar. Zuallerletzt darf man es idealisieren, gesunde Menschen, die gerne aufstehen möchten, gegen deren Wunsch im Bett zu halten... und wie oft ist es nicht gerade das, was die Heime ihren Kindern und Jungen gegenüber tun und idealisieren?

Wie oft überfällt einen nicht beim Eintreten in eines dieser idealisierten Heime moralisch und intellektuell dasselbe Gefühl, das einem physisch in einem überfüllten Coupé oder Wartesaal, in dem die Fenster geschlossen sind, begegnet: die Luft ist verbraucht.

Was man einatmet, sind die harmonisch vermischten Ausatmungen der Versammlung, wie staubgewordene Scherze, die frisch waren, als der Familienvater ein Junge war, und der Geist seiner Lieblingsbücher, die der jungen Generation in den Mund gestopft werden wie unendlich alte Kuchen, die unmöglich noch verdaut werden oder zur Nahrung dienen können.

Da sind viele stolze Männer zu Milchgesichtern geworden, und viele junge, schöne Frauen endeten mit ihren Familien in einem gegenseitigen geistigen Kannibalismus, der kaum die Knochen von ihnen allen übriggelassen hat... oder Eltern und Kinder haben auf die gleiche Weise gelitten, zu der es kommen würde, wenn eine Mutter nicht aufhörte, ihre großen Kinder an die Brust zu legen, und weinend dem gegenüberträte, der den einen oder anderen Partner davor erretten wollte, entweder aufgezehrt oder unterernährt zu werden, und sich dann auf die Heiligkeit der Muttermilch beriefe.

Wo selbstgerechte Menschen in einem Heim zusammenleben, das von überhaupt keiner Idee – vom Dogma der Heiligkeit des Heims abgesehen – gestützt wird, wird ihre Selbstgerechtigkeit nicht nur addiert, sondern multipliziert. Sie enden damit, daß sie »become persuaded even unto unconsciousness that no one can even dwell under their roof without deep cause for thankfullness. Their children, their servants... must be fortunate ipso facto that they are theirs...« Die moralische Würdigung anderer Menschen endet dort damit, daß sie ausschließlich im Verhältnis zu deren Würdigung dieses heiligen Heims und dieser heiligen Gemeinschaft, die in ihm lebt, entschieden wird: d. h. daß die, die erkennen, daß Mama wunderbar, Papa einzigartig und Bøgely der schönste Fleck auf der Erde ist, nette Leute sind; die anderen sind entweder dumm oder widerlich, oder man rechnet überhaupt nicht mit ihnen als Menschen und beschäftigt sich nicht mit ihrer Existenz.

Als Vorbereitung aufs Leben gleichen diese heiligen Heime der Tanzschule in »Emmeline«, wo die jungen Mädchen die Menuettschritte auf folgende Weise lernten: »3 chassés auf den Spiegel zu, ein pas de basque vor der Konsole...« Die Kinder aus Bøgely haben keine Ahnung, wie sie sich bewegen oder wie sie handeln oder sich benehmen sollen, es sei denn innerhalb der geistigen und materiellen Mauern Bøgelys, und denken deswegen aus gutem Grund zurück an Bøgely als die einzige Stelle, wo sie leben und zu ihrem Recht kommen konnten... und die Eltern in Bøgely sind stolz darauf und gerührt darüber.

Wenn eine Institution an sich, ohne eine Idee und ohne Begründung, für heilig erklärt wird, ist es in Wahrheit Zeit, die Augen aufzumachen und ein unvoreingenommenes Urteil vorzubereiten. Kommt nur her, ihr Heime, die ihr fordert, daß persönliches Verlangen und Leidenschaft um eurer Heiligkeit willen hingeopfert werden sollen, seid ein einziges Mal ehrlich und beruft euch nicht auf die einzelnen idealen Heime (mehr als die einzelnen heiligen Päpste für des Papstes oder des Papsttums Unfehlbarkeit an sich ins Feld führen können), sondern belehrt uns, worin sie besteht.

Daß ihr keine Träger von Geist oder Kunst gewesen seid, daß ihr keine Herde für das heilige Feuer gewesen seid, das sei euch von vornherein zugestanden, denn dazu wart ihr nicht fähig. Aber nicht, daß ihr eifervoll jedes Streben danach ausgeschlossen und verurteilt habt, weil es jenseits eures Gesichtskreises lag und euch selbst in den Schatten stellen könnte... wie auch solche Freundschaften und Schwärmereien bei euren Kindern und Jungen, die euch vorkamen wie Ketzereien gegen eure heilige Orthodoxie.

Ach, habt ihr euch nicht oft damit zufriedengegeben, keine andere Art von Liebe zu pflegen als die, die mit dem Danke-fürs-Essen-Kuß ausgedrückt wird, mit dem »Mann und Frau sich statt mit einer Serviette den Mund abwischen«, keine andere Art von Sympathie als die, mit der alte Eltern, die sich gern auszeichnen und bewundern lassen, ihre Kinder dazu zwingen oder daran gewöhnen, unter ihrer Anleitung idiotischere Spiele zu spielen, als sie sich selbst ausdenken könnten, und somit gesunde Kinder überreden, wieder kindisch zu werden – keine andere Entwicklung als ein Treten auf der Stelle, keine andere Mission als Selbstvergottung. Sondern nur die Propheten und Agenten der heiligen Ehe auf die Weise zu sein, daß die Hälfte der neuen Ehen zustande kam, weil die Braut »weg von zu Hause« wollte.

Leute, die ins Theater gehen, erwarten doch, entweder etwas Lustiges oder etwas Ergreifendes oder etwas Rührendes zu hören, und im Gesellschaftsleben versuchen doch die Anständigeren unter den Gastgebern und Gästen, auf ihrem höchsten intellektuellen Standpunkt zu stehen... nur im häuslichen Leben setzt sich eine Versammlung von Menschen hin, jeder mit seinem Buch oder seiner Zeitung oder Patience, und vergähnt die Zeit, bis man ins Bett kann, und nennt dieses Gähnen einen heiligen Ritus.

Daß die Heiligkeit des Heims bei einer Abstimmung immer noch viele pietätsvolle Stimmen für sich verbuchen könnte, bedeutet nichts, denn eine dekretierte Heiligkeit ohne Idee und ohne Begründung ist von besonderer Zählebigkeit. Als Ewald* schrieb:

> O Jammer, so trage, Norden,
> deinen größten Schatz zur Erde...

sang er aus einem aufrichtigen Herzen und fand ein aufrichtiges Echo im Herzen des Volkes. Vielleicht können die Leute mit ihrer Trauer um die Heiligkeit des Heims fertig werden, so wie sie seinerzeit mit ihrer Trauer um Frederik V. fertig wurden.

XI *Intermezzo*

Es steht in der Edda, daß, wenn die Welt untergegangen ist im Ragnarök, die Asen auf dem Idafeld die goldenen Würfel im Grase finden werden, mit denen sie am Morgen der Zeiten spielten.*

Es erschien den alten Nordländern, die in stetem Kampf mit der harten Notwendigkeit, mit Wind und Wetter, Kälte und Mißwuchs, in blutigem Streit nach außen und innen, mit Unsicherheit und Ungemach in allen Verhältnissen standen... so, als ob das vollkommene Glück, das schließlich und endlich ihrem Denken zufolge aus all dem entstehen konnte und ewig währen sollte, dieses war: spielen.

Und es ist vielleicht dieselbe Vorstellung von der Seligkeit als einem in alle Ewigkeit fortgesetzten Spiel, die das Wort, daß niemand ins Himmelreich kommen wird, wenn er nicht wird wie ein Kind, so beliebt in allen Schichten des Volkes gemacht hat.

Hier wird nicht an so ein Spiel gedacht, in dem die, die spielen, den ganzen Inhalt aus ihrer eigenen Phantasie heraus mitteilen, indem sie sich eine Gefahr oder ein Ziel vorstellen oder sich einbilden..., denn das würde die Anwesenheit von oder die Erinnerung an andere »ernste« Verhältnisse voraussetzen und könnte unmöglich das Spiel nach dem Ragnarök werden... aber ein solches Spiel, das an seiner eigenen Anmut oder Kühnheit Genüge findet, sich aber vom Erdenleben unterscheidet (und dem ähnlich ist, was man sich im allgemeinen als einen mehr himmlischen Zustand vorstellt), dadurch nämlich, daß es nicht der Strenge der Notwendigkeit unterworfen ist, sondern seinen eigenen göttlichen und geistigen Gesetzen, und dadurch, daß ein Geist der Güte und der Eintracht bei allen Teilnehmern und in allen Wechselfällen vorausgesetzt wird.

Im Altdänischen und den meisten anderen Sprachen wird dasselbe Wort verwendet, wenn vom Spiele Spielen oder vom Spielen eines Instruments, vom Karten- oder Theaterspielen oder vom Tanzen gesprochen wird, wofür die selben Regeln gelten, oder z. B. in alten Zeiten von den Turnieren, die nicht weniger gefährlich waren als der wirkliche Krieg und die keine geringere Möglichkeit boten, Kühnheit und Todesverachtung zu beweisen, sondern für die Regeln gewählt wurden, von denen die Ritterschaft selbst wünschen konnte, daß sie für den Krieg gälten, und in denen kein wirklicher Haß oder keine wirkliche Feindschaft gefunden werden sollte.

Man könnte sich denken, daß es dahin kommen könnte, daß in dem Maße, in dem der Menschheit das strenge Joch der »féroce nécessité, maîtresse des hommes et des dieux« erleichtert wird –, alle Lebenserscheinungen auf diese Weise betrachtet oder verstanden werden könnten und daß dann die Liebe zwischen Mann und Frau als das schönste und kühnste, als des Lebens bestes Spiel erscheinen wird.

Wie das dann sein würde, unter solchen Verhältnissen zu leben, kann man nicht sagen, denn es ist noch nie versucht worden, das zu verwirklichen… es war nicht möglich, denn viel zu viele Kräfte standen dagegen: die Furcht vor dem Himmelreich und der Hölle* auf der einen Seite und allzu große Unsicherheit in allen irdischen Verhältnissen auf der anderen – der »Ernst« könnte hingegen mit Recht so ein Spiel als allzu gefährlich und leichtsinnig ansehen und es ganz allgemein sündhaft nennen.

Während des Versuchs der Damen und Liebhaber in der Ritterzeit, dieses Spiel im Leben zu verwirklichen, blühte manche Liebespoesie und Liebeskunst auf – ja, das meiste vielleicht von der Anmut, mit der die Liebe umgeben wird, auf dessen Boden wir noch heute leben –, aber ihm stand in den rauhen und wilden und unsicheren Jahrhunderten allzuviel entgegen, als daß es wirklich wahr hätte werden können… und gerade als König Franz I.* »tous les lois de jeu divin« zu kennen glaubte, kam von der anderen Seite des Atlantiks ein unheimlicher Schatten, der dem ganzen Spiel für König Franz selbst ein Ende setzte. Das 18. Jahrhundert erreichte eine gewisse Vollkommenheit in seinem Spiel mit diesem »Stoff der Natur, den die Einbildungskraft bestickt hat« und kannte »eine Harmonie zwischen Wunsch und Befriedigung, die das moderne Schmachten niemals erreicht«, … aber es konnte nur von einem kleinen, bevorzugten Teil der Gesellschaft gespielt werden, und der Schatten von den harten Bedingungen und Kämpfen der großen Massen erhob sich gegen es, und es verschwand in ihnen.

Man kann durchaus sagen, daß es in der Gegenwart diese beiden Schatten sind – zusammen mit dem schweren Schatten der Verantwortung für das Wohl und Wehe des kommenden Geschlechts, der sich völlig willkürlich und schicksalsschwanger in das Leben der Liebe einzumischen scheint –, die, da der Schatten der Höllenfurcht geschrumpft ist und geringer geworden ist, vor allem anderen das Leben für das Spiel der Liebe verdunkelt und aus ihm meistens bitteren Ernst gemacht haben: der Teufel selbst, Krankheit, Nahrungssorge und uncontrolled births waren zu schwere Lasten, als daß die Menschheit jemals das hätte verwirklichen können: die Liebe in ihrem Leben so zu sehen wie z. B. die Kunst, nämlich als das höchste »delight«.

Mit so viel ernstem Risiko vor Augen konnte es schon so erscheinen – wie es im allgemeinen auch dargestellt worden ist –, als ob der, der im Liebesverhältnis ernst war, stets dem gegenüber recht haben mußte, für den es ein Spiel war. Sobald der eine sein: »du hast mit mir gespielt« herausschleudern konnte, stand der andere im moralischen Bewußtsein ohne Antwort da.

Aber allmählich, da es ja so aussieht, als könnten sich diese Schatten einer nach dem andern heben, kann man sich vorstellen, daß der Augenblick kommt, in dem der solcherart Angeklagte freimütig wird antworten können: »Ja, ich habe mit dir gespielt, weil die extremste Seite meines Wesens sich im Spiel entfaltet und weil das Spiel heilig ist. Aber du, du armer Feigling, du warst engherzig und unbeweglichen Geistes, du warst unfähig zu spielen. Gib dich ans Arbeiten oder Predigen und laß die Finger von der Liebe, denn was die angeht, bist du so, wie ein Mensch ohne musikalischen Sinn bei Musik ist, oder wie einer, der Angst davor hat, betrunken zu werden, dort, wo man Wein trinkt.«

Wenn man gerecht sein will, muß man sicherlich sagen, daß die Männer zu allen Zeiten bewußt oder unbewußt diesen Standpunkt zu vertreten versucht haben und daß es vorzugsweise die Frauen gewesen sind, die den Ernst im Auge gehabt und behalten haben, wo sie nur konnten. Für die meisten Männergenerationen vergangener Zeiten – deren Auffassung dieser Dinge nicht vollkommen von deren Frauen bestimmt worden ist – ist ihr Wirken, ist der Krieg, sind die Ideen, ist die Familie Ernst gewesen, die Liebe aber des Lebens Lust und Spiel.

Aber die Partien sind ungleich gewesen und die Frauen nicht so gestellt, daß sie spielen konnten, selbst wo sie eine Anlage dazu hatten. Das war eben noch möglich in den Gesellschaften und Zeiten, in denen die Ehe eine Angelegenheit des Stammes, der Sippe oder der Gesellschaft war und von diesen geregelt wurde – dort wurde für die Frau auf dieselbe Weise die Familie, das Heim und das Wirken in ihm zum Ernst des Lebens, und die Liebe an sich fiel nicht darunter... so wie es sich mit diesen Dingen noch immer bei den altmodischen Gesellschaften der lateinischen Völker oder z. B. bei den Arabern verhält, von denen die Kreuzzugsritter ihre ersten Ideen über die Liebe als eine Kunst und ein Spiel erhalten haben sollen.

Aber dort, wo die ganze Zukunft, die Stellung, ja überhaupt das Leben der Frauen durch deren Liebesverhältnis auf eine ganz andere Weise bestimmt wurde, als es bei ihren Männern der Fall war – so wie z. B. in England und Nordeuropa in den letzten hundert Jahren –, dort hieß es viel verlangen, daß sie einen Sinn für das Spiel haben sollten. Zarathustra* konnte ihnen leicht vorhalten, daß: »im echten Mann ein Kind versteckt ist: das will spielen. Auf, ihr Frauen, so entdeckt mir doch das Kind im Manne!« – das war eine bedenkliche Sache für die, die wußte, daß ihr eigenes und ihres Kindes ganzes Leben, Wohlfahrt und Eigentum von diesem Kinde abhing.

Und durch alle Zeiten und Gesellschaften hindurch mußte das, was eine Frau in einem Liebesverhältnis physisch einsetzte, ob sie sozusagen wollte oder nicht, dieses Verhältnis für sie zu einer höchst ernsten Affäre machen.

Viele, viele Liebesverhältnisse und Ehen sind durch dieses ungleiche Verhältnis durch alle Zeiten hindurch verbittert und verringert worden.

Rein praktisch konnte sich das so ordnen lassen, daß die Männer sich sozusagen die zwei Seiten der weiblichen Persönlichkeit teilten, und »Ehefrauen hatten, um unser Haus zu führen und uns eheliche Kinder zu gebären... und Hetären, um uns die Lust der Liebe kennenlernen zu lassen«.

So konnte es vielleicht auch recht gut eingerichtet erscheinen, sogar für die Frauen selbst, die sich ja im allgemeinen je nach ihrer Anlage dafür entschieden hatten, entweder Freudenmädchen oder Kindermädchen zu werden – und man kann sagen, wenn die Männer auch nur einen Funken Vernunft gehabt hätten, hätten sie alles daran gesetzt, diesen Zustand der Dinge aufrechtzuerhalten.

Aber fast jede Sklaverei in der Welt ist – wenn auch nicht im-

mer bewußt – von oben aufgehoben worden. Denn der Sklaven-
besitzer ist nicht befriedigt, sondern verlangt Sklaven mit Verantwortungsgefühl oder Hausfrauen, die für ihn singen und
seine Freunde unterhalten können, oder Liebhaberinnen, mit denen er über seine Geschäfte reden kann. Abgesehen von den pri-
mitivsten Naturen fand der Durchschnitt der Männer vermutlich weder, daß ihr Haus so geführt wurde, wie sie sich wünschen
konnten, noch daß die Freuden der Liebe, in denen sie unterwiesen wurden, sie auf die Dauer glücklich machten, noch daß
Schönheit oder Begabung ihrer Kinder das war, was sie sich er-
hofft hatten. Und dadurch entstand ganz langsam das Phänomen, das im vorigen Jahrhundert Gestalt annahm und Anstoß in
der Welt erregte und das die emanzipierte Frau genannt wurde.

Sie erschien in einer ernsten Zeit und war daher gezwungen,
mit Ernst aufzutreten, um ernstgenommen zu werden. Vielleicht
ist es auch für den Befreiten am schwersten, sich von einem in
Jahrhunderten eingeübten Instinkt zu befreien. Die jungen befreiten Frauen waren bereit, Härte gegen Härte zu setzen, denn
jetzt war der Augenblick gekommen, in dem die ganze Welt von
der schwergeprüften Moral der Frauen geprägt werden sollte.
Die Liebesideale der Männer hatten ihr zu ihrer Zeit viel Böses
und wenig Gutes angetan, und jetzt, wo sie kein Liebesspielzeug
mehr war, sondern ein Kamerad bei der Arbeit und beim Kampf,
jetzt sollte auch die Liebe, ob sie nun frei oder gebunden war, zuallererst wirklich ernst genommen werden.

Aber die Macht des Verhältnisses veränderte sie selbst, bevor
sie ihr Programm verändert hatte. In der Luft der Freiheit gelang
es ihr selbst im Lauf von ein paar Generationen, alles leichter zu
nehmen. Ihre Enkeltöchter sind jetzt, in den Jahren nach dem
Kriege, geistig und physisch unabhängig und die Spielgefährten
ihrer Männer.

Ganz sicher beim Spielen sind sie bestimmt noch nicht. Die
Regel bei allen Spielen, daß keiner »lose his temper« darf, sondern der Verlierende und der Gewinnende einander ohne Groll
die Hand reichen sollen, wird von beiden Seiten noch heutzutage
durch Kratzen und Fauchen ein wenig verletzt. Um die nächste
junge Generation zu erziehen, wäre vielleicht so eine Art Liebes-

hof* und Schule nötig, wie in den alten Tagen die der Gräfin von Provence*, wo die Jugend Disziplin in Liebesangelegenheiten lernte und eingeübt wurde in die Anmut, die Kühnheit und die Verfeinerung der Liebe.

Es wird nicht wenig von dem verlangt, der wirklich spielen können soll. Mut und Phantasie, Humor und Intelligenz... aber besonders die Mischung von Selbstlosigkeit, Generosität, Selbstbeherrschung und Anmut, die »gentilezza« genannt wird... Ach, die ist im Liebesverhältnis so selten gefordert und geübt worden. Es gibt so viele ausgezeichnete Männer und Frauen, die sie sich selbst in ihrem Verhältnis zu ihrer Umgebung und ihren Untergebenen abverlangt haben, aber in ihren Ehen der Ansicht waren, jedes denkbare Recht zu haben, eigennützig, unbeherrscht, eifersüchtig zu sein..., denn wo es um die Liebe ging, war sie kein wirkliches Ideal.

Und doch ist es der unverfälschte Geist des Spiels, die wahre gentilezza, die am meisten in den Liebesverhältnissen der Menschen gebraucht wird und die, sobald sie Eingang erhält, die größte Macht hat, sie zu idealisieren... ob ihnen nun bestimmt ist, einen Tag oder für Zeit und Ewigkeit zu währen.

Es wird gegen die, die das Spiel lieben, beständig vorgebracht, daß sie oberflächlich seien... und nicht am wenigsten, wo es um die Liebe geht.

»Ja«, können sie darauf antworten, »wir sind ebenso oberflächlich wie ein Schiff, das über ein Meer fährt. Wir sehen keinen Vorteil darin, auf den Grund zu stoßen; man könnte das höchstens Stranden nennen.«

Die gewaltsamen Leidenschaften, die sich selbst so »ernst« nehmen, können keinen glatten Verlauf haben. Das Leben, das sie schaffen, gleicht dem des Pendels, und sie haben Reaktionen, ja die reine Ohnmacht zur Folge.

Aber ein Spiel kann man sich bis in alle Ewigkeit fortgesetzt denken, so wie das Spiel der Asen auf dem Idafeld... so wie Shelley sich im »Entfesselten Prometheus« vorstellt, daß, wenn die ungeheuren Leiden der Menschheit an ihr Ende gekommen und die tyrannischen Mächte von Demogorgon in den Abgrund gestürzt sind, alle menschlichen Leidenschaften

...auf dem Lebensfelde
sich wie zahme, schöne Tiere tummeln solln und spielen.*

XII   *Das schwere Kind. Eine Phantasie*

König Ludwig XVI. schrieb in sein Tagebuch: »14.7.1789:
Nichts« – und es ist sehr wohl möglich, daß Pilatus, wenn er Tagebuch führte, am Karfreitagabend in seins geschrieben haben
kann: »Nichts. Ein leichter Erdstoß kurz vor Mittag.«... Ja,
Gott helfe uns, so führen wir alle Tagebuch, denn um übersehen
zu können, was einem genau vor der Nase liegt, bedarf es einer
ungewöhnlichen Überlegenheit.

Auf diese Weise werden vielleicht die Geschichtsschreiber der
Menschheit Buch über die ersten 25 Jahre des 20. Jahrhunderts
führen und aufzeichnen: »Flugzeuge, der Große Krieg, Revolutionen und Bolschewismus«, und nicht wissen, daß eine Idee das
Tageslicht erblickt hat, aus der ganz andere Revolutionen erwachsen werden, eine neue Religion begründet oder befolgt
worden ist... und nicht in ihrer Geschichte niederschreiben: »In
diesen Jahren geschah es, daß der Gedanke der birth control und
der Eugenik zuerst aufkam und befestigt wurde.«

Es ist unangenehm, daran zu denken, daß es wirklich oft so
vor sich geht, es ist unangenehm, sich den braven König Ludwig
vorzustellen, wie er sich in seinem Schlafgemach in Versailles
hinsetzt, richtig nachdenkt und seinen kleinen Satz nieder-
schreibt und nicht spürt, daß von diesem Tage an der Boden unter seinen Füßen und sein dicker, gepuderter Kopf auf seinem
Halse wackelte. Es ist unangenehm, darüber nachzudenken, daß
wir jetzt kleine Scharmützel darüber haben, inwiefern die Diskussion über »birth-control« anständig ist oder nicht, und daß
deren Idee hier und da und überall in Bewußtsein und Gedankengang der normalen jungen Menschen eingeht und in den Familien mit einem Seufzer der Erleichterung als ein Geschenk,
eine einzige Gnade unter den schwierigen Umständen des Daseins empfangen wird, während es sich in Wirklichkeit vielleicht
so verhält, daß der Menschheit damit eine ungeheure Forderung
gestellt worden ist, von der sie sich in aller Ewigkeit nicht mehr

befreien kann, daß eine große Last auf unsere Schultern gelegt worden ist.

Als der heilige Christophorus lange Zeit vergebens den gesucht hatte, der stärker war als er selbst und dem er dienen konnte, gab er sich schließlich der Arbeit hin, Reisende über einen Fluß zu tragen. Eines Tages bat ein kleines Kind ihn darum, hinübergetragen zu werden, und Reprobus nahm es auf die Schultern, aber sobald sie ins Wasser kamen, wurde das Kind schwerer und schwerer, und als sie halbwegs drüben waren, schwankte er unter dem Gewicht und wandte sich an das Kind, um ihm vorzuwerfen, daß es sein Leben in Gefahr bringe. Da sprach das Kind und sagte: »Erschrick nicht, Reprobus, über mein Gewicht, denn du trägst auf deinen Schultern den, der die Welt erschaffen hat und sie erhält.«

Ob das Reprobus tatsächlich beruhigte, kann man ja nicht wissen, man sollte annehmen, daß er auf keine Weise eine Auskunft hätte bekommen können, die ihn, in dem Augenblick, als er mitten im Flusse wankte, mehr hätte erschrecken können. Aber auf jeden Fall war damit seine Suche beendet, und er hatte den gefunden, der stark genug für ihn war, und dem er aus ganzem Herzen dienen konnte.

Um nun auf das Problem der Liebe und auf die Idealität der Liebe und des Liebesverhältnisses zurückzukommen, so ist es der zusammengefaßte Sinn aller dieser Betrachtungen, daß ein Liebesverhältnis ideal in dem Maße ist, in dem die Individuen es als verbunden mit und geprägt von ihren höchsten Idealen empfinden.

Deswegen waren, als Stamm und Familie das Höchste im Dasein waren, die Liebesverhältnisse die idealen, die dem Stamm und der Familie dienten, d. h. die gesetzmäßigen Ehen, in denen die Hausfrau einem Mann viele Kinder gebar, waren es.

Deswegen war, damals als eine bestimmte religiöse Verehrung, als die Kirche und das zukünftige andere Leben im Paradies die höchsten Ideale des Lebens waren (obgleich alle irdischen Verhältnisse an sich zweifelhaft waren), das von der Kirche gesegnete, unter dem Geist und der Zucht der Kirche vollkommene Liebesverhältnis das idealste.

(Aber es ist heuchlerisch, oberflächlich und unmoralisch, es ist überhaupt ein schiefes und unbilliges Verhalten, ein Liebesverhältnis mit Regeln und Formen der Ideale zu idealisieren, die keine Ideale mehr sind und kein wirkliches Leben mehr haben. Sie sind Salz, das seine Kraft verloren hat, und wie sehr die Orthodoxie auch guten Glaubens mit ihm salzt, sie verhindern keine Verwesung.)

Deswegen sind für einen Künstler, für den seine Kunst das Höchste ist, das Liebesverhältnis und die Liebhaberin, die ihn zu ihr inspirieren, groß und edel, aber die Verhältnisse unideal, unter deren Einfluß seine Kunst geringer wird.

Deswegen hat für die jetzt lebende junge Generation, die vor allem Wert auf den Individualismus legt, die die Liebe als das Höchste im Menschenleben einschätzt und deren Ideale – wenn sie welche hat – Freiheit und Schönheit sind, jedes Liebesverhältnis, das frei und schön vollzogen werden kann und in dem die Persönlichkeiten einander verstehen, helfen und erfreuen können, alle Möglichkeiten, als ideal an sich, ohne Licht von außerhalb, dazustehen.

Deswegen wird, wenn sich die Menschheit ernsthaft auf die Eugenik einläßt, die Liebe als Ideal beurteilt werden in dem Maße, in dem sie an ihr mitwirkt.

Sie wird dann wirklich den Stärkeren gefunden haben, dem sie mit Enthusiasmus dienen kann und der nicht wie der König von Kanaan den Teufel fürchtete oder wie der Teufel selbst das Kreuz fürchtet. Sie wird, mitten im Fluß, aus dem Bewußtsein ihrer gewaltigen Bedeutung und ihres Ausmaßes die Kraft beziehen, ihre Last zu tragen.

Die Menschen haben durch die Zeiten hindurch beständig danach gestrebt, ihren Horizont, die Grenzen ihrer Zusammengehörigkeit und ihres Interesses zu erweitern. Aus dem Heim, der Familie und dem Stamm wurden die Klasse und die Nation. Jetzt, wo der Begriff, der Vaterlandsliebe genannt wird, noch keine hundert Jahre alt ist, haben sie jedenfalls Mut und Phantasie, den ungeheuren Schritt zu tun, die Rasse, die Menschheit überhaupt, mit demselben Verantwortungsgefühl, derselben brennenden Lust zu dienen, zu umfassen.

Und es wird ihnen gelingen, ihren Horizont zu erweitern, auch was die Zeit betrifft. Es wird ihnen gelingen, mit einem ganz anderen Maßstab für Zeitlichkeit und Ewigkeit zu rechnen.

Vergangenheit wie Zukunft sind, an sich unbegrenzt, in der Sippe und Rasse im Einzelnen und im Augenblick anwesend. Tausend Geschlechter haben Blut in das einzelne Individuum gemischt, und der Einzelne kann in kommenden Geschlechtern seinen Einfluß auf das Leben der Rasse tausend Jahre in die Zukunft hinein verlängern.

Selbstverständlich wird ein Mensch, wenn das Empfinden für die Zusammengehörigkeit, die rassische Einheit einmal ins Bewußtsein der Menschheit eingegangen ist, viel mehr nach seiner Abstammung und seinem »Blut« beurteilt werden als bisher...' wie es mit den einzelnen Individuen der Tierrassen geschieht, an denen die Menschen wirklich eine fortgesetzte und durchgesetzte »Veredlung« vorgenommen haben.

Man sagt ja manchmal, daß es drei Generationen dauert, einen »gentleman« zu produzieren, und gegen diese sehr geringe Forderung wird von anderen Seiten eingewendet, daß erst zehn oder zwanzig Jahre Erziehung am einzelnen hinreichen. Künftige Geschlechter werden vermutlich mit ganz anderen Zeiträumen rechnen, mit zehn, zwanzig, fünfzig Generationen für den Gentleman, und die Leute im allgemeinen werden nach Begebenheiten und Verhältnissen, die viele Menschenalter vor ihrer Geburt stattgefunden und existiert haben, beurteilt werden. Es wird allgemein anerkannt werden, daß, wie Samuel Butler schon vor 50 Jahren schrieb: »if a man is to enter the Kingdom of Heaven he must do so, not only as a little child, but as a little embryo, or rather as a little zoosperm – and not only this, but as one that has come of zoosperms which have entered into the Kingdom of Heaven before him for many generations... postnatal accidents are not, as a rule, so permantent in their effect...«* ...oder, um einen anderen englischen Schriftsteller zu zitieren, daß die Menschheit einen großen Irrtum damit begangen hat: »to seize on a certain moment, no more intrinsically notable than any other moment, and have called it birth. The habit of honouring one single instant of the universal process to the disadvantage of all other instants has done more, perhaps, than anything to obfuscate the crystal clearness of the fundamental flux.«

Um eine solche Lebensanschauung zu verwirklichen, bedarf es keiner Gesetze und Anordnungen. Sie werden auf die selbe Weise wie die jetzt geltenden moralischen Gesetze ins Bewußtsein eingehen, und kein anständiger Mensch wird sie umgehen können.

Bis zu gewissem Grade existiert natürlich jetzt schon ein solches Verantwortungsgefühl für die Wohlfahrt des Geschlechts, aber solange all dieser ganze alte Aberglaube über die Ehe und äußerliche Gesetze sich erhielt, war das Ganze in einer schönen Unordnung. Das Unmoralische darin, uneheliche Kinder zur Welt zu bringen, wurde von denkenden Menschen, nachdem der Glanz auf dem Zauberformular des Eherituals ein wenig verblichen war, mit dieser Heimatlosigkeit und Familienlosigkeit begründet, aber Nahverwandte konnten einander heiraten und große Familien von Schwachköpfen in die Welt setzen, oder Menschen verschiedener Rasse konnten, natürlich auch unter dem Zeichen der heiligen Ehe, Kinder mit viel geringeren Möglichkeiten für ein normales Lebensglück als ein gesundes uneheliches Kind – selbst wenn das heimatlos und ohne Familie blieb – zeugen, ohne die Moral zu kränken.

In der Zukunft wird man wahrscheinlich nur mit einer Sorte »falscher« Kinder rechnen – so wie man mit »falschem« Geld rechnet –, d. h. mit solchen, die auf die eine oder andere Weise nicht ihren vollen Wert als menschliche Wesen haben und die zum vollen Wert anzunehmen der Rasse nicht dienlich sein kann.

Solche Kinder in deren Bestand in Umlauf zu setzen, wird dann vielleicht nicht bloß als unmoralisch, sondern als kriminell angesehen werden... sehr viel mehr, als es heute für kriminell angesehen wird, brüsk ein Individuum aus deren Bestand auszurotten, und die Sherlock Holmes der Zukunft können ihre Fähigkeiten dann darauf konzentrieren, ihre spannenden Berichte über das Aufspüren und die gerechte Bestrafung solcher Verbrecher abzugeben.

Aber es ist nicht das Strafrecht – es ist nie das Strafrecht –, das auf irgendeine Weise den Ausschlag geben wird, sondern es ist bekanntlich das Gewissen, und mit dem läßt sich nichts anfangen.

Es muß eine sehr ernste Sache für die Leute gewesen sein, die sich seinerzeit bemüht haben, so sehr sie konnten, um von der Kirche Ablaß für ihre Toten zu kaufen, und später auf Luther stießen und, ob sie wollten oder nicht, schließlich zu der Ansicht kamen, daß er recht hatte. Es war nicht nur das, daß ihre Ruhe und ihr Frieden, die sie der Gewißheit verdankten, das Rechte getan zu haben, erschüttert und zunichte gemacht wurden und ihre Verdienste zu nichts zusammenschrumpften, sondern von da an schien es kein Ende mehr zu geben für die Forderungen an den, der in den Himmel wollte … je mehr sie an sie dachten, desto schlimmer wurde es mit ihnen, denn die ewige Seligkeit für sie selbst und ihre Familie ließ sich, wie die Dinge sich entwickelten, überhaupt nicht durch irgendwelche äußeren Mittel erreichen, sondern da stand dieser furchtbare energische Deutsche und hielt ihnen vor, daß mehr dazu gehörte, ja, daß nur das Äußerste, was sie geben konnten, daß die ganze Persönlichkeit gerade hinreichte. Sehr oberflächlichen Menschen konnte das als eine Erleichterung erscheinen, eine Ersparnis an Geld, Zeit und Kräften, auf dieselbe Weise wie das System für die birth control ihnen jetzt erscheinen kann, aber ernste Menschen mußten unter der Last schwanken und schwindlig werden.

Wenn die Menschheit wirklich zu der Auffassung gelangt, daß sie so ihre eigene Zukunft und ihre eigene Seligkeit in der Hand hat – daß der Ablaß der Kirche und der Gesellschaft in Form von Trauscheinen nur »scraps of paper« sind und ihr ganzes großes Verdienst dahingehend, daß sie ihren Nachkommen Heim und Schulen und vielleicht ein reiches Erbe gesichert hat, nicht viel wert ist –, wird sie gleichzeitig vor einer noch größeren Verantwortung stehen –, denn die Seligkeit des Einzelnen mußte doch immer seine eigene Angelegenheit bleiben, und er konnte nicht durch Wurstigkeit andere, um nicht zu sagen eine unbegrenzte Anzahl anderer menschlicher Wesen, mit sich in die Hölle ziehen – sondern hier steht jedes junge Paar wie Adam und Eva im Garten Eden mit der Aussicht auf unzählige Geschlechter, die alle in der Weisheit der Eugenik unterwiesen sind, was Adam und Eva nicht waren, und die sich darüber im klaren sind, daß sie Möglichkeiten haben, zum Leid oder zum Glück Tausender und auf tausend Jahre beizutragen.

Es kann ja sein, daß, was diese Liebe und die Stellung des Liebesverhältnisses in der Gesellschaft angeht, freie Liebesverbindungen toleriert werden, solange sie der Rasse keine nicht wünschenswerten Mitglieder auf den Hals schaffen, und geachtet werden, je nachdem sie z. B. zu idealen Werken oder Taten inspirieren, oder ein Zentrum für Kunst oder Wissenschaft oder Philanthropie schaffen, oder ihrer Umgebung als Beispiele eines schönen und glücklichen Verhältnisses gefallen – und daß sie auf dieselbe Weise zur Privatangelegenheit der Menschen werden, wie es jetzt eine Freundschaft ist, in deren Verlauf und Auflösung sich niemand einmischt… und daß die Gesellschaft bereit sein wird, damit zu rechnen, daß geistige Werte geistige Erben haben und nicht dem Fleische folgen.

Aber wird der höchste Wert der Gesellschaft in dergleichen persönlichen und begrenzten Verhältnissen in Ruhe gelassen werden? Wird nicht die ganze Mitwelt sie noch energischer anbetteln, als Shakespeare seinen geliebten und bewunderten Mr. W. H. anbettelte und beschwor, »to make thee another self for love of me«* und ihnen vorhalten, daß:

> No love towards others in such bosom sits
> that on himself such murderous shame commits,*

und wird sich nicht dieses Rassegewissen in ihrem eigenen Herzen drohend vor ihnen erheben, so wie in der alten Geschichte die Schatten der ungeborenen Geschlechter sich vor der Frau erhoben, die aus Bequemlichkeit und Angst vor Verzauberung vermieden hatte, Kinder zu gebären?

Wohin wird das nun führen? Wie wird eine Gesellschaft aussehen, in der unter dieser Idee geheiratet wird?

Ja, all das kann doch für den, der kein Prophet ist, nur ein ziemlich sinnloses Rätselraten sein. Aber den Vorteil hat das Geschriebene ja, daß es sich nicht aufdrängt – wer da meint, daß es völlig sinnlos ist, braucht ja bloß nicht weiterzulesen. Man kann

z. B. darüber diskutieren, ob es wahrscheinlich ist, daß das zur Monogamie führen wird. Manchen Menschen kommt es vor, als ob das ständige Streben der Menschheit hinsichtlich der Liebesverhältnisse auf dieses Ziel hingearbeitet hätte. Das ist zunächst an sich eine ungewöhnliche fragwürdige Behauptung, und selbst wenn es sich wirklich so verhielte, würde es, was die weitere Entwicklung betrifft, überhaupt nichts beweisen, denn ein ständiges Streben durch viele Jahrhunderte hindurch kann plötzlich, nachdem es seinen Kulminationspunkt erreicht hat, völlig umschlagen. So mußte es einem Staatsbürger im Jahre 1700 so vorkommen, als ob die Gesellschaft sich ständig auf die Alleinherrschaft hinbewegt hätte und jetzt endlich ihrem Ziel nahegekommen sei, während in Wirklichkeit nur wenige Jahre bis zum vollständigen (und dauernden) Untergang der Alleinherrschaft fehlten. In einer Gesellschaft, in der die Ehe sich auf den Fortschritt der Geschlechter gründet, könnte auf jeden Fall eine ganze Menge gegen die Monogamie gesagt werden, weil »the maternal instinct leads a woman to prefer a tenth share in a first rate man to the exclusive possession of a third rate one«.

Man sollte weiterhin der Ansicht sein, daß die bestimmte Forderung an die Idealität einer Ehe: die Veredlung des Geschlechts – ein anderes offensichtlich ständiges Streben der Entwicklung aus der Bahn werfen würde, nämlich die Forderung nach einer gleichen moralischen Beurteilung von Mann und Frau in den Verhältnissen, die mit Liebesverbindungen zu tun haben, und das hätte seine Begründung in dem natürlichen ungleichen Verhältnis der Zahl der Kinder, die ein Vater oder eine Mutter normalerweise in die Welt setzen kann. Wenn es nicht so leicht ziemlich roh erschiene, Menschen und Tiere in diesen Verhältnissen zu vergleichen, wäre es am bequemsten, seine Beispiele z. B. aus der Veredlung von Pferderassen zu holen, bei der es als vollkommen unmoralisch, wenn nicht als verbrecherisch angesehen werden müßte, eine Vollblutstute, die ein Derby gewonnen hätte, Mutter eines Halbblutfohlens werden zu lassen – um nicht von einem Maulesel zu reden –, nicht aber, ihren Bruder sein Teil zur Veredlung des Halbblutes des Landes tun zu lassen.

Solche Ehen, von denen man heutzutage überaus viele sieht, in denen die Frau geistig und körperlich weit über ihrem Mann steht, müßten in der Zukunft, vom Standpunkte der idealen Eugenik aus, im höchsten Grade verwerflich erscheinen, weil ein ihr ebenbürtiger oder ebenso ein ihr überlegener Mann ihr ja leicht die Kinder verschaffen könnte, die zur Welt zu bringen sie Zeit und Kraft hätte, zum größten Vorteil für die Rasse, der ihre jetzigen Nachkommen überhaupt nichts Gutes tun... (und die Vorteile, zu denen ihr schlechter Mann ihr jetzt verhelfen kann, etwa in Beziehung auf Geld und Stellung, würden dort keine Rolle spielen dürfen, wo es um das große Ideal ginge). Man würde in diesem Falle schließlich zu dem Standpunkte der mohammedanischen Gesellschaft kommen, in der es den Eltern nicht erlaubt ist, ihre Tochter einem Manne zu geben, der von minderer Geburt ist als sie, während die Frauen sich aufgrund ihres großen Wertes als Stammütter grundsätzlich immer aufsteigend verheiraten. In der Gesellschaft der Zukunft würde das nicht durch Gesetze oder Anordnungen festgelegt werden, es würde als Forderung jedes anständigen Menschen nach einer anständigen Verbindung ins Bewußtsein eingehen.

Man könnte sich schließlich und endlich denken, daß die Wissenschaft – die zu dieser Zeit wirklich etwas über Ehen und Erbgang wüßte – zu dem Ergebnis käme, daß in dem alten Glaubenssatz vom Kind der Liebe als dem vollkommensten Kind etwas Reales liege (damit würde es jedenfalls keine Berufung mehr gegen das Urteil über die alte Ehemoral geben, von dieser Seite würden wir nichts mehr hören).

Wie würde da die Gesellschaft Ausschau halten nach einer wirklichen persönlichen Leidenschaft und eine sogenannte wahnwitzige Liebe mit einemmal Ansehen in den gesellschaftsaufbauenden Kräften erlangen! Wie würde die Stimme der Pflicht und des Gewissens in den Ohren derer dröhnen, die aus Gewohnheit oder Bequemlichkeit oder Ängstlichkeit hier eine Möglichkeit versäumen, Schönheit und Kraft in das Leben des Geschlechtes zu mischen!

Paolo und Francesco würden zwischen den Ehrwürdigsten und den Märtyrern der Gesellschaft stehen*, und der Prophet Nathan würde die Geißel über Uria schwingen*, der nicht die moralische und ideale Stärke besaß, seinen Platz zu räumen, als es darum gehen konnte, einen König Suleiman ben Daoud zu produzieren.

»Ja, und wäre das alles auch nur ein bißchen besser oder glücklicher?« – sagen die Vorkämpfer der alten Ehe und der alten freien Liebe.

Daß es glücklicher würde, könnte man sich schon leicht denken – wenn unter Glück das Gefühl der Zufriedenheit und des Wohlseins verstanden würde –, indem vorzugsweise die glücklich veranlagten Menschen ausgewählt würden, um das Menschengeschlecht fortzusetzen. Mazarin sagte, daß er nur glückliche Menschen leiden könne, und wenn das sein Hauptprinzip bei der Wahl seiner Umgebung war, mußte das ja dazu führen, daß sein Umgangskreis und seine Umgebung wirklich sehr schnell glücklicher wurden. Wenn es das Ideal der Menschheit wäre, glücklich zu sein, und sie sich entschließen könnte, alles daran zu setzen, das zu werden, dann könnte man sich jedenfalls denken, daß es ihr gelänge, eine Rasse zu schaffen, die glücklich sein könnte, und Verhältnisse, unter denen sie glücklich sein könnte... aber es ist nicht unmöglich, daß die Mehrheit bei einer Abstimmung über diesen Entschluß meinen würde, daß es das Glück sei, ein Ideal zu haben.

Und jetzt dieses Ideal? Daß es ungeheure Opfer fordert, dagegen hat kein Idealist etwas einzuwenden, genauso wenig wie der heilige Christophorus wirklich etwas gegen die übernatürliche Schwere eines Kindes, das er auf seinen Schultern trug, hätte einwenden können, denn in ihr offenbart es erst seine Göttlichkeit. Aber er könnte sehr wohl einen Grund oder ein Recht haben zu fragen, ob dieses Kind nun wirklich der Stärkste war und ob es undenkbar wäre, daß es ihm irgendwann einmal geschehen könnte, einen noch Stärkeren zu sehen, vor dem selbst der, den er jetzt trug und dem er jetzt diente, Angst bekommen oder dem er sich unterwerfen würde.

In einem nach allen Seiten unendlichen Raume kann niemand eine Antwort auf diese Frage bekommen. Einen Rat kann der moderne heilige Christophorus dagegen bekommen, und zwar diesen: wenn er einen Stärkeren sieht, ihm dann zu dienen.

In ihrem ständigen Streben nach Ausdehnung, soviel wie möglich zu umfassen, kann die Menschheit gewiß weiterkommen und zu etwas gelangen, das größer ist als sie selbst.

Den Nationen, die es gegeben hat – oder immer noch gibt, wie z. B. die Somalis –, zersplittert in einander feindliche Stämme, erscheint es heutzutage unwahrscheinlich und unnatürlich, daß sie sich unter einem nationalen Feldzeichen sollten vereinigen können... und den glühenden Patrioten der vorigen Generation erschien es unmöglich, Gefühl für das rein Menschliche zu haben oder Brüderschaft für andere als ihre Landsleute zu empfinden.

Und doch ist die Liebe zum Stamm zweifellos aus der Liebe zur Familie und zur Heimat erwachsen, die Liebe zur Nation aus dem Stammesgefühl, und die Idee einer Brüderschaft der ganzen Menschheit ist aus den furchtbaren Flammen, in denen die Vaterlandsliebe aufgegangen ist, gestärkt auferstanden.

Die Menschheit der Zukunft, die ohne die geringste Mühe die vierte Dimension verstehen wird... und zweifellos kann diese sehr schnell zustandekommen, wenn wir bald beginnen... und die der Natur die Entwicklungsarbeit bewußt aus der Hand genommen und ihr gesagt hat: »nicht dein, sondern mein Wille geschehe«*... wird vielleicht mit Begeisterung in einer noch höheren Einheit aufgehen können und eine größere Brüderschaft mit demselben Enthusiasmus umfassen, mit dem die Habr Yunis* den Habr Yunis begegnen und mit dem die früheren Patrioten das geliebte Kind des gemeinsamen Vaterlandes besangen und umarmten.

Mit diesen Phantasien müssen diese Betrachtungen, die in aller Bescheidenheit begonnen wurden, schließen.

Niemand kann wissen, was ihn erwartet, wenn er sich darauf einläßt, den Stärksten zu suchen... und nicht einmal, wo er enden wird, wenn er begonnen hat, davon zu reden.

Übersetzt von Walter Boehlich

Schwarze und Weiße in Afrika

Wenn ich heute abend einem schwedischen Zuhörerkreis etwas über Schwarze und Weiße in Afrika und ihr Verhältnis zueinander erzählen soll, denke ich daran, wie meine Eingeborenen immer von den Norwegern und Schweden, die mich besuchten, als von meiner *Kabilla*, meinem Stamm, sprachen. Der Stamm spielt bei den Schwarzen eine große Rolle; sie bezeichnen ein Mitglied ihres Stammes als *ndugo jango* – mein Bruder. Wenn ich sie aber fragte, wodurch sie Leute meiner *Kabilla* von anderen Europäern unterschieden – denn ich hielt es für unwahrscheinlich, daß sie in der Lage wären, die Verwandtschaft der skandinavischen Sprachen untereinander herauszuhören –, dann konnten oder wollten sie es mir nicht sagen; es ist überhaupt immer sehr schwer, die Eingeborenen dazu zu bringen, uns zu erklären, weshalb sie sich so oder so verhalten. Im Laufe unseres alltäglichen Zusammenseins fiel aber gelegentlich eine erhellende Bemerkung. »Ihr in deinem Stamm«, sagte einmal einer meiner Leute, »ihr werdet nicht wütend, ihr lacht über die Leute.« Und ein anderes Mal sagten sie von meinem schwedischen Freund Eric von Otter*, einem großen Jäger: »Wenn es gefährlich wird, lacht er.« Von dem jungen Norweger Gustav Mohr*, der im vorvorigen Jahr in einem Fluß in Afrika ertrunken ist, erzählten sie mir eine Geschichte, wie er mit seinem Wagen einen hohen Abhang hinuntergestürzt sei und sich mehrmals überschlagen habe, und sie schlossen mit der Feststellung: »Und dann lachte er.«

Daß wir lachen und daß wir die Dinge nicht allzu ernst nehmen, auch die nicht, die unser Verhältnis zu den Eingeborenen betreffen, hat doch immerhin Eindruck auf sie gemacht, und sie haben darin ein Kennzeichen unseres Stammes gesehen. Nun lachen die Schwarzen selbst viel, und es verbindet die Menschen und fördert das gegenseitige Verstehen, wenn man miteinander lachen kann; ich glaube schon, daß eine gewisse vorurteilsfreie und wohlwollende Einstellung in den Augen der Eingeborenen typisch für Leute aus dem Norden war, jedenfalls für die Besten von ihnen. Ein dänischer Dichter hat ein Lied geschrieben, das anfängt: »Wir freien Menschen aus dem Norden / fühlen uns auf der ganzen Welt zu Hause.«[*] So ist das auch schon früher gewesen. Und Kinder der kleinen Nationen werden zu Eroberern und erweitern den eigenen Horizont, indem sie die anderen Seiten des Erdballes, auf dem wir durch den Weltraum segeln, kennen und verstehen lernen. Wenn ich nun heute abend zu Ihrer *Kabilla* spreche, dann hoffe ich auf so viel Stammesgemeinsamkeit zwischen uns, daß einiges von meinen Beobachtungen und meinen Einschätzungen der Menschen und Verhältnisse in fernen Ländern Ihre Sympathie findet.

Im afrikanischen Hochland ist die Natur einförmig; man kann wochen- und monatelang darin umherreisen, ohne daß die Landschaft ihren Charakter verändert. Doch die großen Gegensätze treffen hier oben aufeinander, hier stehen sich Urzeit und Jetztzeit gegenüber. Soweit das Auge reicht, liegt das Land da wie vor tausend Jahren, man sieht keine Spur menschlicher Tätigkeit, nicht einmal einen Weg; Leute, die es durchqueren, folgen den Pfaden der Tiere. Aber mitten in dieser Landschaft gehen jetzt Flugzeuge nieder, das zwanzigste Jahrhundert landet in der Steinzeit. Die Elefanten, Nashörner und Giraffen gleichen Tieren aus der Vorzeit; wenn man sie mit dem Zeiss-Fernglas beobachtet, wird man selbst verändert, man hat Auge in Auge dem gegenübergestanden, an dessen Existenz man früher kaum geglaubt hat. Viele Generationen lang sind die Löwen, sobald die Sonne untergegangen war, hier Alleinherrscher gewesen, und das kann man dem Löwen deutlich ansehen, wenn er am frühen, kalten, roten Morgen von seinem Beutezug heimkehrt. Es gibt heute Gesetze, die die Löwen in einigen Gebieten unter Schutz stellen, aber das kurze, heisere Brüllen der Löwen auf ihrer Jagd in der Ebene kennt keine Reservate oder menschlichen Gesetze. Alles hier im Hochland hat seine eigene Bedeutung, sie ist von Distanz geprägt; hier herrscht, wortwörtlich und bildlich gesprochen, eine einmalige Perspektive.

Und hier fand die für mich bedeutungsvollste Begegnung statt, hier traf ich auf die dunkelhäutigen Eingeborenen. Dadurch erweiterte sich für mich die ganze Welt und das Leben; es entstand ein Zusammenspiel und eine Wechselwirkung, die neue Melodien ermöglichte. Wir hatten einander nicht gesucht, ich war nicht in das Land gekommen, um die Schwarzen zu studieren, und sie hätten es lieber gesehen, wenn wir ferngeblieben wären. Da uns das Schicksal nun einmal zusammengeführt hatte, gehörten wir von da an im täglichen Leben zueinander. Wir waren Menschen mit gemeinsamen Lebensbedingungen; spielte der Regen uns Weißen einen Streich, hatte das auch für die Schwarzen schicksalhafte Bedeutung; wenn uns auf unseren Safaris das Wasser ausging, mußten wir gemeinsam Durst leiden. Die dunkelhäutigen Menschen waren reicher an Farbstoff, nicht nur in ihrer Haut, sondern auch in ihrem Gemüt, aber sie fragten nur wenig, sie verhielten sich still. Was bedeutete unser Erscheinen für sie? Was hatten wir hier nur vor in ihrem Land, was war das, was wir da alles mitbrachten? Und auch wir spürten bei unserem Zusammensein mit ihnen, daß wir großen und unbekannten Weiten begegneten: »Wo kommt ihr her? Was bedeutet das Leben – und der Tod – für euch? Was habt ihr unternommen, als wir auf Kreuzzüge gingen und Amerika entdeckten und die Dampfmaschine erfanden?« Wir lernten einander langsam durch die kleinen Dinge kennen; das eine Mal hörten wir zu, das andere Mal redeten wir. Schließlich entwickelte sich daraus ein Begreifen und ein *modus vivendi*.

Wir sprechen, auch wenn es sich um neue und unbekannte Dinge handelt, am besten in gewohnten Ausdrücken und Wendungen. Ein sehr altes Wort kam mir oft in den Sinn, wenn es um das Verhältnis zu den Eingeborenen ging. Wir zählen im dänischen Vaterunser* das Reich, die Macht und die Ehre auf. Hier war die Verteilung so: das Reich gehörte den Schwarzen, wir hatten die Macht – die Ehre sollte nach Möglichkeit beiden Seiten zukommen.

Dafür, daß das Land den Eingeborenen gehörte, bedurfte es keines Beweises; das konnte man sehen, wenn man überhaupt Augen im Kopf hatte. Sie waren Teile ein und desselben Ganzen. Was war denn das eigentliche Afrika: die Ebene, der erloschene Vulkan, der sich vor dem Himmel abzeichnete, die gekrümmten Dornbäume, die Giraffen, die schlanken jungen Krieger auf ihren Zügen durch das Land, die alten krummrückigen Frauen vor den Manyattas, den Dörfern, die schwarzäugigen, nackten Kinder, die auf den Ebenen die Ziegen hüteten?

Ich wiederhole hier, was ich in meinem Buch über die Erdoberfläche und die Vegetation, die Tiere und die Eingeborenen geschrieben habe: »Es war nicht eine einhellige Masse mannigfacher Atome, sondern eine Mannigfaltigkeit von Gebilden aus einhelligen Atomen.« Sie glichen einander, nicht gerade in der Form, aber dem Wesen nach, so wie die Eichel dem Eichenblatt und der Eichentruhe verwandt ist. Üppigkeit kannte die Landschaft so wenig wie der Menschenschlag, der in ihr lebte; beide waren von Weite, einer Art sparsamen Genügsamkeit, und wenn man so will, von Armut, geprägt. Die Eingeborenen waren sehr arme und genügsame Menschen. Auch die Farben waren gewissermaßen trocken, zu leichter Feinheit gebrannt in der dünnen Luft. Sie waren von der Höhe, den 2000 Metern über dem Meeresspiegel, geprägt; solche Menschen konnten gar nicht im Flachland leben. Sie machten keine großen Bewegungen und sprachen niemals laut. Sie beherrschten die Kunst, sich vollkommen still zu verhalten, wie nur wilde Tiere es können; kein zahmes Tier kann sich so ruhig verhalten wie ein wildes. *Wir* konnten gar nicht anders, als die Landschaft unter Schurren und Knacken zu durchqueren; *sie* waren immer eins mit ihr. *Sie waren Afrika*, darüber gab es keinen Zweifel.

Ebenso wie es hier auf den Ebenen eine Vielfalt an Wild gab, hatte Ostafrika viele verschiedene Stämme, und es war eine Bereicherung des Lebens, täglich mit einem Dutzend verschiedener

Stammesarten umzugehen, von denen einer dem anderen so wenig glich wie die Italiener den Finnen. Ich kann Ihnen hier ja nicht von jedem einzelnen der verschiedenen Stämme ein Bild zeichnen. Aber die beiden, mit denen ich am meisten zu tun hatte, muß ich anführen, sie entsprachen dem Äußern und dem Temperament nach den beiden Tiergruppen der Hochebenen: den Pflanzenfressern – Antilopen und Gazellen, Büffeln und Giraffen –, und dann den Fleischfressern, den Raubtieren, die über die anderen herrschten. Es waren die Kikuyus, die friedlichen Menschen, die für mich arbeiteten und Ackerbauern waren, und dann die Massai, das Kriegervolk, das jetzt ausstirbt, weil es keine Schlachten mehr schlagen darf.

Ich würde Ihnen gerne richtig ausführlich von den Massai erzählen, das würde aber einen ganzen Abend beanspruchen. Sie kamen nur gelegentlich zu Besuch auf die Farm; sie arbeiten nicht für die Weißen. Sie waren aber meine Nachbarn auf der anderen Seite des Flusses, und wenn ich durch das Wasser und auf der anderen Seite die Uferböschung hinaufritt, war ich im Massai-Reservat, dem Land, das sie von der Regierung zugeteilt bekommen hatten – es ist ungefähr so groß wie Jütland. Die Massai sind Nomaden und ziehen mit ihren großen Herden im ganzen Reservat umher, je nach Regenzeit und Weidewuchs. Die Massai sind ein schönes, stolzes Volk, genau wie die Zulu durch und durch für den Krieg geschaffen und organisiert. Aber sie sind ein aussterbendes Volk. Sie haben ihre Gesellschaft nicht den veränderten Verhältnissen anpassen können. Noch immer haben sie, wie in den vergangenen 1000 Jahren, ihre achtjährige allgemeine Wehrpflicht für alle jungen Männer des Stammes – die Morani – und ihre Heeresverbände, die vom Staat versorgt werden, indem man ihnen, wo immer sie hinziehen, große Viehherden folgen läßt, die der Armee gehören und die bewacht werden von Laonis, Jungen, die noch keine Morani sind. Sie haben auch fliegende Korps von blutjungen Soldatenmädchen, die sie Meritos nennen. Noch immer tragen sie ihre ganze Kriegsausrüstung: lange schwere Schilde aus Büffelhaut und Kopfbedeckungen aus Löwenfell.

In früheren Zeiten waren die Massai der Schrecken der friedlichen Ackerbau treibenden Stämme. Die Kikuyos blieben vorsichtshalber in den Wäldern und rodeten sich dort ihr Land. Wenn sie sich aber Vorräte und gute Herden von Ziegen und Schafen erwirtschaftet hatten, dann stürzten sich die Raubvögel, die selber kein Land bebauten, auf sie. Das waren die Impies, die kleinen Heeresabteilungen der Massai. Als ich einmal auf Safari durch das Reservat war, kam ein sehr alter Massai und setzte sich zu mir an mein Feuer und begann, mir von der vergangenen Größe der Massai zu erzählen. Wenn sie damals, zur guten alten Zeit, sagte er, ein Kikuyu-Dorf eingenommen hatten, erschlugen sie erst alle Männer mit dem Schwert. Dann blieben sie in dem Dorf, bis sie alles, was an Schafen und Ziegen da war, aufgegessen hatten, und ehe sie weiterzogen, töteten sie alle Frauen, »mit Holz«, sagte er – mit einer kurzen Keule, die sie im Gürtel trugen. Ob das nun historisch zutreffend ist, weiß ich nicht, aber es entsprach jedenfalls dem Ideal. Allerdings ist alles das ja jetzt zur Erinnerung geworden, und was von dem großen Erlebnis, bei dem man das Leben aufs Spiel setzte, übriggeblieben ist, ist zur Maskerade verkommen. Sie dürfen nicht mehr kämpfen und haben deshalb keinen Grund, ihre Kondition zu erhalten, und die jungen Krieger und durch sie das ganze Volk werden verweichlicht und demoralisiert. Ihre *raison d'être* ist ihnen genommen. Mit den Weißen sind auch Krankheiten zu ihnen gekommen, die furchtbar unter ihnen gewütet haben. Die Massai werden aussterben, so wie das Großwild in der Nähe des von Weißen besiedelten Landes ausstirbt.

Die Massai kamen über den Fluß zu Besuch; wir waren immer gut Freund miteinander, und gelegentlich baten sie mich, hinüberzukommen und einen Löwen, der ihre Herden verfolgte und dezimierte, zu erlegen. Früher scheuten sie nicht davor zurück, die Löwen mit Speeren anzugreifen; und es ist besonders hart für sie, daß gerade zu dem Zeitpunkt, wo man ihnen ihre Speere und großen Schilde weggenommen hat, ein Teil ihres Landes zum Wildreservat erklärt worden ist und die Weißen dort nicht mehr schießen. Die Massai sind die schönsten Menschen Ostafrikas, sie sind sehr schlank; die jungen Mädchen haben eine seidige glatte Haut, die jungen Männer gehen noch unbekleidet, hocherhobenen Hauptes tragen sie ihre blitzenden Waffen und ihren mächtigen Kopfschmuck, meist aber spiegelt sich tödliche Melancholie in ihren wie ausgelöscht wirkenden Mienen. Es ist ein todgeweihtes Volk, und das wußten sie. Beim Zusammenspiel zwischen Weißen und Schwarzen waren sie eine dumpfe, magische Trommel, ein *memento mori:* das Afrika, das es einmal gegeben hat.

Die Leute, die für mich arbeiteten und auf der Farm wohnten, waren die Kikuyus. Sie waren, wie gesagt, früher Beute der Massai und der Sklavenhändler, und sie sind der Stamm, der seit dem Erscheinen der Weißen in Afrika zahlenmäßig am meisten zugenommen hat. Sie waren Squatters auf meinem Land, *torpare* oder *statare** mit Tagewerksverpflichtung, der sie nur höchst ungern nachkamen. Ich hatte einige hundert Squatter-Familien auf der Farm, mit Frauen und Kindern eine Bevölkerung von einigen tausend. Die Kikuyus sind ein friedfertiger, geduldiger Menschenschlag. Während die Massai auf allen Gebieten nur Kriegsmoral gelten lassen und, um mit Nietzsche zu sprechen*, meinen, »Der Mann soll zum Kriege erzogen werden und das Weib zur Erholung des Kriegers: alles andre ist Torheit«, sind die Kikuyus untereinander sehr verträglich und führen ein gutes, auf Treue beruhendes Familienleben, das dem unserer Bauern in alten Zeiten gleicht, wo alle in der gemeinsamen Landwirtschaft mitarbeiteten und alle, ob alt oder jung, bis hin zu den Kindern dort auch gebraucht wurden. Dabei hat jeder Kikuyu mehrere Ehefrauen. Die Eingeborenenfrauen gehen nicht für andere arbeiten; sie schuften auf ihren eigenen Feldern und bewahren ihrem Familienverband gegenüber stets unbedingte Treue.

Während die Manyattas – die Dörfer – der Massai gräßlich aussehen, wie Raubvogelnester in der Ebene, das halbe Jahr über verlassen, umgeben von Knochen und Abfällen, sind die Dörfer der Kikuyus sehr schön bewachsen. Sie hatten ringsum Maisfelder und Beete mit süßen Kartoffeln und Bohnen angelegt; ihre Hütten glichen einer kleinen Gruppe dunkler spitzer Pilze mitten in dem bebauten Land, innerhalb der Dörfer war der Boden wie Zement, so glattgetrampelt, und Hühner, Ziegen und Kinder schwirrten dort bunt durcheinander. Sie sind ein redseliges

Volk; am Feierabend fanden Versammlungen statt, und während der Erörterung der verschiedenen Anliegen wurde Tabak geschnupft und gekaut. Das war Afrika in einer anderen Tonart, die Nagetiere, die sich Vorräte sammeln, eine liebliche Melodie in der Abendkühle, wie der zarte Gesang der Zikaden. Sie hatten alle Afrika im Blut, genauso wie sie selbst mitten im Herzen Afrikas lebten. Das Reich gehörte den Eingeborenen.

Aus den Squatter-Familien rekrutierte sich mein Hausstand. Fast alle intelligenten Jungen kamen früher oder später zu mir und wurden ihren Begabungen entsprechend entweder im Haus oder im Garten oder im Stall beschäftigt oder zurück aufs Land geschickt. In schlechten Zeiten, wenn die Ernte fehlschlug, schwoll mein Hausstand gewaltig an. Wenn ich dann am Monatsende hinauskam, um die Löhne auszuzahlen, saß da eine lange Reihe von vier- bis siebenjährigen Jungen und wartete. »Ja, du bist doch aber gar nicht in meinen Diensten«, sagte ich. »Bin ich nicht in deinen Diensten?« bekam ich zur Antwort, »ich bin doch der, der morgens die Hühner rausläßt«, oder »ich bin doch der, der die Spanner in deine Reitstiefel steckt, und das ist schwer.« Da ich ihnen nur zwei Kronen im Monat bezahlte, konnte ich mich ja recht großzügig zeigen. Wenn dann der Mais geerntet wurde, gingen sie zurück, um die Schafe ihres Vaters auf der Ebene zu hüten. Sie waren kleine Teile Afrikas, wie Blumen, die in der Trockenheit blühten, oder kleine Vögel, die ans Haus kamen, wenn die Zeiten hart waren.

Wir haben die Macht. Wir weißen Menschen hatten das Land übernommen, erst war es ein Protektorat, dann wurde es zur Kolonie. Wir erließen Gesetze und Anordnungen, legten Wege und Eisenbahnlinien an; an uns zahlten die Eingeborenen, sehr gegen ihren Willen, Steuern. Wir hatten sie, um einen Überblick über die Arbeitskräfte zu bekommen, alle miteinander registriert; jeder einzelne männliche Eingeborene hatte seine *Kipanda*, ein Schreiben mit seiner Nummer und einer Liste aller seiner Arbeitsplätze, das mußte er um den Hals tragen. Während ich in Afrika war, ist es ein einziges Mal zu Unruhen gekommen; die Schwarzen versuchten, eine Art Aufstand gegen eine neue Verordnung zuwege zu bringen, und das Militär schoß auf sie mit Maschinengewehren – ich glaube fast, auf Grund eines Irrtums. Aber es reichte, um die Übermacht der Maschinengewehre über nackte, mit Speeren bewaffnete Wilde zu demonstrieren; der Ausgang stand von vornherein fest. Wir hatten auch auf andere Weise Macht über sie: die Macht, mit unserer ungeheuren technischen Überlegenheit Geringschätzung für ihre Werte zu zeigen, für ihre Traditionen und gehüteten Schätze; die Macht, einen großen Teil ihrer Vorstellungen zu zerstören – ja, in gewisser Weise ihre ganze Existenz aus den Angeln zu heben.

Für das Kind einer kleinen Nation ist es eine neue Entdeckung, nur auf Grund der Abstammung so vollkommen unanfechtbare Macht über ein Volk zu haben. Jetzt kann ich aus eigener Erfahrung sagen, daß das ein unbefriedigendes Gut ist, eine hohle Größe. Für einen zivilisierten Menschen ist die rein äußerliche Macht unzureichend, eine Illusion, die im entscheidenden Augenblick versagt, Staub und Asche in unserem Mund. Sklavenarbeit ist schlechte, tote Arbeit, mit der wir uns nicht abfinden können. Ich glaube übrigens, daß sie eine der denkbar teuersten Arbeitsformen ist, weil sie soviel Aufsicht erfordert. Aber auch auf allen anderen Gebieten wollen zivilisierte Menschen ja wohl Macht *haben*, aber nicht gerne Macht *ausüben* müssen. Ein Haus ist für einen zivilisierten Menschen kein Heim, wenn es nur von Leuten versorgt und bewohnt wird, von denen wir gar nicht wissen, was sie denken. Es gibt ein altes Sprichwort, das sagt, man kann ein Pferd zum Wasser hinziehen, aber man kann es nicht zwingen zu trinken; Professor Østrup* hat es dahingehend variiert, daß man zur Not Leute dazu zwingen kann, Verse zu schreiben, aber man kann sie nicht zwingen, gute Verse zu schreiben. Und zivilisierte Menschen können sich nicht mit schlechten Versen zufriedengeben. Wir sind anspruchsvoll geworden, wir wollen Freiwilligkeit, und wir wollen Dauerhaftigkeit. In einem schicksalsschweren Augenblick haben uns unsere Vorväter zur Zivilisation verpflichtet, als sie den Vers dichteten: »Besitz stirbt, Sippen sterben, / du selbst stirbst wie sie; / eins weiß ich, das ewig lebt: / des Toten Tatenruhm.«* Uns steht die Geschichte vor Augen, und wir wollen leben, aber nicht bloß dank der Übermacht, die wir im Augenblick besitzen, sondern weiter in würdiger Erinnerung. Wir geben uns nicht zufrieden, ehe man uns nicht das wahre Wesen der Überwundenen ausliefert, und wir wollen sie erobern, so wie ein Mann eine Frau erobert, und das geschieht ja nicht durch bloße Macht.

Ich habe seither oft darüber nachgedacht, ob nicht mein Verhältnis zu den Eingeborenen Ähnlichkeit mit dem eines Mannes zu den Frauen hat: sie waren die schwächere – unterlegene – Rasse, von ihnen hing mein Wohlergehen und mein tägliches Leben ab, ich verstand sie nicht, wußte aber, daß sie mich, natürlich nicht mit der Ratio, sondern instinktiv, verstanden und mich durch und durch kannten. Man nahm sie nicht ernst, und doch kam der richtige Ernst des Lebens erst dort zum Vorschein, wo sie uns zu verstehen begannen. Letztendlich hatten sie auch für unser Glücklichsein den Schlüssel in der Hand, sie besaßen Weitblick, sie konnten sich dem Kummer und der Freude im Leben ganz hingeben. Nichts in Afrika hat mir richtig Spaß gemacht, weder die Jagd noch die Arbeit, wenn ich nicht Eingeborene dabeihatte. Die Macht, die ich über sie haben wollte, war wirklich nur jene, von der man spricht, wenn man sagt, ein Mann habe Macht über Frauen; die hat er ja nicht, um kommandieren zu können.

Zivilisierte Menschen haben das Verlangen, einigermaßen im Einverständnis mit den Naturmächten und mit ihren Mitmenschen zu leben. Einen Weg durch die Wildnis zu bahnen war längst nicht so befriedigend wie das Glücksgefühl, das man empfand, wenn die scheuen, verschlossenen Menschen sich einem öffneten. Das war nicht leicht zu erreichen, es erforderte Zeit und viel Geduld, aber es war ein merkwürdiges Erlebnis, das man nie vergißt: eine neue Welt tat sich dann vor uns auf.

Ich selbst liebte die Eingeborenen vom ersten Tag in Afrika an; es war das stärkste Gefühl, das ich je gekannt habe. Mich haben die Eingeborenen hingegen nie geliebt. Ich glaube, zwischen denen, die die äußere Macht haben, und denen, die dieser Macht unterworfen sind, muß das größte Gefühl sozusagen von oben kommen. Für die Beziehung zwischen Eltern und kleinen Kindern gilt das gleiche. Ein Offizier kann seine Soldaten lieben, aber in der Einstellung der Soldaten gegenüber dem Offizier ist jedenfalls immer eine sehr wache Kritik und reichlich Schadenfreude enthalten – was ganz besonders im Verhältnis zwischen Weißen und Schwarzen zum Tragen kam, denn Schadenfreude ist eine besonders typische Eigenschaft der Neger. Das gleiche gilt wohl auch bei Lehrern und Schülern. Nach einiger Zeit *verließen sich* die Eingeborenen aber ganz und gar *auf mich* in einer merkwürdigen, uns unbegreiflichen Art und Weise. Sie gingen davon aus, daß ich vor allem anderen in der Welt ihr Wohl und Wehe im Sinn hätte und notfalls für sie sterben würde. Und durch ihr stummes Insistieren erreichten sie genau das, was sie wollten. Man läßt sich ihr Wohl und Wehe vor allem anderen angelegen sein. Das war dann die Macht, die ich schließlich und endlich über sie erlangte; mit der mußte ich mich begnügen.

Die Ehre sollte nach Möglichkeit beiden Seiten zukommen. Wenn man von Ehre spricht – einem Wort, das man ja in der modernen Sprache nicht so oft benutzt –, dann kommt es mehr darauf an, für was man steht oder was man bedeutet oder repräsentiert, als darauf, wer man persönlich ist. Was bedeuteten wir denn? Für was standen wir in der Vorstellungswelt der Eingeborenen? Es gibt einen Vers, der lautet:

> »Du bist mehr als deine eigne Macht,
> und mein Trost ist das, was du bedeutest.«*

Was zeichnet uns denn jenseits unserer eigenen Macht aus, und wie konnten die unterworfenen Völkerstämme, deren Land wir genommen hatten, Trost finden, in dem, was wir bedeuteten? Es gibt ein Kinderspiel, das folgendermaßen beginnt: »Ich schicke dir ein Schiff. Was bringt es mit?« Wenn ich mit den großen englischen Schiffen nach Afrika fuhr, mußte ich oft an dieses Spiel denken. Europa schickt Afrika ein Schiff, der eine Erdteil dem anderen, und Afrika fragt: »Was bringt es mit?« Nun, einen Teil der Dinge, die es mitbrachte, konnten wir ja mit eigenen Augen sehen, gewaltige technische Erfindungen, Maschinen und Materialien; außerdem viele große Erwartungen und Anforderungen an das Land, für das es bestimmt war; die meisten Auswanderer hatten sich ja auf den Weg gemacht, um in Afrika ein

Vermögen zu erwerben. Aber darüber hinaus mußte das Schiff noch eine weitere große, unsichtbare Last mitbringen. Es kam aus dem Erdteil des Sokrates, des Franz von Assisi, aus der Welt des Spinoza, Shakespeare, Kopernikus, Voltaire, Newton und Karl Marx. Was bedeutete das? Wir, jeder einzelne von uns, mußten unweigerlich in den Augen der Eingeborenen als Repräsentanten des Christentums gelten; nach uns beurteilten sie den, nach dem wir uns benannten. »Wie wirst du dich jetzt benehmen, du Nachfolgerin Jesu Christi?« fragten meine Eingeborenen. Wir kommen mit Pomp und imponierendem Gefolge. Wir selbst hatten im übrigen ja hier eine Chance, das Blatt zu wenden und die Fehler unserer alten Geschichte wiedergutzumachen. Ich hatte bei alledem oft das Gefühl, auf einem sehr großen Pferd in einer gewaltigen und bedeutungsvollen Prozession zu reiten. Ich dachte: »Ich mache mir ja keine Hoffnungen, hier groß zu glänzen und zu brillieren. Gott gebe nur, daß es mir gelingt, mich im Sattel zu halten.«

Man hörte die Europäer dort draußen auch viel vom Prestige der Weißen reden. Vor ein paar Monaten bekam ich einen Brief aus Afrika. In meinem Buch über Afrika gibt es ein Kapitel »Der Fall Kitosch«*, es handelt von einem jungen Kikuyu, der von seinem weißen Arbeitgeber gezüchtigt worden und an den Folgen der Bestrafung gestorben war. Während des daraufhin angestrengten Prozesses lieferten drei englische Ärzte ihre Gutachten. Der Brief war von einem dieser Ärzte. Er schrieb, er könne jetzt sehr wohl sehen, daß er parteiisch gewesen sei; er habe mit aller Kraft versucht, dem weißen Mann zu helfen. »Aber«, schrieb er, »ich tat es um des Prestiges der weißen Rasse willen.« Das war ein mannhaft geschriebener Brief, und ich glaube an die gute Absicht des Arztes. Ich meine jedoch, er hat kurzsichtig gehandelt. Er hat dem Prestige der Weißen nicht gedient. Die Schwarzen wußten genau, wie die Dinge zusammenhingen. Sie erwarteten auch gar nicht, daß das weiße Gericht den weißen Farmer verurteilen würde; ich weiß das, weil ich, ehe das Urteil gefällt wurde, mit ihnen über den Stand der Dinge gesprochen habe. Man hätte, glaube ich, eine gewaltige Schlacht für das Prestige der Weißen geschlagen, wenn man den Farmer tatsächlich so verurteilt hätte, wie es der Fall gewesen wäre, wenn er einen weißen Mann getötet hätte. Die Schwarzen hätten dann, zu ihrem großen Erstaunen, gesehen, daß wir auch ernst machen konnten mit den Dingen, von denen wir redeten: Gerechtigkeit, Gleichheit vor dem Gesetz, Schuld und Verantwortung.

Zum Vergleich kann ich Ihnen von einem Rechtsfall erzählen, über den ich gut Bescheid weiß, denn der Weiße, um den es sich handelte und der auch einen Eingeborenen getötet hatte, war einer meiner guten Freunde. Er hieß Galbraith Cole* und hatte eine Viehfarm im Hochland. Seine Farm grenzte an das Massai-Reservat, und die Massai sind große Viehdiebe, keine Kuh und kein Schaf ist vor ihnen sicher. Sie hatten Galbraith Cole schon oft Vieh gestohlen, und er hatte sie wissen lassen, daß er den nächsten, den er auf frischer Tat erwischte, erschießen würde. Eines Tages kam nun einer von Galbraiths Hirten nach Hause gerannt und berichtete, daß einige Massai-Morani dabei seien, einen Teil seiner Färsen wegzutreiben. Galbraith ritt sofort hinaus und holte die drei ein, als sie gerade seine Tiere vor sich her scheuchten; als er nahe genug herangekommen war, zog er seinen Revolver und erschoß den vordersten. Die anderen rannten daraufhin weg, und er bekam seine Färsen wieder. Dieser Fall kam auch vor Gericht. Der Richter sagte zu Galbraith: »Wir verstehen sehr wohl, daß Sie geschossen haben, um die Diebe aufzuhalten.« – »Nein«, sagte Galbraith, »ich habe geschossen, um ihn zu töten. Ich hatte gesagt, daß ich das tun würde.« – »Überlegen Sie sich das gut, Mr. Cole«, sagte der Richter, »wir sind überzeugt, daß Sie nur geschossen haben, um sie aufzuhalten.« – »Nein, Gott weiß es«, sagte Galbraith, »ich schoß, um zu töten.« Er wurde dazu verurteilt, das Land zu verlassen – und in gewisser Weise bedeutete das in Wirklichkeit seinen Tod. Aber dieser Prozeß beschäftigte die Eingeborenen noch lange, ich habe sie oft über ihn reden hören. Sie nannten Galbraith Cole »Debr Lao«. »Debr Lao«, sagten sie, »der hatte nur eine Zunge im Mund.« – »Besitz stirbt, Sippen sterben, du selbst stirbst wie sie; eins weiß ich, das ewig lebt: des Toten Tatenruhm.«

Da nun dieser Tatenruhm eines der Dinge ist, die zivilisierte Menschen brauchen, und da die alten Nordländer unsere Vorfahren sind, die sich nicht damit begnügen konnten, daheim zu bleiben, und statt dessen in fremde Länder zogen und sie eroberten und diesen Vers gedichtet haben, wollen auch wir diesen Ruhm nicht missen; führen wir uns deshalb vor Augen, wie man über uns bei den Schwarzen denkt, die mit ansehen mußten, wie wir in ihr Land kamen und uns zu dem machten, was man dort Herren nennt. Viele Menschen haben ihre Beobachtungen über die Schwarzen niedergeschrieben und uns ein Bild von ihnen gezeichnet, ich will nun einmal versuchen, das Bild der Schwarzen von uns zu ergründen. Wie lautet Afrikas Urteil über uns? Wie sehen wir in den Augen der Schwarzen aus?

Vielleicht werden einige von Ihnen, junge Schweden, zu denen ich heute abend spreche, einmal hinauskommen, weit fort, in Länder, die Sie nicht kennen. Ich kann Ihnen sagen, daß Sie dort eine merkwürdige Erfahrung machen werden. Zu ihrem Erstaunen werden sie feststellen, daß nicht nur Ihre Umgebung sich verändert und Ihnen alles fremd und unbekannt vorkommt, wohin Sie sich auch wenden, sondern auch Sie selbst verändern sich in Ihren eigenen Augen derart, daß Sie schließlich fragen: »Wer bin ich? Wie sehe ich aus?«

Solange man Kind in seinem eigenen Zuhause ist, spielt diese Frage keine Rolle; unsere ganze Umgebung kann sie beantworten, alle sind sich einig, und die allgemeine Meinung bildet meist die Grundlage für unser eigenes Urteil über uns selbst. Solange man in seinem Vaterland bleibt, ist man ja in gewisser Weise auch daheim; alle Menschen, denen man dort begegnet, haben annähernd die gleichen Voraussetzungen, und wenn sie uns nicht kennen, können wir uns ihnen ohne Schwierigkeiten vorstellen und ihnen die Auskünfte erteilen, die sie brauchen, um über uns Bescheid zu wissen. Selbst wenn man im Ausland umherreist, in Europa oder Amerika, wo sich junge Menschen gelegentlich ziemlich verloren vorkommen können, gilt doch das gleiche, solange man sich im Rahmen einer gemeinsamen Zivilisation bewegt. Zwar muß man für seine Auskünfte etwas weiter ausholen, aber man hat doch mit den gleichen Begriffen und Voraussetzungen zu tun, und wenn man nicht erklären kann, aus welcher Gemeinde man kommt, so kann man doch sagen, aus welchem Land man ist. Überall stellen sich so ziemlich die gleichen Begriffe ein, wenn man sagt, man studiere Theologie, man sei Soldat. Selbst durch seine Bekleidung vermittelt man, ehe man überhaupt den Mund aufgemacht hat, Europäern und Amerikanern die annähernd gleiche Vorstellung von der eigenen Person.

Aber eines Tages kommt man zu einem Volk, das uns mit anderen Augen betrachtet. Selbst wenn man ihre Sprache erlernt, so haben sie doch nicht die Ohren, vor denen wir zu sprechen gewohnt sind. Wenn man ihnen erzählt, man komme aus Lund, dann sagt ihnen das überhaupt nichts; wenn man sagt, man komme aus Schweden, dann sagt ihnen das überhaupt nichts. Wenn man ihnen mitteilt, daß man einen Direktor oder Bischof oder Oberst zum Vater hat, dann sagt ihnen das nichts, denn sie wissen nicht, was ein Direktor oder ein Bischof oder ein Oberst ist. Wenn Sie sagen, Sie studieren Jura und haben Ihr Staatsexamen mit Auszeichnung bestanden, spielen Violoncello und haben die schwedische Meisterschaft im Schwimmen gewonnen, dann sind das Worte, die für sie keinen Sinn ergeben. Sie wissen nicht einmal, daß Sie höflich sind, wenn Sie den Hut ziehen, daß Sie sich feingemacht haben, wenn Sie einen Frack anhaben.

Und während Sie sozusagen Stück für Stück Ihren sozialen und intellektuellen Habitus ablegen, begreifen Sie allmählich, daß der wohl in Wirklichkeit nicht Ihr wahres, eigentliches Wesen ausmacht, aber irgend etwas muß doch übrigbleiben, wenn er verschwindet. Wer bin ich denn, wenn ich nicht mehr die Person bin, als die ich bisher gegolten habe? Da muß die nächstliegende Antwort sein: ein Mensch. Einzig und allein als Mensch begegnen Sie den dunklen, primitiven Menschen.

Für mich war dieses Erlebnis eine Art Offenbarung, nicht nur der Welt, sondern meiner selbst. Und ich kann behaupten, es war ein großes, unerwartetes Glück, eine Befreiung. Hier konnte man endlich auf alle Konventionen pfeifen; hier entdeckte man eine neue Art der Freiheit, die man bis dahin nur in seinen Träumen erlebt hatte. Es war wie beim Schwimmen, wo man sich in alle Richtungen recken kann, wie beim Fliegen, wo man das Gefühl hat, man hat das Gesetz der Erdenschwere hinter sich gelassen. Es konnte einem schwindelig werden, ein wenig gefährlich war es auch; man brauchte Mut, wie immer beim Erkennen der Wahrheit. Aber es war berauschend, herrlich – »einen Schritt weiter in der gleichen Richtung«, dachte ich, »und ich stehe Angesicht zu Angesicht vor Gott.«

Während ich nun mit den Schwarzen zusammen lebte und arbeitete, prägte dieses Verhältnis mein tägliches Leben. Wenn ich mich mit Weißen traf, umgab mich wieder mein alter Vorstellungskreis, und ich kehrte sozusagen zur Erde zurück. Weiße wußten, daß ich in Oxford Englisch studiert hatte und mit diesem und jenem verwandt war. Von den Schwarzen wurden einem ganz andere Fragen gestellt: »Hast du Mut? Hast du Geduld? Bist du uns wohlgesonnen, oder bist du auf deinen eigenen Vorteil aus?«

Aldous Huxley schreibt einmal, daß derjenige, der auf einer Reise einem Fremden begegnet, sich vorstellt, seinen Namen nennt und sagt, in welchem Hotel er wohnt. Vernünftiger wäre es, wenn man zueinander sagte: »Good morning, stranger, how goes your soul? And what shall we do to be saved?«* Darum dreht sich gewissermaßen alles bei meinen schwarzen Leuten und mir während unseres einförmigen täglichen Lebens und Arbeitens.

Ich nehme an, daß in dem Publikum, zu dem ich spreche, mehr als ein junger Mann sitzt, der wirklich und ehrlich verliebt ist. Sie wissen dann auch, wie in diesem Zustand unser äußerer Habitus von uns abfällt und die gewohnten und anerkannten Mechanismen versagen. Es nützt gar nichts, das lobende Urteil seiner Lehrer oder Zeugnisse seiner Verwandten und Freunde ins Feld zu führen, nicht einmal die eigene Überzeugung, daß man doch ein begabter junger Mann sei, hilft weiter. Sie werden vor ein höheres Gericht gestellt, das keine Berufung zuläßt: Entscheidend ist, was denkt sie von mir? – Wie sehe ich in ihren Augen aus? Denn mit ihren Augen sehen Sie mächtige Kräfte an: Die Vorfahren, die Familie, das Leben selbst. Mit den ernst blickenden dunklen Augen der Schwarzen sah die Natur, sahen Leben und Tod selber auf uns.

Ich glaube, in den Augen der Schwarzen wirkten wir, was unsere äußere Erscheinung anbetrifft, ziemlich kümmerlich. Sie fanden, wir wären schwere, tollpatschige Leute, und das sind wir auch im Vergleich zu den Negerstämmen Ostafrikas, deren Menschen sehr schlank und schmal sind, den Figuren ähnlich, die man auf alten ägyptischen Reliefs sieht. Ich besitze ein paar Messer aus dem Somaliland, die ich von Somalis geschenkt bekommen habe; an jedem Messer sind zwei Querstäbe befestigt, die der Hand Halt geben sollen, aber meine Hand paßt nicht zwischen die Stäbe, und dabei sollen erwachsene Männer damit hantieren. Die Eingeborenen mögen keine Körperrundungen. Während die weißen Damen sich früher an ihrer schmalsten Stelle einschnürten, um an anderen Stellen Fülle zu erreichen, streben die Schwarzen lauter gerade Linien an. Die jungen Massai- und Kikuyumädchen tragen Ringe aus Messing oder Kupfer das ganze Bein vom Knöchel bis zum Knie hinauf, und sie lassen sie am Knöchel lose und an den Waden eng ansitzen, um zwei genau parallele Linien zu erreichen. Im Zusammenklang mit der großen Geschmeidigkeit ihres Oberkörpers und ihrer Arme entsteht der Eindruck einer eigenartigen Grazie, die an den biegsamen Hals und die langen steifen Beine des Flamingos erinnert. Sie finden, wir hätten schlechte Zähne, sie selbst haben zwei prachtvolle Reihen Elfenbein im Munde.

Wenn die Schwarzen versuchen, uns im Aussehen nachzuahmen, was sie gelegentlich einfach nicht lassen können, dann hat man das Gefühl, sie haben gar keine richtige Vorstellung davon, wie wir aussehen; es reicht zu einem Versuch hier oder da, kommt aber nie zu einem Gesamtbild. Und darüber sollte man sich nicht wundern, denn wir wissen in Wirklichkeit selbst nicht, wie wir aussehen, kaum, wie wir aussehen möchten. Mit Erstaunen erkennt man den großen Gegensatz zwischen Schwarzen und Weißen, daß nämlich die Schwarzen in weit höherem Maße als wir – solange sie sich an ihre alte, überkommene Kleidung und den traditionellen Schmuck halten – *Stil* haben; man spürt, sie sehen so aus, wie sie aussehen müssen. Ihr Putz, ihr großer Kopfschmuck, wenn sie zum Tanz gehen, und ihr Geschmeide und die Farben sind langsam aus dem Leben und der Geschichte des Stammes erwachsen; sie sind ebenso Teil ihrer selbst wie das Geweih zum Hirsch gehört und die Mähne zum Löwen. Die Weißen dagegen kopieren in ihrer Kleidung einen Typ, der ihrem eigenen fremd ist, wenn zum Beispiel nordische Frauen sich wie Pariserinnen kleiden, die völlig anders aussehen als sie selbst. Ich habe einmal eine schwedische Nationaltracht, wahrscheinlich vom Malmøhus Lehen, mit nach Afrika genommen, die fanden sie schön. Sie entsprach eben ihrer eigenen Vorstellung, sie war kein Modekostüm, sondern war mit dem Leben des Volkes gewachsen.

Die Lebhaftigkeit der Schwarzen unterscheidet sie am auffallendsten von uns, sie sind immer voller Leben, selbst wenn sie ganz stillsitzen. Ich habe, nachdem ich aus Afrika zurückgekommen bin, oft an diesen Unterschied denken müssen, wenn ich eine zufällige Ansammlung von Europäern beobachtete, zum Beispiel in einem Eisenbahnabteil oder einer Straßenbahn. Ich habe mir überlegt: »Wenn eine Gruppe von Schwarzen so wenig Ausdruck in den Gesichtern und der Körperhaltung zeigte, würde ich sie nie in meine Dienste nehmen.« Dieser Unterschied gleicht dem zwischen wilden und zahmen Tieren. Wilde Tiere haben immer etwas besonders Zielbewußtes in ihrem Aussehen und Gebaren, das unsere Haustiere verloren haben. Wenn man einen Schwarm Enten auf einem Entenhof beobachtet, dann zeigen sie sich zwar voller Leben und in ständiger Bewegung, aber ihren Unternehmungen fehlt der Zusammenhang, man weiß nicht, was sie wollen. Betrachten Sie dagegen einmal den Zug der Wildenten am Himmel; seine Linie verrät eine große Perspektive und Zielstrebigkeit. Man traut ihnen zu, daß sie ihr Ziel erreichen werden, wenn es uns auch unbekannt ist und unbekannt bleiben muß.

Ich habe, soweit ich mich erinnern kann, nur einmal ein Kompliment von den Eingeborenen zu hören bekommen, und das war zweifelhafter Natur. Damals war der Prinz von Wales, der jetzige Herzog von Windsor, in Afrika. Ich hatte ihm von den *Ngomas* erzählt, den großen Tanzveranstaltungen, die meine Leute ab und zu des Nachts abhielten, und eines Abends im *Government House* eröffnete er mir, daß er gerne am übernächsten

Tage auf meine Farm zum Dinner hinauskommen und einen solchen Tanz sehen wollte. Ich sagte zu meinem Somalidiener Farah, der während meiner ganzen Zeit in Afrika bei mir war: »Das ist ja im Grunde schrecklich, Farah, sie tanzen doch diese Tänze jetzt gar nicht.« Denn die nächtlichen Tänze waren eine Art Ritualtänze mit religiösem Charakter, die sie nur nach der Ernte veranstalteten. Farah wurde sehr ernst und nachdenklich, denn wie immer lag ihm in erster Linie die Ehre meines Hauses am Herzen. »Da ist nichts weiter zu machen, Memsahib«, sagte er, »als daß ich das Automobil nehme und herumfahre zu den großen Häuptlingen und ihnen sage, daß du ihnen früher geholfen hast, und nun müssen sie kommen und dir helfen und ihre jungen Männer und ihre Jungfrauen zum Tanzen mitbringen, damit der Sohn des Sultans nicht in dein Haus kommt und feststellt, daß gar kein Tanz stattfindet.«

Ich mußte ihm recht geben, daß das das beste sei, aber das war eine Tour, für die er zwei Tage brauchen würde, denn viele der großen Häuptlinge wohnten weit weg. »Aber dann mußt *du* für das Essen sorgen«, sagte Farah. Ja, das würde ich schon tun, und so fuhr er los. Ich war in Sorge, er könnte kein Glück haben, denn es war nicht immer leicht, die Eingeborenen dazu zu bewegen, von ihren Sitten und Bräuchen abzuweichen. Aber an dem Tag, als der Prinz zum Dinner kommen sollte, kehrte Farah am frühen Morgen mit einem von Staub und Morast vollkommen verdreckten Wagen zurück und verkündete: »Ja, sie kommen. Sie schicken ihre jungen Männer und die Jungfrauen, und sie kommen selbst.« Sie kamen wirklich, all die großen alten Häuptlinge, Kitau und Kinanjui und Wamai, mit ihren jungen Leuten, so daß sich wohl über 1500 Tänzer versammelten; es wurde ein sehr schönes Tanzfest, denn wir hatten Vollmond und eine sternklare Nacht, große Feuer erleuchteten den Tanzplatz, und der Prinz von Wales war sehr angetan.

Als nun einige Zeit vergangen war, schickte ich wieder nach den Häuptlingen, die mir geholfen hatten, weil ich ihnen danken und ein Geschenk überreichen wollte, denn die Schwarzen sind sehr für Geschenke. Das alles ging nach Sitte der Eingeborenen sehr langsam; ich dankte ihnen, langsam und würdevoll und mit langen Pausen, wie sie es schön fanden, und als ich fertig war und einige Zeit vergangen war, kam der Älteste unter ihnen zu mir hinauf. »Memsahib«, sagte er, »nun hast du gesagt, daß du findest, wir hätten uns gut aufgeführt. Jetzt wollen wir gerne dir etwas sagen.« Bitte, das dürfe er doch. »Ja«, sagte er, »wir möchten sagen, daß wir finden, du hast an dem Abend, als der Sohn des Sultans hier war, von allen anwesenden Damen das schönste Kleid getragen. Darüber haben wir miteinander viel gesprochen, und wir haben uns darüber gefreut. Denn wir finden, du bist alltags schlecht gekleidet.« Das war ich in der Tat, denn ich lief im allgemeinen in alten, fleckigen Khakihosen herum, aber ich hatte bis dahin nicht gewußt, daß das für meine Leute von Bedeutung war.

Wir meinen, unsere große intellektuelle Überlegenheit müsse den primitiven Menschen imponieren. Auch in diesem Punkte lernt man dazu; ihre Ansicht weicht von dem, was wir erwarten, weit ab. Sie glauben ja von uns, wir seien tüchtig und könnten viele Dinge bewerkstelligen, und das verwirrt sie; es fällt ihnen schwer, uns gegenüber Stellung zu beziehen, denn in ihrem Innersten sind sie überzeugt, daß es uns an *Weisheit* fehlt. Wenn wir alle Voraussetzungen haben, daß es uns gutgehen kann, warum richten wir unser Leben dann so jämmerlich ein? Wir hätten uns doch einfach hier niederlassen und ein herrliches Leben führen können, mit vielen Kühen und Frauen um uns herum, warum haben wir uns denn nicht mehr Kühe und Frauen gekauft? Warum haben wir unseren Reichtum in Automobilen angelegt und sind unablässig mit hängender Zunge von einem Ort zum anderen gejagt? Die Schwarzen hassen die Eile; ihr Ideal ist es, jedem Ding seine Zeit zu gewähren, sie wollen *leben*, und ich glaube, sie bedauerten uns, weil wir so viel zu tun hatten und immer in Gang sein mußten. Selbst unsere technischen Fortschritte bedeuteten ihnen keineswegs das gleiche wie uns, sie betrachteten sie mit Skepsis. Ich habe über diese Einstellung nachgedacht, und ich glaube, daß das, was man bewundern soll, wenigstens halbwegs innerhalb unserer gewohnten Vorstellungswelt liegen muß; wir wissen die Dinge am meisten zu schätzen, die eine Verbesserung der uns schon bekannten darstellen. Ich bin überzeugt, wenn man einen jungen Wikinger von vor 1000 Jahren auferwecken und ihm alle Errungenschaften der Zivilisation vorführen könnte, dann würde er unsere Regattaboote, vielleicht auch unsere Waffen am meisten bewundern. Ob man ihn für Eisenbahnen und Radios interessieren könnte, ist nicht sicher. Ich habe einsehen müssen, daß von allen technischen Errungenschaften, die wir in die Welt der Eingeborenen gebracht haben, allein die Streichhölzer von ihnen wirklich geschätzt wurden. Vieles jedoch, was wir benutzten und auf das wir stolz waren, rangierte bei ihnen unter dem Begriff *Hexerei*, und mit der wollten sie nach Möglichkeit nichts zu tun haben.

Meiner Meinung nach stellt das Tempo die größte Schwierigkeit im Umgang der Schwarzen und Weißen miteinander dar. Wir haben in den letzten hundert Jahren unser Tempo gewaltig gesteigert, und für uns ist es fast unerträglich, es so weit zu drosseln, daß es ihnen gemäß wird. Niemand, der es nicht selbst erlebt hat, kann sich eine Vorstellung davon machen, wie langsam eine Verhandlung mit Schwarzen geführt werden muß, damit sie *comme il faut* verläuft. Ich hatte einmal eine »Duca« im Massai-Reservat, eine Art Kaufmannsladen, wo ich alles mögliche, Teppiche, Lampen, Petroleum, Zucker und Ringe für die Arme und Beine der jungen Mädchen, verkaufte und in der Regel mit Schafen bezahlt wurde. Die Erfahrung lehrte mich, daß ich eine Person von schwarzer Herkunft den Laden betreuen lassen mußte, denn das kann kein Weißer aushalten. Wenn die Eingeborenen einkaufen, spielt die Zeit überhaupt keine Rolle; sie fragen nach einer Sache, feilschen um den Preis, gehen weg, kommen wieder und fangen wieder von vorne an, und das wiederholt sich tagelang, ehe sie sich endlich entschließen. Man kann schwarze Menschen nicht zur Eile antreiben, das halten ihre Nerven nicht aus, sie werden davon verrückt und völlig unbrauchbar. Ebenso sollte man eine einmal getroffene Anordnung möglichst nicht abändern; es ist besser, zu einer schlechten Entscheidung zu stehen, wenn man sie einmal an seine Leute weitergegeben hat, als sie zu widerrufen. Für unsere Begriffe ist das in der Praxis nicht sehr zweckmäßig, aber es verleiht, das weiß ich aus Erfahrung, dem Haus besonderes Ansehen und Würde.

Sie kannten uns, wie gesagt, weit besser, als wir sie kannten. Oft war es geradezu unheimlich, wie genau sie wußten, was ich tun würde, ehe ich es überhaupt selbst wußte. Sie hatten ganz bestimmt auch einen besonderen Sinn, den wir nicht haben, und alle, die unter Schwarzen in Afrika gelebt haben, können von irgendeinem Erlebnis mit ihrem merkwürdigen Kommunikationssystem berichten, das wir uns nicht erklären können, mit dessen Hilfe sie darüber Bescheid wissen, was sich zur gleichen Zeit weit weg ereignet. Auf einer Safari habe ich einmal ein Stück Weges gemeinsam mit einem Engländer zurückgelegt, und dann trennten wir uns; er ging weiter nach Westen und ich nach Süden. Ein paar Wochen später, als wir etwa 100 Meilen voneinander entfernt waren, kam mein schwarzer Diener eines Morgens in mein Zelt und sagte: »Der Bwana, mit dem wir zusammen von Narok nach Bardamat gezogen sind, ist heute nacht von einem Löwen, den er angeschossen hatte, schlimm gebissen worden.« Ich fragte ihn, woher er das wüßte, da er aber keinerlei Erklärung liefern konnte oder wollte, glaubte ich, er hätte sich das alles nur ausgedacht. Als ich aber nach Nairobi zurückkam, lag der Engländer tatsächlich wegen eines gefährlichen Löwenbisses im Hospital, und als ich mich nach den näheren Umständen erkundigte, erfuhr ich, daß er in der Nacht vor dem Morgen, an dem mein Diener es mir erzählt hatte, zu Schaden gekommen war.

Derartige Dinge geschahen oft, man konnte jedoch aus den Eingeborenen nicht herausbekommen, woher sie ihr Wissen bezogen. Hier mußte man sich mit dem Unerklärlichen abfinden. Ich machte mir aber diese Gabe meiner Leute auch zunutze und fragte sie aus, wie es dem oder dem, der weit weg war, wohl ginge. Auf diesem Gebiet müssen sie mich und alle Europäer als merkwürdig unterlegen angesehen haben, wie Blinde und Taube, denen ein Sinnesorgan fehlt.

Die Schwarzen haben mit Sicherheit eine ganz andere Vorstellung von Zeit als wir, sie unterscheiden nicht zwischen Vergangenheit, Gegenwart und Zukunft, wie wir das tun. Ohne Zweifel kommt ihnen unsere Auffassung höchst kindisch vor – sie lachen uns ihretwegen aus. »Du sagst, das geschieht *gerade jetzt*«, sagte einmal einer von meinen Leuten zu mir, »aber gestern hast du auch gesagt, das geschehe gerade jetzt.« Wie sie mit dieser Sicht der Zeit zurechtkommen, können wir uns natürlich nicht vorstellen, aber es sieht so aus, als ließe es sich damit leben.

Sie können nicht wissen, warum wir uns so oder so verhalten oder was für unser Leben von allergrößter oder geringerer Bedeutung ist. Deshalb wiederholen sie eine Anweisung oft wortwörtlich, weil sie ihren eigentlichen Sinn nicht begreifen. Wenn ich zu einem von ihnen sagte: »Jetzt reicht's mir mit eurem Gequassel, das wird jetzt so und so gemacht«, dann hörte ich ihn das für die anderen wiederholen: »Jetzt reicht es ihr mit unserem Gequassel, das wird jetzt so und so gemacht.« Als ich einmal auf eine sechswöchige Safari ging und schon ein Stück gefahren war, geriet der kleine schwarze Junge, der bei mir als Kammermädchen fungierte, plötzlich in helle Aufregung, faßte sich an den Kopf, stöhnte und schrie: »Ich habe es vergessen, ich habe es vergessen!« Ich fragte ihn, was er denn vergessen hätte, aber in seiner Not wagte er das gar nicht zu gestehen; er war schon mit einem Bein aus dem Wagen gestiegen, um zurückzulaufen und das, was er vergessen hatte, zu holen. Ich ließ den Wagen anhalten, und er stürzte sofort zurück zum Haus und kam gleich darauf wieder angerannt, war getröstet und strahlte und hielt mir mein Lockeneisen hin, das ich sehr selten benutzte, schon gar nicht auf einer Safari. »Sieh mal«, rief er, und sein Mienenspiel spiegelte seine Erleichterung, »sieh mal, das hatte ich vergessen!« Ich sagte, das sei ja fabelhaft, daß ihm das noch rechtzeitig eingefallen sei. Aber ich dachte, von meiner Weisheit kann er keine sehr hohe Meinung haben.

Wenn die Schwarzen uns mit so unbefangenem Blick betrachteten und sich in keiner Weise von uns beeindruckt zeigten und wenn die technischen Wunder, mit deren Hilfe wir Macht über sie gewonnen hatten und die uns selbst das Gefühl ungeheurer Überlegenheit einflößten, ihnen so wenig bedeuteten, daß sie sie eher mit Mißtrauen betrachteten – was hatten wir ihnen dann außer dem Verlust der Freiheit und den hohen Steuern gebracht? Und was zog sie zu uns hin? Denn das steht fest, daß es im allgemeinen die intelligentesten unter den Eingeborenen waren, die aus ihren Reservaten kamen und sich bei uns einstellen ließen, und für eine Safari standen jederzeit Leute zur Verfügung. Ja, Macht und Reichtum haben infolge des Schwerkraftgesetzes magnetische Anziehungskraft in sich wie die großen Planeten im Weltraum; sie ziehen die Menschen unwiderstehlich an. Ich habe mich oft darüber gewundert, wieso sich jemals Menschen, die ungestört auf dem Lande hätten leben können, an die Höfe von Tamerlan*, Harun Al Raschid*, Iwan dem Grausamen* oder Ludwig XI.* begeben haben, wo sie sich ständig in Gefahr befanden und jeden Tag in Ungnade fallen konnten. Aber die Geschichte zeigt uns, daß fast alle begabten Menschen diesen Weg wählten; sie wurden magnetisch von den Stätten angezogen, an denen die großen Dinge sich ereigneten, sie hielten es auf die Dauer nicht aus, nur von ihnen zu hören, ohne selbst dabeizusein. Die Menschen suchen nicht immer das Glück, sie suchen ein Schicksal. Und die Schwarzen besitzen diese Eigenschaft in höchstem Maße; für sie ist es von ungeheurem Wert, dabeizusein, und sei es bei einem großen Unfall. Sie fürchten den Tod nicht, und sie bringen alle auf Grund ihrer tief verwurzelten Schadenfreude dem Unglück, auch wenn es sie selber trifft, eine eigenartige Sympathie, ein gewisses Mitgefühl, entgegen. Von einigen der afrikanischen Stämme, zum Beispiel den Somalis, sagt man, daß man nichts bei ihnen erreicht, wenn man ihnen Sicherheit und Wohlstand verspricht; wenn man ihnen aber eine gefährliche, waghalsige Expedition in Aussicht stellt, von der kaum einer lebend zurückkommen wird, dann schießen sie rings umher wie Pilze aus dem Boden und bieten einem ihre Dienste an. Ich glaube, daß wir uns in den Augen der Schwarzen durch zwei Eigenschaften auszeichneten, mit deren Hilfe vielleicht auch Tamerlan und Cesare Borgia* zu ihrer Zeit die Menschen an sich gezogen haben: wir hatten Phantasie, uns fiel etwas ein, und dort, wo wir waren, dort *geschah* etwas. Und wir nahmen die Verantwortung auf uns. Diese letztgenannte Eigenschaft: die Bereitschaft, Verantwortung zu übernehmen, spielt in der Vorstellungswelt der Eingeborenen die größte Rolle. Für das Verhältnis zu ihnen wäre es das allerschädlichste, sich der Verantwortung zu entziehen und ihnen die Schuld zu geben. Da nun einmal alle Schwarzen eine so eigenartige Sympathie oder Liebe zum Schicksal empfinden, traten wir für sie gewissermaßen an die Stelle des Schicksals: auch dieses hat ja Phantasie, und es übernimmt die Verantwortung.

Die scheuen, zurückhaltenden und mißtrauischen Schwarzen hatten eine großartige Fähigkeit, uns zu dienen, oder vielleicht sollte man lieber sagen: uns zu folgen und sich uns anzuschließen, unsere Arbeit und unsere Aufgabe als ihre eigene zu betrachten. Wenn sie einmal Vertrauen zu uns gefaßt haben und meinen, daß sie und wir zusammengehören, dann sind ihre Gespräche und ihr Auftreten weit offenherziger, als wir es von den Weißen untereinander kennen. Sie sagen: »Ich mag meine alte Frau nicht mehr leiden; ich will lieber eine andere haben, was meinst du, was soll ich tun?« Sie sagen: »Danach darfst du mich nicht fragen, denn du weißt doch, wie betrunken ich war.« Sie sagen: »So mußt du das nicht machen; ich werde dir jetzt mal sagen, wie man sich da am vernünftigsten verhält.« So reden sie immer, als ob der ganze Hausstand ihnen genau so gehörte wie uns und sie genauso beträfe wie uns. Meine Leute sprachen immer von »unseren Pferden« und »unserem Porzellan«.

Sie sind davon überzeugt, daß sie selbst in unserem Leben eine unbeschreiblich große Rolle spielen und daß wir ohne sie gar nicht zurechtkommen würden. Bei vielen Gelegenheiten ist das ja auch wirklich der Fall; ich konnte zum Beispiel niemals, wenn ich in der Wildnis auf Safari war und zur Jagd das Lager verließ, mich ohne einen Schwarzen zurechtfinden, während sie mit ihrem sicheren Spürsinn keinen Augenblick lang im Zweifel waren, wo wir uns befanden und welches der kürzeste Rückweg war. Aber ihre Vorstellung von ihrer eigenen Bedeutung für unser Dasein war doch, milde gesagt, einseitig; sie waren davon überzeugt, daß wir gänzlich außerstande seien, selber Wasser zu tragen oder unsere Schuhe zu putzen und daß wir ohne sie sehr bald zugrunde gehen würden. Für ihre Begriffe sahen und hörten wir ohne ihre Hilfe nicht, was um uns herum vor sich ging, und sie mußten es uns erklären. Wenn ich in der Stadt gewesen war und zur Farm zurückkehrte, sagte mein eingeborener Chauffeur: »Nachdem wir von zu Hause weggefahren sind, sind zwei Automobile hiergewesen; das eine hatte einen ganz neuen Reifen auf dem rechten Hinterrad.« Und es war ganz klar, daß er mich für mehr oder weniger blind hielt, weil ich das nicht selber sehen konnte. Durch den Umgang mit den Eingeborenen gewöhnt man sich übrigens selbst daran, Spuren zu studieren, wie man ja überhaupt von ihnen lernt. Wenn wir nicht aus den Wetteranzeichen erkennen können, daß es morgen Regen gibt, kommen wir ihnen genauso merkwürdig beschränkt vor, wie uns ein Mensch vorkommen würde, der bei strömendem Regen herumliefe und sich nicht darüber im klaren wäre, daß es regnet.

Unsere Ehre und unser guter Name liegen ihnen im höchsten Maße am Herzen. Sie machen sich nicht viel aus Komfort und nehmen auf unsere Bequemlichkeit nicht besonders viel Rücksicht, aber Glanz soll uns umgeben. Deshalb kommt es uns oft teuer zu stehen, sie in unseren Diensten zu haben. Farah, mein Somalidiener, der in der ganzen Zeit, die ich in Afrika lebte, bei mir war, erwies sich in dieser Beziehung als ein großer Tyrann. Er zwang mich zu äußerster Genügsamkeit, wenn ich allein zu Hause war; wenn aber Gäste kamen, dann durfte an nichts gespart werden, und das galt besonders, wenn Damen erwartet wurden, weil mich sonst vorwiegend Männer besuchten. »Wir müssen für heute abend Champagner haben«, sagte Farah. »Wir haben aber nur noch so wenig Champagner übrig«, sagte ich. »Das hilft nichts«, sagte er. »Wir müssen für heute abend Champagner haben, es kommt doch eine Dame.«

Als ich einmal um die Weihnachtszeit einige schwedische Gäste erwartete, wollte ich Klejner* backen und brauchte dafür ein wenig von einem Gewürz, das Kardamom, auf englisch *cardamom*, heißt, und weil Farah in die Stadt mußte, bat ich ihn, mir etwas zu besorgen, ich wüßte aber nicht, wo er es bekommen könnte, er müßte es deshalb in allen Läden probieren. Er kam dann auch nach Hause und sagte: »Das herrliche Gewürz, das niemand anderes verwendet, das du aber haben wolltest, war sehr schwer zu beschaffen. Keines der europäischen Geschäfte hatte es, aber ich fand es schließlich bei dem großen indischen Kaufmann Suliman Virjee. Und da habe ich für 300 Rupien gekauft« – das sind 600 Kronen. »Du bist wahnsinnig, Farah«, sagte ich, »ich brauche nur soviel wie für 25 Øre.« – »Das hast du nicht gesagt«, erwiderte Farah. »Nein«, sagte ich, »ich glaubte, du hättest Menschenverstand. Aber ich will nicht für 600 Kronen Kardamom haben, und du mußt es Suliman Virjee wieder zurückbringen.«

Ich konnte gleich sehen, daß Farah das nicht tun würde, nicht etwa der Mühe wegen, die es verursachen würde, denn die macht den Somalis nichts aus. Aber er wollte nicht, daß Suliman Virjee, der sein Freund und ein bedeutender Mann war, dächte, es sei um meinen Hausstand so kläglich bestellt, daß wir uns mit weniger als für 600 Kronen Kardamom zufriedengeben müßten. Er überlegte sehr lange, und dann sagte er: »Nein, ich werde es von dir übernehmen.« Das tat er, und alle Somalis sind gerissene Händler; er führte den bis dahin unbekannten Artikel Kardamom auf der Farm mit so großem Erfolg ein, daß bald darauf alle meine Squatter Kardamom kauten, und es würde mich gar nicht wundern, wenn er nicht auch noch an der Partie gut verdient hätte.

Ich betrieb eine Schule auf der Farm. Meine weißen Nachbarn sahen das nicht besonders gern, aber meine Leute und ich waren stolz auf sie; in gewisser Weise veränderte die Schule die ganze Farm, sie wurde zu einem Kulturzentrum. Ja, hier lag das Herz der Farm, der Kern des Magneten, der die Schwarzen an sich zog. Denn wir zwangen niemanden, die Schule zu besuchen, aber die Menschen, Kinder und Erwachsene, ja, sogar einige ganz alte Kikuyus, die sie besuchten und von morgens um sieben bis abends um sechs Kaffee gepflückt hatten, gingen eine Meile und weiter im Dunkeln, um zur Schule zu kommen, und sie bezahlten sogar von ihrem wenigen Lohn selbst ihre Tafeln und Griffel. Die Schule war in einem alten Wellblechschuppen untergebracht und wurde von ein paar Lampen unter der Decke nur spärlich beleuchtet, wir mußten den Unterricht in den Abend legen, weil wir tagsüber zu viel zu tun hatten. Wenn ich nach dem Abendessen dorthin ging, hörte ich schon von weitem den großen andächtigen Chor hinausdringen: »A.B.C.D.« Das Fach, mit dem sich die Eingeborenen am liebsten beschäftigten, war Rechnen oder eine Art elementarer Mathematik, und sie konnten gut rechnen. Sie dividierten dreiziffrige Zahlen miteinander und machten dabei selten einen Fehler, und es interessierte sie ganz besonders zu erfahren, wieviel zwanzig Esel wert waren, wenn vier Esel genausoviel wert waren wie zehn Schafe und jedes Schaf zwanzig Rupien kostete.

Hier trafen sich also Ost und West, wie Kipling* sagt, Europa und Afrika, und kamen gut miteinander aus. Afrika nahm mit großer Bereitwilligkeit und mit Respekt entgegen, was Europa ihm zu bieten hatte. Aber Europa gab es nicht immer mit Freuden. Ich hatte einen englischen Nachbarn, der sich oft über meine Schule ärgerte. Insbesondere behauptete er, ich ermunterte die Eingeborenen geradezu dazu, sich Güter zu wünschen und zu erstreben, die ihnen nicht zustünden. Wenn wir darüber miteinander sprachen, sagte ich zu ihm: »Aber Ihr eigener großer Mann in Afrika, Cecil Rhodes*, hat es zu seinem Programm erhoben: teach the natives to want – lehrt die Eingeborenen, Bedürfnisse zu haben.« – »Ja, so ist das keinesfalls gemeint, das sollten Sie doch wissen«, sagte er. »Cecil Rhodes meinte, wir sollten die Eingeborenen lehren, Bedürfnisse zu entwickeln, die durch unsere Waren befriedigt werden können, sie sollten sich Kleider, Decken, Alkohol, von mir aus auch Fahrräder wünschen. Damit schaffen wir uns ja unsere Märkte.« – »Nun, dieses ist nun mal meine Ware«, sagte ich. Er war nicht bereit, sich auf eine Diskussion über diesen Punkt einzulassen; jedes Mal schloß er damit, mir mit unheilverheißender Miene zu erklären: »Ja, das werden Sie noch einmal bereuen.«

Ich habe auch mit meinem guten Freund, Pater Bernhard von der französischen katholischen Mission, über meine Schule gesprochen. Auch er hatte seine Bedenken. Die Katholiken sind als Missionare in erster Linie für das Praktische, und Pater Bernhard meinte, wir verschwendeten kostbare Zeit. »Unterrichten Sie die Eingeborenen in etwas, das sie bei Ihnen anwenden können«, sagte er, »bringen Sie Ihren Leuten ein Handwerk bei in der Schule, das Tischlern oder das Gerben. Oder wenn sie so eine große Vorliebe für Zahlen haben, dann lehren Sie sie in Gottes Namen das kleine Einmaleins. Mehr werden sie bei Ihnen nie

brauchen. Warum wollen Sie ihnen solche brotlosen Künste beibringen?« – »Aber Pater Bernhard«, sagte ich, »ich brauche
Leute, die ein bißchen denken können.« Der alte Priester sah
mich mit einem väterlichen Lächeln an und sagte: »Que vous
êtes donc toujours téméraire, Madame. – Wie vermessen Sie immer sind, Madame.«

Besitz stirbt, Sippen sterben, du selbst stirbst wie sie. – Das Urteil, das über das Verhalten der Weißen in Afrika geschrieben
werden muß, liegt noch in ferner Zukunft; die Geschichte selbst
wird es fällen müssen. Meine Sicht dieser Dinge umfaßt nur einen kurzen Zeitraum; was ich Ihnen vermitteln kann, ist nur die
Meinung eines gewöhnlichen Farmers, die ich mir auf Grund
dessen, was tagtäglich um mich herum geschah, gebildet habe.
Jetzt sieht es so aus, als hätten wir nur wenig Segen mitgebracht
und als ob wir auf dem besten Wege seien, freie Naturvölker in
ein Proletariat zu verwandeln, dessen Schicksal hart ist. Es kann
auch sein, daß das eine Phase ist, die die primitiven Volksstämme
unweigerlich durchmachen müssen, und daß sie in hundert Jahren am Ende aus ihr als ein Volk hervorgehen, das sich zu glück-
licheren Lebensbedingungen hin entwickelt. Aber dann wünsche
ich mir, daß auch meine Beschreibung eines Übergangsstadiums,
des Zusammenspiels zweier Rassen an einem bestimmten
Punkte der Entwicklung, in eine Form gebracht würde, die Bestand hat, und daß die reichen Werte, die unsere Begegnung und
unser Zusammenspiel hervorgebracht haben, irgendwo in der
Erinnerung aufbewahrt werden könnten.

Nirgendwo hat das, was wir einen guten Namen nennen, eine
solche Bedeutung wie in der Welt der Eingeborenen. Hat man
unter den Schwarzen einen guten Namen, dann kann man mit
ihnen fast alles machen, was man will. Wenn ich ihre Weltsicht
in ein Bild fassen sollte, würde ich sagen, sie lebten in drei Dimensionen, wohingegen wir nur zwei kennen. Sie hatten überhaupt eine Vorliebe für die drei Dimensionen, und es fiel ihnen
schwer, ein Bild richtig zu sehen – sie griffen in das Bild hinein,
und wenn sie es nicht von allen Seiten betrachten konnten, verlor
es für sie an Interesse. Für Skulpturen aber hatten sie viel Sinn.

Ich besaß eine kleine Statuette eines Kentauren, die liehen sie sich oft bei mir aus. Und ich meine, auf die gleiche Art sahen sie die Dinge, wie sie waren, nicht wie sie sich von der einen oder anderen Seite her ausnahmen. So sahen und beurteilten sie auch uns. Eine einzelne Handlung, ein einzelnes Unrecht gegen sie – und ich habe ihnen oft unrecht getan – spielte bei ihrem Urteil über uns keine Rolle. Genauso sahen und urteilten früher die einfachen Leute hier bei uns, als es noch so etwas wie einfache Leute gab. Und das, was sich aus ihrer Betrachtungsweise ergab, das war *unser guter Name*, das, wofür sie uns halten und was wir bei ihnen gelten. Das bewahren sie lange auf, es sinkt tief in ihr Bewußtsein, in gewisser Weise wird es zum Mythos.

Ich höre oft von meinen Leuten in Afrika. Das ist auch eine Art mythischer Beziehung; die Briefe, die ich bekomme, sind für sich allein genommen sehr schwer zu deuten wie die Aussagen der Orakel. Kamante, mein Koch in Afrika, schrieb vor einiger Zeit an mich, daß seine Kuh tot sei, und ich schickte einem Bekannten Geld und bat ihn, Kamante eine neue Kuh zu kaufen und sie ihm zu bringen. Das klingt ganz simpel, und doch liegt darin ein besonderer Aspekt, eine Art Märchen, verborgen. Kamante hat dort draußen in seiner Hütte gesessen und über den Tod seiner Kuh getrauert, und dann bin ich ihm eingefallen, und er hat sich überlegt, daß er sich möglicherweise an mich wenden und mich um Hilfe bitten könnte. Er ist den langen, sonnenbeschienenen, staubigen Weg in die Stadt zum Postamt gegangen und hat sich vor dem indischen Berufsschreiber aufgestellt, der dort an seinem kleinen Schreibpult sitzt, und hat versucht, seine Gedanken auf das zu konzentrieren, was er nun eigentlich geschrieben haben wollte. Ich habe oft die Schwarzen so vor dem Schreiber stehen sehen und gespürt, welch ungeheuer schwere Aufgabe sie da zu bewältigen hatten. Sie brauchen viel Zeit dafür; sie schließen die Augen und seufzen tief und geraten darob in Schweiß. Wir, die wir das Briefeschreiben gewohnt sind, können uns gar nicht vorstellen, welche Kraftanstrengung es von Menschen ohne Schulbildung erfordert, ihre Gedanken in Worten zu formen. Das ist sicher so, als wenn von uns verlangt würde, wir sollten ein Portrait malen.

Schließlich hat Kamante doch dieses Traurige, das mit dem
Tod der Kuh zusammenhing, eingefangen und ausgedrückt, und
er hat zugesehen, wie es aufgeschrieben wurde in ihm unbekannten Zeichen, und hat dafür bezahlt und ist den langen Weg nach
Hause zurückgegangen. Er hat keine Ahnung, wo in der Welt ich
überhaupt bin, ob im Himmel oder auf der Erde, oder auf welch
mystische Weise das kleine schmutzige Stück Papier mich wohl
erreichen wird. Aber, siehe da! – nach drei Monaten tut es seine
Wirkung, die Kuh kommt. – Das muß für die Eingeborenen eine
große, merkwürdige Begebenheit sein, die ihnen reichlich Stoff
für tiefes Nachdenken liefert. Denn sie haben viel Sinn für bei-
des, sowohl für den Mythos als auch für die Wirklichkeit, und
wenn schon der Brief, und vielleicht auch ich, ein Mythos sind,
so ist doch die Kuh eine große, schöne Realität.

Ich habe auch schon einmal darüber nachgedacht, daß, wenn
ich jemals dorthin zurückkommen und meinen Leuten wieder-
begegnen sollte, das unweigerlich eine Enttäuschung für sie bedeuten müßte. Der Mythos wird verlorengehen.

Zum Schluß muß ich Ihnen noch von einem Brief erzählen,
den ich neulich von Farahs kleinem Bruder, Abdullai, bekommen habe. Er war ein begabter Junge, und ich habe lange Zeit für
seine Schulausbildung sowohl in Nairobi als auch in Mombasa
gesorgt. Er hatte ein merkwürdiges Talent: er spielte so fabelhaft
Schach, ursprünglich ist das ja wohl auch ein arabisches Spiel,
daß er meine englischen Freunde, die eifrige Schachspieler waren, schlagen konnte. Er ist jetzt erwachsen und hat eine Anstel-
lung als Dolmetscher in Somaliland. Als ich an meinem Buch
»Afrika – dunkel lockende Welt« arbeitete, schrieb ich an ihn.
»Ich bin jetzt dabei, ein Buch zu verfassen, Abdullai«, schrieb
ich, »und Du kommst darin vor und Farah und Kamante und die
Farm bei Ngong. Und wenn ich damit Erfolg habe, komme ich
Euch besuchen. Du mußt jetzt also für mich zu Gott beten.«

Abdullai schrieb zurück: »Du brauchst nicht zu schreiben, ich
sollte für Dich zu Gott beten, denn das tue ich jeden Morgen und
jeden Abend. Weil Du aber sagst, daß Du dabei bist, ein Buch zu
schreiben, und daß ich und Farah und die Farm bei Ngong darin
vorkommen und Du, wenn es Dir gut gelingt, zu uns zurück-

kommst, habe ich drei heilige Männer angestellt, so lange Tag und Nacht für Dich zu beten, bis Du ihnen Einhalt gebietest. Und wenn das nun hilft und es Deinem Buch gut ergeht, würdest Du mir dann wohl eine Schreibmaschine schenken?« Was die drei heiligen Männer davon hätten, schrieb er nicht, aber ich denke mir, daß sie auf Kredit für ihn tätig geworden sind.

Wenn ich Sie heute abend vor mir sehe und feststelle, daß mein Buch die Kraft gehabt hat, Menschen, nicht aus meiner eigenen *Kabilla*, sondern aus einer wohlgesonnenen, brüderlichen *Kabilla* hierherzubringen, damit sie hören, was ich ihnen über meine schwarzen Leute und unser Zusammenleben zu erzählen habe, dann bin ich doch den drei heiligen Männern dankbar und meine, Abdullai hat seine Schreibmaschine verdient.

Übersetzt von Sigrid Daub

Briefe aus einem Land im Krieg

Vorwort

Im Frühling 1939 bekam ich das Reisestipendium von Tagea Brandt*, mit dessen Hilfe ich hoffte, einen alten Traum wahr machen zu können.

Ich wollte mit den Pilgern nach Mekka reisen, zusammen mit Farah Aden, der in Afrika zwanzig Jahre lang mein Diener gewesen war, und mit seiner alten Mutter aus seiner Heimat, dem Somaliland; ich hatte sie nie gesehen, sie war mir aber dadurch, daß Farah sie ständig erwähnte, zu einer alten Bekannten geworden.

Farah und ich freuten uns seit vielen Jahren auf diese Pilgerfahrt. Wenn wir reich werden, sagten wir, wollen wir nach Mekka fahren. Aber wir wurden nie reich.

Im Laufe des Sommers versprach mir die arabische Gesandtschaft in London ein Empfehlungsschreiben für Ibn Saud, und ich dachte, die Reise sei einigermaßen gesichert. Vielleicht würde ich Ibn Saud dazu bewegen können, mir Geleit zu geben, und Farah und ich würden arabische Pferde kaufen und die Wallfahrt mit einem Streifzug ins glückliche Arabien verbinden.

Aber auf der ganzen Welt zogen Gewitterwolken auf, und ich begriff, daß ich auch dieses Mal Mekka nicht erreichen würde.

Als am 1. September der Krieg ausbrach, wurde mir der Gedanke, eingesperrt zu sein, unerträglich. Am 3. September fuhr ich nach Kopenhagen, ging zum Büro von »Politiken« und bat den Redakteur, Herrn Hasager*, mir irgendeine Arbeit als Journalistin zu geben, an einem beliebigen Ort außerhalb Dänemarks. Eine solche Aufgabe würde mir freien Zutritt zu den Ländern verschaffen, deren Türen sonst so streng verschlossen waren.

Dem Redakteur Hasager sagte ich, daß ich von Natur aus keineswegs Journalistin sei. Ich hätte keinen Einblick in die Politik und kein politisches Gespür. Ich sei aber ein ehrlicher Mensch, und vielleicht könnten auch die Aufzeichnungen eines vorurteilslosen Laien aus einer politisch so bewegten Zeit dermaleinst als eine Art *document humain* von Interesse sein.

Einige Zeit später schrieb mir der Redakteur Hasager, daß mich »Politiken« zusammen mit einer norwegischen und einer schwedischen Zeitung engagieren würde, für je einen Monat nach London, Paris und Berlin zu fahren und aus jeder Stadt vier Feuilletons zu schreiben.

Das war mehr, als ich zu hoffen gewagt hätte.

In London hatte ich Freunde und Bekannte in der Regierung, da drüben würde die Aufgabe *plain sailing* werden, wie ich meinte. Auch in Paris hatte ich gute Voraussetzungen, sie lösen zu können. Deutsch kann ich aber nicht sprechen, und zum Dritten Reich hatte ich keine Beziehungen. Nach einigem Nachdenken entschloß ich mich deswegen, zuerst nach Berlin zu fahren.

Um meine Paß- und Visumangelegenheiten zu regeln, führte ich einige Gespräche mit Minister Renthe-Finck*, und ich erzählte ihm auch, daß ich von Berlin nach London und Paris weiterfahren würde.

Am 1. März reiste ich endlich ab und blieb bis zum 2. April in Berlin. In Berlin wurde mir ein Interesse zuteil, das mich selbst im höchsten Grade überraschte und das darauf zurückzuführen war, daß man dort über meine weiteren Reisepläne Bescheid wußte.

Als ich vom Flughafen zum Hotel Adlon kam, warteten dort schon zwei Doktoren aus dem Propagandaministerium auf mich. Sie erklärten mir, daß ein Programm für meinen Aufenthalt in Berlin erstellt worden sei. Jeden Tag würde ich durch Sachkundige eines oder mehrere von den großen Werken und Taten des Dritten Reiches vorgeführt bekommen, und Fakten und Zahlen seien zu meinem Gebrauch aufgeschrieben worden.

Man habe mir ein Auto zur Verfügung gestellt und mir eine dänisch sprechende Dame gewissermaßen attachiert.

Am Anfang war mir diese Fürsorge alles andere als willkommen, ich hatte gehofft, auf eigene Faust Eindrücke sammeln zu können. Ich versöhnte mich aber damit. Was man in Deutschland an erster Stelle einem Besucher zu zeigen wünschte, der nach London und Paris unterwegs war, könnte erfahrenswert sein.

Ich war von morgens bis abends in den Händen des Propagandaministeriums. Als ich, ohne zu bedenken, daß es ein Verstoß gegen die Vorschriften war, einige Tage nach Bremen fuhr, wurde mir das sehr übelgenommen.

Ich wollte jedoch bei meiner Rückkehr »Politiken« gern ein Ergebnis meiner Reise vorweisen können, ich schrieb also in der Nacht die Erlebnisse und Eindrücke des Tages nieder. Meist handelte es sich um Gespräche, und ich bemühte mich, diese so genau wie möglich wiederzugeben.

Sehr oft beschlossen meine Begleiter und Ratgeber die Vorführung einer der Großtaten mit den Worten: »Berichten Sie denen in England davon.«

Ich kam am 2. April nach Dänemark zurück, und in der Woche vom 2. bis zum 9. April* schrieb ich meine Berliner Entwürfe ins reine. Für den 10. April hatte ich ein Flugticket nach London.

Ich ließ die »Briefe aus einem Land im Krieg« acht Jahre lang liegen, ohne sie anzusehen.

In Wirklichkeit hatte ich vergessen, daß ich sie geschrieben hatte.

Letzten Frühling fand ich sie zufällig wieder, und ich kam auf den Gedanken, daß sie vielleicht einiges Interesse finden könnten, ein solches Interesse, wie ich es gegenüber Redakteur Hasager im September erwähnt hatte.

Die Briefe werden in der Zeitschrift »Heretica«* ungekürzt und ohne Zusätze erscheinen. Nur so können sie überhaupt einen Wert haben.

Wenn diese Briefe jetzt gelesen werden, müssen sie sich selbstverständlich ganz anders ausnehmen als zur Zeit ihrer Niederschrift Anfang April 1940.

Viele Dinge darin, zum Beispiel die Erwähnung der Verdunklung und Rationierung, werden Lesern von 1948 ganz überflüssig vorkommen.

Andere Dinge werden die Leser vermissen. Wenn ich wirklich Journalistin gewesen wäre, hätte ich die wiederholten Angebote des Dritten Reiches angenommen, seine großen Persönlichkeiten von Angesicht zu Angesicht zu sehen. Ich wünsche jetzt selbst, daß ich davon Gebrauch gemacht hätte. Eigentlich war ich mir im März 1940 auch darüber im klaren, daß ich durch das Ablehnen solcher Angebote meine Verpflichtungen gegenüber den Zeitungen verletzte, die mich entsandt hatten. Einmal nahm ich ein Angebot an und ließ mich später entschuldigen. Etwas an dem Gedanken muß mir in zu hohem Maße zuwider gewesen sein.

Vielleicht werden die Leser auch finden, daß ich mich über Gebühr gewunden ausgedrückt habe, wo ich hätte geradeheraus reden können. Sie müssen dann berücksichtigen, daß die Briefe vor der Besetzung geschrieben sind. Dänemark war damals noch neutral, und es gab Rücksichten, die später entfielen.

1. Ein alter Held in Bremen

Am Beginn meiner Reise ins Dritte Reich fuhr ich nach Bremen, um einen alten Freund zu besuchen, General von Lettow-Vorbeck*, den ich zuletzt im Dezember 1913 in Mombasa gesehen hatte. Er gehörte der alten Zeit an, und mir ist kein anderer Deutscher begegnet, durch den ich einen so starken Eindruck von dem bekommen hätte, was das Deutschland der Kaiserzeit war und bedeutete:

> »Laßt Berichte aus der Vergangenheit
> das Spiel der Gegenwart deuten,
> die verflossenen Tage die künftigen –«

Wir wollten im August 1914 zusammen auf Safari gehen. – »Versuchen Sie zu kommen«, sagte er mir, als wir uns in der engen, brennend heißen Straße in Mombasa mit Blick auf den blauen Indischen Ozean verabschiedeten. »Wir kommen nicht wieder so jung zusammen.« Er hat wohl dabei eher an mich gedacht, er selbst war schon damals nicht mehr der Jüngste, hatte aber eine ehrenvolle Karriere beim Militär hinter sich, Deutschland hatte einen bewährten Mann entsandt, der 1913 das Oberkommando in Deutsch-Ostafrika übernahm. — Nein, das taten wir wahrhaftig nicht, seitdem ist viel Wasser ins Meer und viel Blut in die Erde geflossen, und die Zeiten kehren nicht wieder.

Ich wußte damals nicht, daß Oberst von Lettow ein Held werden würde, dessen Ruf in zwei Erdteilen lange lebendig bleiben sollte. Wir waren auf dem Schiff von Europa nach Afrika gute Freunde geworden und hatten uns in den sternenklaren Tropennächten auf Deck gut unterhalten. Später, während des Krieges, hörte ich jeden Tag, wie die englischen Offiziere, die gegen ihn kämpften, ihn erwähnten. Sie sprachen mit großer Bewunderung von ihm, nicht nur weil er ein genialer Feldherr und ein tapferer Soldat, sondern auch weil er ein ritterlicher Feind war. Von Lettow wurde zum Mythos, besonders als die englischen Truppen in Ostafrika verstärkt wurden, während die Deutschen vom Einsatz oder Nachschub abgeschnitten waren, und er die Engländer im Kreise herumführte, in den Sümpfen und den Wäldern, nach Portugiesisch-Ostafrika hinein und wieder hinaus, als er sie wie ein Tropengewitter überfiel und sich so auch wieder zurückzog. Die Engländer entwickelten eine Art Liebe zu ihm, eine Leidenschaft, wie sie der Jäger für ein besonders edles Stück Wild empfindet. Für mich war der Krieg in Afrika eine große Tragödie, weil die Schwarzen im Trägerkorps so sehr unter ihm litten —, aber es war doch aufregend, den faszinierenden Wettlauf zwischen den gesamten englischen und südafrikanischen Truppen und dem kleinen Haufen Lettows zu verfolgen. Als der Waffenstillstand kam, bedauerten seine Feinde, daß er jetzt aus ihrem Leben verschwinden würde, es war nun »nothing left remarkable under the visiting moon.«[*]

Anfangs hatte von Lettow nur eine kleine Truppe von 250 Weißen und 2500 Eingeborenen, Askaris, die dazu bestimmt waren, in der Kolonie selbst für Ruhe und Ordnung zu sorgen. Für den Fall eines europäischen Krieges war man auf eine passive

Kriegsführung eingestellt gewesen, in deren Verlauf die Küsten geräumt und die Soldaten für den lokalen Schutz eingesetzt werden sollten. Aber das lag dem neuen Kommandanten nicht, er glaubte an die Offensive und wartete den Angriff der Engländer nicht ab, sondern machte gleich bei Ausbruch des Krieges mehrere Vorstöße, im Norden gegen die Ugandabahn und im Süden gegen Rhodesien und Njassaland. In den ersten anderthalb Jahren wurden alle Grenzen gehalten und viele Vorstöße auf englisches Territorium unternommen. Dann erschien General Smuts*, und ein konzentrierter Angriff gegen die deutsche Kolonie begann; durch sein Organisationsvermögen und seine große Energie hatte von Lettow damals seine Armee auf 3000 Weiße und 12000 Askaris gebracht, er hatte jedoch 90000 Mann gegen sich. General Smuts meldete nach London, daß der Krieg im südlichen Afrika zu Ende sei und daß nur noch die Reste des Feindes hinweggefegt werden müßten. Aber das brauchte seine Zeit: sie hinwegzufegen. Man kämpfte in einem furchtbaren Terrain, in einem unwegsamen und von Fieber heimgesuchten Land. Der deutsche Nachschub an Munition, Proviant und Arzneien ging zur Neige – die Ärzte benutzten die Rinde einer bestimmten Baumsorte für Verbände –, und die deutschen Truppen schrumpften wieder auf kaum über tausend Mann. »Er war hart«, sagt man über von Lettow. Draußen sagten sie, daß er zu seinen Weißen härter sei als zu seinen Askaris. Als es am wenigsten erwartet wurde, kam er aus Portugiesisch-Ostafrika in die alte deutsche Kolonie zurück und griff von der Westseite des Njassa-Sees an. Hier wurde er am 13. November, zwei Tage nach dem Waffenstillstand in Europa, sozusagen mit dem Schwert in der Hand von den Waffenstillstandsbedingungen eingeholt.

Ich hörte vor einigen Tagen zufällig im Radio in der Serie »Die Eroberung des Erdballs«, wie man von Lettows Feldzug in Ostafrika als die bemerkenswerteste Episode der deutschen Kolonialgeschichte erwähnte. Auch in Nis Kocks Buch* »Nordschleswiger verteidigen Ostafrika« kann man etwas über diesen Feldzug lesen. Kock schreibt: »Ich bezweifle, daß je ein Heer in einem Lande zu seinem Befehlshaber mit größerem Vertrauen emporgesehen hat als die deutschen Truppen in Ostafrika zu von Lettow-Vorbeck.« – »Später«, fügte er hinzu, »gingen uns allerdings auch die Augen auf, was die unangenehmen Seiten der Tatkraft dieses Mannes betrifft.« Er erzählt, wie der Nordschleswiger Peter Hansen aus Egernsund während des Angriffs auf Kondoa-Irangi zu den Verwundeten auf dem Schlachtfeld hinauskroch, sie, so gut er es draußen konnte, verband und sie zurückschleppte. Der Stabsarzt war böse, weil die Verbände zu schnell angelegt worden waren, und schimpfte. Währenddessen kam der General hinzu und hörte eine Weile zu. »Ja, ich verstehe schon, Herr Stabsarzt«, sagte er schließlich, »daß es Sie ärgert, wenn dieser Mann die Verbände in solcher Eile angelegt hat, eines aber kann ich nicht verstehen: warum krochen Sie nicht selbst hinaus, so wie er, und legten sie da draußen besser an?«

Bei all den Lorbeerkränzen um seinen jetzt etwas ergrauten Kopf ist General von Lettow ein sehr ruhiger und bescheidener Mann. Im Laufe des Lebens begegnen einem ja nicht viele sogenannte große Männer – diejenigen, die ich persönlich gekannt habe, waren zurückhaltende Menschen. Mir fiel eine andere große Persönlichkeit, auch ein Held aus Afrika, ein, den kennenzulernen ich das Glück hatte – der Religionsphilosoph und Arzt, Missionar und Bach-Spieler Albert Schweitzer, der im Gegensatz zu von Lettow einen großen, schweren Körperbau hat, dem Wesen nach aber so still und humorvoll wie ein alter Bauer ist. Chesterton* berichtet in einer seiner Geschichten über einen alten englischen Offizier, einen Helden aus Afghanistan und dem Sudan, und er sagt über ihn, daß »er, wie alle wirklichen Erbauer des Imperiums, eine echte alte Jungfer war.« Ich würde wohl weder von Lettow noch Albert Schweitzer ausgerechnet so beschreiben, sie legen aber beide in ihrem ganzen Verhalten eine außergewöhnliche Bescheidenheit und Rücksichtnahme gegenüber ihren Mitmenschen an den Tag, und man kann sich schwer vorstellen, daß einer von ihnen die Stimme hebt. Die Leute haben ihnen zuhören müssen, und sie haben zugehört, wenn sie gesprochen haben.

Nun saßen wir hier im winterlichen Bremen und sprachen über alte Tage. Ich hatte selbst gewissermaßen am Krieg teilge-

nommen, auf der Gegenseite, ich hatte eine Zeitlang mit Ochsen-
karren Transporte für die englische Regierung bis zur deutschen
Grenze unternommen. Wir hätten uns hier auf der Savanne begegnen können. »Ja, es war doch sehr schade, daß es nicht so
kam«, sagte von Lettow. Ich fragte ihn, ob er wisse, wie sehr die
Engländer ihn damals bewunderten. Ja, das wisse er schon, nach
dem Krieg sei er in England gewesen und mit einem Fest von den
englischen Offizieren gefeiert worden. »Sie sangen für mich ›He
is a jolly good fellow‹«, sagte er, »das bedeutet ja ebenso viel wie
ein Victoria-Kreuz.«

Er gab mir Grüße an alte Offiziere in London mit. »Einer von
ihnen«, erzählte er, »sagte beim Festessen zu mir: ›Ich schoß immer nach Ihrem alten grauen Hut, ich kannte ihn genauso gut,
wie Sie ihn selbst kannten. Und wäre der Sand nur etwas weniger
dicht gewesen an dem Tag, als wir im Flußbett kämpften, so daß
ich hätte sehen können, wohin meine Kugeln flogen, dann hätte
ich Sie sicher auch bekommen.‹« – »Ich hatte das Glück«, fügte
General von Lettow hinzu, »an einem Krieg von der alten Sorte
teilzunehmen, bei dem die Gegner sich namentlich und vom Ansehen her kennen und bei dem man weiß, wozu jeder einzelne in
der Lage ist.« – »In der Luftwaffe«, sagte er, »ist diese alte Form
des Kampfes gewissermaßen zurückgekehrt. Die herausragen-
den Flieger kennen sich und wissen, wovor man sich bei jedem
einzelnen in acht nehmen muß.« – Er hatte selbst zwei Söhne an
der Front, einer war Flieger.

»Mit welchem Gefühl«, fragte ich, »kämpft man gegen eine so
große Übermacht, daß der Ausgang von vornherein feststeht
und man keine Hoffnung auf einen Sieg hat?« – »Ja, das ist wohl
nicht leicht zu erklären«, sagte er, »vielleicht liegt in dieser Gewißheit selbst ein genauso großer Ansporn wie im Glauben an
den Sieg.« Hier in Deutschland stand vermutlich sehr wenig in
den Zeitungen über den Feldzug in Finnland. »Es war jedoch«,
sagte ich, »geschichtlich gesehen ein tragisches Schicksal für das
Dritte Reich, daß es auf die Gegenseite Finnlands geriet. Hier
gab es doch, wenn es überhaupt je so etwas gibt, Blut und Boden
und ein gleichgeschaltetes Volk. Wäre es nicht historisch – und
das kann als Quintessenz aller Zeitungen gelten – eine glanzvolle

Geste für das Dritte Reich gewesen, wenn es einem kleinen Volk gegen eine Übermacht zu Hilfe gekommen wäre? Es ist doch schwer für eine Großmacht, ihre historische Glorie zu behaupten, wenn ihre Feinde ständig schwächer sind als sie selbst.«

Ich war bei Herrn und Frau von Lettow zum Essen eingeladen; unter den Gästen war der Maler Professor Horn*, der Schwiegervater von Rudolf Hess. Aus Höflichkeit mir gegenüber sprach die deutsche Gesellschaft englisch, so etwas hätte mir in England nicht passieren können.

Wir redeten über die Jagd, General von Lettow ohne besondere Begeisterung. Das letzte halbe Jahr hatten er und seine Leute im wesentlichen von dem leben müssen, was sie erlegten. Ich habe selbst auf einer langen Safari ab und zu diese Art von Jagd kennengelernt, bei der man schießt, um Proviant zu beschaffen, und ich weiß, daß es eine harte Arbeit ohne Vergnügen ist. Ich fragte ihn im Laufe des Gesprächs, ob er ein Nashorn geschossen habe. »Nein«, sagte er, »ich habe dazu nur einmal Gelegenheit gehabt, und das war mitten in der Schlacht von Longido. Da kam auf einmal ein Nashorn aus dem Gebüsch, wahrscheinlich war es durch das Schießen in seinem Mittagsschlaf gestört worden. Es hatte ein ungewöhnlich großes Horn, ich hätte es gern geschossen. Was hätten aber die Engländer, was hätten meine eingeborenen Leute von mir gedacht, wenn ich mitten im Gefecht angefangen hätte, auf ein Stück Wild zu schießen? Es verbot sich von selbst.« – »Nein, Ihr eigenes deutsches Gewissen verbot es Ihnen«, sagte ich, »was die Engländer und Ihre eingeborenen Leute betrifft, sie hätten es ganz in der Ordnung gefunden. Sie hätten Ihren Namen auf eine neue Weise unsterblich machen können – als der einzige vernünftige General, der von der Schlacht abließ, um ein Nashorn zu schießen.«

General von Lettow kam 1928 in den Reichstag. Er galt damals wahrscheinlich im allgemeinen Bewußtsein als Vertreter der Kolonialansprüche Deutschlands. Er hatte eine kleine Tochter von zwölf Jahren mit langen blonden Haaren, die Mulla hieß, und ich fragte ihn, ob es ein Familienname sei. »Nein, das kam so«, sagte er, »als ich neu im Reichstag war, hielten mich die Sozialisten für einen solchen Chauvinisten und Kriegsfanatiker, daß sie mir einen Spitznamen gaben, sie nannten mich ›The mad Mullah‹. Als ich meine erste Rede halten sollte, schrien sie mich nieder und riefen, daß sie den verrückten Mullah nicht hören wollten. In jenen Tagen wurde meine kleine Tochter geboren, und wir fanden, daß der Name passen könnte.«

Wir kamen auf Kolonien zu sprechen. Ich konnte mitreden, ohne Partei zu ergreifen, weil ich nicht wünschen kann, daß irgendeine Nation auf der Welt Kolonien haben soll. Wenn man in Afrika auf eine Jagdexpedition geht, bekommt man vom Game-Department seine Jagdlizenz ausgehändigt, und darauf steht, daß dieses Papier nun dazu berechtigt, soundso viele Löwen, Büffel, Antilopen oder anderes Wild zu jagen, zu töten und zu fangen. Ich habe das Papier oft angeschaut und darüber nachgedacht, mit welchem Recht sie uns denn diese Lizenz erteilen. – So ähnlich liegen die Dinge bei den primitiven Völkern und ihrem Land, das zur Kolonie gemacht wird. – Gewöhnliche Menschen ohne Einblick in die Politik verstehen den Wettlauf der Großmächte nach Kolonien auch nicht. Soviel ich weiß, haben sie mehr Geld und mehr Lebenskraft in ihre Kolonien gesteckt, als sie ihnen je abgewonnen haben.

In meinen Gesprächen mit Deutschen habe ich versucht, mir darüber Klarheit zu verschaffen, worin Deutschlands brennender Durst und seine Verlangen nach Kolonien eigentlich begründet sind. Ich bin in keiner deutschen Kolonie gewesen, aber ich war in englischen und französischen Kolonien. In beiden ist das System unterschiedlich, besonders was die Behandlung der ursprünglichen Bevölkerung betrifft, weil die zwei Nationen mit ihrer Kolonisation verschiedene Zwecke verfolgen. So wie es seinerzeit – als sich die Menschen um die Religion stritten – die Griechen nach Weisheit und die Juden nach Wundern verlangte, verlangt es nun England nach Geld und Rohstoffen aus seinen überseeischen Besitzungen, und es muß die Eingeborenen dazu bringen, daß sie dafür arbeiten. Frankreich aber verlangt es nach einem Rohmaterial anderer Art, nach Soldaten, Menschenmaterial, wie man sagt, und es muß sich bemühen, eine eingeborene Bevölkerung zu schaffen, die für Frankreich sterben kann und will, wenn sie dazu aufgerufen wird. Wonach verlangt es

Deutschland? – Warum brennen die Herzen des deutschen Volkes in ewiger Sehnsucht nach den ungastlichen, gnadenlosen Ländern, die sie nie gesehen haben? – Ich gelangte hier zu der Überzeugung, daß die Kolonien für Deutschland ein Symbol sind wie eine Fahne. Sie sind die Genugtuung, der Ritterschlag unter den Nationen, der Regenbogen über dem Dritten Reich. Kämpft der Mensch am besten und am liebsten für eine Tatsache oder für einen Traum?

General von Lettow führte mich durch Bremen, und wir kamen in einem Park auch zu einem riesigen Denkmal* für die deutschen Kolonien, einem eigentümlichen Monument, einem Elephanten, aus roten Backsteinen erbaut. Ich ging näher heran und schaute ihn mir an, am Sockel war ein Medaillon mit dem Kopf eines Mannes. »Das sind Sie ja«, sagte ich. »Ja, sie haben mich dort angebracht«, antwortete er.

Da stand der Elephant, im Schneematsch, kolossal und kompakt und in seiner Form märchenhaft. Im Grunde sah er schon so aus, als wäre er in Bremen zu Hause, mit den vier schweren Beinen in die Erde gepflanzt. Einige frierende kleine Jungen mit den Händen in den Hosentaschen sahen ihn an und redeten über ihn. Auch sie trugen den Traum in den Augen und etwas Finsteres und Unversöhnliches im Gesichtsausdruck, weil man ihnen den Elephanten weggenommen hatte. Was wohl der Elephant für die Jungen in Bremen symbolisierte und verwirklichte? – Ferne, warme und herrliche Länder, ein blaues Tropenmeer mit großen, weißen Dampfern, und auf den Dampfern breite, entschlossene Deutsche mit Helm und Sonnenbrille? Palmen – vielleicht etwas, was sie auf einer Zigarrenkiste gesehen haben: wilde schwarze Männer mit Federkränzen auf den Köpfen und Blätterkränzen um die Hüften, die niederknien und Goldbarren darreichen? – Ein Elephant ist doch etwas Besonderes, er ist eine unvergleichliche Schöpfung der Natur, etwas überaus Seltsames und Mächtiges, das man unbedingt besitzen muß. Die Frage, was man wohl mit einem Elephanten tun soll, ist frivol – er ist gleichsam in sich geschlossen, mit einem Schwanz vorne und hinten, er ist kein Mittel für irgend etwas, sondern Zweck an sich und höchste Instanz – dies ist das Glück: einen Elephanten zu besitzen. Ich habe es auf Elephantenjagden selbst empfunden. So mag wohl auch Christian V. gedacht haben, als er den Elephantenorden* stiftete.

In Bremen erlebte ich zum ersten Male die Verdunkelung. Ich glaube fast, daß sie hier strenger durchgeführt wird als in Berlin, weil Wilhelmshaven so nahe ist – der Zug nach Berlin war mit jungen Marinesoldaten aus Wilhelmshaven überfüllt, die auf Urlaub nach Berlin fuhren. Ich kam spät in der Nacht in Bremen an, es schneite; ich hatte meine elektrische Taschenlampe nicht mitgenommen, und ich erfuhr, daß ich mich auf der Polizeiwache melden mußte, bevor ich in ein Hotel gehen konnte. Die einfachen Leute sind in Bremen wie überall auf der Welt grenzenlos hilfsbereit. Ein alter Gepäckträger nahm sich aus reiner Menschenliebe meiner an, wir gingen Hand in Hand durch die dunklen Straßen vom Bahnhof zum Hotel und zur Polizeiwache und wieder zurück. Er erzählte mir, daß er am großen Krieg teilgenommen und jetzt zwei Söhne an der Front habe. Wir sprachen über Fliegerangriffe. – »Tja, die Flugzeuge«, sagte er, »tja, die kommen ja wohl hierher.« Er hatte dieselbe Eigenart wie meine schwarzen Leute in Afrika: ein Zungenschnalzen mit einem Geräusch wie ein kleiner Kuß, um seinem Bedauern Ausdruck zu geben. Die afrikanischen Eingeborenen schnalzten, wenn die Heuschrecken kamen. Es ist die zurückhaltende, gefaßte Reaktion des geduldigen Volkes gegenüber dem Ratschluß der höheren Mächte.

Übrigens ist Bremen eine sehenswerte Stadt. Der Dom und das alte Rathaus sind herrliche Architektur. Und eine Menge großer, alter Bürgerhäuser, die jetzt als Museen oder öffentliche Gebäude dienen, sind Monumente der gewichtigen und lebensfrohen Kultur eines weitgereisten Bürgertums und seiner soliden Unternehmungen in Handel und Seefahrt. Sehr schöne Dinge haben die seefahrenden Leute aus Bremen von anderen Gegenden des Erdballs mit nach Hause in ihre Stadt gebracht. Und Schiffe gibt es überall, ganze Flotten von Handelsschiffen auf Gemälden und Gobelins, und in den Festsälen hohe, gewaltige, genaue Modelle der Schiffe, welche die Familien in ihrem Besitz gehabt haben, mit jedem Segel und jeder Trosse an der richtigen Stelle.

Diese tatkräftigen Menschen sind mit ihren Herzen bei ihren Schiffen gewesen. Selbst auf dem großen Familienbild einer Hochzeit lief im Hintergrund ein Schiff vom Stapel, als hätten die alten Reedergeschlechter nicht eigentlich unterscheiden können, ob sie nun ihre Schiffe oder ihre jungen Mädchen vom Stapel laufen ließen. Es war wohl Bremen, das als Wahlspruch »Navigare necesse est, vivere non necesse«* hatte – das war mein eigener Wahlspruch in meiner Jugend.

Am Sonntag ging ich in Bremen in die Kirche. In der Liebfrauenkirche gibt es ein schönes Denkmal zu Ehren der Gefallenen des großen Kriegs – einen jungen liegenden Soldaten mit dem linken Arm unter dem Kopf und dem Schwert in der Rechten. Im Dom zeigte mir ein alter Kirchendiener eine Waffensammlung aus der Zeit der Kreuzzüge. Ich betrachtete sie und dachte darüber nach, wie merkwürdig es doch ist, daß die Kreuzzüge – die riesige Bewegung, die die ganze Christenheit aufbrechen und die Heimat verlassen ließ, die Friedrich Barbarossa und Richard Löwenherz mobilisierte und eine neue Kultur in die Länder des Okzidents brachte – daß sie um ein Grab geführt wurden. Und um ein Grab, wohl das einzige in der Welt, in dem niemand begraben liegt.

II. Große Unternehmungen in Berlin

Hier in Deutschland zeigt man dem Fremden, der herfährt, das Dritte Reich kennenzulernen, ein überraschend großzügiges Entgegenkommen. Am Tage nach meiner Ankunft in Berlin stattete mir ein Beamter des Progagandaministeriums einen Besuch ab, um mir Ratschläge zu erteilen, was ich mir während meines Aufenthalts hier ansehen müßte. Er attachierte mir gewissermaßen einen jungen Herrn aus dem Ministerium, einen Herrn Doktor, und eine liebenswürdige, dänisch sprechende Dame und stellte mir einen Wagen zur Verfügung. Ich vertraute mich den Händen meiner Führer an – schon ihre Auswahl der Dinge, die ich sehen sollte, war ja für mich aufschlußreich. »Sehen Sie sich jetzt ungehindert *um*«, sagten sie. Ich bin ihnen für ihre Mühe zu großem Dank verpflichtet – und wie gesagt: mich umsehen sollte ich.

In einem totalitären Staat muß sich wohl, neben dem eigentlichen Beamtenstande, eine Art politischer Geistlichkeit entwickeln, ein Stab von sozialen Seelsorgern. Die hochgestellten unter ihnen werden hier besoldet, die meisten verrichten aber ihren Dienst »ehrenamtlich«. Sie haben eine Macht wie die katholische Kirche in ihrer großen Zeit. Das private geistige Wohlergehen des Volkes, insbesondere dessen Erziehung und Festhalten am rechten Glauben, ist zu einem großen Teil in ihre Hände gelegt, und sie fühlen sich dafür verantwortlich. Sie rekrutieren sich, glaube ich, namentlich aus dem, was wir die Mittelschicht nennen. Man kann sich von dieser sozialen Priesterschaft schlecht vorstellen, daß sie in größerem Maße als die katholische Priesterschaft ein Privatleben hätte – das Privatleben anderer Menschen bildet ihren Lebensinhalt, dort mischen sie sich ein, um zu helfen, zu steuern, zurechtzuweisen und zu strafen. Es liegt in der Natur der Sache, daß ich nur über diese aktive soziale »Innere Mission« etwas erfahren kann. Ihre Männer und Frauen sehen sich alle ähnlich – der Glaube leuchtet ihnen aus den Gesichtern, sie sind unermüdlich, eifrig bis in den Tod, ihre Seelen kennen keinen Zweifel und kein Zaudern. – Was das große, passive Volk sagt – »the people, whom things are done to« – das kann ich nicht wissen.

Der »Reichsfrauenbund« war die erste der großen freiwilligen sozialen Organisationen, die ich zu sehen bekam. Der Verband hat 14 Millionen Mitglieder, und über ihnen allen steht Frau Scholtz-Klink, die wiederum nur dem Führer selbst verantwortlich ist. Ich hatte die Ehre, Frau Scholtz-Klink vorgestellt zu werden, einer geraden, typisch deutschen Dame mit langen blonden Zöpfen, die zum Kranz aufgesteckt waren, und einem Paar sehr heller Augen. Die Aufgabe des Reichsfrauenbundes ist vor allem die Erziehung der deutschen Frauen, der alten wie der jungen. Er verzweigt sich nach demselben System wie die anderen großen Institutionen dieser Art in Gau, Kreis, Ort, Zelle und Block bis hinunter in das eigentliche Volk, in die einzelnen Familien. Der Block, die kleinste Zelle im System, umfaßt dreißig bis vierzig

Familien, die in Nachbarschaft zueinander wohnen – entweder in einem großen Häuserblock in der Stadt, in einem Villenviertel oder in einem Dorf. Für sein Wohl steht die Vertreterin des Frauenbundes, die Blockwartin, ein. Sie wartet nicht, bis die Bedürftigen ihre Hilfe suchen, sondern an ihr ist es, zu wissen, wo materielle oder geistige Not herrscht – um dann sofort helfend einzugreifen. Sie hält die Mütter zum Stillen ihrer Kinder an, sie beschafft den jungen Mädchen Stellen bei rechtgläubigen Hausfrauen, sie schickt schwächliche Kinder aufs Land und schwierige ins Kinderheim, sie ermahnt insbesondere die Frauen ihres Blocks dazu, »gute Nachbarschaft« zu halten, so daß die eine sich der Angelegenheiten der anderen annimmt, und sie kann einer kinderlosen Frau des Blocks, die eine geräumige Wohnung oder einen kleinen Garten hat, befehlen, die sieben Kinder ihrer erschöpften Nachbarin in Pflege zu nehmen, während diese das achte erwartet. Ich erfuhr nie so recht, welche reellen Machtmittel der Reichsfrauenbund ausspielen kann, um seinen Willen dann durchzusetzen, wenn ihm der Gehorsam verweigert wird. Der Fehler lag vielleicht bei mir und darin, daß mir die Voraussetzungen fehlten, die Konsequenzen solch einer Einrichtung verstehen zu können. Wenn ich fragte, antworteten sie mir: »Es kommt nie vor« – und diese Antwort war vielleicht schon in sich so aufschlußreich wie eine Erklärung.

Ich aß an einem der langen, weißgescheuerten Tische in der Kantine des Frauenbundes zu Mittag, zusammen mit Anhängerinnen aus allen Gegenden des Reiches, mit frischen, soliden jungen Mädchen, die wie ein Spatzenschwarm aufzwitscherten, und mit von harter Arbeit geprägten Veteraninnen, die etwas merkwürdig Kindliches in ihrem Blick hatten. Es fiel mir auf, daß die Frauen, die jetzt die gesamte deutsche Weiblichkeit regieren, von einem Typ sind, der vor dem Kommen des Dritten Reiches nur geringe Möglichkeiten hatte, Macht zu gewinnen. Es ist ein merkwürdiger Gedanke, daß das Wesen eines einzelnen Mannes eine ganze Gesellschaft umschichten und verwandeln kann wie ein Magnet, der über einen Haufen Metallstücke gezogen wird.

Die Volksfront und die Arbeitsfront sind nach demselben System aufgebaut und erfassen so gleichfalls die ganze Nation.

Diese Gesellschaft ist nicht malerisch, und auch nicht melodisch, sie hat aber, weiß Gott, Struktur. So hat sie denn auch in der Baukunst ihre größte ästhetische Leistung vollbracht. Ich habe einige ihrer riesigen architektonischen Werke zu sehen bekommen: die Reichskanzlei, die neue Reichsbank, das Stadion. Der Baustil des Dritten Reiches, den sie neoklassisch nennen, lehnt sich gegen das auf, was in der Zeit kurz vor seinem Kommen gebaut wurde, wirkt aber im übrigen am stärksten durch seine Dimensionen. Ich habe auch einen Stadtplan von Berlin gesehen, der zeigte, wie die Stadt werden soll, wenn einmal die Abriß- und Aufbauarbeiten, die auch im Krieg mit voller Kraft vorangehen, abgeschlossen sind; es ist, zumindest was die Areale und das Gewicht der Materialien angeht, ein beispielloses Großwerk. Alle deutschen Handwerksarbeiten in Stein, Holz oder Eisen, die ich hier gesehen habe, sind sehr schön ausgeführt.

Es ist unmöglich, nicht fortwährend, den ganzen Tag hindurch, von der Willenskraft und dem unermeßlichen Arbeitsvermögen dieser Nation stark beeindruckt zu werden. »Glauben Sie«, so wird man in Berlin gefragt, »daß eine andere Nation in der Lage gewesen wäre, all dies in sieben Jahren hervorzubringen?« – »Nein«, antwortet man, »und ich hätte es bei Gott nie geglaubt, wenn ich es nicht mit eigenen Augen gesehen hätte.« Auch nachdem ich es gesehen habe, ist es mir unerklärlich, wie es möglich gewesen ist, so etwas innerhalb so kurzer Zeit zu schaffen – und dann auch: warum mußte all dies so schnell geschaffen werden? Es ist ein übermenschliches, ein unmenschliches Tempo. Das ist kein Wachstum, es ist eine *tour de force*, und darin steckt irgendwo Angst, man weiß nicht recht, ob beim Zuschauer oder bei den Baumeistern.

Nichts von all diesem wäre ohne das einzigartige Organisationsvermögen des deutschen Volkes möglich gewesen. Von allem, was ich hier gesehen habe, ist dies das Merkwürdigste. Man könnte fast annehmen, es gäbe bei diesem Volk einen besonderen Sinn, durch den das Leben eine Rechenaufgabe wird, von der man denkt, daß sie lösbar sein muß. Wir Menschen aus anderen Nationen können bei all unserer tiefen Bewunderung den Eindruck von etwas Gespenstischem nicht loswerden, es ist, als würde man eine Sache zu Tode organisieren, und das Ganze könnte wie das volkswirtschaftliche System in Tibet enden, von dem ich gelesen habe, daß man dort auf den Altären Lampen mit Yak-Öl brennen läßt, um dem Land gute Ernten zu verschaffen; die Anzahl der Lampen ist aber im Laufe der Zeit so vervielfacht worden und das Yak-Öl so teuer geworden, daß die jährlichen Gesamteinnahmen in Tibet jetzt dazu verwendet werden, das Öl zu bezahlen. – Aber so sehen es die Deutschen nun einmal. Wenn ich hier mit Vertretern der verschiedenen Einrichtungen zusammengewesen bin, habe ich das Gefühl gehabt, als wäre es das Organisieren einer Sache an sich, einer beliebigen Sache, das sie entzücken würde, dem sie sich hingeben wie in religiöser Verehrung. Sie hegen eine ursprüngliche und reine Liebe zu Zahlen, schwelgen in hohen Ziffern und überbieten sich damit und gehen so unbefangen, ohne Hintergedanken damit um, als wäre die Idee, die die Zahlen wiedergeben, ihrem eigenen Bewußtsein entsprungen. Ein sehr intelligenter junger Doktor von der Arbeitsfront versuchte mich mit ihrem Finanzsystem vertraut zu machen. Alle deutschen Arbeiter und Arbeitgeber sind in der Arbeitsfront organisiert, die 28 Millionen Mitglieder zählt. Jeder zahlt einen Monatsbeitrag, der für keinen von ihnen unter 25 Pfennigen oder über 15 Mark liegt, das ergibt einen Durchschnittsbeitrag von zwei Mark. Wie man mir sagte, sind dies fünfzig Prozent weniger als das, was ein Arbeiter früher an seine Gewerkschaftskasse gezahlt hat; das Verhältnis zwischen dem, was er von der einen Organisation hatte, und dem, was er jetzt von der anderen hat, kenne ich allerdings nicht. »Nun werden Sie ja selbst ausrechnen können, was das an Jahreseinnahmen ergibt«, sagte der junge Doktor. Ja freilich konnte ich das, es waren 672 Millionen Mark. – »Und wie sollte man nun Ihrer Meinung nach«, fragte er mit seinen ernsten, auf mich gerichteten Augen, »diese Summe am sinnvollsten verteilen?« – Selbst in der Rationierung und den Einschränkungen schien für sie eine gewisse Harmonie und Größe zu liegen: die Not des Volkes war zu Ende, sie war auf Papier gesetzt, rubriziert und vergöttlicht.

Andere Nationen haben den deutschen Sinn für Systeme und die Bereitschaft, sich systematisieren zu lassen, als Zeichen fehlender Individualität aufgefaßt. Es ist aber keineswegs sicher, daß das so richtig ist. Vielleicht hat die Individualität des Durchschnittsdeutschen eine eigene tiefgründende Quelle, so daß er sich allen Gesetzen unterwerfen kann, ohne daß er in seinem eigentlichen Wesen Schaden erleidet. Ich bin nicht der Auffassung, daß zum Beispiel der Durchschnittsengländer, der ja im praktischen Leben einen größeren Spielraum verlangt, sich letztlich mehr Mühe gibt, um sich seine eigene Meinung über die Welt und das Leben zu bilden. Besonders bei der einfachen deutschen Frau, der Hausfrau, mit der man auf der Straße und in den Geschäften spricht und die überhaupt ein erstaunliches und bewundernswürdiges Glied der Menschheit ist, hat man das Gefühl, daß sie, bei allen Verboten um sie herum, ihr eigenes Leben unangetastet weiterführt. Vielleicht, habe ich gedacht, gleichen sie den behäbigen, unbeirrbaren Tiefseefischen, die mir aus der Naturgeschichte bekannt sind und die ihre eigenen Wege schwimmen, mit vielen Tausend Tonnen Wassermassen über sich. – Wenn es wahr ist, daß sie platzen, wenn sie an die Meeresoberfläche gezogen und vom Druck befreit werden, dann geschieht dies ja auch nicht aus innerer Leere.

Ob es wohl je so etwas wie dieses Dritte Reich gegeben hat? Von den Erscheinungen, die ich in meinem Leben persönlich kennengelernt habe, ist diejenige, die ihm am nächsten kommt, der Islam, die mohammedanische Welt und Weltanschauung. Das Wort Islam bedeutet *Hingabe*, es ist wohl dasselbe wie das, was das Dritte Reich mit seinem Handaufheben zum Ausdruck bringt: Dein im Leben und im Tod.

Von diesen beiden ist der Islam das höhere Ideal, weil es edler ist, Gott zu dienen als einem Vaterland oder einer Rasse. Der Ruf vom Minarett: »Es gibt nur einen Gott, und Mohammed ist sein Prophet« ist eher von ewiger Natur als irgendein Feldgeschrei vom auserwählten Volk. Der Halbmond ist ein edleres Zeichen als das Hakenkreuz (das jedenfalls für mich etwas Unruhiges und Gestörtes, Spastisches in seiner Bewegung hat, falls nicht die Haken, wie auf den Türmen am Stadioneingang, so gebogen sind, daß sie Teile einer Kreislinie bilden, daß sie die Figur sammeln und sie zur Ruhe bringen). Trotzdem haben die beiden

Welten vieles gemeinsam. Man darf aber dabei nicht an den späteren Islam denken, wie wir ihn jetzt kennen, nachdem er unter den Weltreligionen einen *modus vivendi* gefunden hat. Man muß elf oder zwölf Jahrhunderte zurückgehen, bis zur Begegnung mit der jungen mohammedanischen Bewegung, als sie sich erhob und wie eine Fahne entfaltete und hinauszog, sich die Welt zu unterwerfen. Da muß es in den Wolken geblitzt und gedonnert haben, und den angrenzenden Reichen muß übel zu Mute gewesen sein. Woher schöpfte das Wüstenvolk diese Kraft?

Die mohammedanische Weltanschauung besitzt, wie der Nazismus, ein ungeheures Selbstwertgefühl: Der Rechtgläubige steht über allen Ungläubigen, eine rechtgläubige Seele ist mehr wert als alles Gold der Welt. Ihrem Wesen nach steht sie über allen Klassengrenzen wie das Dritte Reich; ein Mohammedaner ist so gut wie der andere, sei er Wasserträger oder Emir. Es gibt einen immensen Zusammenhalt und eine große Hilfsbereitschaft unter den Gläubigen – zehn Prozent deines Vermögens mußt du an bedürftige Moslems geben, und das ist kein Almosen, sondern eine Schuld, die du da bezahlst. In seinen Ritualen hat der Islam Ähnlichkeit mit dem Dritten Reich: Die Rechtgläubigen bekommen keine Zeit, einander fremd zu werden. Einige Dinge in dem Buch »Mein Kampf« gleichen Kapiteln im Koran.

Der Islam wurde mit dem Schwert verbreitet: das ist eine Anklage, die von anderen Religionen gegen ihn erhoben wird, von Religionen, die jedoch in diesem Punkt nicht alle das beste Gewissen haben können. Ich will nach dem Gedächtnis zitieren – denn man kann ja hier in Berlin keine englischen Bücher zum Nachschlagen kaufen –, was Carlyle* darüber in seinem Buch »Heroes and Hero-Worship« sagt, das übrigens insgesamt vieles mit den Gedankengängen des Dritten Reiches gemeinsam hat. »Mit dem Schwert«, schreibt er. »Jawohl, aber woher bekam der Prophet die Schwerter? Jede neue Religion beginnt als Minderheit eines einzigen Mannes – auf der einen Seite er, auf der anderen Seite all die anderen. Da würde ihm der Versuch nichts nützen, den Glauben mit dem Schwert zu verbreiten. Laßt ihn sich seine Schwerter beschaffen.«

Die Vorstellung des Islam vom Paradies ist aus einer Krieger-

phantasie entstanden, sie ist das Ideal eines marschierenden Hee-
res. »Solange Ihr marschiert, müßt Ihr Euch allen Entbehrungen
unterwerfen, enthaltsam bleiben und kampfbereit sein. Wenn
aber die Stadt eingenommen ist und wir das Lager aufgeschlagen
haben, dann wird das alles ganz anders.« Es ist ein Fünfjahres-
plan in übernatürlicher Größe.

Der Islam ist von seiner Wüstenherkunft geprägt, es sind
Sandstürme und große Luftspiegelungen darin. Dafür besitzt das
Dritte Reich eine, wie ich finde, rein ekstatische Respektabilität,
die honette Ambition* auf Gedeih und Verderb, im Himmel und
auf Erden. Welche der beiden Mentalitäten die gefährlichere ist,
ist schwer zu sagen.

Wahrhaftig, wie sie im Koran sagen – Mohammed benutzt
das Wort als einen Satz für sich. Wahrhaftig. – Aber der Islam
war ein Glaube an Gott. Er konnte sowohl geben als auch nehmen, aus ganzer Macht, er wollte die ganze Welt erlösen, wenn
die Welt ihn nur annehmen wollte. Die besiegten Völker, die den
Islam annahmen, wurden mit ihm eins. Deswegen gewann der
Islam mit mehr Recht an Boden, als es irgendeiner siegreichen
Rasse gelingen kann; deswegen fanden sich der Islam und die ihn
umgebende Welt leichter miteinander ab, als das Dritte Reich
und die übrige Welt es tun können. Dies ist nicht so zu verstehen,
als sähe ich für die besiegten Völker eine Erleichterung darin,
daß sie im Notfall den Islam annehmen und ihr Leben retten
konnten, denn ich bin nicht der Meinung, daß es für jemanden
ein Glück ist, wenn er das Leben rettet, indem er seinem Glauben
abschwört. Aber die eigenen Lebensbedingungen des Islam wurden erleichtert, und er erneuerte sich während seines Vordrin-
gens. Der Islam, von Delhi im Osten bis Granada im Westen,
war auf dem Vormarsch reicher geworden, er hatte von der Kultur im Feindesland gezehrt und Anregungen für neue Erfolge gesammelt. Das Wüstenvolk war auf der Wanderung geistig gewachsen und besaß nun die Kulturwerte vieler Länder und Völker. Die Verkündigung des Muezzin war im Einklang mit der
Landschaft Indiens und Spaniens. »Es gibt nur einen Gott, und
Mohammed ist sein Prophet.«

Wenn Karl Martell bei Poitiers keinen Damm gegen Abd-el-

Rhaman* errichtet hätte, wäre die Lehre des Kameltreibers in London vielleicht Staatsreligion geworden und hätte sich mit dem alten Norden arrangiert. Es ist mir oft aufgefallen, wieviel die einfachen, gläubigen mohammedanischen Völker, die mir in Afrika begegnet sind, in ihrer Philosophie mit den alten Isländern, wie ich sie aus den Sagas kannte, gemeinsam hatten.

Aber ein Rassenkult läuft in sich selbst zurück, und sein Siegeszug wird ein *circulus vitiosus*. Er kann nicht geben und nicht nehmen. Aller Kraft und Freude zum Trotz, und trotz der großen Zukunftshoffnungen, die hier hochgehalten werden, hat der Nazismus nur eine kurze Perspektive. Deshalb haftet dem Wesen des Dritten Reiches ein tragisches Moment an, seine großen Glanzrollen sind tragische Rollen. Ein Volk oder eine Masse in einem Volk hat sich auf neue, überraschende und entsetzliche Weise erhoben, es hebt sich vor dem Himmel mit gewaltiger Kraft ab, es wirft einen gewaltigen Schatten, und keiner von uns weiß, wie weit oder auf wen von uns dieser Schatten fallen wird. Und doch, denkt der Zuschauer, steht dieses Volk zuletzt sich selbst im Licht.

Wenn man einige Zeitlang versucht hat, das Dritte Reich kennenzulernen, und über dessen Organisation, soziale Einrichtungen, Kunst, Architektur und Philosophie und Ideale einiges erfahren hat, kann es vorkommen, daß man auf der Straße stehenbleibt und mit einem Gefühl der Befreiung die Soldaten ansieht, die nach Westen marschieren und sich jetzt mit Völkern einer anderen Art auseinandersetzen müssen. Ja, man kann auf den Gedanken verfallen, daß es für eine Rasse, die in sich selbst ihr Ideal und ihren Zweck hat und die in ihrem Credo Blutmischung verbietet, zu einer Notwendigkeit wird, Krieg zu führen, und zwar jeglichen Krieg, um den Fluß des Blutes in Ordnung zu halten. Das ist immerhin eine Art Beziehung zu anderen Menschen: mit ihnen zu kämpfen. »Der Nazismus ist kein Exportartikel«, erklärt man hier oft – das Evangelium dieses Volkes kann kein anderes Volk umarmen, »to embrace«, wie man auf englisch sagt. Mit einem lebhaften Ideenimport gibt sich das Dritte Reich auch nicht ab. Sein Ehrgeiz richtet sich auf die Autarkie. Es gibt wohl keinen achtbareren Ehrgeiz; vor einem selbstgenügsamen Mann müssen alle den Hut ziehen, er hat anscheinend sein Schäfchen im trockenen. Es gibt aber auch Bereiche im Leben und in der Leidenschaft, in denen die Autarkie die Nerven und die Konstitution angreifen und zur Hysterie führen und damit verhängnisvoll werden kann.

Mitten im Lärm der Fabriken und Werkstätten und mitten unter all den großen Militärmärschen, die seit meiner Ankunft hier um mich herum ertönen, hörte ich vor einigen Tagen eine kleine, hübsche deutsche Melodie. Es war an dem Tag, als ich nach Potsdam hinausgefahren war – nach einer langen Reihe harter Wintertage schimmerte ein blasses Licht in der Luft, wie ein zartes Versprechen. Ich besuchte die junge Prinzessin Louise, die Enkeltochter der dänischen Prinzessin Louise von Schaumburg-Lippe*. Die Villa oder das Schloß lag direkt an einem See in Potsdam, matt silbern im Lichte des Vorführlings, und das Schloß war an sich für die vorige und die vorvorige Generation in Deutschland typisch, für eine Zeit, die ganz und gar vergangen war. Es stand sehr würdig und gefaßt da – mit so viel schönem deutschen Porzellan, schönen Spitzen, Stickereien, großen Porträts von vor fünfundzwanzig oder dreißig Jahren, auf ihnen die Eltern der Prinzessin hoch zu Pferde in einem Wald–, als ob es gar nicht wußte, was es mit der Zeit und der Welt um sich herum anfangen sollte, aber bis zuletzt auf vornehmen, gastlichen Anstand hielte. Die blutjunge Prinzessin, ganz allein in den Zimmern des Schlosses, war wie eine Blume aus einem großen, alten Garten, die man an einer Stelle findet, an der es keinen Garten mehr gibt.

> »Ich bin die Prinzessin Ilse,
> Und wohne im Ilsenstein...«*

Wieviel Anmut und Frische sind doch in den alten deutschen Liedern! – »Ich hör' ein Bächlein rauschen...«* – Wie ein Wasserlauf, der sich durch eine Wiese singt, ohne Aufhebens, ohne Zweck. Ein großer Zug rollt auf der Brücke darüber hinweg, und das Rieseln des Baches wird übertönt und verschwindet ganz, man vergißt, daß er da ist. Wenn aber der Lärm vorübergezogen ist, hört man ihn wieder.

»Komm mit nach meinem Schlosse,
Wir wollen selig sein...«*

III. *Kraft und Freude*

Ich bin zu einer Zeit hierhergekommen, in der Berlin wie ein
prächtiger Vogel in der Mauser seinen Glanz verloren hatte – die
Armee ist an der Front.

Hier gibt es keine Musik in den Straßen, keine fliegenden Fahnen, keinen tausendfachen Marschtritt: alles, was marschiert,
klingt und ins Auge sticht, ist von der Bildfläche verschwunden,
und es besteht keine Möglichkeit, sich blenden zu lassen. Ich
kann mich an die Berichte meiner Freunde und Bekannten erinnern, die vor vier Jahren zur Olympiade hier waren, Berichte
über stürmische Siege und Seligkeit, die damals vom jungen Dritten Reich ausgingen und in denen sie den Halt verloren – ich
selbst verspüre aber nichts davon. Ich kann sagen, daß die Stadt
einen kümmerlichen Eindruck macht. Die Straßen sind über jede
Beschreibung schmutzig, man hat sich gerade noch die Zeit genommen, um den Schnee an die Seiten zu werfen, man hat ihn
aber nicht beseitigen können, denn die Lastwagen haben andere
Dinge vor. Die Leute tragen vorsichtshalber ihre Kleidung vom
vorigen Jahr; ich habe keine Lumpen gesehen, aber auch keine
Eleganz. In einer großen Stadt ist, mehr als anderswo, *le superflu
le nécessaire**, und ohne eine kulturelle Elite wirkt sie unerträglich gleichförmig wie die Hoffnungslosigkeit selbst. Wenn ich in
der Halle des Hotels Adlon sitze, das ein typisches Produkt der
ersten Dekade des Jahrhunderts ist, mit schweren, diskreten Effekten aus Gold und Bronze, mit Marmor, Mosaiken und Glas,
dann denke ich, daß der Portier und das Empfangspersonal die
einzigen Menschen sind, die so aussehen, als würden sie dazuge-
hören. Das Publikum wirkt hier vollkommen fremd, und gäbe es
nicht eine andere Art von Menschen, würde es niemand in den
Sinn kommen, solche Häuser zu bauen, damit sie dann darin sitzen. Die Lebensmittelkarten, auf die man gut aufpassen muß
und die man beim Bestellen seines Mittagessens vorzulegen hat,
verleihen der Mahlzeit ein zutiefst anspruchsloses und von vorn-

herein kümmerliches Gepräge – mit einem solchen Tischgebet kann kein Festmahl seinen Anfang nehmen. *La dure nécessité, maîtresse des hommes et des dieux*, sie scheint auf Berlin schwer zu lasten.

Wenn man aber schon einige Tage hier ist, ändert sich die Stimmung unmerklich. Die großen Arbeiten werden ja fortgesetzt, es erklingen Hammerschläge von himmelhohen Gerüsten und vom Erdboden her, auf dem riesige Straßen gebaut werden. Diese Gesellschaft ist nicht ausgeplündert, sondern verzichtet bewußt für ein festes Ziel. Auf den zweiten Blick erhält sie dann eine Art Eleganz, wie ein Mann, der den Mantel auszieht und die Ärmel hochkrempelt, wenn eine wichtige Arbeit ansteht, und der doch korrekt, der Gelegenheit entsprechend, angezogen ist. Der Wille, das einmütige, bewußte Pflichtgefühl verleihen diesem Berlin im Wintermatsch feste Umrisse und Haltung.

Die Verdunklung wirkt an den Märzabenden, wenn man sie zum ersten Male erlebt, schreckenerregend. Merkwürdigerweise hat man das Gefühl, man versinkt; bei dem Ganzen entstehen geradezu Gefühle, als ertrinke man. Man gewöhnt sich ziemlich schnell daran, im Dunkeln zu gehen, aber man wird trotzdem nicht vor ständig wiederkehrenden Ängsten bewahrt. Nicht die Dunkelheit bedrückt einen, sondern der Gedanke, auf allen Seiten von vier Millionen Menschen umgeben zu sein, die beschlossen haben, in der Nacht unsichtbar zu bleiben und sich ganz still zu verhalten. Das ist das stumme Wissen um ein Ziel, so deutlich ausgedrückt, als wäre es in Worte gefaßt.

So beherrscht den Fremden in Berlin überall der Eindruck einer ungeheuren Willensanspannung. Die Willenskraft ist die Leistung des Dritten Reiches – wo der Wille genügt, genügt das Ganze, und je nachdem, ob man an die Macht des Willens glaubt, kann man an dessen Evangelium glauben. Die meisten meiner Diskussionen mit den Vertretern des Dritten Reiches sollten sich denn auch um den Willen und sein Wesen drehen.

Es hat mich hier in Deutschland überrascht, zu erfahren, wie frei man reden kann, ohne daß es einem übelgenommen wird. Von zu Hause war ich auf etwas ganz anderes gefaßt. Hier herrscht mehr Interesse an einem Sünder, der sich bekehren lassen kann, als an den schon Erlösten. Das Wohlwollen meiner deutschen Bekannten zeigt sich vor allem in ihrer Sorge um meine Seele. Außerdem möchten die meisten Menschen dieser Nation gern diskutieren und ihre Gesichtspunkte methodisch darlegen, und sie sind in Diskussionen angenehm sachlich und loyal. Vielleicht können einige dieser Gespräche auch für andere von Interesse sein, als zufällige Illustrationen zu zwei Weltanschauungen der Zeit.

Die jungen Deutschen hatten fast immer das letzte Wort, wenn wir uns unterhielten. Denn wie klar sie ihre Argumente auch darlegten, es war doch ständig etwas daran, wozu ich entgegnen mußte: »Das können wir anderen nicht verstehen.« Sie sagten dann: »Sie werden es aber einmal verstehen. Wir werden es der Welt beweisen.« Der Unterschied zwischen uns wurzelte sehr tief; wenn wir weit genug in eine Debatte eingestiegen waren, stießen wir immer wieder auf ihn.

Ich habe hier in Berlin, nur um ein Beispiel zu nehmen, viel von Ehre reden hören. Zu Hause benutzen wir dieses Wort selten, hier aber gehört es in jeden Gedankengang. Über das Wesen der Ehre konnten wir jedoch keine Verständigung erreichen. »Für uns«, sagte mir einer der ernsten jungen Doktoren, »ist es ein Zeichen von Schwäche und Frivolität, wenn die Demokraten denjenigen Verbrecher, der sich an der Brieftasche eines Mannes vergreift, härter bestrafen als denjenigen, der die Ehre dieses Mannes antastet. Dabei ist der Ehrenschänder der abscheulichste Feind der Gesellschaft, und im Dritten Reich trifft das Gesetz ihn unter allen am härtesten.« – »Das können wir nicht verstehen«, sagte ich, »für uns liegen der Wille und die Ehre auf zwei verschiedenen Ebenen. Das Gesetz – auch das moralische Gesetz – und das, was man die Ehre nennt, verhalten sich gegensätzlich zueinander, wie ein Ding sich zu seinem Spiegelbild verhält. So vermag bekanntlich Harakiri, der Selbstmord des Gekränkten, eine tödliche Beleidigung zu tilgen, die Hinrichtung des Beleidigers hat das aber nie vermocht. Wenn eine Ehrenschuld die Schuld ist, die man mit polizeilicher Hilfe als erste von allen Schulden eintreiben kann, dann wissen wir anderen nicht mehr, worin es begründet ist, daß sie eine Ehrenschuld ist.« – Er antwortete: »Das Gesetz ist der Wille unserer höchsten Führer und soll das Volk erziehen. Es soll nicht nur dessen Tun kontrollieren, sondern die Volksseele verwandeln.« Hierzu fiel mir nichts ein, so daß er das letzte Wort bekam.

Auf der Treppe dachte ich aber: »Diese Seelenverwandlung per Gesetz ist ein Programm, das einige Male schon vorgelegt worden ist, aber ohne eigentlichen Erfolg. König Christian VI. konnte das Volk zwingen, die Kirche sogar mehrmals täglich zu besuchen, dazu aber mußte er Kirchendiener mit Stöcken anstellen, die diejenigen wecken mußten, die in der Kirche eingeschlafen waren. Die Puritaner in New England konnten wohl durch harte Bußen und Strafen bei Ehebruch die Gemeinden zu einer rein äußerlichen Tugend anhalten. Es wird aber unheimlich, wenn man sich vorstellt, wie die jungen Leute der Gemeinde, die sich so unterdrücken lassen mußten, in ihrem privaten Leben ihren Ehegatten gegenüber empfunden haben und wie sie ihnen gegenüber aufgetreten sind.«

Ich traf auch einen Doktor, der in der Organisation »Kraft durch Freude«, die der Arbeitsfront unterstellt ist, eine hohe Stelle bekleidete. – »Klingt nicht schon der Name unserer Bewegung auch in Ihren Ohren schön?« fragte er. »Doch, er klingt schön«, antwortete ich, »er würde aber, mit Ihrer Erlaubnis, in meinen Ohren noch schöner klingen, wenn er ›Freude durch Kraft‹ hieße. Denn von der Kraft, ganz abstrakt gesprochen – und sei es Pferde- oder Wasserkraft –, kann man sich vorstellen, daß sie ein Mittel ist und für etwas benutzt werden soll. Und das Dritte Reich hält wohl selbst ein Ziel für all diese Kraft bereit, die Sie hier hervorzubringen vermeinen. Aber die Freude scheint ein Ziel an sich zu sein, und sie neigt dazu zu verschwinden – ›like an lizard with the shade of a trembling leaf‹ –, wenn sie den Verdacht schöpft, daß sie benutzt werden soll.« – »So reden Sie«, sagte er, »weil Sie uns Deutsche nicht kennen.« – »Das mag wahr sein«, entgegnete ich, »und das tut mir leid, denn ich möchte Sie gern kennen und verstehen lernen. Jedoch weiß ich auch, daß es ein Deutscher war, der gesagt hat: ›So fühlt man Absicht, und man wird verstimmt.‹«* Darauf antwortete er nichts, so daß dieses Mal ein alter Deutscher das letzte Wort hatte.

Wir vertieften das Thema, als wir bei anderer Gelegenheit auf Kunst zu sprechen kamen. »Sie können doch nicht leugnen«, sagte er, »daß Ihre Kultur in Wirklichkeit dem Schlagwort des l'art pour l'art Glauben geschenkt hat und daß dies sowohl der Kunst als auch dem Volk zum Verderben gereicht hat. Wir vom Dritten Reich sagen: l'art pour la nation; unter diesem Motto sollen sowohl die Kunst als auch das Volk erblühen.« – »Ja«, sagte ich, »einer der besten Köpfe unserer dänischen Kultur hat sich zu Ihrem Programm geäußert. Er sagte: ›Es ist gut, wenn es verwirklicht ist, es läßt sich aber nicht machen!‹ «* – »Wir vom Dritten Reich sagen ungern, daß sich etwas nicht machen läßt«, antwortete er. »Wollen Sie mir sagen, warum wir hier eine Ausnahme machen sollten?« – »Ja, gern«, antwortete ich, »es gibt auf der Welt einige Dinge, die sich einem Zweck widersetzen, wie ich mir auch habe berichten lassen, daß es Atome geben soll, über die man nichts erfahren kann, weil sie es nicht gestatten, daß man sie ansieht. Dieses gilt unter anderen Dingen für die Kunst.« – »Und wie«, fragte er mich, so ernst, als würde er mich verhören, »meinen Sie und Ihre Kultur denn, daß die Werke geschaffen werden, die nicht mit einem Ziel vor Augen und durch Willenskraft geschaffen werden?« – »Durch Gottes Gnade«, antwortete ich. – »Gehören Sie wirklich so sehr dem Ancien régime an«, fragte er lächelnd, »daß Sie an *la grâce de Dieu* glauben?« – »Herr Doktor«, versetzte ich, »ich kann Ihnen so antworten, wie ein Freund von mir, ein schwedischer Schauspieler, mir antwortete, als ich ihn fragte, ob er an Gott glaube. ›Ich bin ein großer, ein furchtbarer Skeptiker‹, sagte er, ›ich glaube an gar nichts, nur an Gott.‹ Ich selbst glaube, daß die schlechteste Art, ein Kunstwerk zu schaffen, die ist, Künstler sein zu *wollen,* und um geliebt zu werden, geliebt werden zu *wollen,* um ein Held zu werden, heroisch sein zu *wollen.*« Er dachte ein wenig darüber nach, und es ist ja immerhin wohltuend, wenn der Gegner in einer Diskussion über das nachdenkt, was man sagt. »Der Wille«, sagte er dann, »der deutsche Wille – das ist Gottes Gnade gegenüber Deutschland.«

Da dachte ich:

»Nemesis, du bist eine mächtige Göttin, furchtbar ist es, dein

Antlitz zu schauen! So schreitest du denn voran. Heute besteht vielleicht der große Unterschied zwischen Deutschland und England, entscheidender als irgendein politischer Gegensatz, darin, daß England gute Tage gekannt hat, während Deutschland Böses und Unrecht erlitten hat. In diesem Jahre des Herrn, März 1940, fällt es uns schwer, uns auch nur vorzustellen, daß England von einer Übermacht besiegt und unter das Joch eines Urteils gebeugt werden könnte, das der Nation selbst als ungerecht erscheinen müßte; noch schwerer fällt uns vielleicht die Vorstellung, man könnte England – sogar unter solchen Bedingungen und während es alle Kraft auf die Genugtuung gerichtet hätte – dazu bringen, das eigentliche Vertrauen auf Gottes Gnade aufzugeben, das man Humor nennt. Hier ist der Humor selbst Anathema, eine Ketzerei gegenüber dem alleinseligmachenden Glauben an die Allmacht des Willens. Wem der Wind die Segel schwellen läßt, der verläßt sich auf Gottes Gnade, aber diejenigen, die bei den schweren Rudern auf den Ruderbänken sitzen, die müssen sich auf den Willen verlassen. Vor zweiundzwanzig Jahren beschlossen die vereinigten, siegreichen Nationen, den Deutschen den Glauben an Gottes Gnade für Deutschland zu nehmen. Und dieses Volk, das überall, wo man ihm begegnet, von dieser Prüfung geprägt ist, beschloß, sich auf den Willen als einzige Gnade, die Gott ihm erzeigt, zu verlassen.«

»Man soll einem besiegten Feind nie den Glauben an *la grâce de Dieu* nehmen«, dachte ich.

Hier lernt man ein merkwürdiges und bedeutsames Phänomen der Zeit kennen: die Progaganda, die sicher nicht Kunst ist, sondern eine Kunst im Dienste eines Zweckes. »Die Propaganda ist das Salz des Dritten Reiches«, sagte mir ein junger Deutscher. – Ich glaube jedoch, es kann so weit kommen, daß die Propagandakünstler, genau wie die verderbten demokratischen Nationen im Namen des »l'art-pour-l'art«-Mottos, Propaganda um der Propaganda willen betreiben; sie hat wohl etwas von einer Besessenheit an sich, sie ist eine Art Magie. Für mich ist sie mit einem Moment der Unsicherheit behaftet, wie ein Geschäft, das sein Kapital verzehrt und über keine Reserven verfügt. Denn sie existiert und wirkt durch eine Tradition, von der anzunehmen ist, daß sie auf die Zeit zurückgeht, in der die Menschen das Sprechen lernten; eine Tradition, die darauf hinausläuft, daß es doch eine Beziehung zwischen dem Wort und der Sache gibt. Im Laufe der Zeit haben sich die Menschen einige Freiheiten herausgenommen, was diese Tradition betrifft, aber nie offiziell mit ihr gebrochen. Dr. Coué*, der vor zwanzig Jahren in Mode war, ist eigentlich der erste gewesen, der die Beziehung der Wörter zu den Tatsachen grundsätzlich verfälscht hat und damit Hokuspokus trieb. Seit alters hat die Versicherung, daß es immer besser geht, schon mit ihrem Wortlaut ein Gefühl des Fortschrittes vermittelt. Dr. Coué experimentierte damit, sozusagen die Verbindung nach hinten herzustellen, und es gelang ihm wohl auch, solange der Zusammenhang zwischen der Tatsache und dem Wort noch bis zu einem gewissen Grad erhalten blieb, er untergrub ihn aber selbst täglich, und seine kernigen Sprüche verloren ihre Kraft. Sein Kapital wurde täglich geringer, es wurde aufgezehrt, und er ging bankrott. Dr. Coué war aber Spezialist, und sein Tätigkeitsfeld war beschränkt. – Die Propaganda, die jetzt eine solche Vollkommenheit erreicht hat, umfaßt alle Daseinsbereiche und überrascht immer wieder dadurch, daß sie auf neue Felder übergreift. Wenn aber einmal eine neue Generation herangewachsen ist, die sich völlig von der Tradition einer Beziehung zwischen Wort und Tatsache emanzipiert hat, dann wird der Gehalt des Worts aus ihm hinausgezaubert sein, es wird wie Papiergeld werden, wofür es nirgendwo Golddeckung gibt, und die Propaganda wird ihre Kraft verloren haben. Womit soll sie dann gesalzen werden? – Es ist zu nichts hinfort nütze... (Matthäus 5,13).

Der Film ist für die Propaganda ein geschickt eingesetztes und wirksames Werkzeug. Ich habe hier viele große, hervorragende Propagandafilme gesehen. Ich bedauere, daß ich keinen Sinn für Filme habe (weil ich die Photographie überhaupt nicht mag und ganz gewiß die Dinge nicht so sehe, wie die Kamera sie sieht). Hier in Deutschland photographiert man vermutlich so gut wie möglich, und die langen Bildserien sind außerordentlich geschickt und effektvoll aufgemacht. Sie sind allerdings für ein Publikum bestimmt, dem selbständige Phantasie entweder ganz abgeht oder das sich auf jeden Fall nicht davon stören läßt, daß man im voraus wissen kann, wohin das Ganze führen und wie es enden soll.

Ich bin auch in den Ufa-Ateliers in der Ufa-Stadt bei Babelsberg gewesen, und ich bin durch die riesigen Gebäude gewandert. Es war an einem eiskalten Tag, und in der Nacht war Schnee gefallen. Hier hatte ich die Ehre, Zarah Leander und Willy Birgel zu begrüßen, die Maria Stuart und Bothwell spielten. Wir kamen zur Freilichtbühne der Ufa gerade in dem Augenblick, als die Königin in einer sechsspännigen Karosse von Bothwell und seinen berittenen Männern umstellt wurde. Man hätte annehmen sollen, daß es schwierig sein würde, eine Szene aus dem schottischen Hochland mitten in einer Stadt zu spielen, hier war die Kamera aber tief in die Erde eingegraben worden, so daß ihr Horizont ganz niedrig lag, und im Hintergrund hatte man einige Sandhaufen aufgeworfen und mit kleinen Fichten bepflanzt; auf dem Bild, erzählte man mir, würde es sich wie eine Landschaft des Hochlandes ausnehmen. Die Pferde konnten nur mit Mühe die Karosse durch den tiefen Schlamm und Schnee ziehen und wollten sich auch nicht aufbäumen, wie sie sollten, wenn der Haufe Bothwells herangaloppierte, vermutlich hatten sie sich an den Überfall gewöhnt, und während wir zuschauten, wurde das Ganze drei- oder viermal wiederholt. Zarah Leander und eine junge Hofdame, die bei ihr im Wagen war, klagten, daß sie erbärmlich froren. In den Ateliers, in den hohen, einem Dom ähnlichen Räumen, war man dabei, große, prachtvolle Interieurs aus dem achtzehnten Jahrhundert zu arrangieren, und es war unterhaltsam zu sehen, wie genau und gewissenhaft alle Details von den Dekorateuren und Handwerkern der Ufa gezeichnet und zusammengesetzt wurden, es war eine schöne Handwerksarbeit, das Material war aber vergänglicher Art. Zu meiner Überraschung sollte »Jud Süß«* aufgenommen werden. Graf Schönfeld vom Propagandaministerium, der mein Begleiter war, erklärte mir, daß es sich jedoch nicht um den Helden Feuchtwangers handelte – Feuchtwanger war ja des Landes verwiesen –, sondern um den historischen Süß, und ich begriff, daß es eine Art Propagandafilm werden sollte. Ich weiß nicht mehr viel über den historischen Juden Süß; hier sah es so aus, als hätte sich seine Geschichte im wesentlichen im Bett zugetragen, es standen drei riesige, pompöse Louis-XV-Betten in den verschiedenen Räumen, in denen der Film spielte – am Fußende vom Bett des Juden Süß war der Davidstern angebracht, das heilige jüdische Zeichen. In den anderen Ateliers wiederholten sie Szenen von je einer halben Minute Dauer aus einer bayerischen Bauernkomödie und aus einem Drama, das in einem Fischerdorf an der Nordsee spielte. Als wir wieder ins Freie hinaustraten, sahen wir, wie Maria Stuart noch einmal von Bothwell angehalten und entführt wurde.

Bei diesem Anblick dachte ich: »Hier sehe ich also mit eigenen Augen Dantes Hölle, auf der Erde. – Dies hätte kein einzelner Mensch unserer Zeit ersinnen können, das kann nur der Zeitgeist selbst schaffen. Die arme Königin von Schottland hat einmal einen verhängnisvollen Fehltritt getan, in einem unseligen Augenblick entschied sich ihr Leben – und jetzt, dreihundert Jahre später, muß sie spuken und das Entsetzliche in einer noch entsetzlicheren Gestalt erleben. Zwischen hohen Vorstadtkasernen in der rauhen und eiskalten Berliner Luft fährt sie zu ihrer tragischen Begegnung in einer Karosse mit Vorhängen aus gemalter Pappe, durch einen Sandhaufen, der die *moors* und *glens* ihres Landes darstellen soll. Ihre eigene Schönheit, die ihr Stolz und ihr Glück war, ist in höllischer Manier nachgebildet, mit dicker, orangefarbener Schminke und daumengroßen steifen Wimpern wie bei einer Puppe, sie ist in Hermelin und Seide gekleidet, die weder Hermelin noch Seide sind. Und doch hat sie es schwarz auf weiß, daß der Ort die Landstraße bei Dunbar und die Zeit der unglückselige 28. März 1566 ist. Und wenn der unwiderrufliche Augenblick da ist, wenn die Reiterschar angesprengt kommt, ihre Pferde beim Zaum packt und den Wagen anhält, wenn die Schwerter aus der Scheide gezückt werden, wenn Bothwell ganz dicht am Wagenrad ihr ›Maria‹ ins Gesicht ruft – dann ertönt der trockene Befehl des schwarzen Technikers an der zentralen Maschinerie tief unten in der Erde: ›Noch einmal.‹ Hier haben wir das Gericht und das Urteil des zwanzigsten Jahrhunderts, die moderne, schneidige Aufmachung der Göttin Nemesis.«

Seit ich in Babelsberg war, habe ich immer wieder, ohne es zu wollen, die Heroen des Dritten Reiches so gesehen, wie sie mit dem Make-up eines Filmstars und zwischen Kulissen in den großen Augenblicken ihres Lebens und ihrer Karriere erscheinen werden. – Und welche Augenblicke wird wohl das Publikum der Zukunft die größten nennen, welche wird es verewigt sehen wollen – welche Augenblicke, die die Helden auf Befehl eines Regisseurs dann immer aufs neue wiederholen müssen? – Das können wir nicht wissen.

In den Ostertagen besuchte ich einige Berliner Kirchen und hörte viel schöne Kirchenmusik. Zu Hause hatte man mir erzählt, daß die deutschen Kirchen leer wären, aber zumindest an diesen Tagen waren sie so überfüllt, daß ich nur mit Mühe einen Sitzplatz bekam. Man hatte mir auch erzählt, daß die Propaganda sich den Gottesdienst dienstbar gemacht hätte und daß die Pfarrer über Politik predigten. Ich konnte nicht so viel von der Predigt verstehen, daß ich hätte sagen können, was sie der Gemeinde eigentlich ans Herz legte. Aber ich hatte auch nicht den Eindruck, daß die Gemeinde ihr angespannt zuhörte. Es kam mir vor, als ob alle diese Menschen auf den Kirchenbänken um mich herum, alte wie junge, in ihre eigenen Gedanken versunken dasäßen und als ob sie hergekommen wären, um dies hier tun zu können.

IV. Schauplätze

Die Theater sind voll in Berlin, das gereicht dem Berliner Publikum zur Ehre, jetzt bei der Verdunklung und dem Matsch der Wintermonate. Es ist schwierig, eine Theaterkarte zu bekommen, und ich hätte nicht viel gesehen, wenn nicht das Propagandaministerium mir liebenswürdigerweise Karten besorgt hätte.

Es sind nur wenige moderne Stücke im Programm, sie spielen die klassischen Stücke. Viele Ausländer in Berlin beschweren sich darüber und warten ungeduldig auf die neue Theaterkunst, die von der Willenskraft des Dritten Reiches geschaffen werden soll. Wer weiß aber, ob nicht dieses pflichttreue, schwergeprüfte

Volk unbewußt den Weg in die Theater einschlägt, um für einige Stunden nicht ermutigt, gestärkt und auf dem rechten Weg gehalten zu werden und um sich statt dessen Geistern ohne Zweck überlassen zu können:

>»Und wenn alles bricht,
> ist Trost zu schöpfen
> in der Tragödie, bei den großen
> Trostlosen.«*

Hier ist viel von volkstümlicher Kunst die Rede. Nicht eine kleine Kulturelite, sondern das große deutsche Volk selbst soll jetzt die Kunst des Dritten Reiches schaffen, sagt man. – Ja, wenn das große Volk reden könnte, was würde es dann sagen? Ich habe hier einige Kunstwerke zu Gesicht bekommen, von denen man mir erklärt hat, sie seien ureigene Kunst des Volks. Allerdings habe ich keine Gemäldeausstellung gesehen, und soviel ich weiß, hat es auch keine gegeben, aber ich habe in den großen Dekorationsarbeiten, Deckengemälden und Mosaiken der riesigen, neuen öffentlichen Gebäude einen Vorgeschmack von der bildenden Kunst bekommen. Alle diese Werke sind von der gigantischen Respektabilität des Dritten Reiches durchdrungen. Die großen, nackten, flachen Figuren sind so achtbar wie nur möglich. Der achtbare, nackte junge Mann, eine Hand auf den Pflug oder ans Schwert gelegt und mit weit geöffneten blauen Augen – ihm zur Seite eine achtbare, schwergliedrige nackte Jungfrau mit hellem, frommem Gesicht, die sich einige Felder weiter zu der von allen geachteten üppigen, seligen jungen Mutter entwickelt hat, Milch und Honig fließen bei ihr. Es ist dies eine ständig wiederholte heroische Idylle. So sieht sich das Volk nicht. Ich glaube fast, daß es sich im Herzen ein wenig schämt, wenn es dazu aufgefordert wird, sich in dem Portrait wiederzuerkennen – ob nun seiner selbst oder des Künstlers wegen, sei dahingestellt. Das ist das Volk mit den Augen der Mittelklasse gesehen, oder vielmehr, wie das Volk nach dem Wunsch und im Traum der Mittelklasse sein sollte; es gleicht dem Original nicht viel mehr als die Hirtenpoesie des achtzehnten Jahrhunderts, die eine empfindsame und geistreiche Idylle war, das Bild und der Traum vom Volk in den Augen einer aristokratischen Kultur. Weder das Heroische noch die Idylle liegt der breiten Masse. Ich glaube, daß die ureigene Kunst des Volkes die Satire ist oder werden wird, eine Art tragische Satire, die die ganze Erbärmlichkeit und das ganze Grauen des Lebens in ihren Bereich einbezieht und dazu fromm und spitz lacht. Die meiste Negerkunst, die ich gesehen habe, war eine solche tragische Satire, wie die Märchen »Der große Klaus und der kleine Klaus« und »Der Schweinehirt«* und »Old Tom of Bedlam's Song«*. – Das Volk mag keine Übertreibungen, weder Heldenepen noch Karikaturen, es ist leise, selbst in seinen Leidenschaften. Es untertreibt, falls man das Wort benutzen kann, absichtlich und sagt über die Menschen, denen es höchstes Lob spenden will, daß sie »nicht ohne sind« – wörtlich genommen jedoch eine mäßige Anerkennung.

Um zu sehen, worüber das Volk in Berlin lacht, brachte ich Dr. Pagel dazu, mich in »Carows Lachbühne«* zu begleiten, die ein sehr einfaches Varietétheater ist, in dem man Wein und Bier trinkt, und das war amüsant. Carow, dem das Etablissement wohl gehört und von dem man mir erzählte, daß er ein paarmal im Gefängnis war, weil er seinen Spaß zu weit trieb, hatte das Stück selbst geschrieben und spielte auch die Hauptrolle. Es hieß »Paragraphenfimmel« und war eine moderne Version des Sancho-Pansa-Gerichts* auf der Insel. Es waren derbe Späße, aber keine flachen, wie sie die Bourgeoisie macht, in den Betrachtungen des Volks über das Gesetz und dessen Handhabung war Tiefe. Das Publikum war lustig, fühlte sich wie zu Hause und brachte dem Autor und Schauspieler ein höchstes Maß an Wohlwollen entgegen, weil es durch ihn von viel aufgestautem Kummer befreit wurde.

Im »Deutschen Theater«* wurde »König Lear« gegeben, und ich freute mich darauf, Shakespeare in Deutschland sehen zu können. Zuletzt sah ich »König Lear« in London – und gerade an dem Tag, als ich in die Aufführung ging, bekam ich einen aus Dänemark nachgesandten Brief von John Gielgud*, der letzten Sommer auf Schloß Kronborg Hamlet spielte und der mir viel große Bühnenkunst, auch Shakespeare, versprach, wenn ich nach England komme. Zur Zeit wird aber in London kein Schiller gespielt.

Vor einhundertundfünfzig Jahren sah Jens Baggesen* auf seiner Reise »König Lear« in Hamburg. – »Mein Entzücken war so groß«, schreibt er darüber, »daß ich nicht glaube, es hätte weder höher steigen noch länger dauern können, ohne nachzulassen.« Er lobt Schröder, einen Schauspieler, der den König spielte, in den höchsten Tönen, fügt aber hinzu: »Eine besondere Hauptquelle des mächtigen Wollustromans, der mich mit sich riß, war die Harmonie des Ganzen, die – unserem eigenen Theater noch ganz fehlende – Verbindung der dramatischen Teile zu einem dramatischen Ganzen.«

Baggesen hat Shakespeare vermutlich zum ersten Male in Deutschland auf der Bühne gesehen, unsere früheste dänische Übersetzung, von Foersom*, erschien erst zwanzig Jahre später. Es ist Deutschlands Ehre, als erstes aller Länder außerhalb seines eigenen Landes Shakespeare aufgeführt und geliebt zu haben.

So gut wie 1789 wurde »König Lear« dieses Mal* in Deutschland nicht gespielt. Die Vorstellung war zwar groß gedacht, aber in vielerlei Hinsicht merkwürdig gesucht. Es gab ein paar herrliche Prospekte zu den Heideszenen, aber sonst waren Dekorationen und Kostüme manchmal so verwunderlich, daß sie die Aufmerksamkeit von den Schauspielern ablenkten. Ich habe »König Lear« nie anders aufgeführt gesehen als im Mantel oder in einem Gewand, dessen Faltenwurf seine großen Gesten begleitete und beflügelte. Hier hatte Balser als der König weiße Kniehosen und einen langen, zugeknöpften weißen Rock mit Schößen an, wie man sie von den norwegischen Bauerntrachten kennt – es muß sehr schwer sein, die Rolle in dem Kostüm zu spielen. Balser spielte König Lear als eine Art großen humanen Philosophen mitten in einer brutalen und verstörten Welt, man verstand um so weniger, daß er so lange den Glauben an ihren Wert hatte behalten können, und auch nicht, daß er sich jetzt von ihrer Würdelosigkeit zu Boden werfen ließ. Bruno Hübner spielte den Narren als einen uralten Mann – übrigens höchst eigentümlich, in seiner Maske körperlos –, das aber war ein verstimmender Einfall. Es gab zu viele alte Männer auf der Bühne, und am Hofe König Lears herrschte eine senile Atmosphäre, es wurde eine Tragödie, nicht über das Menschenleben, sondern über das Alter. In London habe ich den Narren als Sechzehn- bis Siebzehnjährigen gespielt gesehen, und in dem Verhältnis des genialen, verstörten Jungen zu dem gewaltigen alten Mann, der in den Wahnsinn getrieben wird, entspann sich ein großes phantasiebewegtes Spiel, auch in seiner merkwürdigen, hellsichtigen und bitteren Hingabe bis in den Tod. Der junge Narr besaß eine verruchte, tragische Anmut, er war ein *enfant terrible*, dessen Narrenfreiheit sich bis zu den Höhen und Abgründen des Daseins erstreckte. Aber im Munde des alten Narren klangen die wilden Sprüche und Liedbrocken sowohl makaber als auch erbärmlich, als ob er kindisch würde. Draußen in der Hütte auf der Heide starb dieser berlinische Narr nach dem Satz: »Und ich will am Mittag zu Bett gehen.«* – Das konnte niemanden überraschen, da er von Anfang an aussah, als wäre er schon mit einem Bein im Grabe. Viele Shakespearekenner meinen auch, daß der Narr hier, nachdem ihm in der Nacht übel mitgespielt worden war, gebrochen den eigenen nahen Tod prophezeit, und man sieht ihn ja auch nicht wieder auf der Bühne. Sein realer tödlicher Abgang in diesem Augenblick ist aber eine falsche Klimax, welche die Handlung zersplittert. Edgar hob ihn auf und stellte seinen Tod fest, aber sowohl er wie die anderen Personen auf der Bühne nahmen dies im folgenden mit geringer menschlicher Anteilnahme hin, und sie konnten schlecht anders, denn sie hatten keinen Text für diesen Anlaß.

Aber Edgar selbst, der legitime Sohn Glosters, wurde von Albin Skoda herrlich gespielt, er war glänzend. Die Aufführung erreichte ein höheres Niveau, wenn er auf der Bühne war. In Maske und Wesen war er übertrieben veredelt, flimmernd, wie aus Luft, so daß es als Schwäche und Degeneration aufgefaßt werden konnte, und vom robusten und blutreichen Bastard Edmund wurde es auch so aufgefaßt. Er war gegenüber Edmunds Ränken idiotisch gutgläubig, weil Lüge ihm selbst unendlich fern lag. Aber dieser ätherische Jüngling, auf seine Art ein religiöser Mystiker, bewies vor allen anderen in der Tragödie gesunden Menschenverstand, ja er war bei so gesundem Verstande, daß er, nachdem er den beschwingt verrückten »armen Thomas« gespielt hatte, zurückkehrte und völlig unbeirrt, sich selbst gleich, mit Albany ein Gespräch über die Staatsgeschäfte anfing. Edgar hatte weniger Herz als die anderen edlen Charaktere des Schauspiels, er war eher spontan hilfsbereit als eigentlich mitfühlend gegenüber seinem geblendeten Vater und dem unglücklichen König. Ihm fehlte insbesondere die gewaltige moralische Indignation, die das Schicksal der anderen bestimmt. Dadurch wurde er in gewisser Weise die zentrale Figur der Tragödie, als spräche aus ihm die Stimme des Dichters: alle Dinge kamen ihm zugute, wie sie gerade kamen, und alles war ihm gewissermaßen gleich gut, so wie es Shakespeare selbst erschienen sein muß. Das Unglück und das Unrecht, das er erlebte, gaben ihm viel mehr Stoff zur Betrachtung als zur Klage. Seine Verfeinerung war im höchsten Grade vital, mit dem *fond gaillard*, von dem Mirabeau meinte, er sei das wahre Kennzeichen des Edelmannes. Als Edgar schließlich Edmund zur Strecke brachte und ihm noch dazu einen kurzen Sermon über das Prinzip der Vergeltung hielt – wieder so wenig gefühlsbestimmt in der Erwähnung ihres toten Vaters, daß man wünschte, er hätte ihn unterlassen –, da war es nicht nur der Sieg des Guten über die Bosheit und der Legitimität über die Kanaille, sondern es war der Geist, der sich gegenüber dem Stoff behauptete.

Gleichzeitig mit der Aufführung von »König Lear« im Deutschen Theater wurden Bernard Shaw, Musset und Ibsen in Berlin gespielt. Wie es scheint, gibt es in den klassischen Werken nichts, was das Dritte Reich glaubt fürchten zu müssen. Die Deutschen eignen sich jedoch die klassische Kunst des Auslands auf ihre Weise an, in Großmachtmanier, und dem Fremden aus einer kleinen Nation, der zuhört, während sie darüber reden, kann dabei schon etwas beklommen zu Mute werden. Shakespeare, sagen sie, ist kraft seiner gewaltigen Menschlichkeit in Wirklichkeit Germane, Shaw ist in seinem klaren Gespür für Probleme Germane, Ibsen ist in seiner Wahrheitssuche und in seinem bitteren Idealismus Germane. Und die eifrige deutsche Gastfreundschaft vereinnahmt nicht allein die klassische dramatische Kunst auf diese Weise, sondern Kunst und Taten der ganzen Geschichte. – Hans Christian Andersen wird hereingebeten, durch sein Gemüt ist er ja deutsch, Søren Kierkegaard ist es durch seine Tiefe, Rembrandt ist deutsch in seinem künstlerischen Ernst, und Michelangelo ist allein schon durch sein Format Germane. Das ist ein Glaube, der Berge versetzen kann, und man blickt sich erschrocken um – wieviel soll hier unter diesem Erdrutsch begraben werden? – Seht her! Deutschland führt einen Feldzug wie Alexander der Große – möge es der Welt beweisen, daß Alexander und die alten Griechen im Geiste und in Wahrheit Deutsche waren.

»Ob die Geschichte von Ludwig XIV. und Tamburini zu bekannt ist, als daß ich sie Ihnen erzählen dürfte?« fragte ich. »Im Jahre 1663, als der König fündundzwanzig Jahre alt war, kam ein italienischer Ballettänzer namens Tamburini nach Paris. Er erregte durch seinen Tanz und durch seine göttlich schöne Gestalt Aufsehen, aber ganz besonders dadurch, daß sein Gesicht dem König Ludwigs, mit dem er genau gleichaltrig war, so glich wie ein Wassertropfen dem anderen. Der ganze Hof wollte Tamburini sehen, und mit der Zeit erfuhr auch der König von ihm. Dieser fand die Situation pikant, ließ nach dem Italiener schicken und ließ ihn tanzen. – ›Sehen Sie, Sire‹, sprach der hohe und alte Hofbeamte, der hinter dem Sessel des Königs stand, ›hier sehen wir also leibhaftig vor uns, wie es gewesen wäre, wenn Ihre Zeit Ihnen gestattet hätte, die Kunst des Balletts zu pflegen.‹ – Der König ließ sich gnädig zu einem Gespräch mit dem Balletttänzer herab und erfuhr, daß dessen Mutter seinerzeit eine der anmutigsten Tänzerinnen Italiens gewesen war. – ›Nun sage Er mir, mein Freund‹, sprach er mit einem kleinen Lächeln, ›gewann Seine schöne Mutter nicht auch in meinem Frankreich Lorbeeren? Ich habe mir erzählen lassen, daß sie im Jahre 1637 hier in Paris Erfolg hatte.‹ – ›Ach, arme Mama‹, versetzte Tamburini, über den Beifall und die Herablassung des Königs entzückt, ›sie war nur eine Provinztänzerin und hat Italien nie verlassen. Nein, diejenigen, die Ihrer Majestät dies erzählten, waren falsch unterrichtet. Wer im Jahre 1637 die Ehre hatte, hier in Paris Beifall zu finden, das war mein Papa.‹ «

Im Staatstheater* sah ich das Stück »Dantons Tod«, das vor

hundert Jahren von Georg Büchner geschrieben wurde. Hiesige
Literaturkenner erheben gegen das Drama den Einwand, daß es
gar keines ist, sondern eine lange Reihe von Dialogen und Monologen. Das ist auch wahr, warum aber sollte es nicht so sein,
wenn es auf diese Weise so stark wirken kann? Es wird hier
prächtig gespielt, und es war von Gründgens prächtig inszeniert
worden, der mir als Schauspieler unbekannt ist, der aber auf jeden Fall ein vorzüglicher Regisseur ist. Das ganze Schauspiel war
malerisch in dunklen Farben konzipiert, Schwarzbraun und
Schwarz, so daß man nachher die Szenen als eine Sammlung großer alter Mezzotinti, die hier und da mit einer einzelnen grellen
Farbe versetzt waren, in Erinnerung hatte.

Es ist sonderbar, in Revolutionszeiten im Theater die Französische, die klassische und ewige Revolution zu sehen. Man war
hier der Meinung, es sei kühn, ein Stück aufzuführen, in dem die
Marseillaise gesungen wurde. Ich fand, daß es andere Dinge in
dem Drama gab, die zu spielen es noch größerer Kühnheit bedurfte, zu einer Zeit, in der politische Ideen als Religion verkündet werden. Als Büchner 1835 das Stück schrieb, war er von der
Französischen Revolution besessen und sagt selbst darüber: »Ich
fühlte mich wie vernichtet unter dem gräßlichen Fatalismus der
Geschichte. Ich gewöhne meine Augen ans Blut. Der einzelne nur
Schaum auf der Welle, die Größe ein bloßer Zufall, die Herrschaft des Genies ein Puppenspiel!«* Dem dramatischen Effekt
zuliebe hat er sich bei den einzelnen historischen Personen einige
Freiheiten herausgenommen, aber die vulkanische Atmosphäre
der Revolution selbst, mit tosenden Erdrutschen, mit der Unbeständigkeit der Systeme und dem entsetzlichen Wankelmut der
Massen, mit der Unbeständigkeit des Glücks – all das ist uns in
der langen Reihe von Monologen und Dialogen, die »Dantons
Tod« bilden, mit großem Ernst und großer Genauigkeit vermittelt. Ich habe früher die Französische Revolution studiert, aber
man vergißt so schnell. Jetzt, beim Wiedersehen mit St. Just, Ca-
mille Desmoulins und Fouquier-Tinville, wurden mir die Zeit
und ihre Menschen so lebendig, daß ich später einige deutsche
Bücher über die Revolution gekauft und hier gelesen habe.

In der Geschichte ist es doch stets das Menschliche, das die

Möglichkeit des ewigen Lebens in sich birgt. Von dem klassischen Revolutionstriumvirat Robespierre, Danton und Marat kann man jetzt nur über Danton eine Tragödie schreiben.

Von Robespierre durfte man ja glauben, er sei ein Gott oder ein Übermensch, insoweit als er auf jeden Fall kein Mensch war, sondern alles Menschliche ihm fremd war. Der Asket, der in seinem Wandel Unangreifbare, mit dem Blut seiner Freunde an den Händen, in denen er einen Strauß Feldblumen hielt, hat ein für allemal gesagt, was er zu sagen hatte, und die Phantasie sucht ihn nicht mehr. Grundtvig hat in Versen über ihn zu schreiben versucht:

> »Als Blutegel leider nur
> war Robespierre kolossalisch.«*

Es ist, als ob die Figur einen Sprung hat und sich einer solchen Behandlung entschieden widersetzt. Im historischen Bewußtsein erscheint er als ein Zweidimensionaler, aus Papier Geschnittener, ein Unglücklicher. Er wurde einst verehrt und war unbegrenzt mächtig, wir können es uns nicht erklären, und wir verlangen auch keine Erklärung, es entsetzt uns auch nicht mehr. Das Entsetzen, das Robespierre einflößt, ist der *Horror vacui*.

Und Marat, an der anderen Seite Dantons, ist im Laufe der Zeit pechschwarz geworden. Nicht so sehr das, was man dämonisch nennt, als vielmehr der leibhaftige Satan, ein Kobold aus der Schachtel. Keine Körperkraft, aber eine große Schnauze, unverwechselbar und unfehlbar, wenn er schreit. Die Zeit hat Marat unrecht getan. Er war vermutlich der originellste Geist der Revolution, und bevor er vom Revolutionsfieber und von Krankheit ausgebrannt war, hatte er Leben und Kraft in sich. Er hat einen merkwürdigen, fremdartigen Kopf, wie aus dem Bild eines alten spanischen Meisters, und das ist ja immerhin etwas, wenn ein Mann so aussieht, als wäre er von einem großen Künstler gemalt. Er besaß mehr Weitsicht als irgendein Zeitgenosse. Er war die einzige Poletarier-Mentalität unter all diesen Männern des Dritten Standes, der alles sein sollte — warum, habe ich jedoch nie gehört —, er war ein Lügner, aber keinesfalls ein Heuchler, und die Not des Volkes lag ihm am Herzen. Aber dieser Mensch, Marat, gestattete sich selbst keine Menschlichkeit, er wollte nicht essen und nicht schlafen und niemandem trauen, er identifizierte sich mit einer fürchterlichen Zeitung und wurde *l'ami du peuple*. – Marat hatte, historisch gesehen, das Glück, an seiner Seite Charlotte Corday zu haben, die sich auch keine Menschlichkeit erlaubte, sondern wie er ein bis in den Tod durchgeführtes Programm verkörperte – die strenge weiße Lilie, gegen die Giftpflanze gelehnt. Über die beiden könnte man wohl ein Epos dichten. In den letzten hundert Jahren ist Marat aber zu sehr zu einem Gespenst geworden, um in einem Kunstwerk die Hauptfigur abgeben oder im Rampenlicht erscheinen zu können.

Doch von Danton können wir, wie ich neulich abend sah, noch glauben, daß er lieben, sich freuen und leiden konnte; nach allen Richtungen hin füllt er die Bildfläche aus, er atmet aus großen Lungen, und er ist nicht nur vom Blute anderer gezeichnet, sondern in ihm pocht sein eigenes Blut mit gewaltigen Pulsschlägen. Man sieht ihn auf der Bühne des deutschen Theaters unter Freunden bei Tisch und Wein, im Bett mit seiner jungen Frau und schließlich auf der Guillotine selbst. Der große, grobe, schwache, tapfere Mann ist uns nahe, wenn er scherzt, rast und verzweifelt, er und wir sind einem gemeinsamen Schicksal unterworfen. – »Meine Wohnung«, sagte er vor dem Revolutionstribunal –, »ist bald im Nichts.« Dantons Leben hat aber immerhin zur Folge gehabt, daß Menschen mehr als hundert Jahre später beim Anblick von »Dantons Tod« ergriffen werden, hoffen und trauern können.

Gestern hörte ich in der Philharmonie Furtwängler ein Beethovenkonzert dirigieren, so schön, wie man es sich nur vorstellen kann. Der Doktor aus dem Propagandaministerium, der mein Begleiter war, sagte mir: »Die Fünfte Symphonie ist der wahre, der höchste Ausdruck der deutschen Seele.« Ich hörte daraufhin die Symphonie anders als je zuvor.

»So klopft das Schicksal an die Tür«, sagte Beethoven. Wir wissen nicht, ob es eine Verheißung oder eine Drohung ist. Berlioz nannte den vierten Satz: »Bocksprünge von Elephanten«.

Schumann aber, der als Kind die Fünfte Symphonie hörte, flüsterte während der ersten Takte des Finales: »Mir wird so angst.« Und das Finale steigt, strömt über vor Kraft und Reichtum, hat unendliche Ressourcen, spannt seine Leidenschaft bis an deren äußerste Grenze. »Sieg! Sieg!« ruft es, »endlich!« Einige Abende vorher hatte ich in der Großen Oper »Die Zauberflöte« in einer ganz bezaubernden, ganz vollkommenen Aufführung gehört, und in einem Schneesturm auf dem Heimweg »Unter den Linden« war ich so von Glück erfüllt, daß es in einem Vers aus »Gösta Berlings Saga«* Ausdruck finden mußte:

> »Du, den ich so liebe, als hättest Du mich das
> Fliegen mit Flügeln im Raum der Luft gelehrt.«

Die Fünfte Symphonie gab mir gestern abend keine Flügel. Nach meinem bald einmonatigen Aufenthalt im Dritten Reich vermischte sie sich in meinen Ohren mit einem Widerhall von Gesprächen über den Willen und Gottes Gnade. Sie wurde für mich mehr übermenschlich als göttlich. Die Seligkeit, die sie verkündet, ist kein Freudenquell, sie hat hohes Pathos und ist ein erreichtes Ziel, in ihrem Wesen ist sie der Triumph, der an sich Leiden und Kampf voraussetzt. Während der Aufführung verstand ich einen Augenblick lang das Kind Schumann und dachte darüber nach, warum wohl die Gegenwart des Übermenschen einen dort zu zermalmen scheint, wo die des Göttlichen einen erhebt – und darüber, ob ich wohl wirklich bis Haydn zurückgehen mußte, um mich im Dritten Reich musikalisch völlig geborgen zu fühlen! So klopft das Schicksal an die Tür. Wir wissen nicht, ob es Verheißung oder Drohung bedeutet –, und vielleicht gibt es im Wörterbuch des Schicksals keinen Unterschied zwischen diesen beiden.

Da nun mein Führer in Berlin die Fünfte Symphonie zum wahren und höchsten künstlerischen Ausdruck der Seele Deutschlands erklärt hatte, fing ich an zu überlegen, ob man wohl in der Kunst der anderen großen Völker ein einzelnes Werk finden könnte, das in derselben Weise das Gemüt und das Wesen der Nation symbolisieren und vertreten könnte.

Man kann nicht erwarten, daß die Seele Englands in Musik ausgedrückt wird, es ist eine unmusikalische Nation, die ihre großen Segel in anderen Gewässern setzt. Shakespeares »Heinrich der Vierte« erscheint dann mächtig, mit Waldhörnern und Geigen, Flöten und Trommeln in einem größeren Orchester, als man es in irgendeinem Lande zu Shakespeares Zeit musikalisch kannte. Vielleicht könnten sich die meisten darauf einigen, daß dieses Drama poetisch erklärt, was wir meinen, wenn wir »England« sagen. – Vielleicht kann das auch »Ein Sommernachtstraum« erklären, nicht so, wie die Komödie uns in Erinnerung ist – mit Mendelssohns Musik, die sie halb zum Ballett macht – sondern so, wie wir sie aus Shakespeares eigener Hand bekommen, und indem wir uns darüber wundern, daß hohe, poetische Ordnung aus dem Spiel mit allen Welten und ihrer Vermischung entstehen kann und beispiellose, bezaubernde Poesie aus freimütiger Geringschätzung der teuersten Regalien der Poesie: der Treue der Liebenden und der Liebe selbst.

Für Frankreich aber kann ich kein einzelnes künstlerisches Symbol finden. Ich müßte eine Konstellation suchen, und die letzte, auf die ich kam, waren Renoirs Bilder und der Dom von Chartres. Aber auch diese war nicht, wie sie sein sollte, und meine Leser müssen es selbst versuchen, eine vollkommenere Lösung zu finden.

Wenn ich einmal in vielen Jahren auf diesen letzten Winter zurückblicken werde, dann glaube ich, daß es nicht der große Krieg sein wird, der ihn mir besonders auszeichnet, und auch nicht die Eiszeit, die auch in Dänemark das Leben ins frühe Mittelalter zurückversetzte, sondern es wird die merkwürdige Stellung der Planeten am Westhimmel sein, die einzigartige Konstellation der Gestirne, die Abend für Abend den Betrachter überraschte und fast entsetzte. Am Anfang dieses Winters habe ich sie über dem Dach von Rungstedlund gesehen, wenn ich nach Hause kam und vom Strandvejen abbog. Und hier in Berlin habe ich die Augen erhoben zu der Stelle, an der diese Gestirne standen, funkelnd, hoch über der Siegessäule. In Wirklichkeit war sie das merkwürdigste Ereignis des Winters, und in einigen hundert Jahren, wenn niemand mehr weiß, wieviel Kampfwagen und Kavallerie östlich oder westlich der Fronten standen, dann werden Weise aus dem Morgen- oder Abendland ihrer gedenken und über sie Aufzeichnungen machen.

Hier waren also die Götter zusammengekommen, um über die Geschicke der Menschen zu beraten, mit klarem Blick, schweigend, blickten die Seligen auf die Erde.

Am höchsten und am südlichsten, wuchtig, obgleich dem bloßen Auge unsichtbar, stand der Uranus, der Gemahl der Erde, wie auf dem Sprung und fluchtbereit, und unter dem Uranus wartete der Mars unruhig mit finsterrötlichem Glanz. Am tiefsten am westlichen Horizont blitzte der Merkur, der anderweitig so beschäftigt ist und mit den übrigen Göttern so wenig verkehrt, daß es die Anwesenheit dieses kleinen Planeten bei der Konstellation war, die sie zu einem Ereignis in der Geschichte der Himmel machte. Über dem Merkur saß, majestätisch, der Jupiter selbst, der Wolkensammler Zeus, der ruhmwürdige, hohe. Aber in der Sterne Mitte, klar wie ein Diamant am Himmel, strahlte die Venus, die ewige, die Erneuerin des Lebens.

Meine eingeborenen mohammedanischen Leute zeigten auf die Venus, wenn wir nachts auf Reisen waren, und erzählten mir, daß der Prophet für jeden Planeten ein Wort, ein Adjektiv hatte, das eine der Eigenschaften Allahs bezeichnet. – »Dieser Stern«, sagten sie, »der sagt: allmächtig.« –

> »What chariots, what horses,
> against us can bide,
> when the stars in their courses
> do fight on our side?«[*]

Übersetzt von Hans Christian Hjort

Wiedersehen mit England

Es ist ein merkwürdiges, unfaßbares und beunruhigendes Erlebnis, aufgefordert zu werden, über die B.B.C. von England aus einen Gruß nach Dänemark zu schicken. Als mir das gestern selbst widerfuhr, dachte ich: »Das kann ich nicht.«

Ich habe fünf Jahre lang die Stimme der B.B.C. im Äther gesucht, auf sie gewartet und gelauscht – aber sie selbst zum Sprechen benutzen...? Das ist, als ob man gebeten würde, nur ein einziges Mal die Posaune des Letzten Gerichts an den Mund zu setzen. Aber sie versichern mir hier in London überaus freundlich, daß man das sehr wohl kann, und ich nehme sie nun beim Wort.

Eine andere Frage stellt sich: Welcher Gruß ist es denn wert, durch die B.B.C. von England nach Dänemark geschickt zu werden?

In den dreißiger Jahren bin ich jeden Sommer mehrere Monate in England gewesen, und jetzt sind es acht Jahre her, seit ich das letzte Mal hier war.

Ich bin vorgestern von Kopenhagen nach London geflogen, bei vollkommen ruhigem Wetter, durch ein überirdisches Spiel von blauen und violetten Farben hindurch, unter mir eine Alpenlandschaft aus weißen Wolken. Die Maschine flog so stetig, als ob wir in der Luft eine Landstraße entlangwanderten.

Schon früher, in Afrika, habe ich das Fliegen so erlebt, und ich habe gedacht: »Ja, dieses ist wirklich eine Landstraße in der Luft. Diesen Weg ist der Vogel Rok*, der grausige, von Afrika nach Arabien zurückgeflogen mit einem Elefanten in jeder Kralle!« Jetzt dachte ich das gleiche: »Wir folgen heute einer viel befahrenen Straße der Luft. Diesen Weg sind sie fünf Jahre lang von England zum Festland geflogen, der eine starke Vogel im Kielwasser des anderen mit einem Elefanten in jeder Kralle. Sie kamen wie das Streitroß im Buch Hiob*, von dem gesagt wird: ›Es spottet der Furcht... auf ihm klirrt der Köcher... mit Donnern und Tosen fliegt es über die Erde dahin!‹«

Und auf einmal teilten sich die Wolken, und weit unter uns lag ein grünes Land: England. Es war noch da.

Ich reiste in Begleitung meines Bruders, der im ersten großen Krieg als einfacher Soldat im englischen Heer gedient hat. Ich wandte mich nach ihm um und sagte: »Das ist England!« Als ich sein Gesicht sah, mußte ich lachen, und ich wollte ihn gerade fragen: »Wie siehst du denn aus?«, als er im gleichen Augenblick mich ansah, lachte und sagte: »Wie siehst du denn aus?«

Während wir weiter über die Landschaft hinflogen und die großen Baumgruppen, die Kirchtürme und Häuser unter uns betrachteten, fragte ich ihn: »Was sagt England nun beim Wiedersehen zu dir? Was symbolisiert es?« Er überlegte und antwortete dann: »Selbstbeherrschung.« Wenn ich selber ein einzelnes Wort heraussuchen sollte für das, was England in meinen Augen symbolisiert und bedeutet, dann wäre es das Wort »Freiheit«. Nicht gerade im politischen Sinne, aber die Freiheit, Mensch zu sein, überall im Leben freies Spiel und Freiraum zu haben. – Bewegungsfreiheit, auch dort, wo strenge Gesetze und Regeln eingehalten werden müssen. Würde ich jetzt, beim Wiedersehen, diesen Zustand verändert finden?

Wir haben alle von den Ruinen in London gelesen und gehört, ich will sie hier nicht beschreiben. Die Schäden sind weit größer, als ich geglaubt habe. Am ersten Abend, als ich in London war, fuhren mich meine Gastgeber quer durch das Viertel um St. Paul, und es war entsetzlich, die Zerstörungen mit eigenen Augen zu sehen. Aber über den Ruinen stand die St. Paul's Kathedrale ebenso ruhig da wie eh und je.

Aldous Huxley* sagt über den Baumeister von St. Paul, Sir Christopher Wren:

»But Wren's most characteristic quality is a quality rather moral than aesthetic. Everything that he did was the work of a gentleman, that is the secret of his character. For Wren was a great gentleman: one who valued dignity and restraint, and who, respecting himself, respected also humanity, one who despised meanness and oddity as much as vulgar ostentation, one who admired reason and order, and distrusted extravagance and excess. A gentleman, – the finished product of an old and ordered civilization.«

Der große Gentleman St. Paul sprach zu mir und sagte: »Dignity.« Es ist für St. Paul sicher leichter gewesen, so vollendet würdig oberhalb einer reichen und blühenden Stadt dazustehen. Aber man kann auf die gleiche Weise auch Ruinen überragen.

Ich habe in diesen Tagen Londons Geschichte als ein zusammengehöriges Ganzes erlebt – die Geschichte einer »old and ordered civilization«. Ich stand nicht in einer einzelnen, isolierten Periode des Unheils und der Vernichtung, ich bewegte mich frei in der ganzen Lebenszeit Englands. Die Wikinger kamen einst über das Meer und verwüsteten die Küsten, so entstand England. Die normannischen Eroberer kamen ein Jahrhundert später, um sich das Land zu unterwerfen, aber das Land nahm die Eroberer in sich auf, so daß sie eins mit ihm wurden, so entstand England. Die Stadt, in deren Straßen ich umhergehe, hat sich unter der Hand der Pest gewunden, und das Feuer ist durch seine Straßen gerast, schon vor dem heutigen Tag hat es hier Ruinen gegeben. So ist London entstanden.

Angesichts der beeindruckenden Nähe der Zeitalter, der Einheit von Vorzeit und Zukunft, fiel mir eine alte nordische Lebensregel ein: Wenn ein wirklich gefährliches wildes Tier sich naht und die gewohnten Waffen nicht ausreichen, dann soll man Kugeln aus dem Erbsilber gießen, das heißt: aus dem Silber, das vom Vater auf den Sohn und den Enkel weitervererbt worden ist. Hier waren gefährliche wilde Tiere, und es streifen noch immer einige umher. Es wird Zeit, daß wir an unsere Truhen gehen und nachsehen, was uns vom Erbsilber noch geblieben ist. Wie vielfältig ist nicht der Reichtum an Erbsilber von Jahrhunderten in dem London, dessen geschwärzte Ruinen sich vor dem Himmel abzeichnen. Seine einfachen Leute, die nur wenige Cents in der Tasche haben, tragen es bei sich, überall spürt man den weitreichenden, harmonischen Zusammenhang, wie er einmal in einer Grabschrift für Dänen beschrieben worden ist, die im Kampf gegen gerade diese, unsere Nachbarn gefallen sind: »Deshalb sollen sie in der dahineilenden Zeit würdige Söhne der Väter genannt werden.«*

Ich bin jetzt, nach dem Kriege, zu Besuch beim Sieger. Aber der Triumph ist so teuer erkauft, so sehr spürt man hier drüben, wie Welle auf Welle an Grauen und Todesgefahr über das Land hinweggespült sind, daß alle Eindrücke schließlich in einer einzigen Verheißung münden: »Der Sieg gehört dem Mann, der aus der Niederlage Stärke zieht.«

Übersetzt von Sigrid Daub

H. C. Branner: »Der Reiter«*

> Als Allah das Pferd erschaffen hatte,
> sagte er zu ihm:
> »Deinesgleichen findet man nicht.
> Alle Schätze der Erde liegen
> zwischen deinen Augen.
> Meine Feinde wirst du zermalmen
> unter deinen Hufen,
> aber meine Freunde
> wirst du auf deinem Rücken tragen.
> Du wirst fliegen ohne Flügel
> und siegen ohne Schwert.«
>   Aus dem Koran.*

Selbst wenn man im Rahmen eines Gedankenexperimentes die große Bedeutung dieses Buches als Kunstwerk anzweifeln wollte, müßte man doch seine große kulturhistorische Bedeutung anerkennen.

Selbst wenn man im Rahmen eines Gedankenexperimentes bezweifeln wollte, daß der Autor es in vollem Ernst geschrieben hat, müßte man sich doch stets vor Augen halten, daß es des vollen Ernstes bedarf, über dieses Buch zu sprechen.

Die dänische Lesewelt von 1949 – und nicht, wie es gelegentlich anderen Büchern passiert, nur die Literaturkritik – nahm es gleich bei seinem Erscheinen an ihr Herz, war entsetzt über dieses Buch und von ihm hingerissen, fühlte sich von ihm emporgehoben und erbaut wie von einem Evangelium. In hundert Jahren

wird man eine grundlegende Aussage über das dänische Geistesleben unserer Zeit machen, wenn man sagt: »In ›Der Reiter‹
hat jene Generation den eigentlichen Ausdruck ihres Wesens gefunden.«

»Der Reiter« verlangt, mehr als einmal gelesen zu werden. Viele
Dinge in diesem Roman bedeuten mehr – bedeuten gelegentlich
etwas anderes – als es bei der ersten Begegnung den Anschein
hat. Das Buch ist voller Symbole. Der Leser, der diese Zeilen
schreibt, leitet jedenfalls sein Recht, sich zu äußern, aus häufig
wiederholter Lektüre ab.

Handlung und Personenliste des »Reiters« sind bereits von
verständnisvollen Kritikern referiert und besprochen worden.
Will man aber den Versuch unternehmen, die Idee oder die Bot-
schaft des Buches klarzulegen, muß man es notwendigerweise
noch einmal durchgehen und abhandeln.

Vier Menschen, als ausgesprochen moderne, besonders typische Kinder unserer Zeit gedacht mit ihrer nie enden wollenden
Selbstbetrachtung und ihrem schwachen oder gänzlich fehlen-
den Selbstbewußtsein oder Selbstvertrauen, sind, ehe der Roman
beginnt, gleichsam in einem dunklen Wald einem Kentauren*
begegnet und haben eine Zeitlang mit ihm zusammengelebt. Die
Begegnung ist für alle schicksalhaft gewesen, der Kentaur hat sie
nicht überlebt.

Das Buch handelt nun davon, wie diese vier Menschen nach
diesem Erlebnis jeder für sich und mit gegenseitiger Hilfe oder
gegen den Widerstand der anderen versuchen, in ihrem Dasein
wieder Boden unter den Füße und einen Ausweg zu finden, um
ihr Leben fortsetzen zu können oder überhaupt nur mit dem
Leben davonzukommen.

Man bezeichnet den Fortgang oder Verlauf eines Buches als
seine Handlung. Genau genommen muß man sagen, daß in diesem Buch sehr wenig gehandelt wird, seine Personen suchen ihre
Rettung nicht im Handeln. Es kommen zwei Vergewaltigungs-
und zwei Selbstmordversuche in dem Buch vor, aber es bleibt in
allen Fällen beim Versuch. Man könnte sich ja vorstellen, daß
auch ein Versuch ohne praktisches Resultat seine Wirkung ha-

ben und weiterführen könnte, in diesem Buch scheint das aber nicht der Fall zu sein.

Die Menschen des Buches reden dagegen viel miteinander. Die neunzehnmal in ihren Gesprächen wiederkehrende Aufforderung »Schweig!« erzielt niemals irgendeine Wirkung. Sie erheben sich mit blutigen Mündern vom Liebeskampf auf dem Teppich oder erwachen aus dem Schlaf, der eigentlich hätte ewig dauern sollen, und nehmen den Faden der Diskussion wieder auf, wo sie ihn verlassen hatten.

Sie reden über sich selbst, einige Male über einander und ständig über den Kentauren – den »Reiter«.

Ihre Dialoge – denn alle Gespräche in dem Roman sind Dialoge, seine Menschen werden immer zu zweit in Szene gesetzt, und der Raum umschließt nie eine Gruppe – werden in so hohem Maße von dem Toten beherrscht, daß der Leser sich fragt, wie sie wohl jemals vermocht haben, ohne ihn zu leben, ob sie nicht, wären sie sich selbst überlassen worden, trotz allem hätten verstummen müssen. Bei zweien von ihnen hat die letzte Begegnung mit ihm vor zehn oder zwanzig Jahren stattgefunden, und doch führen sie ständig seinen Namen im Munde, und sie reden nur von dem, was sie mit ihm erlebt haben. Was ihnen in der dazwischenliegenden Zeit begegnet sein muß, wird nur flüchtig oder gar nicht berührt. Und nur einer von ihnen spricht über den Teil seines Lebens, der vor der Begegnung mit dem Reiter liegt, zumindest scheint er sich daran zu erinnern.

In den vielen langen Gesprächen über ihn wird nur eine einzige Replik vom Reiter selbst wiedergegeben. Das geschieht auf den allerletzten Seiten des Buches. Den ganzen Roman hindurch wird von ihm berichtet: »Er sagte fast nie etwas« – »sie brachten keine Silbe aus ihm heraus« – »er sprach fast nie mit mir« – »mir ist fast, als habe er nie ein Wort gesagt«. Aber mehr als zwanzigmal erwähnt eine der Personen des Buches, daß »er lachte«. Und ein einziges Mal wird gesagt, er habe geweint.

In der letzten Stunde der Nacht jedoch – nachdem alle Lebenden gesprochen und sich gegenseitig zum Sprechen gezwungen haben – hören wir endlich einen Satz aus dem Munde des Reiters selbst. Und der stummen, nie in Erscheinung getretenen Figur, nach der der Roman benannt ist, wird soviel Gewicht beigemessen, daß diesem seinem Satz die Aufgabe zufällt, den Roman zusammenzufassen und zu beschließen. Auf diesen Tatbestand werde ich später zurückkommen.

Die vier noch lebenden Personen des »Reiters« sind zwei Frauen und zwei Männer. Susanne, die die Geliebte des Reiters war, ihre Freundin Michala, Herman, der die Reitschule des Reiters nach ihm übernommen hat, und Clemens, der Arzt, der zu Beginn des Buches Susannes Geliebter ist. Der Reiter heißt Hubert.

Susanne und Clemens sind, nach dem Reiter selbst, die beiden großen Figuren des Buches. Sie teilen es unter sich auf: der erste Teil gehört ihr, der zweite ihm. Einige Nebenfiguren werden eingeführt und wieder fallengelassen, nur um diesen beiden Relief zu verleihen. Michala und Herman müssen ohne Gefolge fertig werden.

Die gewaltigen Leidenschaften, die im Zusammensein mit dem Reiter die Personen des Buches erfüllt haben, sind jetzt nach seinem Tod bei ihnen allen umgewandelt und haben dazu geführt, eine Schuld bewußt werden zu lassen. Auf wem diese Schuld in Wirklichkeit ruht, ist unklar. Die gegen den Reiter selbst vorgebrachten Anklagen – wegen Betrügereien in der Schule oder wegen Vergewaltigung – werden alle zurückgezogen. Die Beschuldigungen, die die Figuren des Buches gegen einander oder sich selbst vorbringen, erweisen sich als unbegründet oder schwach motiviert. Auch was den Tod des Reiters anbetrifft, ist der Sachverhalt unklar. Herman sagt zu Susanne: »Ich habe Hubert getötet!« Und noch einmal: »Ich war es, der ihn tötete.« Und sie weist diese Behauptung mit Verachtung und Hohnlachen zurück. Clemens sagt zu Susanne: »Du hast Hubert getötet.« Und sie antwortet ihm zunächst: »In Wirklichkeit habe ich Hubert nicht getötet. Er tötete mich.« Aber einige Seiten weiter sagt sie zu ihm: »Er oder ich mußte sterben. Und da traf es ihn. Denn ich war der Stärkere.« Hinter allen Situationen des Buches steht die unabwendbare und erschreckende Überzeugung, daß Unrecht begangen worden ist.

Es gibt allerdings einen einzigen Punkt, in dem die vier Personen sich anscheinend einig sind. Sie hegen einen Groll gegen den Toten. Herman sagt: »Ich hasse Hubert.« Michala sagt: »Ich hasse ihn. Ich hasse ihn, obwohl er tot ist.« Clemens, dem der Haß als Gefühl an sich fernliegt, sagt: »Irgendwie haßte ich Hubert.« Und Susanne sagt: »Ich haßte ihn so sehr, daß ich bei ihm bleiben mußte.« Und später wieder: »Ich liebte es, ihn zu hassen.«

Und doch entnimmt der Leser der Erzählung, daß sie alle, während Hubert noch lebte, zu ihm gekommen sind – während er niemals zu ihnen gegangen ist –, sie sind ihm gefolgt und haben sich an ihn gehängt, als ob sie ihn geliebt hätten. Und ebenso erfährt man, daß sie ihn damals nicht betrogen haben.

Nach alledem stellt man sich das Verhältnis folgendermaßen vor: Der Kentaur hat in seinem Wesen die Natur des Menschen und des Tieres harmonisch miteinander vereint. Während er noch bei ihnen war, hat diese eigenartige Harmonie die vier Menschen über alle Maßen ergriffen, verzaubert und bewegt. Jetzt, nachdem er fort ist, erscheint sie ihnen unbegreiflich und unglaublich und – wie das mit dem Unbegreiflichen und Unglaublichen so oft geht – empörend und unerträglich. Einer von ihnen versucht, trotz allem, den Toten nachzuahmen und sich selbst zum Kentaur zu machen. Die anderen sehen sich gezwungen, eine verzweifelte Wahl zwischen den beiden Naturen zu treffen.

Das Buch selbst scheint die gleiche Wahl zum Ausdruck bringen zu wollen. In seinem ersten Teil kommt das Wort »Pferd« mehr als fünfzigmal vor, dort ist das Pferd gewaltig und schicksalsträchtig, mit den Worten des Romans »ebenso groß wie der Kirchturm und weit größer als die Häuser«. Im zweiten Teil wird das Wort »Mensch« von Mal zu Mal wiederholt.

Bei diesem Buch gilt wie bei allen Büchern, in denen die eigentlich entscheidenden Begebenheiten vor der ersten Seite liegen, daß vieles im Halbdunkel bleibt oder vom Verfasser absichtlich dort belassen wird, so daß der Leser sich in dem Bericht nur Schritt für Schritt zurechtfindet. Der unvoreingenommene Leser wird jedoch von der Anspannung einer solchen Wanderung mehr gefesselt als ermüdet.

Es ist über den »Reiter« gesagt worden, daß bei jedem Auftritt Huberts Schatten über jedem der Auftretenden läge. Man könnte ein entgegengesetztes Bild verwenden. In den Bergen kommt es vor, daß dem Wanderer der eigene Schatten begegnet oder aufrecht hinter ihm steht, in riesigem Format auf eine Nebelwand projiziert. So bewegen sich in diesem Buch Menschen von ganz gewöhnlichem Menschenformat auf der Bühne in der Nähe der Rampe. Aber weiter hinten stehen und bewegen sie sich vor dem Hintergrund des kentaurischen Wesens in übernatürlicher Vergrößerung.

Der Roman umfaßt achtzehn Stunden und ist in die Abschnitte »Morgen«, »Mittag«, »Nachmittag«, »Abend« und »Nacht« eingeteilt. Dem Plan des Verfassers entsprechend, sind die ersten Kapitel breit angelegt, sie lassen sich Zeit, nehmen Details der Umgebung und der Atmosphäre auf. Die letzten Kapitel sind sehr knapp gehalten, als ob nun alle Akten des Falles gesammelt seien und das endgültige Urteil kurz vor der Verkündung stünde.

Susanne ist die große weibliche Figur des Buches, seine Heldin. Der Inhalt ihres Tages wird uns gezeigt, und wir folgen ihr auf ihrer Wanderung durch die achtzehn Stunden. Zweimal wird die Linie dieser Wanderung unterbrochen, und ein Teil von Clemens' Tag eingefügt, um in gewisser Weise die Basis der Erzählung zu erweitern und ihr Balance zu verleihen. Im letzten, nur zehn Seiten langen Kapitel des Romans, »Nacht«, sind Susanne und Clemens beieinander.

Susanne hat von allen Personen des Buches dem Reiter am nächsten gestanden, sein Leben und sein Tod haben in ihr Leben am tiefsten eingegriffen. Für sie ist es unmöglich, nach seinem Tode Frieden zu finden, indem sie den Schwerpunkt ihrer Existenz anderswohin verlagert. Daß sie selbst sich diese Möglichkeit ausmalen kann – in welcher Form! – zeigt, wie grundlegend das Erlebte ihr Wesen gesprengt hat und wie nah sie dem völligen Verlorensein ist. Daß die anderen sich eine solche Möglichkeit für sie vorstellen können, muß zumindest verwunderlich erscheinen. Der Leser wird zwar nicht informiert, wieviel Zeit zu Beginn der Erzählung seit Huberts Tod vergangen ist. Er erfährt jedoch, daß Susanne seit Huberts Todestag in Clemens' Wohnung lebt – sie sagt zu Clemens: »Weißt du noch den Tag, als du damals heimkamst und mich hier fandest? Den Tag, an dem Hubert gestorben war?« – aber nicht, wie lange sie dort schon wohnt. Man hat jedoch den Eindruck, daß es sich nicht um Jahre handeln kann, kaum um Monate. Susanne betrachtet auf der ersten Seite des Buches von ihrem Bett aus die Möbel im Schlafzimmer – ihre eigenen »französischen Möbel, die waren zu leicht, sie wurden von Clemens' massiver Mahagonieinrichtung erdrückt« – und denkt: »Leicht und heimatlos und zufällig hierher verschlagen… nicht zum Bleiben gekommen.« Und den anderen Personen des Buches erscheint das Arrangement zwischen den beiden noch immer erstaunlich, sie haben sich keineswegs mit ihm abgefunden. Trotzdem hat Clemens vor, Susannes Geburtstag mit einem Ausflug aufs Land oder einem Essen in einem Restaurant zu feiern, und Susanne und Clemens sind in der Nacht, ehe das Buch beginnt, spät von einer großen Gesellschaft nach Hause gekommen. Man hätte, denkt der Leser, Susanne einige Zeit gegönnt, um für Hubert Schiwe zu sitzen.

Rastlos und unglücklich beginnt Susanne in dem Kapitel »Nachmittag« nach einigen verzweifelten und vergeblichen Versuchen, bei Clemens Frieden zu finden, ihre Wanderung. Sie verläßt die Wohnung, geht hinaus auf die Straße und sucht als ersten Herman auf.

Herman ist als Mensch erbärmlich, aber als Romanfigur ein kühner Entwurf, der an einige Figuren Gogols erinnert. Er ist die bis ins Phantastische gesteigerte Banalität, hier wie dort untrennbar mit einem Moment des leicht Makabren und Mitleiderweckenden verbunden.

Herman ist von Hubert besessen gewesen. »Wenn Hubert zu mir gesagt hätte, ich sollte mich unter die Pferde werfen und mich zertrampeln lassen – ich hätte es getan!« Er kann auch jetzt noch nicht von ihm lassen, er hat Huberts Pferde und seine Reitschule übernommen, er wohnt in Huberts Zimmern. Herman will das Erbe Huberts übernehmen, sich in sein Ebenbild verwandeln und selbst Kentaur werden.

Der Leser des Buches sieht von Anfang an, daß Hermans ehrgeiziges Bemühen hoffnungslos vergeblich ist, der Traum eines Verstörten oder der pure Irrsinn. Hermans menschliches Format ist so dürftig, daß es überhaupt nicht mit etwas Handfesterem als einem Steckenpferd in Verbindung gebracht werden kann, wenn nicht alle Proportionen verlorengehen sollen. Und diese schwache menschliche Persönlichkeit haßt, ja fürchtet sogar, das Tier, mit dessen Natur sie eins zu werden begehrt. »Ich hasse die Pferde«, sagt er. Herman hat überhaupt kein Verhältnis zu den Pferden, die für ihn in Wirklichkeit noch immer Hubert gehören. Wenn es denn eine Begründung für sein Zusammenleben mit ihnen gibt, dann ist sie nur in einer fixen Idee zu sehen: der Furcht. »Stell dir vor, wie groß ein Pferd ist, wie stark«, sagt Herman zu Susanne. »Was könnte ein Mensch anfangen, wenn es sich seiner Stärke bewußt wäre? Deshalb darf es keinen Augenblick seine Angst vergessen.« Und im Laufe der Beschreibung seiner eigenen Arbeit mit den Pferden spricht er sogar von »der Lebensgefahr«, in der er sich befunden habe. Später sagt er: »Hubert war ganz einfach zu wenig ängstlich. Das war sein Fehler als Reiter, und das wurde sein Tod. Ich aber weiß, daß alles Mögliche geschehen kann... in jeder Sekunde. Das zerreißt mir noch die Nerven!« Wieder einmal sind hier die Erscheinungen vor dem Hintergrund des Mythos vergrößert. Diese gewaltigen, lebensgefährlichen Pferde, die einen Menschen zertrampeln, gehören nicht dem realen Leben an, ebensowenig wie man sich vorstellen kann, daß Hermans Sätze aus dem Munde eines wirklichen Zureiters zu hören wären, denn so gefährlich ist es nicht, in einer Reithalle zu reiten. Hubert selbst, der Reiter, erscheint in dem Redeschwall des sonst wenig phantasiebegabten und so banalen Herman immer wieder in mythischer Vergrößerung. »Er bildete sich ein«, sagt Hermann, »er könne sich in ein Pferd hineinversetzen. Er hielt das Reiten für ein Spiel für Götter.« Und da meldet sich Hermans eigene Furcht noch einmal. »Das Pferd«, sagt er, »soll mich fürchten als einen fremden Willen. Als ein Raubtier, das ihm mit Zähnen und Krallen auf dem Rücken hängt!« Ein eigenartiger Zureiter und Reitlehrer. Ein trauriger, ein grotesker Kentaur.

Susanne und Herman begegnen sich nun in Huberts Räumen.

Susanne ist die große weibliche Figur des Buches, seine Heldin. Sie ist, auch in einem weiteren Sinne als dem schon genannten, von allen Personen des Romans diejenige, die dem Reiter am nächsten gestanden hat: sie gleicht ihm. Unter seinem Blick hat sie eine so weitgehende Verwandlung durchgemacht, daß sie zum weiblichen Kentaur wurde und ein Liebesverhältnis zwischen ihm und ihr möglich wurde. Wenn Susanne heute, wo derjenige fort ist, der Natur und Menschlichkeit harmonisch miteinander vereinte, und wo ihr eine solche Harmonie unbegreiflich und unvorstellbar erscheint, noch wählen könnte, würde sie ihre menschliche Natur abwerfen, sie würde ein Pferd sein wollen. Sie denkt an »eine Zeit vor der Zeit, an weite nebelverhangene Steppen, wo die Pferde in Freiheit schweiften.« Sie hat eine Pferdemähne. Deshalb ist sie etwas so Besonderes unter den Menschen. Sie sieht noch immer die Liebe als das einzig denkbare Mittel zur Erlösung an, aber ihr totes Ebenbild stellt sich zwischen sie und jeden vorstellbaren Geliebten. Wo ist nun die Kraft, die sie verwandelt hat? Andere Männer um sie her versuchen ihr Heil und scheitern kläglich. Clemens gegenüber läßt sie ihrem Zorn über diese Männer freien Lauf. »Deine Freunde, deine aufgeklärten Freunde, die die Welt erlösen wollen. Mich wollen sie nicht erlösen«; »weil sie nur kleine Dichter sind. Aber ich habe einen gekannt, der war doch größer. Er war so groß, daß er mich zu der umgedichtet hat, die ich bin!«

Susanne wird nun von denen begehrt, die Hubert geliebt und gehaßt haben – die ihn noch immer lieben und hassen. Sie haben sie nötig. Um mit ihren eigenen Worten zu sprechen, sie »brauchen« sie.

Herman sagt zu Susanne: »Etwas fehlt mir. Ich bin mir nicht ganz klar, was es ist. Aber ich weiß, daß du es hast. Du bist das, was ich brauche. Ich will dich haben!« Zwischen den Männern, die um Susanne werben, und ihr selbst besteht eine tiefere Übereinstimmung, als ihnen bewußt ist. Beide Partner verlangen vergebens nach Hubert, und sie stehen Seite an Seite, den Blick auf den gleichen Punkt fixiert, ohne sich einander zuzuwenden, unfähig, sich zu umarmen. Sie selbst ahnt das. Als Herman zu ihr sagt, er habe sie seit dem ersten Tage, an dem er sie gesehen habe, geliebt, fragt sie ihn: »Weshalb habe ich es nie bemerkt, solange Hubert noch lebte?« – »Damals hast du ja ihm gehört«, antwortet Herman mit gesenktem Blick. »Du hast nie mit mir gesprochen«, verhöhnt sie ihn, »du hast mich kaum angesehen.«

Herman unternimmt einen Versuch, sich Susanne mit Gewalt gefügig zu machen. Und wenn ihm das gelungen wäre, hätte das vielleicht für die Unglückliche eine Erlösung bedeutet. Möglicherweise geht Clemens dieser Gedanke durch den Kopf, als er, trotz seiner Eifersucht, sie mit Herman allein läßt und dann zu ihr sagt: »Ich dachte, Herman könnte dir vielleicht helfen.« Aber Herman ist außerstande, von Susanne Besitz zu ergreifen, nicht einmal an seinem Verlangen danach kann er festhalten. Sie fordert ihn heraus, ohne jedoch selbst an einen Erfolg zu glauben. »Ja, zeige mir, daß du keine Angst hast«, sagt sie zu ihm, »zeige, daß du es wagst.« Und in tragischem Triumph sieht sie ihn zusammensinken. »Du bist er«, klagt er grotesk jammernd. »Deshalb könnte ich dich nicht nehmen, selbst wenn ich wollte!«

Susanne, die gegen ihren Willen begehrt und gegen ihren Willen abgewiesen wird, ist nun ihrerseits ohne Erbarmen mit dem unglücklichen Liebhaber. Er bittet sie auf Knien zu gehen, und sie antwortet ihm: »Weshalb sollte ich gehen? Ich bin ja hier zu Hause.« Sie behandelt ihn, wie er seine Pferde behandelt, die nicht einen Augenblick ihre Furcht vergessen dürfen. Sie will, daß er sie im Nacken spürt wie einen fremden Willen, wie ein Raubtier, das mit Zähnen und Klauen auf seinem Rücken hängt. Sie zwingt ihn, den Zucker, der ihm zutiefst zuwider ist, aus ihrer Hand zu nehmen, und hört, wie er ihn vor ihr kniend zwischen den Zähnen zermalmt. Das ist ein bitterer schmerzlicher Augenblick, auch für Susanne selbst. Denn Hubert hätte den Zucker aus der Hand der Geliebten als freundliche, fröhliche Liebesbezeugung genommen, er hätte zweifellos diese Form des Miteinanders den hektischen Gesprächen, denen sich der Kreis sonst widmet, vorgezogen.

So verläßt Susanne Hermans Zimmer – Huberts früheres Zimmer –, wie sie Clemens' Wohnung verlassen hat. Und nun sucht sie Michala auf.

In einer Hinsicht ist Michala der modernste von allen modernen Menschen des Buches: Sie kommt in unserem modernen Dasein am häufigsten vor. Wenn wir heute vom Kongens Nytorv zum Rathausplatz gehen, begegnen wir ihr unweigerlich. Sie ist die naturlose Frau – in ihrem eigenen Jargon »befreit« von der Natur – von ihr losgerissen, ihrer beraubt.

Glücklicherweise treffen wir allerdings nicht jeden Tag auf dem Weg von Kongens Nytorv zum Rathausplatz eine so hart getroffene und mitgenommene Michala wie diese zweite Frauengestalt des »Reiters«. Ihr ist ein großes Unglück zugestoßen. Als Kind oder ganz junges Mädchen ist sie Hubert begegnet und hat dem Mythos in Gestalt des Kentauren Auge in Auge gegenübergestanden. Je sicherer sich der Mensch, der dem Mythos begegnet, seiner eigenen Natur ist, desto fruchtbringender wird die Begegnung. Was hat aber die arme Michala bei dieser Begegnung einzusetzen? Keinen Instinkt, keine eigene Meinung, keinen wirklichen Glauben. Sie wird in dieser Begegnung einfach erdrückt wie bei einem Zusammenstoß. Jetzt lebt die kleine Michala »von der Chemie«. Michala erweckt im Leser des Buches Mitleid, wie es Herman nie gelingt: ein stoffloses Geschöpf, ein schöner Nachtfalter, der halb zertreten ist. Man ertappt sich dabei, daß man sich darüber wundert, wie es noch soviel quälenden Schmerz kosten kann, ein solches Minimum an Existenz zunichte zu machen. Und doch erscheint auch die gewichtslose Michala wie alle Gestalten des Romans vergrößert vor dem Hintergrund des Kentauren-Mythos. Ein Zeitalter – eine Welt? Die ganze Armut der von der Natur losgelösten Menschheit?

Michala ist also Hubert begegnet, und die Begegnung spiegelt sich in ihrem Bewußtsein wie in einem auf den Kopf gestellten Hohlspiegel. Sie bringt eine erlogene Anklage gegen ihn vor. Das geschieht aus innerer Notwendigkeit, innerhalb ihrer Beziehung ist sie gezwungen zu lügen, denn sie hat nicht das Format, das sie befähigte, die Wahrheit über einen Mythos auszusprechen. Sie »haßt ihn, obwohl er tot ist«. Und zu gleicher Zeit ist sie kaum imstande, seine Existenz überhaupt zuzugeben, sondern weist immer wieder den Gedanken an ihn von sich. »Ist er schon wieder da? Können wir denn nie mit ihm fertig werden? Oh, diese lächerliche Person, diese alberne, stupide…« Das ist der traurige Versuch des Zunichtegemachten, selbst zunichte zu machen. »Für eines aber muß ich ihm immerhin dankbar sein«, sagt sie.

»Er hat mich vom Glauben geheilt.« Hier dreht der Verfasser ein wenig an dem Hohlspiegel, so daß der Lichtstrahl für einen Moment Auge und Herz des Lesers streift.

Jetzt sehnt sich Michala zurück in die Zeit, bevor sie den Reiter kennenlernte, in die Kindheit. Das Wort »Kind« kehrt sehr oft in ihrem Gespräch mit Susanne wieder. »Stell dir das Kind vor, das Kind, noch ehe es die Angst kennt. Das Kind, das sich seine eigene Welt erschafft.« An ihrer Wand hängt ein Bild von einem nackten Reiter, das von einem siebenjährigen Kind gemalt worden ist. So kann sie ihn wiedererkennen und ihn anerkennen und sich mit ihm versöhnen. »Sieh, wie siegreich er daherkommt! Lachend! Schuldlos!«

Michala begehrt Susanne genauso, wie Herman es getan hat. »Dich brauche ich. Du bist es, der mir helfen muß. Du hast etwas in dir, das du selbst nicht kennst. Etwas Ursprüngliches: das Leben, das Mysterium. Du kannst mir helfen, wieder zu sehen, was das Leben gibt. Wieder zu fühlen.« Und in genauer Übereinstimmung mit dem Mythos des Romans bittet sie Susanne zu allererst, sie das Reiten zu lehren. Michala greift ebenso wild verzweifelt nach Susanne wie Herman, aber anders als er, nicht um persönlicher Eitelkeit willen, sondern um ihr Leben – den Rest von Leben, der ihr geblieben ist – zu retten. Und Susanne straft deshalb Michala nicht so, wie sie Herman gestraft hat. Sie weist ihr Lügengespinst erbarmungslos zurück und befreit sich ebenso erbarmungslos aus ihrer Umarmung, die der krampfartigen Umklammerung eines Ertrinkenden gleicht. Als aber Michala sie fragt: »Hassest du mich jetzt?«, antwortet sie: »Nein, ich hasse dich nicht.« Und sie bleibt bei ihr, bis Michala eingeschlafen ist.

Dann verläßt Susanne Michalas Zimmer, ebenso rastlos und heimatlos, wie sie Clemens' und Hermans Räume verlassen hat. Sie kehrt zu Clemens zurück, und das große Spiel zwischen Clemens und ihr, das stärkste des Romans, kann beginnen.

Sehr große alte Motive werden in diesem Zusammenspiel zum Klingen gebracht. Nicht als Nachahmung, sondern in modernen Stil und Geist verwandelt.

Als erstes erklingen Harfen oder eine einzelne Harfe, und wo-

her kommt sie? Von den Volksweisen, von dem Lied von der
Jungfrau in der Gestalt einer Hindin*.

Der Ritter jagt im Wald und sieht dort eine in eine Hirschkuh
verwandelte Jungfrau. Er verfolgt sie lange, sie aber verwandelt
sich in einen Falken und setzt sich hoch oben auf einen Baum,
und der Ritter unter dem Baum spürt, daß er vor Kummer sterben wird, wenn er den Falken nicht bekommt. Man gibt ihm den
Rat, den Falken mit einem Stück »zahmem Fleisch« zu locken –
mit Fleisch und Blut aus seiner eigenen Brust. Er folgt dem Rat:

> Sein blutend Fleisch schnitt er sich aus der Brust,
> Hing es an einen Lindenast.
> Sie schlug die Flügel voller Lust,
> Ihm ward der Schmerz zur herben Last.
>
> Der wilde Falke stürzt hernieder,
> Frißt von des Jünglings Fleisch und Blut.
> Zur schönsten Jungfrau wird er wieder
> Und glücklich in des Ritters Hut.

Axel Olrik* schreibt über dieses Volkslied in »Nordens trylleviser«: »Ein eindrucksvoller Ernst spricht aus der Schilderung dieses Falken, der sich unter vollkommener Beibehaltung seiner
Raubvogelnatur auf das erlösende Stück Fleisch stürzt – nicht
kraft seines menschlichen Wesens und des Wissens, daß es Erlösung bringen wird, nein, kraft seiner Verwandlung allein, seiner
Raubvogelnatur, flattert er vor Freude, als das bluttriefende
Stück Fleisch auf den Zweig der Linde gelegt wird.«

Wir hören hier, in Lyrik umgesetzt, das Thema, das im »Reiter« dumpf rollt und rauscht und sich überschlägt. Denn genauso legt Clemens sein Herz vor Susanne hin, und in drei von
den fünf Abschnitten des Romans hackt sie darauf ein und zerrt
ebenso wild und grausam an ihm wie der Falke des Volksliedes
am Fleisch des Ritters. Wir könnten uns daher vorstellen, daß
dies die Idee oder der Sinn ihres Zusammenlebens ist: mit der In-
tuition der Liebe lockt er die Verzauberte gerade durch das Wesen ihrer Verzauberung, bis sie gerettet und zum Menschen wird.

Noch weit größere und ältere Motive klingen an, so mächtig und
uralt, daß ich die Instrumente, auf denen sie ursprünglich gespielt worden sind, nicht benennen kann.

Denn die Verheißung der Erlösung durch das Blut kehrt in unzähligen Menschenaltern und Völkerstämmen wieder. Und tief
im Innern der vielen verschiedenen Menschenalter und Völkerstämme hat es immer die Erwartung und den Glauben an das
Wunder gegeben: an den Einen, der alle zu erlösen vermag,
indem er die Schuld aller auf sich nimmt.

Wenn jedoch der Verfasser des »Reiters« vor dem Herbst
1949 und während er seinen Roman plante, ihn dem Rezensenten entwickelt hätte, der in aller Bescheidenheit diese Zeilen
schreibt, dann hätte der Rezensent sich erlaubt, ihm zu sagen:

»Nehmen Sie sich in acht, Sie sind in diesem Augenblick in
großer Gefahr. Bewahren Sie Ihr Werk vor diesem alten Thema
mit seinem göttlichen und menschlichen Klang. Ihr Instrument
würde von ihm gesprengt werden. Versuchen Sie nicht, in einer
Dichtung das Mysterium mit dem Mythos zu vermählen. Denn
das schickt sich nicht.«

Der Verfasser hätte geantwortet: »Warten Sie ab, und urteilen
Sie dann!«

Und der Verfasser des »Reiters« hat sich dann darangemacht,
mit Sorgfalt und mit Hilfe eines sehr alten Buches, in dem er ab
und zu nachgeschlagen hat, das Wunder darzustellen: die Rettung der vielen durch den Einen.

»Er hatte keine Gestalt und keine Hoheit. Wir sahen ihn, aber da
war keine Gestalt, die uns gefallen hätte. Er war der Allerverach-
tetste und Unwerteste.«   *Jesaja 53,2 und 3*

»Er trug unsere Krankheit und lud auf sich unsere Schmerzen…
Er ist um unserer Missetaten willen verwundet und um unserer
Sünde willen zerschlagen… Als er gemartert ward… tat er sei-
nen Mund nicht auf wie ein Schaf, das verstummt vor seinem
Scherer.«   *Jesaja 53,4 und 7*

Clemens ist ein kleiner Mann, etwas zu dick, er hat einen neuen Anzug an, der ihn schlanker erscheinen lassen soll. »Ein Mann«, sagt er von sich selber, »der sich schämt, weil er zu dick wird, und es doch nicht lassen kann, immer wieder zuviel zu essen.« Wenn er in Eifer gerät, vergißt er, den Bauch einzuziehen. Er trägt eine Brille, die ihm nicht steht, und weil er sich dessen bewußt ist, setzt er sie dauernd ab und wieder auf. Er gerät leicht ins Schwitzen. Er ist von seinem Arbeitstag als Arzt übermüdet, und seine Geliebte findet ihn eingeschlafen auf dem Stuhl sitzend, blaß, mit schlaffen Gesichtszügen, die Brille halb auf der Nase. Er hat Schwierigkeiten, seinen Wagen zu starten, und denkt: »Man sollte mich nicht autofahren lassen.« Als er versucht, das Reiten zu lernen, um dem von ihm Geliebten zu gefallen, ist er ängstlich, und die Pferde merken das und werfen ihn »dauernd« ab – und die anderen Leute in der Reithalle lachen.

Clemens nimmt eines jeden Menschen Schuld auf sich. Trotz der Aussage des Polizisten nimmt er die Schuld des Straßenverkäufers auf sich. Hubert, der sein Schulkamerad war, ist von der Schule verwiesen worden – »aber die Schuld«, sagt Clemens, »lag bei mir.« Er sagt zu Susanne: »In gewissem Sinne bin ich an Huberts Tod schuld.« Als Susanne klagt: »Ich bin nicht richtig lebendig, und das ist deine Schuld!«, antwortet er ihr: »Ja, das ist meine Schuld.« Er erklärt ihr, daß er sich immer und gegenüber allen Menschen, die er kennt oder gekannt hat, schuldig fühlt, und als sie ihn fragt, ob das auch für die Verstorbenen gilt, antwortet er: »Vor allem vor den Toten. Mir ist, als sei es meine Schuld, wenn sie sterben.« Er erzählt Susanne, daß seine Mutter gestorben ist, als sie ihn zur Welt gebracht hat, und fügt hinzu: »So bin ich also direkt auch an ihrem Tod schuld«, und er weist Susannes Versuch, ihm zu widersprechen, zurück. »Es hilft mir nichts. Und mein Gefühl sagt mir, daß ich am Tode meiner Mutter schuld bin. Und wenn ich nicht schuld daran wäre und die Verantwortung dafür nicht tragen müßte, dann wäre alles andere sinnlos.«

Dann wäre der Verfasser des »Reiters« um die Weihnachtszeit 1949 zu dem Rezensenten des Buches, der diese Zeilen schreibt, zurückgekehrt und hätte ausgerufen: »Habe ich nicht recht ge-

habt? Ich habe mein Buch geschrieben, und die dänische Lesewelt hat es mit Entzücken und Entsetzen entgegengenommen
und fühlte sich von ihm emporgehoben und erbaut wie von einem Evangelium! Von unzähligen Seiten ist mir gesagt worden:
Das Evangelium des ›Reiters‹ wird uns erlösen! Und Clemens ist
die große leuchtende Gestalt meines Buches, das Mensch gewordene Gute, der leidende und siegreiche Erlöser. Von unzähligen
Seiten ist er erkannt und mit ›Hosianna!‹ begrüßt worden als der
Retter, den unsere Zeit nötig hatte und erwartete!«

»Ja«, antwortet der Rezensent. »Die dänische Lesewelt war
hingerissen und entsetzt angesichts des ›Reiters‹. Zahlreiche Leser haben das mir gegenüber bekräftigt. Eine kluge Frau erzählte
mir vor einigen Tagen, daß sie das Buch ihrer Schwiegermutter,
die selbst eine berühmte Autorin ist, vorgelesen habe und daß,
als sie die letzte Seite zu Ende gelesen habe, sie beide bei dem Gedanken, nun von der Welt und den Gestalten des Werkes Abschied nehmen zu müssen, in Tränen ausgebrochen seien. Sie
hätten sich nur trösten können, indem sie den Roman wieder
hergeholt, die erste Seite aufgeschlagen und wieder von vorne
mit dem Vorlesen begonnen hätten. Von allen Seiten ist verkündet worden, das Evangelium des ›Reiters‹ werde unsere Zeit erlösen. In hundert Jahren wird man eine wichtige Aussage über das
dänische Geistesleben unserer Zeit machen, wenn man sagt: ›In
‚Der Reiter‘ hat jene Generation den eigentlichen Ausdruck ihres
Wesens gefunden.‹

Aber ich selber, die ich den Reiter viele Male gelesen habe,
fühle mich in dem, was ich vor einem halben Jahr zu Ihnen gesagt
habe, bestärkt: ›Es schickt sich nicht, das Mysterium mit dem
Mythos zu vermählen. Wo man in einem Kunstwerk diese beiden Elemente aufeinander treffen läßt, siegt der Mythos. Dort
gibt er dem Mysterium Leben von seinem eigenen Leben und
Blut von seinem eigenen Blute. Und verwandelt es ins Un-
menschliche.‹«

Von allen Seiten verlautet heutzutage, unsere Zeit habe die
Existenz des Bösen wiederentdeckt. Und das Böse scheint man
heute definieren zu können als das, das »weh tut«. Dieser Vorstellung vom Bösen setzt nun die Zeit ihre Vorstellung vom gu-

ten Menschen entgegen. Und der gute Mensch ist konsequenterweise der, der Gutes tut, der Wohltäter. Das ist neu. Vergangene Zeiten haben weder geglaubt, daß Menschenseelen durch das, was weh tut, untergehen könnten, noch, daß auch nur eines Menschen Seele durch Wohltätigkeit gerettet werden könnte.

Die neuen Evangelisten, die Heiligen der letzten Tage, vereinnahmen die alten Evangelisten für sich, oder sie vereinnahmen Christus selbst für sich, und er wird in ihrer Verkündigung dargestellt, als sei er in ihre eigene Person verkleidet. Aber dafür gibt es in den heiligen Büchern der früheren Zeiten keinen Beleg. Christus war kein Wohltäter. In seinem Erlöserwerk gab es nicht die automatische Rettung wie bei den modernen Verkündern, die den Charakter einer Erlösung unter Narkose hat und die weder den Einsatz oder die Mitwirkung von seiten des Menschen, der gerettet werden soll, noch das Verlangen nach Erlösung oder wenigstens den Wunsch, gerettet zu werden, voraussetzt. Christus gab bereitwillig dem Geretteten selbst die Ehre: »Dein Glaube hat dich gerettet.« Nur bei einem einzigen seiner Wunder, der Speisung in der Wüste, wird nicht von einer Bitte um Hilfe berichtet, und dieses Wunder kommt der Vorstellung von Wohltätigkeit noch am nächsten. Und doch handelt es sich hier nicht um eine zufällige Ansammlung von hungrigen Leuten, die gesättigt werden sollten, sondern um Menschen, die – wahrscheinlich unter einigem persönlichen Risiko kurz nach der Hinrichtung Johannes des Täufers – Christus in eine öde Gegend gefolgt sind, um ihm zuzuhören. Welch großen Einsatz leistet da der leidende und sterbende Räuber am Kreuz, wenn er zugibt: »Wir sind mit Recht hier, denn wir empfangen, was unsere Taten wert sind«, und ausruft: »Herr, gedenke an mich, wenn du in dein Reich kommst!«*

In dem heutigen Evangelium des »Reiters« ist Clemens der Erlöser, das Mensch gewordene Gute, und er rettet durch Wohltätigkeit. Und solange er in dem Buch diese automatische Rettung praktiziert, die keinen Einsatz von denen verlangt, die er rettet, erlöst er weniger, als daß er erniedrigt.

Er erniedrigt den trunksüchtigen alten Straßenverkäufer, indem er vor allen Leuten, die sich um den Verkehrsunfall herum

angesammelt haben, dessen Schuld auf sich nimmt und ihn mit
einem Almosen zurückläßt. Er demütigt die ohnehin schon er-
niedrigte Frau, die er als Arzt besucht, indem er die Verzweifelte
ihr ganzes Elend vor ihm ausbreiten, mit Selbstmord drohen und
Lügen über ihren – soweit man sehen kann, einigermaßen un-
schuldigen – Mann und Liebhaber erzählen läßt. Er erniedrigt
sie, wenn er sie tröstet: »Es wird auch nicht weh tun, wenn Sie
Ihr Kind zur Welt bringen. Und nachher dürfen Sie in einem
Schloß wohnen… An das Kind dürfen Sie jetzt nicht denken.«
Legen Sie diese Worte versuchsweise Christus in den Mund, und
hören Sie, wie sie wirklich klingen.

Wenn es während der Schulzeit von Clemens und Hubert
überhaupt möglich gewesen wäre, Hubert zu demütigen, hätte
Clemens ihn erniedrigt. Er versucht es, indem er, nachdem er
Huberts Schuld auf sich genommen hat, ihn anfleht, ihm dies zu
verzeihen. Er fährt mit dem Rad bei Regen und Sturm lange, öde
Wege, wo ihm die welken Blätter ins Gesicht peitschen und er
aufrecht stehend die Pedale tritt, bis zu dem merkwürdig drohenden Haus, in dem Hubert wohnt. Von dem Gespräch mit
Hubert ist Clemens nichts in Erinnerung geblieben – »nur das
dunkle Stürmen in den Baumkronen«. Aber er erinnert sich, daß
Hubert lachte.

Konsequenterweise demütigt Clemens dann in seinem Erlöserwerk auch diejenige am tiefsten, die er am meisten liebt:
Susanne.

Susanne ist am Tage von Huberts Tode zu ihm gekommen. Sie
sagt darüber selbst: »Ich wußte nicht, wie ich hierhergekommen
war. Ich wachte einfach hier bei dir auf. Weißt du noch, wie wir
nebeneinander lagen und du meine Hand hieltest? Wir sprachen
nichts, wir lagen nur ganz still und sahen an die Decke. Wie zwei
Geschwister.« Aber zu Beginn des Romans ist Clemens Susannes
Geliebter.

Wenn wir das Buch zum ersten Mal lesen, halten wir hier inne,
legen es beiseite und fragen: »Wie ist das möglich?«

Wir fragen uns und den Verfasser: »Wie hat Susanne es zu dieser Schande kommen lassen? Sie hat Hubert geliebt. Sie hat mit

ihm im Stall gelegen zwischen den Pferden – dort gab es kein Bett, nur eine ausgebreitete Pferdedecke und um sie her die großen schlafenden Pferde. Sie hat von einer Zeit vor der Zeit geträumt, von nebelverhangenen Steppen, wo die Pferde frei umherzogen. Sie ist voller Begierde gewesen, ihrem Geliebten ein Pferdekind, einen Pferdegott, zu gebären. Wie ist sie in Clemens' Bett gelandet, inmitten seiner geerbten Möbel?

Und, fragen wir weiter, geht Clemens' Eifer als Retter – als Erniedriger – so weit, daß er sich bei seinem Wirken den Widerwillen seiner Geliebten gegen seine eigene Person zunutze macht?«

Wir bekommen keine Antwort. Wir müssen, weil wir ohne Vorbereitung, im ersten Kapitel des Buches, in Clemens' und Susannes gemeinsame Wohnung geführt werden, ihr Liebesverhältnis als *fait accompli* betrachten. Aber unser Denken schreckt davor zurück, sich die erste Umarmung der beiden vorzustellen.

Im täglichen Zusammenleben in dieser Wohnung demütigt Clemens Susanne weiter von Stunde zu Stunde. Er erniedrigt sie, indem er sie an ein bürgerliches Dasein fesselt – wie schon erwähnt, mit Geburtstagsessen in einem Restaurant – und sie gleichzeitig veranlaßt, gegenüber dem jetzigen Geliebten, der ihr zuwider ist, den toten Geliebten, um den sie blutige Tränen weint, preiszugeben. Er demütigt sie, indem er ihr Zusammensein zu einer Kette von peinlichen Szenen werden läßt, in deren Verlauf sie ihn wieder und wieder kränken muß – ja, handgreiflich gegen ihn wird – und wieder und wieder um Verzeihung bitten muß.

Über eine so weite Strecke des Romans – bis hin zu seinem letzten Viertel – ist sein guter Mensch eine traurige Gestalt. Wir sollen uns vorstellen, er könne seine Umgebung retten, wir sollen uns vielleicht vorstellen, er könne unsere Zeit und uns selbst retten. Aber das ist eine wenig erbauliche Vorstellung.

Das Verhältnis ändert sich aber, je weiter das Buch fortschreitet. Man kann sagen, daß Clemens in den zwei letzten Kapiteln von Zeile zu Zeile wächst. Man kann auch sagen, daß er erstrahlt, wenn auch in einem nicht gerade sympathischen Licht. Wenn wir den »Reiter« zuklappen, ist Clemens die größte Gestalt des Buches.

Er hat Macht über seine Umgebung, die anderen Personen des Buches, erlangt. Er hat so viel Macht über den Leser erlangt, daß wir uns vorstellen können, in ihm den Erlöser zu sehen. Er ist so unheimlich gewachsen, daß der Eindruck entsteht, er habe einer noch höheren Instanz innerhalb des Werkes die Macht entrissen – aber darauf werde ich später zurückkommen.

Wie ist das zugegangen? Das ist folgendermaßen zugegangen: Clemens hat sich Zeile für Zeile inniger mit dem Kentauren verbunden und ist auf dessen Wesen projiziert worden. Der gute Mensch, der Evangelist, verbündet sich mit der mythischen Figur, und die mythische Figur vergrößert ihn zusehends, gibt ihm Leben von seinem Leben und Blut von seinem Blute. Und macht ihn unmenschlich.

Oder – liegen die Dinge wirklich so?

Unmenschlichkeit liegt den Menschen in Dänemark nicht so recht, und der Verfasser des »Reiters« ist ein dänischer Verfasser und ein Mensch. Wenn wir glauben, er käme als Löwe daher, tun wir ihm unrecht, nein, so einer ist er keineswegs, er ist ein Mensch wie andere Menschen. Wir brauchen nicht zu zittern, er würde sein Leben für unseres geben.

Ich habe in dieser Rezension des »Reiters« von Harfen und uralten Instrumenten, Posaunen, Israels heiligen Luren, gesprochen.

Wer aber sehr aufmerksam zuhört, wird im letzten Teil des Romans Töne von einem weiteren Instrument hören, das weniger fremd und weniger feierlich und beunruhigend ist – dessen Klang fast beruhigend auf den Zuhörer wirkt, so daß er wohl noch entsetzt, ergriffen und gerührt wird, aber entsetzt, ergriffen und gerührt auf gewissermaßen erträgliche Art und Weise, und somit ohne allzuviel Schmerz die gewaltigen Bewegungen um sich her zur Kenntnis nimmt. Es ist der Ton des Volksmärchens.

Wie das Instrument heißt, das solchen Klang oder solche Klänge hervorbringt, weiß ich nicht genau. In alten Liedern und Reimen wird vom »Spiel auf der Leier« gesprochen. Wenn ich in einem Wörterbuch das Wort »Leier« nachschlage, erfahre ich, daß die Leier ein altes, volkstümliches, schon im Mittelalter be-

kanntes Saiteninstrument mit drei bis sechs Saiten ist, bei dem
der Ton mit Hilfe eines Rades hervorgebracht wird, das mit einem Schwung der Hand an den Saiten entlanggeführt wird. Es
kann auch Drehleier heißen und dann vermutlich seine Verwandtschaft mit der griechischen Lyra – dem klassischen Instrument des Mythos – nachweisen, auch wenn anzunehmen ist, daß
es zu dem Teil der Verwandtschaft gehört, die einen Schrägbalken im Wappen* führt. Weiter im Norden heißt es Langeleik.
Die Leier selbst habe ich, soweit ich weiß, noch nie gesehen, aber
ihren Ton kann ich, wenn ich ihn höre, wiedererkennen. Die
Leier ist zum Tanz und wohl auch zur Beerdigung gespielt worden. Daß die Leier aus dem Mittelalter stammt, ist einigermaßen
begreiflich, denn das Mittelalter schuf die Legende, die ihrem eigenen Verständnis nach Mysterium und Mythos zusammenfügt
– »Zu der Zeit, als der Herr und Sankt Petrus auf Erden wandel-
ten« – und die dem Volksmärchen nahesteht. Die Chimären des
Mittelalters sitzen auf den Dächern der Kathedralen, es sind
schlimme Gestalten, aber der Umgang mit ihnen ist erträglich.

Das Volksmärchen ist bei Menschen entstanden, die unter
harten Bedingungen gelebt haben, und es kann selbst hart und
grausam erscheinen. Im Volksmärchen heiligt der Zweck bedingungslos das Mittel, und es schreckt jedenfalls nie davor zurück,
die Erlösung mit Hilfe der Übermacht zu erzwingen. Aber das
hart geprüfte Volk nahm seine harten Lebensbedingungen nicht
allzu feierlich, und das Instrument, das zu ihm gehört, weiß sich
durch diese Bedingungen hindurchzulavieren ohne das strenge
Pathos des Mythos oder die unendlich schmerzliche Tiefe des
Mysteriums.

Im Volksmärchen wird König Lindwurm* gezwungen, seine
neun Häute abzustreifen, und der nackte blutige Körper, der sich
windet und jammert, wird mit in Lauge getauchtem Reisig ge-
peitscht. Im Morgengrauen aber ist alles wieder gut, denn dann
ist er erlöst.

In Hans Christian Andersens Märchen »Der Wandergefährte«* bringt Johannes – der gute Mensch – in Erfahrung, wie
er an seinem Hochzeitsabend die verhexte Prinzessin erlösen
soll. In dem Augenblick, wo sie ins Brautbett steigt, stößt er sie in

die große Wanne mit Wasser, die er vor das Bett gestellt hat, und taucht sie dreimal unter. Die Prinzessin schreit jämmerlich und zappelt unter seinen Händen, als sie aber das dritte Mal wieder auftaucht, ist alles gut, denn nun ist sie erlöst. Wenn das große Rettungs- und Erlösungsthema auf der Leier gespielt wird, ändert sich seine Tonart. Und wir können von ganzem Herzen mitempfinden, wenn Johannes, während er die schreiende Prinzessin mit aller Macht unter Wasser taucht, »fromm zum Herrgott« betet.

In den Kapiteln »Abend« und »Nacht« handelt Clemens wie Johannes im »Wandergefährten« und taucht die schreiende und zappelnde Susanne dreimal unter Wasser.

Das erste Mal taucht er sie unter in dem großen Gespräch, das die beiden im vorletzten Kapitel miteinander führen. Bei ihrer Rückkehr in seine Wohnung ist sie zu Tode erschöpft – was uns nicht verwundert, wenn wir daran denken, was für einen Nachmittag sie verbracht hat. Da bereitet Clemens sie mit einer merkwürdigen, märchenhaften Autorität darauf vor, daß er »ihr etwas sagen muß«, und zwingt sie, ihm zuzuhören. Sie versucht – mit wachsender Angst, schließlich in Todesangst –, ihm zu entkommen. Sie will sich mit allen Mitteln freikaufen, sie verspricht, ihm zu dienen, sie versucht, ihn in ihr Bett zu locken, sie kriecht schließlich auf Knien vor ihm. Aber er gebietet ihr: »Steh auf.« – »Ja«, sagt sie und sinkt ganz zusammen, »wenn du es nur nicht sagen wolltest.« – »Ich muß es sagen«, antwortet er ihr. Sie fleht ihn an: »Dann sag es jetzt. Sag es, solange ich hier liege.« – »Das kann ich nicht«, antwortet er ihr noch einmal. »Du mußt aufstehen.« Sie verbirgt ihren Kopf zwischen den Armen und versucht sich schwer zu machen, aber er ist stärker, als sie glaubte, er hebt sie auf und drückt sie an sich, und schließlich kann sie seinem Blick nicht mehr länger ausweichen.

»Susanne«, sagt er, »du hast Hubert getötet.«

An dieser Stelle des Romans zappelt auch der Leser etwas unter den Händen des Verfassers.

Denn das viele Reden der Personen des »Reiters« darüber, wer von ihnen Hubert getötet hat – das letztendlich dem Buch den

Charakter eines Kriminalromanes mit dem Titel »Wer ermordete Hubert?« verleiht – ist für den Leser unverständlich, bis er lernt, es im Sinne des Volksmärchens zu begreifen.

Hubert ist nicht getötet worden, und keiner der Umstände seines Todes ist dazu angetan, Mißtrauen gegen irgendeinen Menschen zu erwecken. Ein Zureiter reitet in seiner Reithalle, nur ein Zuschauer ist auf der Tribüne, der Reiter stürzt vom Pferd – oder wird abgeworfen – und sein Kopf wird zertrümmert, entweder von den Hufen des Pferdes oder beim Aufprall auf die Bande – das ist nicht ganz klar. Das Geschehene wirkt schon unwahrscheinlich, weil es sich hier um einen »wundervollen Reiter« handelt. Aber noch unwahrscheinlicher ist es, daß der Tod von einem anderen Menschen verursacht sein soll. Susanne weist mit einem Hohnlachen Hermans Geständnis zurück, er habe Huberts Tod verursacht, indem er heimlich, wenn Hubert nicht zu Hause war, sein Pferd durchgepeitscht, getreten und mit einer Nadel in die Weichen gestochen habe, um zu erreichen, daß es ihn früher oder später einmal abwerfen würde. Und es ist klar, daß sie ihn zu Recht verhöhnt. Denn das Pferd hätte zwischen Herman und Hubert zu unterscheiden gewußt, und ein Reiter von Huberts Qualität hätte die Nervosität des Pferdes schon beim Aufsitzen bemerkt und die Katastrophe abgewendet. Wie Susanne vom Zuschauerplatz in der Reithalle aus Hubert hätte töten können, läßt sich nicht erklären, und es wird auch niemals der Versuch unternommen, es zu erklären.

Daß es noch einen anderen geheimen Umstand bei Huberts Tod gibt, den nur Susanne kennt und der nur durch Clemens' Anklage gegen sie ans Licht gebracht werden kann, das kann Clemens nicht auf natürlichem Wege in Erfahrung gebracht haben. Clemens' Standhaftigkeit in dieser Szene ist von der gleichen Art wie die Standhaftigkeit des Johannes dort, wo der fromme Jüngling unverwandt der Anweisung des Wandergefährten folgt, und das heißt, sie entspricht ganz und gar dem Geist des Volksmärchens.

Clemens taucht Susanne das zweite Mal unter bei dem Selbstmordversuch, den sie in dem gleichen Kapitel unternimmt und der ihr mißlingt.

Der fehlgeschlagene Selbstmordversuch ist einer von Clemens' Wegen zur Erlösung, sein besonderes Gnadenmittel, die tiefste Erniedrigung – hier darf ich vielleicht mit einem aus Thorkild Bjørnvigs Buch* über Martin A. Hansen entliehenen Ausdruck, ganz im Geiste des »Reiters«, von einer »sakralen« Erniedrigung sprechen. Die beiden Frauen, deren Rettung Clemens beschlossen hat, müssen sie beide durchmachen.

Ich beschreibe hier den »Selbstmordversuch«, nicht weil die beiden Versuche in dem Buch rein praktisch mißlingen, sondern weil sie dazu bestimmt sind, zu mißlingen, und unter Clemens' Regie notwendigerweise mißlingen müssen.

Clemens' Patientin, die Frau, die in dem Buch als erste den Versuch unternimmt, hat von vornherein damit gedroht, den Gashahn zu öffnen, und Clemens weiß fast auf den Glockenschlag genau, wann sie mit ihrer Drohung ernst machen wird. Er hat die anderen Bewohner des Hauses gebeten, aufzupassen, und er hat der Frau des Hausverwalters auferlegt, nach der Patientin zu sehen und ihn telefonisch auf dem laufenden zu halten. Ein Fachmann auf dem Gebiet der Vergiftungen, Oberarzt Kjærgaard*, schreibt in seinem Buch »De almindelige symptomer« (Die allgemeinen Symptome): »Gasvergiftungen werden glücklicherweise meistens eingeliefert, ehe es zu spät ist, weil die Hausbewohner den Gasgeruch bemerken und in die Wohnung eindringen.« Und das gilt für Fälle, die nicht vorauszusehen waren und wo keine Vorsichtsmaßnahmen getroffen worden sind. Clemens selbst erklärt, um ein Haar sei er schuld am Tod der verzweifelten Frau gewesen. Das stimmt aber nicht. Er ist schuld daran, daß sie nicht hat sterben können.

Susanne, die zweite Frau in dem Buch, die durch einen fehlgeschlagenen Selbstmordversuch hindurchgeführt werden muß, wünscht und beschließt, zu sterben, und sie durchlebt in den ergreifenden letzten Seiten des Kapitels »Abend« wirklich den Selbstmord. Aber sie stirbt nicht, und die Umstände, nämlich Clemens' Wachsamkeit, hindern sie ebenso wie ihre Leidensgefährtin am Sterben.

In diesem vorletzten Kapitel des Buches entfaltet Clemens seine größte Aktivität als Erlöser, der sich des Selbstmordes bedient.

Während des entscheidenden Gespräches mit Susanne erwartet er jeden Augenblick einen Telefonanruf, der die Frau mit der Gasvergiftung betreffen muß. Und das Telefon klingelt planmäßig, wenige Minuten, nachdem er Susanne gezwungen hat, jene Beschuldigung anzuhören, die sie zum Äußersten treibt. Er geht und läßt sie, die nur noch den Selbstmordversuch im Kopf hat, allein. Sein Benehmen beim Abschied deutet darauf hin, daß er ihn kommen sieht. Clemens eilt zielstrebig fort, um die eine Frau, von der er den Selbstmordversuch verlangt hat, zu retten, nachdem er alles für den Versuch der anderen – und zugleich für ihre Rettung – vorbereitet hat.

Denn auch Susannes Rettung ist ja auf lange Sicht geplant. Im allerersten Kapitel des Buches sprechen Clemens und Susanne über die Packung Schlaftabletten, die sie bei sich hat. Er fragt sie: »Weißt du, daß zehn davon genügen, um...«, und erlaubt ihr im gleichen Augenblick, ihm die Flasche aus der Hand zu nehmen. Er gibt hier ihr gegenüber offensichtlich eine niedrigere Anzahl an als die für ihre Zwecke erforderliche – eine weit niedrigere Anzahl. Kein Mensch ist wenige Stunden nach einer annähernd tödlichen Vergiftung durch Schlaftabletten in der Lage, zu erzählen, zu erklären und zu räsonieren. Dr. Kjærgaard liefert – wieder in »De almindelige Symptomer« – eine statistische Übersicht über Fälle von Vergiftungen durch Schlaftabletten. Die Patienten, die man aus wirklicher Lebensgefahr hat retten können, haben zwei bis drei Tage im Koma gelegen und sind durch sehr starke Behandlungen, unter anderem durch Bluttransfusionen, wieder zum Leben erweckt worden. Susanne in »Der Reiter« ist, nachdem sie ihre Schlaftabletten spät in der Nacht genommen hat, vor vier Uhr morgens bei vollem Bewußtsein, und man hört nichts von irgendeiner ärztlichen Behandlung. Doch – Susanne selbst glaubt, ebenso wie vermutlich die Frau mit der Gasvergiftung, daß Clemens ihr im letzten Augenblick das Leben gerettet hat. Und er läßt ihr diesen Glauben.

Hier, an dieser Stelle des Buches, ist Clemens' Gestalt so sehr gewachsen und hat so viel Macht bekommen, daß wir ihm ohne zu protestieren folgen. Das ist das »König Lindwurm, zieh deine Haut aus!« des Volksmärchens.

Clemens hat Susanne verkündet, daß sie ihm niemals entkommen wird. Er hat ihr gesagt, sie sei sein ganzes Leben, und als sie ihn gefragt hat, was er mit seinem Leben wolle, hat er ihr geantwortet: »Es verändern. Lieben ist dasselbe wie verändern.« Susanne soll nicht sterben, aber die Tiernatur in ihr, der Pferdekörper soll umgebracht werden, damit sie wieder ein Mensch wird. Die Erlösung läßt sich von außen bewerkstelligen, wie eine Kur, ohne – sogar gegen – den eigenen Willen des Notleidenden.

Diese Macht über Susanne und über den Leser hat Clemens erreicht, indem er sich Seite für Seite inniger mit dem Kentauren verbunden hat. In dem großen Gespräch mit Susanne in dem Kapitel »Abend« hat er es erreicht, Huberts Sache zu der seinen zu machen und ihr gegenüber als dessen Rächer aufzutreten.

Darauf taucht Clemens Susanne zum dritten Mal unter, in dem Kapitel »Nacht«.

Gerade hat er sie ins Leben zurückgeholt, und sie ist schwach und verwirrt und nicht immer in der Lage, zu begreifen, was er zu ihr sagt. »Ich schlafe noch ein wenig«, sagt sie. Er aber nimmt mit unerschütterlicher Energie das Gespräch, oder die Gespräche, zwischen ihnen beiden wieder auf. Erst geht es um sein eigenes Schuldgefühl, das intensiver als je zuvor und nun auch wütend erörtert wird – dann geht es um ihre Schuld Hubert gegenüber. Schließlich schweigt er und wartet.

Und dann, in der letzten Stunde, gesteht sie ihm, daß sie bisher die Unwahrheit über Huberts Tod gesagt hat. Er starb nicht lachend. Er hat im Sterben Clemens' Namen gerufen. »Er bat um Wasser«, sagt Susanne. »Aber als ich es ihm geben wollte, da schlug er nach meiner Hand. Wer bist du? sagte er. Ich kenne dich nicht. Geh weg! Clemens soll kommen. Clemens…«

Dieser einzige Satz des Buches aus des Reiters eigenem Mund soll das ganze Werk zusammenfassen und beschließen. Und der Leser hat nach der gewaltigen Spannung, die auf diesen Satz hinzielte, das Gefühl, das muß so sein. Hier feiert der um vieles größer gewordene Clemens seinen großen Triumph, nicht nur über Susanne, sondern auch über uns selbst, die Leser des »Reiters«. Wir haben nichts mehr einzuwenden. Wir akzeptieren und billigen Huberts Umkehr – die nicht nach klassischem Vorbild »between the saddle and the ground« stattfindet, sondern wirklich im Staube – wir akzeptieren und billigen, daß Susanne Zeit genug hatte, von der Zuschauertribüne herabzukommen und ihm Wasser zu holen, und er mit seinem zertrümmerten und geschundenen Kopf Zeit genug hatte, nach ihrer Hand zu schlagen und zu sprechen: »Wer bist du? Ich kenne dich nicht. Geh weg. Clemens soll kommen. Clemens...«

Wenn wir aber den »Reiter« zum zweiten oder dritten Mal durchlesen, halten wir hier inne, überlegen und sehen eine neue, eine höchst verwunderliche Lösung, Zusammenfassung und Beendigung all der Konflikte, die uns beschäftigt haben. »Ist es nicht in Wirklichkeit so«, fragen wir, »daß der Geist des Volksmärchens in der märchenhaft vergrößerten Gestalt des Clemens triumphiert und nicht nur den anderen Gestalten des Buches und uns selbst die Macht entrissen hat, sondern auch der höchsten Instanz des dichterischen Werkes, dem Verfasser selbst? Hat der Schöpfer und Meister des »Reiters«, der Psychologe und Schilderer der Wirklichkeit, sich das von Anfang an so gedacht – und das so gewollt?«

Huberts einzige Replik kann uns allerdings einige Dinge in dem Roman erklären. Sie kann erklären, wieso Susanne nach seinem Tod zu Clemens gegangen ist – sie ist nicht freiwillig gegangen, Hubert selbst hat sie zu ihm geschickt.

Kann sie aber auch erklären, weshalb sie immer wieder während ihres Zusammenseins mit Clemens Huberts Tod schildern muß, und jedes Mal in ihrer eigenen falschen Version? »Er lachte, als er starb.« – »Er lachte noch immer, obwohl sein Gesicht ganz schwarz war von Blut und Erde.« Erklärt sie, weshalb sie nach einem dieser Berichte hinzufügt: »Wenn ich jetzt daran denke, dann ist es mir, als ob dieser eine Augenblick der größte gewesen wäre, den ich je mit ihm zusammen erlebte.«? Erklärt sie, weshalb sie in ihrem Gespräch mit dem Stümper Herman, der sich vergebens mit Hubert zu messen versucht, diesem Unglücklichen ins Gesicht lacht: »Glaubtest du wirklich, ihn mit deinen Nadelstichen töten zu können? Nein, Herman, das war ein Wunschtraum. Er starb seinen eigenen Tod, nicht deinen kleinen, bangen Tod. Und du wirst ihn nie loswerden. Er ist noch immer hier. Er sieht dich an mit den Augen der Pferde «?

Im ersten Kapitel des »Reiters«, das »Morgen« heißt, ist Susanne allein und durchdenkt noch einmal Huberts Tod. Sie sieht die rotbraune Stute in der Reitbahn auf sich zukommen und Hubert am Steigbügel hinter sich herschleifen. »Aber es sah aus, als spielte Hubert nur ein Spiel, denn er lachte ununterbrochen und sehr laut, er lachte sogar noch, als er von einem Huf getroffen wurde, und jetzt schlug sein Kopf gegen die Wand, und das war ganz merkwürdig, denn es gab fast keinen Laut, nur einen schwachen, hohlen Ton, aber das genügte, daß sein Gesicht zerschmettert und schwarz wurde von Blut und Erde, doch er lachte noch immer, er lachte mit seinem zerschmetterten Gesicht, er lachte ohne Gesicht, er lachte und lachte.« Und hier, in ihrer tiefen Einsamkeit, geht Susannes Erinnerung nicht weiter.

Bei einem ernsthaft psychologischen Verfasser könnte man eine solche Behandlung des Lesers kaum noch redlich nennen. Wo eine lange, genaue seelische Abrechnung gewissenhaft erstellt wird, darf man nicht eine einzelne Ziffer aus der ersten Zahlenreihe außen vor lassen oder geheimhalten. Aber eine Zauberformel darf bis zum letzten Augenblick zurückgehalten werden, und selbst der, der sie benutzt, kennt ihre Wirkung nicht im voraus – wenn sie aber zur Anwendung kommt, verwandelt sie das ganze Märchen von Beginn an.

> Du mußt verstehn!
> Aus Eins mach Zehn.
> Und Zehn ist keins.
> Das ist das Hexen-Einmaleins!*

Das harte, grausame und derbe Volksmärchen – das endet gut. Das Volkslied kann in Schmerzen enden, die Töne der Harfe schwirren und ersterben in einem Seufzer, und die lyrischen Märchendichter späterer Zeiten haben gelegentlich seinen Ton für ihre Melodien übernommen und das Märchen in Wehmut enden lassen. Aber das alte rechtgläubige Volksmärchen wirft nach allen Heimsuchungen und allem Grauen einen Trumpf auf den Tisch.

Und der orthodoxe Schluß des Volksmärchens lautet: »Sie heirateten und lebten glücklich bis an das Ende ihrer Tage.«

Wir sollen nun glauben, daß »Der Reiter« gut endet. Susanne und Clemens sehen beim Morgengrauen, nach der Heimsuchung und den Schrecken der Nacht, einander lange an. »Weshalb lächelst du?« sagt er. »Ich lächle nicht.« – »Du lächelst.« Und wir müssen davon ausgehen, daß ihr Glück die alte Form des Märchens annimmt und sie heiraten und glücklich leben werden bis ans Ende ihrer Tage. Berta, ein guter Mensch in dem Roman, hat auf einer seiner ersten Seiten nur den einen einzigen Wunsch: das Fräulein möge den Doktor heiraten. »Es würde alles anders machen.« Und da nun offensichtlich wirklich alles sich verändern soll, warum sollte da nicht auch der Wunsch der guten Berta in Erfüllung gehen.

Die Aufgabe des Lesers wäre leichter gewesen, wenn der Verfasser sich streng an das »Amen« oder »Der Vorhang fällt« des orthodoxen Volksmärchens gehalten hätte. Indem er auf den letzten Seiten des Buches die beiden Glücklichen selbst darüber diskutieren läßt, wie sie wohl die Zukunft meistern werden, macht er es uns schwerer, an ein gutes Ende zu glauben und uns unserer Sache sicher zu fühlen.

Ein Problem taucht da vor uns auf. Kann Clemens – unter anderem im Verhältnis zu Susanne – sein Format bewahren, auch nachdem die beiden, wie wir nach der Lektüre des letzten Kapitels annehmen müssen, sich von dem Reiter selbst befreit haben?

Wir sehen, daß Clemens selbst nicht daran glaubt. Susanne schlägt ihm vor, daß er und sie sich aus der Beziehung zu Hubert lösen sollen »auf eine einzige Art, und die ist so alt wie die Erde selbst! Ihn vergessen!« Aber Clemens' Miene spiegelt sein Erschrecken, er entzieht ihr seine Hand, die sie ergriffen hatte, und antwortet ihr: »Du willst doch nicht sagen, du könntest dir denken, ihn jemals zu vergessen?« Und nachdem er einige Male hastig auf und ab gegangen ist, verkündet er: »Es gibt Notwendigkeiten. Und es ist notwendig, daß wir ihm ein neues Leben geben. Ein Leben als Mensch. Als Mensch, der in uns weiterlebt.«

Wir verstehen sehr wohl, daß das für Clemens eine Notwendigkeit ist. Clemens ist gewachsen, indem er Hubert gefolgt ist –

oder ihn verfolgt hat – und sich an ihn geklammert hat. Clemens hat seine vollkommene Übermacht gewonnen, indem er schließlich, für einen einzigen Augenblick, Hubert dazu gebracht hat, sich ihm zuzuwenden. Aber diese Verfolgung bis über den Tod hinaus schmerzt den Leser.

In der Freiheit bewahrt das wilde Tier stets seine Ehre. Wir bekommen hier, auf der letzten Seite des Buches, einen Eindruck von der unendlichen Einsamkeit des Kentauren unter diesen Menschen ohne Ehre. Und wir spüren, daß wir ihm jetzt die Befreiung gegönnt hätten.

Aber wie dem auch sei, Clemens hat in der Art und Weise des Volksmärchens triumphiert. Er hat seine Geliebte aus der Tierhaut erlöst und sie von dem Tierkörper getrennt. Weshalb bleibt denn im Leser ein trauriger kleiner Zweifel über, wie weit der ewig hilfreiche, ordnende, planende – aber niemals schöpferische – Clemens in der Lage sein wird, sie zu einem ganzen Menschen zu machen? Wie weit wird sie, in seinen Händen, je etwas anderes werden als die Dame ohne Unterleib?

Und lassen Sie mich zum Schluß zu dem zurückkehren, womit ich begonnen habe. Oder zu demjenigen, mit dem ich begonnen habe: dem Leser des »Reiters«.

In hundert Jahren wird man etwas über das Geistesleben unserer Zeit in Dänemark aussagen, wenn man berichtet, daß der dänische Leser beim Erscheinen des »Reiters« das Buch an sein Herz nahm und von ihm hingerissen war.

Was wird denn eigentlich dadurch offenbar? Könnte es das Folgende sein: Der einfache dänische Leser des Jahres 1949, der mehr als ein dreiviertel Jahrhundert lang mit Wirklichkeitsschilderung gefüttert worden ist, hat – so wie der durstige Hirsch in der ausgedorrten Aue schon von ferne die sprudelnde Quelle wittert und vernimmt – von ferne im »Reiter« den Mythos und das Märchen erahnt und vernommen – das Sprudeln des frischen Wassers, die Quelle, den Brunnen, und er ist ihnen entgegengelaufen. Der kundige Verfasser hat selbst nicht gewußt, mit welchen Tönen er das Volk an sich lockte – aber das Volk hat die Ohren gespitzt und sie erkannt.

Hat man wohl das gleiche empfunden wie Jens Peter Jacobsen in einem nachgelassenen Gedicht?

Redemüde ist der König,
Dürstet nach Gesang.*

Und hat man nach dem gerufen, der heute so antworten würde wie in dem Gedicht geantwortet wird?

Ein Lied, Herr König,
Ein Lied sollst du hören!

Dänische Dichter im Jahre des Herrn 1949! Keltert doch die Traube des Mythos oder des Märchens in den leeren Becher des dürstenden Volkes!

Gebt ihm nicht Brot, wenn es um einen Stein bittet – einen Runenstein oder den alten schwarzen Stein aus der Kaaba –, gebt ihm nicht einen Fisch oder fünf kleine Fische oder etwas, was im Zeichen des Fisches steht, wenn es euch um eine Schlange bittet.

.Dezember 1949

Widersprechendes Postskriptum zu »H. C. Branner: Der Reiter«

Diese Rezension von »Der Reiter« schrieb ich im Herbst 1949.

Wenn ich sie heute wieder durchlese, setzt es mich in Erstaunen, in wie merkwürdiger Weise – merkwürdig in mehr als einer Hinsicht – mein nie im Druck erschienener Ruf oder Herzensseufzer an die jungen dänischen Dichter gehört und befolgt worden ist.

Frank Jægers* »Hverdagshistorier« (Alltagsgeschichten), Leif E. Christensens* »Over alle Bredder« (Über alle Ufer), Svend Aage Clausens* »Øksehug og Flora« (Axthieb und Flora) und andere Erzählungen der gleichen Art – sind sie nicht der Beweis für das Bemühen unserer jungen Dichter, den Mythos oder das Volksmärchen wieder aufleben zu lassen?

Der Rezensent, der den vorliegenden Essay geschrieben hat, kommt sich allerdings im Jahre 1952 merkwürdig vor – merkwürdig in mehr als einer Hinsicht –, so, als sei er der Zauberlehrling. Er empfindet – wie vermutlich auch der Zauberlehrling seiner Zeit – ein gewisses Maß an Stolz, ein größeres an Beschämung, vor allem aber hat er Bedenken. (En passant möchte er anmerken, daß er, als er vor drei Jahren die Schlange herbeirief, sie sich nicht so sehr, wie es bei den jungen Dichtern der Fall zu sein scheint, in der Gestalt eines Bandwurmes oder eines anderen Eingeweidewurmes vorgestellt hat.) Er fühlt sich gewissermaßen verpflichtet, solange das Wasser rings um ihn her ansteigt und der Meister mit dem großen Zauberwort noch immer nicht erscheint, die eifrigen jungen Lehrlinge des Jahrgangs 1952 zu warnen.

Man kann auf zweierlei Wegen zu der Zahl siebzig kommen. Man kann eins und eins so lange aneinanderreihen, bis die volle Summe erreicht ist. Das war oftmals die Vorgehensweise des naturalistischen Romans. Und der Verfasser des naturalistischen Romans behauptete: So ist nun mal das Leben.

Man kann auch mit einer einzigen einfachen Bewegung die Summe siebzig angeben, indem man sie als Ganzes in eins schreibt – 70. Das ist die Vorgehensweise des Märchenerzählers, und er verkündet: So ist nun mal die Kunst! Das ist der Mythos, das Leben ist selbst ein Märchen, es ist Magie!

Der unterzeichnende unwürdige Schüler vieler großer Meister offeriert euch in aller Bescheidenheit eine Erkenntnis – ob und wie ihr sie euch zu eigen macht, sei dahingestellt –, die ihm das eine Mal durch höchste Gnade geschenkt worden ist und die er das andere Mal zum höchsten Preis hat erkaufen müssen.

Erstens: Die Ziffer 70 ist kein Kringel, der zufällig entsteht, wenn man die Hand über das Papier laufen läßt. Sie ist ein Zeichen, und ihre Bedeutung liegt in dem, was sie bezeichnet. Sie ist viele hundert Jahre alt, innerhalb einer Kultur ist sie zum Gemeingut geworden und kann von den Einfältigen gedeutet werden. Ersetzt ihr dieses Zeichen durch eine Codefigur, die nur einem kleinen Kreis von Eingeweihten verständlich ist, oder durch eine Formel, die nur einem einzigen, nämlich dem, der sie schreibt, verständlich ist, dann wird der Meister sie im Zorn auslöschen. »Das ist keine Magie!«

Zweitens: Euer Endergebnis – 70 – soll wirklich siebzig enthalten. Wenn es das nicht tut, seid ihr keine loyalen Schüler des Meisters, sondern Taschenspieler. Nicht nur eure Leser müssen felsenfest davon überzeugt sein, daß die siebzig einzelnen Einheiten in eurer Summe enthalten sind, sondern ihr selbst müßt mit eurer Person und eurer Ehre dafür einstehen. Die Ziffer ist das *Fazit* einer redlichen Aufzählung.

Der redliche Künstler Jacob Knudsen* hat gesagt, daß Kunst Gesetzestreue gegenüber der Phantasie ist. Da wir gerade miteinander vom »Reiter« her kommen, können wir für eine Diskussion über Kunst und Phantasie unsere Vergleiche der Reitkunst entnehmen. Die Dressur und die Hohe Schule sind an Gesetze gebunden – sein Pferd einfach durchgehen zu lassen, ist keine Kunst.

Und wahrlich, der dem Zauberer demütig ergebene Lehrling sagt euch: Keine Kunst hat strengere Gesetze als die Magie, kein Künstler ist strenger an sein Gesetz gebunden als der Magier.

> (Alle Zauberei der Welt
> sich an gleiche Regeln hält:
>
> Hol das Kaninchen aus dem Zylinder,
> dann seufzen die Alten, jubeln die Kinder.
>
> Doch vor dem Auftritt, merke gut,
> muß das Karnickel in den Hut!
>
> *Kumbel)**

Übersetzt von Sigrid Daub

Zu vier Kohlezeichnungen

Die Berlingske Aftenavis hat vor einiger Zeit ein paar kleine Illustrationen zu »Ein Sommernachtstraum« veröffentlicht, die ich gezeichnet habe, als ich fünfzehn Jahre alt war, und die jedenfalls Beweise für meine lebenslange treue Liebe zu Shakespeare darstellen. Jetzt hat die Zeitung den Wunsch geäußert, einige Kohlezeichnungen aus meiner Akademiezeit*, zwei oder drei Jahre später, zu reproduzieren, und hat mich zugleich gebeten, etwas aus jener Zeit und über mein eigenes Verhältnis zur Malerei zu erzählen.

Daß mein persönliches Wirken im Dienste dieser Kunst von so kurzer Dauer war, liegt sicher an mangelndem Zutrauen zu meinen eigenen Fähigkeiten, vielleicht auch an mangelnder Ermutigung durch meine Umgebung. Meine früh erwachte, tiefe Liebe zur Malerei ist mir mein ganzes Leben hindurch unverändert erhalten geblieben.

Ich glaube, ich hatte schon als Kind ein besonderes Empfinden sowohl für die Malerei als auch für die Literatur, oder ich konnte einfach das Bessere von dem weniger Guten unterscheiden. Wahrscheinlich war ich im Hinblick auf beide Kunstarten gleichermaßen anspruchsvoll: ich wünschte mir von Herzen nur das Allerbeste. Das klingt, wenn man es niedergeschrieben hat, banal. Aber ich meine doch, es ist recht ungewöhnlich, daß sich ein halberwachsenes Mädchen ganz aus sich heraus und ohne jede Heuchelei Giotto, Botticelli, Turner und Degas oder Homer und Shakespeare als täglichen Umgang aussucht.

Persönlich bin ich immerhin so weit gekommen, daß ich zwei glückliche und vergnügte Jahre lang Schülerin der Akademie gewesen bin. Damals war die »Mädchenschule« noch von der alten Akademie getrennt und in einem Seitengebäude mehr schlecht als recht untergebracht. Der alte Kammerherr Meldahl* war wohl nicht mehr Direktor der Akademie, aber er schwebte noch über ihr wie Jehowa in den Wolken und hielt ein waches Auge auf die Moral der »Mädchenschule«. Wenn sich eine von uns hinunter in die Abgußsammlung wagte, riskierte sie, den jungen männlichen Schülern zu begegnen, deshalb hatte die Pförtnersfrau, die prächtige Frau Grauballe, die feste Ordre, mitzugehen und als Chaperon aufzutreten. Frau Grauballe selber meinte zu Recht, das sei eine überflüssige Anordnung. »Der kann«, sagte sie, »bei Gott, niemandem schaden. Der kalte Gips!« Dieses Reglement wurde auch keineswegs immer eingehalten, nur ab und an, wenn es wie ein Lauffeuer durch das Haus ging: »Der Kammerherr kommt!«, rief Frau Grauballe die verirrten Schafe in den Pferch zurück, und die ganze Schule trug eine unnatürlich ehrbare Miene zur Schau. Wir jungen Mädchen hatten für gewöhnlich jedenfalls viel Spaß miteinander.

Ich war in Dänemark nie zur Schule gegangen, und das tägliche Schulleben war für mich etwas Neues. Ich hatte auch bis dahin noch nie einen Maler oder Autor, mit Ausnahme von Otto Benzon*, der ein Freund meiner Familie war, persönlich kennengelernt. Allen Künstlern gegenüber hegte ich einen tiefen Respekt, und ich war fest davon überzeugt, daß alle meine Kameraden weit klüger und tüchtiger seien als ich. Diese Scheu saß derart tief in mir, daß ich in meiner ersten Zeit an der Akademie so begabte Menschen nicht von mir aus anzusprechen wagte. Ich kann mich erinnern, wie ich im Morgenzug nach Kopenhagen so manches Mal gedacht habe: »Heute will ich eine von ihnen ansprechen, ohne daß sie mich zuerst anspricht«, und wie ich, wenn ich abends wieder nach Hause fuhr, mir niedergeschlagen eingestehen mußte, daß mein Mut mich auch dieses Mal wieder verlassen hatte.

Trotzdem wurde ich, gänzlich unverdient, in meinem ersten Akademiejahr in den Vorstand des »Kunstschülerverbandes«

*Die alte Frau aus dem Stift Vartov**

Der alte Mann (Rungstedlund)

Das junge Mädchen (Rungstedlund)

Der junge Mann (Rungstedlund)

gewählt, dessen blendender Vorsitzender Pola Gauguin* war. Unsere großen Feste fanden in den Räumlichkeiten von Larsens am St. Annæ-Platz statt. Dort bin ich bei einem überaus gelungenen Karnevalsfest als Watteauscher Pierrot aufgetreten, und dort hatte ich, als eine Art Gastgeberin des Vereins, das große Erlebnis, Professor Høffding* zu Tisch zu haben, als dieser alte Mann freundlicherweise bei uns einen Vortrag hielt. Ich kann mich nicht erinnern, mich an dem Abend auch nur im mindesten von meiner hervorragenden Plazierung bedrückt gefühlt zu haben, ich glaube, Høffdings sanfte, weise Liebenswürdigkeit hat bewirkt, daß ich mich gleich an seiner Seite heimisch fühlte.

Im Kunstschülerverband lernte ich auch Schüler von Zahrtmanns Schule* kennen. Ich sah, daß diese jungen Männer mit einer Begeisterung arbeiteten, wie wir sie auf unserer eigenen Schule gar nicht kannten, und ich begriff, daß die Aufgabe eines wirklichen Lehrers nicht in erster Linie darin besteht, zu »schulen«, sondern zu inspirieren.

Die eigentliche Arbeit in diesen Jahren nahm mich jedoch ganz und gar in Anspruch und weckte in mir eine wahre Begeisterung. Eine neue und schöne Seite der Welt offenbarte sich mir, als ich das perspektivische Zeichnen lernte, das meine Kameraden für gewöhnlich nur als pedantische Pflichtarbeit ansahen. Daß es sich für mich ganz anders darstellte, lag sicher wieder einmal daran, daß ich bis dahin nie durch irgendeine Form täglichen Schulbesuchs Bekanntschaft mit einem strengen Regelwerk gemacht hatte. Ich war auf eigenartige Weise von der unbeirrbaren Gerechtigkeit und Gesetzestreue der Perspektivzeichnung beeindruckt. Wenn ich nur selber richtig handelte, ließ es sich gar nicht vermeiden, daß das Resultat richtig wurde – gestattete ich mir aber die geringste Ungenauigkeit, dann rächte sich das unweigerlich beim Abschluß einer Aufgabe, und das mit fürchterlicher Deutlichkeit!

Ich hatte auf der Akademie viele ausgezeichnete Mitschülerinnen, die zielbewußter als ich ihre Künstlerlaufbahn fortgesetzt haben und vortreffliche Malerinnen geworden sind. Ich selbst blieb nur zwei Jahre auf der Akademie.

Die Kohlezeichnungen, die die Berlingske Aftenavis nun her-

ausbringt, sind in meinem zweiten Jahr an der Akademie entstanden, als wir von Grauballes kaltem Gips zu Fleisch und Blut
avancierten und Portraits zeichnen durften. Ich habe wohl fünfundzwanzig solcher Zeichnungen besessen, einundzwanzig von
ihnen sind aber, während ich in Afrika lebte, den Weg allen Flei-
sches gegangen.

Unsere Modelle waren dort mehr oder weniger vom Zufall bestimmt. Die alte Frau war ein liebenswürdiger, äußerst lebhafter
Mensch. So weit ich mich erinnere, kam sie aus dem Stift Vartov*, und sie unterhielt uns, während sie uns Modell saß, mit einer langen Reihe von Erzählungen aus ihrem persönlichen – sicher in Wirklichkeit friedlichen und ereignislosen – Leben. Der
alte Mann war eine eigenartige Person und hatte, glaube ich, in
seinem Leben allerhand mitgemacht. Ich weiß noch, daß das
junge Mädchen mich durch eine Anmut fesselte, die gewissermaßen völlig ausdruckslos war, wie ein unbeschriebenes Blatt Papier. Der junge Mann war in Wirklichkeit kein Seemann; durch
irgend etwas in seinem Gesicht inspiriert, habe ich mir einen
Südwester geliehen und ihn dazu gebracht, ihn aufzusetzen. Von
den vier Modellen, die nun in der Berlingske Aftenavis unsterblich gemacht werden, gefällt er mir am besten – er hat sich aber
leider in den dazwischenliegenden Jahren fast gänzlich von dem
Papier zurückgezogen.

Ein paar Jahre, nachdem ich die Akademie verlassen hatte, reiste ich nach Paris* und wurde in die Malschule von Simon und
Ménard aufgenommen. Ich kann mit gutem Gewissen behaupten, daß ich in Paris nicht das Allermindeste getan habe. Denn
Paris stieg mir vollends zu Kopfe, die wunderbarste Welt öffnete
sich vor meinen Augen. Es war, als ob man mir sagte, hier
brauche ich alles nur in mich aufzunehmen und mich völlig frei
der herrlichen Schönheit der Stadt hinzugeben – und der Begeisterung darüber, was Menschen durch die Jahrhunderte in der
Malerei geschaffen haben.

Ich hatte das große Glück, daß mein guter Freund, Mario
Krohn*, zur gleichen Zeit wie ich in Paris war. Er nahm mich mit
in Sammlungen, die der Öffentlichkeit nicht zugänglich waren,
und gab sich große Mühe, mit seiner einzigartigen Kennerschaft

und Einsicht in die Kunst einer Anfängerin den Weg zu weisen. Er nahm es sich sehr zu Herzen, daß ich Millet*, den er so hochschätzte, nicht verstehen konnte – oder, wie er vermutete, nicht verstehen wollte. Er machte es sich mit großem Ernst und viel Überlegung, aber leider umsonst, zur Aufgabe, meine Augen für Millets Größe zu öffnen, und er entwickelte einen sorgfältigen Plan, wie wir dabei vorgehen sollten. Genauso sahen später in Afrika meine Freunde Berkeley Cole* und Denys Finch-Hatton mit aufrichtigem Bedauern der Tatsache ins Auge, daß ich Portwein, der den Engländern ja fast heilig ist, nicht schätzenlernen konnte – oder, wie sie vermuteten, nicht schätzen lernen wollte. Auch sie überlegten im Bewußtsein ihrer Verantwortung, wie man methodisch vorgehen müßte – eines Tages einigten sie sich darauf, ich würde am besten zur Erkenntnis der Wahrheit kommen, wenn ich drei Glas Portwein verschiedener Jahrgänge auf nüchternen Magen zu mir nähme. Aber ich habe für Portwein nicht mehr Verständnis als für Millet aufbringen können.

Eine Zeitlang habe ich auch Malerschulen in Rom und Florenz besucht.

In den fast zwanzig Jahren, die ich in Afrika gelebt habe, machte ich jedes vierte Jahr, wenn ich zu Besuch nach Europa fuhr, eine eigenartige Erfahrung, die nicht vielen zuteil geworden sein kann. Auf dem Weg nach Dänemark legte ich gewöhnlich einen Aufenthalt von drei Wochen in Paris ein, teils um neue Kleidung zu kaufen, teils um wieder einigermaßen auf eine Höhe mit der europäischen Zivilisation zu kommen – weil ich sonst in Dänemark nach vier Jahren in dem dunklen Erdteil als vollkommener Barbar angesehen worden wäre. Ich hatte dann seit vier Jahren keine Malerei gesehen. Am Tag nach meiner Ankunft pflegte ich in den Louvre hinüberzugehen und einen Augenblick auf der Schwelle zu verharren, um mir klarzumachen, welcher besondere Künstler oder welches besondere Kunstwerk mich nun in meinem kunsthungrigen Zustand am meisten zu sich hinzog. Das variierte, je nachdem, was ich in den letzten vier Jahren erlebt hatte. Ich weiß, daß es in dem einen Jahr Rembrandts »Bathseba« und in einem anderen Manets »Frühstück« war – meist überhaupt die Impressionisten, die damals noch im Louvre

hingen und später in die Orangerie gekommen sind. Nach dem
großen Dürrejahr aber durchquerte ich alle Räume und ging
direkt zum Rubens-Saal hinauf!

Während einer meiner Besuche in Dänemark nahm ich kurze
Zeit Unterricht bei Frau Bertha Dorph*. Von allen meinen Lehrern hat im Grunde nur Frau Dorph sich bemüht, mich zur Fortsetzung meiner Studien zu bewegen.

Ich kann nicht beurteilen, ob ich in meinem Leben die Dichtung, die Musik oder die bildenden Künste mehr geliebt habe.
Meiner Ansicht nach unterscheiden sie sich nicht wirklich voneinander; Dichtung ist ja auch Malerei und Musik, und was
mich selbst betrifft, so wäre ich, wenn ich hätte frei wählen können, weder Maler noch Schriftsteller, sondern Farmer geworden. Aber Kunst hat in allen ihren Erscheinungsformen unendlich viel für mich bedeutet. Und ich glaube, daß die Malerei meinen Geist am unmittelbarsten inspiriert hat. Wenn ich beim
Schreiben einer Erzählung festsaß, habe ich häufig erlebt, daß
mir einer der großen Meister der Malerei weitergeholfen hat,
und immer wieder habe ich bei ihnen neue Inspirationen gefunden. Ich könnte ganz bestimmte Gemälde nennen, die sich bei
mir in ganz bestimmte Erzählungen umgesetzt haben. Courbets
»Zwei junge Engländerinnen auf einem Balkon« sind gewissermaßen das Grundmotiv in »Die unbezwingbaren Sklavenhalter«*. Und ein altes Gemälde im Kunstmuseum in Kopenhagen
von einem Maler, an dessen Namen ich mich jetzt nicht einmal
mehr erinnere, wurde sofort zu »Eine tröstliche Geschichte«* –
aber ich bezweifle sehr, daß jemand anderes den Zusammenhang erkennen könnte, selbst wenn ich mir die Mühe machte,
ihn aufzuzeigen.

Ich verdanke der Malerei noch weit mehr. Sie hat mir immer
wieder das wahre Wesen der wirklichen Welt offenbart. Es ist
mir immer schwergefallen, einen Blick dafür zu bekommen, wie
eine Landschaft eigentlich aussah, wenn mir nicht ein großer
Maler den Schlüssel zu dieser Landschaft gegeben hat. Die ureigene Natur eines Landes habe ich dort am tiefsten erfühlt und erkannt, wo sie mir von einem Maler erschlossen worden ist. Constable, Gainsborough und Turner haben mir England gezeigt.

Als ich als junges Mädchen durch Holland reiste, verstand ich alles, was die Städte und Landschaften zu sagen hatten, weil die alten holländischen Maler mir freundlicherweise als Dolmetscher zur Seite standen, und in dem blauen Umbrien rings um Perugia erhielt ich durch Giotto und Fra Angelicos Hände fast unmerklich heilige Weihen. In der Schweiz, wo ich keinen großen Künstler fand, der mich hätte an die Hand nehmen können, ist es mir gelegentlich sehr schwergefallen, die Schönheit der Berge und Seen nicht mit kolorierten Postkarten in Verbindung zu bringen.

Nur die afrikanischen Hochebenen haben gleich zu mir gesprochen, ohne Dolmetscher, in einer Sprache, die sofort mein Herz erreichte. Es muß eine ursprüngliche, mystische Übereinstimmung zwischen ihnen und mir gegeben haben, denn schon bei unserer ersten Begegnung machte ich mir das Land zu eigen, oder das Land vereinnahmte mich, und wir wurden eins.

Ich habe seinerzeit ungewöhnlich gute Augen gehabt. Mir ist nie ein Mensch begegnet, der besser sehen konnte als ich, nicht einmal jemand, der ein ebenso gutes Sehvermögen hatte wie ich. Immerhin bin ich mit afrikanischen Eingeborenen auf Safari gewesen, denen man ja im Allgemeinen nachsagt, sie könnten besser sehen als die Weißen – aber draußen auf den Hochebenen geschah es immer wieder, daß sie zu mir kamen und fragten: »Was ist das da ganz hinten für ein Stück Wild, Memsahib?« Es ist schon merkwürdig, wie man auf große Entfernungen, ehe man die Gestalt des Wildes erkennen kann, allein an der Bewegung sofort feststellen kann, ob es zur Familie der Hirsche oder der Katzen gehört. Hirsche trippeln, laufen oder springen, aber ein Leopard oder eine Löwin bewegen sich in hohem Gras wellenförmig voran, wie Wirbel in einem Bach. Ich hatte in Afrika auch einen zusätzlichen Namen, der soviel wie »Sie, die von allen Leuten als erste den Neumond erblickt« bedeutete. Später wurde er einfach in »Neumond« verkürzt. Kann man sich wünschen, unter einem schöneren Namen zu leben, oder – in der Umgebung von Moslems – mit einem vornehmeren?

In den letzten Jahren hat mein Sehvermögen auf einmal stark abgenommen. Das ist zwar eine schmerzliche Erfahrung, für mich ist sie aber zugleich erstaunlich, denn ich sehe die Dinge in der Welt jetzt schöner als zu der Zeit, als meine Augen ihre volle Sehkraft hatten. Kritische Kunstkenner treten einige Schritte zurück vor einem Bild und kneifen die Augen während der Begutachtung zusammen, um sich in die Position des Künstlers zu versetzen. Vielleicht wollen die Jahre gerade das mit uns machen – oder für uns tun: ohne Initiative von unserer Seite veranlassen sie uns, ein paar Schritt Abstand vom Leben zu nehmen, und richten unsere Augen auf den Gesamteindruck von dem, was der Künstler gemeint hat.

Übersetzt von Sigrid Daub

Daguerreotypien

Als ich im Radio versuchte, die Sitten, Gebräuche und Gedankengänge vergangener Zeiten zu schildern oder zu beleuchten, da hatte ich nicht die Absicht, diese Causerien jemals im Druck erscheinen zu lassen. Die »Daguerreotypien« waren als mündliche Wiedergabe dessen gedacht, was auch mir mündlich überliefert worden ist. Wenn ich sie nun als Buch erscheinen lasse, liegt das daran, daß ich von vielen Seiten dazu aufgefordert worden bin, womit ich jedoch nicht denen, die mich aufgefordert haben, die Verantwortung zuschieben will.

Nicht ohne Bedenken sehe ich jetzt die »Daguerreotypien« in Buchform. Nicht alles, was bei einem persönlichen Beisammensein zur Sprache kommt, kann der strengen Prüfung standhalten, unsterblich gemacht und somit der Gefahr ausgesetzt zu werden, daß es noch einmal überprüft und durchdacht wird. Ich bitte deshalb meine Leser, sich daran zu erinnern, daß sie meine Hörer sind. Dieses kleine Buch ist kein literarisches Werk, sondern eine Erinnerung an die beiden Abende, an denen Sie zu meiner großen Freude bei mir zu Gast waren.

I

Ich habe den bescheidenen Skizzen, die ich Ihnen an zwei Abenden hier am Kamin auf Rungstedlund zu zeigen die Ehre haben werde, den Namen »Daguerreotypien« gegeben. Die Daguerreotypie war die allerfrüheste Form der Fotografie; sie entstand vor hundert Jahren und erregte großes Aufsehen; sie wurde nach dem Franzosen Daguerre benannt, der genau im Revolutionsjahr 1789 geboren wurde und seine Erfindung anläßlich einer Vorlesung im Jahre 1839 der Öffentlichkeit vorstellte. Ich habe diesen Namen aus zwei Gründen gewählt.

Der erste Grund ist der, daß diese alten Bilder auf keinen Fall als Kunst galten oder sich dafür ausgaben. Sie waren stolz darauf, treue Wiedergaben einer Realität zu sein. In einigen alten Häusern hängen noch immer einzelne verblichene Daguerreotypien an den Wänden der Gästezimmer, und sie erscheinen uns sehr schlicht und nüchtern im Vergleich zu den künstlerischen und kunstfertigen Portraits späterer Zeiten. In den Tagen der Daguerreotypien muß es so etwas wie eine Tortur gewesen sein, bei einem Fotografen »aufgenommen« zu werden – das Modell mußte kerzengerade mit einem Stock im Rücken gut eine halbe Minute lang dasitzen, ohne mit der Wimper zu zucken. Und für die Leute, die mit der Interpretation des Menschen durch die Portraitmaler aufgewachsen waren, war es sicher nur selten eine wirklich freudige Überraschung, sich selbst in der Wiedergabe des Fotografen zu erblicken. Prinzessin Karoline*, die Gemahlin des Prinzen Ferdinand, hatte sich in ihrem Leben schon oft von Malern portraitieren lassen; als sie die erste Daguerreotypie von sich überreicht bekam, betrachtete sie sie lange in tiefem Schweigen und sagte schließlich: »Ja, da bin ich meinen Freunden doch sehr dankbar, daß sie mir treu geblieben sind.« Die Fotografie aber begegnete den Klagen der Menschen mit der hartnäckigen Beteuerung ihrer Redlichkeit: »So seht Ihr aus!«

Nun stellen die Bilder, die ich Ihnen zeige, nicht die Menschen der Vergangenheit dar, sondern ihre Ideen und Vorstellungen und ihre Ansichten vom Leben. Aber ich glaube, ich verfolge dabei die gleiche Absicht wie der alte Franzose: die Dinge wiederzugeben, wie sie waren.

Der zweite Grund, meine kleinen Skizzen nach Daguerre zu benennen, ist der, daß er im Bewußtsein meiner Zuhörer einer fernen Vergangenheit angehört. Denn ich will Ihnen nicht meine eigenen Erinnerungen erzählen und nicht versuchen, meine eige-

nen Ideen und Vorstellungen vor Ihnen auszubreiten. Ich will
über Erscheinungen reden, die schon damals, als ich zum ersten
Mal meine Zuhörer mit ihnen bekannt machte, alt und altmo-
disch, merkwürdig und manchmal völlig unerklärlich schienen.
Ich bin ja selbst bei Elfeldt nach allen Regeln der Kunst mit einem
großen Rosenstrauß im Arm fotografiert worden, und ich habe
über die alten Bilder auf Metallplatten gelacht, welche die Zeit
längst überholt hatte.

Ich bin älter als viele meiner Zuhörer, aber nicht gleichaltrig
mit Daguerre, dann wäre ich heute 162 Jahre alt. Oder – ich bin
in diesem Zusammenhang weit älter als selbst Daguerre. Ein
Kreis junger Freunde von mir hat festgestellt, ich sei 3000 Jahre
alt. Ich will dann für die Bilder, die ich Ihnen zeigen werde, persönlich nicht strenger zur Verantwortung gezogen werden, als
man einen Menschen von vor 3000 Jahren für die Daguerreotypien verantwortlich machen kann.

Aber ich für mein Teil will – in diesem wie in anderen Fällen –
mich auf Goethes Wort* berufen: »Wer nicht von dreitausend
Jahren / Sich weiß Rechenschaft zu geben, /... Mag von Tag zu
Tage leben.«

Ich habe mich in meinem Leben manches Mal über die Tatsache gewundert, daß stumme Gegenstände, die in Schubladen
oder auf Schrankbrettern beiseitegelegt worden sind und weder
von Rost noch von Motten angegriffen werden, während ihres
unbeachteten Daseins im Laufe der Jahre grundlegende Veränderungen durchmachen.

Ich habe das an Abendkleidern in Afrika gesehen, die ich in
Europa gekauft und in den Schrank gehängt habe; wenn ich sie
nach zwei oder drei Jahren wieder hervorholte, um sie anzuziehen, zeigte es sich, daß sie, ohne daß sie sich verzogen hatten
oder eingelaufen waren, viel zu lang oder viel zu kurz geworden
waren. Sie hatten sich nicht verändert, und doch waren sie anders geworden. Die Mode und meine Augen waren schuld an der
Verwandlung.

Nach dem Tode meiner Mutter habe ich einige Schubladen in
einer alten Kommode aufgeräumt. Eine von ihnen enthielt Alben
und lose Fotografien. Ich wurde bei ihrem Anblick sehr nach-

denklich. Da gab es eine Fotografie, die einmal »der letzte Schrei« gewesen war, ein hochmodernes Portrait einer jungen modisch gekleideten Dame. Irgendwann einmal, ein Menschenalter später, ist es hervorgeholt, betrachtet und verlacht worden, denn zu der Zeit fand man, es sei ein urkomisches Jugendbild der alten Tante Amalie in einem Kleid und mit einer Frisur, die einem so unmöglich vorkamen, daß man nicht begriff, wie sich irgend jemand auf der Welt so etwas hatte ausdenken können! Heute ist das Bild Kulturgeschichte. Die kleine vergilbte Fläche hat Tiefe gewonnen, eine mahnende Perspektive. Wir halten ein Anschauungsbild der Gestalt und Ideologie einer Epoche in der Hand, und wir verspüren die feine, unverfälschte Essenz einer untergegangenen Kultur wie den Duft aus einer lange gehüteten Potpourri-Vase.

Wenn wir es ansehen, begreifen wir, daß hier nichts zufällig ist, sondern, daß ein mystischer innerer Zusammenhang besteht zwischen den Prinzipien, Idealen, Ambitionen, Vorurteilen und Träumen eines Zeitalters auf der einen Seite – und seinen Sofas, Blumensträußen und Damenhüten auf der anderen.

Zu einer Zeit, in der Estrup* als Premierminister Vorbereitungen traf, Kopenhagen um jeden Preis zu befestigen, der Zar von Rußland* als glücklicher und aufmerksamer Schwiegersohn zu einem Sommerferienbesuch nach Fredensborg kam, »Ein Puppenheim«* gerade im Königlichen Theater aufgeführt worden war und heftige Diskussionen in den Zeitungen und Familien ausgelöst hatte, an anderen Abenden auf der gleichen Bühne Emil Poulsen als Ambrosius* junge Damen zu Tränen rührte, Edison gerade die Welt mit der Erfindung des Phonografen in Erstaunen versetzt hatte, mußte auch Mutters alte Freundin, die Admiralin Bardenfleth* – auf einer frühen Stufe ihrer Karriere, als junge Seemannsbraut –, sich mit einem kleinen verschämten Lächeln unter einem raffinierten Gebäude aus Zöpfen und Locken, in einem Kleid mit Raffungen, Garnierungen, Plissees und Schleppe fotografieren lassen vor einem Hintergrund aus aufgewühlten Wellen, auf denen Trümmer eines Wracks schwammen, aber auch – als Zeichen der Hoffnung – ein Anker zum Vorschein kam.

Diese sonderbare, passive Entwicklung machen auch die Behauptungen und Urteile durch, die wir einmal vor vielen Jahren gehört haben und die seitdem unbeachtet in unserem Gedächtnis gelegen haben, bis wir sie eines Tages zufällig wieder ans Licht ziehen. Wie haben sie sich in diesen Jahren verändert! Sie waren einmal anerkannte, orthodoxe Lebensansichten. Ein Menschenalter später, vielleicht gerade in dem Augenblick, als wir mit ihnen in Konflikt gerieten, waren sie völlig unmöglich, ja, ärgerlich und zum Widerstand herausfordernd. Heute sind sie Geschichte.

Zu welchem Zeitpunkt tritt diese entscheidende Verwandlung ein vom Verpönten und Unbrauchbaren zu dem, was für uns von Interesse ist, weil wir aus ihm lernen können? Vom Beiseitegelegten zum Bleibenden, vom Antiquierten zur »Antiquität«? Ein fünf Jahre alter Hut ist schrecklich unmodern – stammt »von siebzehnhundert und sonstwas«! Ein Hut, der wirklich aus dem Jahre 1700 stammt, ist ein historisches Dokument. Man muß wohl annehmen, daß ein Hut schneller altert und schneller sein besonderes Bouquet erlangt als eine Meinung darüber, was gerade als schicklich gilt, aber der Prozeß wird in beiden Fällen innerhalb eines Jahrhunderts abgeschlossen sein.

Wenn man so weit über das halbe Jahrhundert hinausgelangt ist, daß man schon vor fünfzig Jahren alt genug war, um einigermaßen zu begreifen, was um einen herum gesagt wurde, und wenn man damals alte Menschen in seiner Umgebung hatte und ihnen zugehört hat – dann hat man selbst durch mündliche Überlieferung Lebensanschauungen kennengelernt, die vor hundert Jahren entstanden sind und sich seitdem verfestigt haben. Dann kann man, wie ich es jetzt tue, die hundertjährigen Ideen durch mündliches Erzählen weitergeben an die jungen Leute einer neuen Zeit. Wir selbst sind ihnen zu einem Zeitpunkt begegnet, wo sie antiquiert und unbrauchbar waren, und wir haben uns gegen sie aufgelehnt. Können die jungen Menschen von heute etwas lernen, wenn sie etwas über sie hören? Können sie sie zu irgend etwas gebrauchen? Hundert Jahre, das ist doch der zwanzigste Teil der Zeit nach Christi Geburt – ein Zeitraum, der hinreichende Lagerung für jeden Wein bedeutet.

Viele junge Leute werden mir so antworten, wie ich selbst ein-

mal den Menschen geantwortet habe, die mich über die Sitten
und Gebräuche entschwundener Zeiten belehren wollten: »Was
sollen wir denn mit euren Geschichten?«

In Afrika hatte ich einen jungen norwegischen Freund, der
sich konsequent weigerte, ein Buch zu lesen, das vor dem Jahr
1900 geschrieben war. »Die modernen Autoren«, sagte er, »haben die Klassiker gelesen und haben von ihnen gelernt. Es ist
nicht einzusehen, daß auch wir uns diese Mühe machen sollen.
Wir wollen wissen, wie die Zeit, in der wir leben, wirklich ist. Allein das hat für uns Bedeutung, mehr brauchen wir nicht.«

Von einem Mann, der sein Gedächtnis verloren hat, sagen wir
jedoch, daß er nicht weiß, wer er ist. Ja, er weiß nicht, auf welchen Namen er getauft ist – aber es gibt doch Menschen, die ihren Namen vertauschen, ohne dadurch ihre Persönlichkeit gänzlich zu verlieren oder zu verändern. Und er weiß ja sonst in vielfacher Beziehung sehr wohl, wie es in diesem Augenblick um ihn
bestellt ist. Er weiß, was er wiegt und wie groß er ist, und er kann
in einem Spiegel deutlich sehen, wie er aussieht. Er weiß, ob er
gesund ist oder sich schlechtfühlt, welche Farben und welchen
Wein er bevorzugt, ob er ein Ohr für Musik hat, ob er autofahren kann und was er sich für morgen gern vornehmen möchte.
Und doch bleiben wir dabei, daß er ohne Erfahrung, ohne einen
Überblick über sein Leben, nicht wirklich weiß, wer er ist. Es hat
sich auch immer wieder gezeigt, daß eine erwachende Nation
sich der eigenen Geschichte zuwendet, um vollauf zu verstehen,
wer sie ist.

Auf diese Weise, denke ich mir, können meine alten Daguerreotypien den jungen Leuten, die sie heute abend betrachten,
eine gewisse, vielleicht ganz unbedeutende Einsicht vermitteln –
ein Gespür für Zusammenhänge.

Meine erste Daguerreotypie ist ein Ausspruch, den ich, wahrscheinlich um die Jahrhundertwende herum, von meinem alten
Onkel, dem Bruder meines Vaters, gehört habe, dem Kammer-
herrn Dinesen* auf Katholm*.

Er ist sicher das erste Mal an einem Sommerabend geäußert
worden, als die Türen des Gartenzimmers zur Lindenallee hin
geöffnet waren, im Zimmer Rosen in der Vase standen und am

Himmel lange Sternschnuppen auftauchten – denn wir verbrachten für gewöhnlich unsere Sommerferien auf Katholm.

Die Gastfreiheit der alten Höfe war damals nahezu unbegrenzt. Wenn wir – meine Mutter und wir fünf Kinder mit unserem alten Kindermädchen Malla – angereist kamen, um uns im Hause meines Onkels für einen Monat niederzulassen, fanden wir immer, außer ein paar alten unverheirateten Tanten, eine Menge anderer Sommergäste vor: entfernte Verwandte, frühere Lehrerinnen und frühere Offizierskameraden meines Onkels. Und doch war das Haus darauf eingestellt und gern bereit, weitere Gäste aufzunehmen, wenn sie ihm nur die Freude machten zu kommen.

Mein alter Onkel präsidierte am Tisch und bestimmte nach dem Essen die Konversation im Gartenzimmer, ließ sich aber sonst im Täglichen nicht davon beeindrucken, wie viele Menschen er unter seinem Dach hatte.

Solche Menschen wie ihn gibt es gar nicht mehr. Ich könnte viele Geschichten über ihn erzählen. Sein Leben war entscheidend durch die Tatsache geprägt worden, daß er als 22-jähriger junger Gardeoffizier zur Begleitung der Prinzessin Dagmar* abkommandiert worden war, als diese nach Rußland ging, um dem großfürstlichen Thronfolger und späteren Zaren Alexander III. vermählt zu werden. Da mein Onkel weder einen Titel noch viel Geld besaß, muß ich annehmen, daß er auf Grund seiner ganz besonderen Schönheit für diese hohe Mission auserwählt worden war. Mein Vater, sein jüngerer Bruder, sagte von ihm, er sei der einzige Mann von vollkommener Schönheit, den er in seinem Leben gesehen habe. Damals konnte es einem schon etwas zu Kopfe steigen, als eine Art Repräsentant der dänischen Nation nach Rußland geschickt und mit flatternden Fahnen und festlicher Musik empfangen zu werden. Und es war auch wirklich meinem Onkel etwas zu Kopfe gestiegen – er erging sich gerne in den großen Erinnerungen an die russische Hauptstadt und den Winterpalast. Er ist 1864 ein tapferer Offizier gewesen, und er war ein vielgereister alter Herr, der sich in Paris ebenso zu Hause fühlte wie in Kopenhagen. Aber Katholm blieb für ihn unabdingbar der Mittelpunkt der ganzen Welt. Er war ein Polterer und Haustyrann, den eine schöne Dame oder ein kluger alter Diener um den Finger wickeln konnten. Ich könnte ebenso viele Geschichten über seine Gutherzigkeit wie über seine Vorurteile erzählen.

An jenem Sommerabend nun muß die Rede auf Fahrräder gekommen sein, die damals kaum eine neue Erfindung gewesen sein können, sich aber gerade zu der Zeit ungeheuer schnell steigender Beliebtheit erfreuten, auch bei den Damen. Besonders letzteres ärgerte meinen Onkel und erregte seinen Zorn. Zunächst hatte er die Behauptung aufgestellt, Damen auf dem Fahrrad seien ein teuflischer Anblick; es wurde ihm widersprochen – was er nicht gut vertragen konnte –, er redete sich in Rage, schlug sich schließlich mit der geballten Faust aufs Knie und verkündete mit dem lautesten Dröhnen der Kommandostimme seiner Offizierszeit: »Wenn ich eine Dame auf dem Fahrrad fahren sehe, habe ich meiner Meinung nach, weiß Gott, das Recht, ihr eins auf den Hintern zu geben.«

Ich selbst war noch so jung, daß ich nicht wagte zu widersprechen. Ich hatte gerade mein erstes Fahrrad bekommen, trotzdem schluckte ich meine glühende Entrüstung hinunter und schwieg. Aber ich hatte zwei junge, hübsche Kusinen, die zehn, zwölf Jahre älter waren als ich, die waren sehr flotte Radfahrerinnen und ließen sich so schnell nicht unterkriegen; ohne Furcht und mit lauten, klaren Stimmen verteidigten sie hartnäckig ihre Räder. Es gelang ihnen nicht, ihren Standpunkt zu behaupten, aber gegen Ende der Diskussion konnte eine von ihnen noch einen wesentlichen Satz loswerden: »Ach, das schaffst du ja gar nicht, Onkel«, sagte sie, »erstens fährt sie dir ja weg, und zweitens sitzt sie ja auf demselben!« Mein Onkel war etwas verblüfft, und es fiel ihm nicht gleich eine Entgegnung ein. »Nein«, schloß er dann mit dem ganzen Gewicht des zutiefst von seiner Gerechtigkeit Überzeugten, »nein, aber das Recht! das Recht dazu – das habe ich, verdammt noch mal.«

Spät am Abend setzten wir Jungen unter uns die Debatte fort, in der Turmstube und in dem daneben liegenden großen Gästezimmer. Meine beiden Kusinen waren noch immer in Fahrt. »Recht!« riefen sie. »Was ist das für ein Recht, das der Onkel zu haben glaubt? Das soll mir mal, bitte, einer erklären!«

Das ist es also, was ich jetzt, fünfzig Jahre später, versuchen möchte.

Die Erziehung eines wirklichen Gentleman war vor hundert Jahren eine umständliche und kostspielige Angelegenheit. Er wurde durch besonders festgelegte, ehrwürdige und komplizierte Prozesse zu einem solchen Mann gemacht. Der jetzigen Zeit würde es sicher schwerfallen, sich wirklich vorzustellen, wie viele von diesen darauf hinausliefen, ihm den richtigen Sinn für die Würde der Frau und seine Haltung ihr gegenüber einzuflößen. Einen wahren Gentleman erkannte man in erster Linie an seiner Einstellung zu dieser einen Frage. »Naja, er trinkt zuviel«, pflegten die Frauen von ihm zu sagen. »Er bezahlt seinen Schneider nie. Wir wissen sehr wohl, daß er brutal sein kann.« Wenn er jedoch in diesem ersten Artikel des Glaubensbekenntnisses sicher war, schlossen sie: »Aber er ist ein wirklicher Gentleman.« In den englischen Offiziersmessen war es verboten, unter welchen Umständen oder in welcher Verbindung auch immer, den Namen einer Dame zu erwähnen. Dieses Gesetz zu verletzen war die denkbar gröbste Versündigung am Ideal des Gentleman.

Noch schwieriger wird es wahrscheinlich, der heutigen Zeit zu erklären, wie der Rock – das lange Gewand – zu einem derart bedeutungsvollen, ja, entscheidenden Symbol der Würde der Frau geworden war und ihre Beine zu dem einen, sakrosankten Tabu. Die Frauen der damaligen Zeit geizten ja nicht mit dem Zurschaustellen ihrer Reize oberhalb der Gürtellinie. Aber von der Taille bis zur Erde waren sie Mysterien, heilige Rätsel.

Ich persönlich könnte mir denken, die Erklärung liegt darin, daß Hosen tatsächlich ein zweifelhaftes Kleidungsstück, ein Kleidungsstück ohne Würde sind – selbst die der Männer wurden in der Zeit der Daguerreotypien als »die Unbenennbaren« oder »die Permissionen« bezeichnet – oder daß es einem bekleideten Menschen in Wirklichkeit peinlich ist, zwei Beine zu haben. Es wird oft behauptet, Hosen seien für Frauen nicht kleidsam, und ich kann mich diesem Urteil nur anschließen, muß aber hinzufügen, daß sie es für Männer auch nicht sind. Wenn ich mich an die Gewänder erinnere, die meine Bekannten unter den Arabern und Somalis trugen, und an die Würde und Ausdruckskraft denke, die sie den Bewegungen ihrer schlanken Gestalten verliehen, kann ich unsere europäischen Männer in ihren Futteralen nur bedauern. Ich habe in Berlin König Lear* in strammen Hosen auf der Bühne auftreten sehen und sofort begriffen, daß es unmöglich war, damit die Rolle des großen wahnsinnigen Königs durchzuhalten. Der Faltenwurf muß den gewaltigen menschlichen Ausbrüchen und dem Gestus folgen. Die großen antiken Auftritte – Sokrates' Tod, Caesars Ermordung auf dem Capitol – sind unvereinbar mit jeder Vorstellung von Hosen. Moses hätte in Hosen niemals Wasser aus dem Felsen schlagen können.

Auf jeden Fall stand nun einmal fest: Die langen Röcke waren das heiligste Attribut der weiblichen Würde.

Der englische Schriftsteller Samuel Butler* erzählt eine Geschichte von einem kleinen Jungen, dessen Weltbild zusammenstürzt, als er während eines Ferienaufenthaltes im Zimmer zweier junger Tanten einquartiert ist und sieht, wie sie aus ihren Krinolinen auftauchen, langbeinig und zweigeteilt, während er bis zu diesem Augenblick geglaubt hatte, Damen bestünden vom Gürtel bis zur Erde nur aus einem Stück.

Das neunzehnte Jahrhundert legte auf dieses Tabu ganz besonderen Wert. Caroline Mathilde* war in dem frivoleren achtzehnten Jahrhundert in Männerkleidern geritten, als aber Carl Ploug* darüber schreiben soll, weigert er sich, mehr als das Folgende zu äußern:

> Des Reitgewandes dunkle Wogen
> rauschten im Wind und zogen –
> der Frauenart, dem Landesbrauch zuwider –
> jedweden dreisten Blick hernieder
> auf runde Formen, weiche Pracht,
> nur schlecht verhüllt von einer Männertracht.

Über die Liebesaffäre der Königin hat er hinwegsehen können, sie aber ungeniert in Hosen durch den Wald galoppieren zu lassen – dazu konnte er sich nicht durchringen.

Als die Frauen kurz nach der Jahrhundertwende anfingen, im

Reitersitz zu Pferde zu sitzen, wurde dann auch ein merkwürdiges Kleidungsstück – »the divided skirt« – für sie erfunden. In den meisten Fällen war das einfach ein Rock für jedes Bein. Selbst das hatte einen Hauch von Pikanterie; einem Rennpferd in Klampenborg, das den Namen »Divided Skirt« trug, haftete etwas Frivoles an. Aber man darf doch annehmen, daß die Ehrbarkeit noch nicht völlig verlorenging.

Vater schreibt in Boganis »Jagdbriefen«*: »Es mag ja gerade noch angehen, daß die Damen mit auf den Anstand gehen, aber schlimmer wird es, wenn sie auf die Idee kommen, mit geschulterter Büchse als Jäger agieren zu wollen. Wie bezaubernd eine gut gewachsene Mädchenwade auch sein kann, wenn sie von einem unvorsichtig angehobenen Kleid enthüllt wird, so liegt doch keinerlei Verlockung darin, das ganze Bein mit kurz abgeschnittenen Unterkleidern direkt bis zum Knie hinauf präsentiert zu bekommen.«

»Denn«, fügte er hinzu, »die geheimnisvolle Kraft des Weiblichen ist das Erahnte.«

Ich will Ihnen zwei kleine Geschichten erzählen, die diese geheimnisumwobene, symbolische Bedeutung des Damenbeines illustrieren.

Die erste können Sie in Karl Gjellerups* Roman »Romulus« finden. Dort kommt der Held des Buches in eine Reithalle und hört zufällig zwei Zureiter miteinander über die junge Dame sprechen, die er liebt. Der eine fragt den anderen, ob er, wenn er der Dame in den Sattel geholfen habe – damals immerhin noch der Damensattel –, ein wenig an ihren Beinchen emporgesehen habe, und der andere antwortet, ja, das sei ihm schon passiert. Daraufhin fühlt sich der liebende junge Mann selbstverständlich verpflichtet, den frechen Zureiter niederzuschlagen – und daraus entwickelt sich die ganze weitere Handlung des Romans.

Die zweite hat mir ein alter französischer Herr erzählt. Er hatte eines Abends an einem Kamin einer sehr schönen jungen Dame gegenübergesessen – noch dazu einer Prinzessin von Geblüt. Um ihre kleinen Füße in den feinen Schuhen zu wärmen, hatte sie ihr Kleid etwas über die Fußgelenke hinaufgezogen. »Ah, madame«, sagte mein alter Freund, »ça donne envie de voir

plus – das gibt einem Lust, etwas mehr zu sehen!« – »Eh bien!«
sagte die Prinzessin, » – um einem alten Freund eine Freude zu
machen!« – und damit schlug sie einen Schwall von Unterkleidern zur Seite, vermutlich bis zur Hälfte der Wade hinauf und
streckte ihm ein Paar schlanke, seidenbekleidete Beine entgegen.
Dem Ton seines Berichtes nach zu urteilen, war dieser Augenblick einer selten reizenden Gunstbezeugung der Höhepunkt seines langen Lebens.

So wird, auch für uns, verständlich, daß die Männer, die sich
einer so harten und lang anhaltenden Disziplin unterworfen und
loyal zu dieser allerersten Forderung an einen Gentleman gestanden haben, mit Mißbilligung, ja, mit einer gewissen persönlichen
Bitterkeit – als ob sie das Gefühl hatten, sie seien von denen zum
Narren gehalten worden, die ihnen in Wirklichkeit viel schulde-
ten – gesehen haben, wie sich ihre Damen rittlings auf ein Fahrrad setzten und im Davonrollen beide Beine frank und frei zur
Schau stellten. Man kann schon verstehen, daß sie es unter diesen Umständen als Recht, vielleicht sogar als Pflicht eines
Gentleman empfunden haben, die Irregeleiteten – gewiß auch
mit drastischen Mitteln – daran zu hindern, ihren eigenen höchsten Schatz fortzuwerfen, immer nach dem Motto:

> der dem schlechten Ratschluß des Königs wehrt,
> ist des Königs bester Freund.*

»Worin aber« – fragen die jungen Männer und Frauen des zwanzigsten Jahrhunderts, »worin bestand denn im Grunde für die
Generation, die im ersten Viertel des neunzehnten Jahrhunderts
geboren und erzogen worden ist, diese Würde der Frau, die nicht
verscherzt werden durfte und die durch Übertretungen, die einen
Mann in keiner Weise kompromittiert hätten, verspielt werden
konnte?«

Goldschmidt* liefert in »Heimatlos« eine Art poetischer Erklärung des Phänomens, indem er sagt: »Es ist eine Tatsache,
daß die Männer aus einem Stoff sind, der keine Flecken annimmt, wohingegen die Frauen aus weißem Seidenstoff sind.«
Aber die modernen jungen Menschen begnügen sich vielleicht

nicht mit einer poetischen Umschreibung, sie erwarten eine klare Auskunft. Da muß die Vorführerin der Daguerreotypien ihnen antworten: »Ich bin nicht in der Lage, Euch eine klare Antwort zu erteilen. Der Sachverhalt an sich war sozusagen poetisch bestimmt. Die Würde der Frau lag im Mysterium der Weiblichkeit. Die geheimnisvolle Kraft des Weiblichen ist das Erahnte.«

Während ich versuche, die Sache zu erklären, gewinne ich den Eindruck, die Männer der alten Generation sahen die Frauen unter drei Blickwinkeln oder in drei Gruppen – das heißt: offiziell sahen oder beurteilten sie sie so, aber darauf werde ich später zurückkommen.

Die Frauen waren für sie entweder Schutzengel oder Hausfrauen oder – in der dritten Gruppe – das, was Viktor Rydberg* »Priesterinnen des Freudenlebens, Tänzerinnen« nennt und was ich hier, um ein hübsches Wort zu gebrauchen – denn es gibt ja ein ganzes Teil weniger schöne – Bajaderen nennen will.

Das Frauenideal des wirklichen Lebens war eine Mischung aus Schutzengel und Hausfrau. In der Kunst war das beliebteste und populärste Ideal eine Mischung aus Engel und Bajadere. Wir kennen es aus der Kameliendame und einer langen Reihe nachfolgender Romane und Schauspiele, bis hin zu einem Beispiel wie »Trilby«*.

Der Schutzengel – in Reinkultur – stand in himmlischem Glanz an der Seite des Mannes und schirmte ihn gegen die Mächte der Finsternis ab. Bjørnson* beschreibt diese Frau in einem Gedicht, in dem er schildert, wie ein durch Glaubenszweifel tief verletzter Jüngling seine Braut erblickt:

> Da winkt voll Sonnenschimmer
> Sein Kindertraum im Myrthenkranz;
> Im Liebesblick malt immer
> Sich frommer Himmelsglanz.
> Wie einst im Mutterarm so gern,
> Preist wieder stammelnd er den Herrn
> Und löst sein bebend Sehnen
> In Tränen.

Dieses engelsgleiche Frauenideal fand wohl in Deutschland und im Norden allgemeinere Anerkennung als bei den praktischer veranlagten romanischen Völkern. Goldschmidt* erzählt in einem Brief aus Paris, wie sehr es ihn dort in Erstaunen versetzt, daß der junge Freier die Geliebte nicht als himmlisches Wesen betrachtet, und er fügt hinzu: »Nicht daß unser nordischer Freier zu jeder Zeit oder bedingungslos seine Geliebte als ein solches Wesen ansieht – aber bei uns wird vorausgesetzt, daß er es tut.« Es ist klar, daß ein Schutzengel von einem mystischen Glanz umgeben ist, und da man sich den weiblichen Engel in langen weißen Gewändern einherschwebend vorstellt, muß es natürlich profan wirken, oder genaugenommen ausgeschlossen sein, die Gedanken auf seine, beziehungsweise ihre, Beine zu lenken.

Die Hausfrau – sei es nun die Schloßherrin, die Pastorenfrau oder die Bäuerin – ist natürlich etwas Handgreiflicheres. Aber sie ist doch ehrbar und trägt lange Kleider. Im 19. Jahrhundert gehörten – jedenfalls auf dem Lande, denn ich glaube, in der Stadt war das anders – die Religion und die Poesie des täglichen Daseins zum Bereich der Frau. Die Kinder und das Gesinde des Hauses konnten wohl, wenn sie sich mit dem Herrn des Hauses einen Scherz erlaubten, eine recht handfeste Zurechtweisung riskieren, aber sie brauchten sich deshalb nicht vollkommen verdorben vorzukommen. Über die Mutter oder die Herrin des Hauses zu spotten aber war eine Entweihung. »Unsichtbar«, sagt Jonas Lie*, »unsichtbar und doch immer zur Stelle als der gute Geist des Hauses – ist das nicht das beste, was man über eine Frau sagen kann?« Auch die Herrin des Hauses hatte keine Beine.

Eine kleine Geschichte kann zur Beleuchtung dieser Vorstellung dienen. Ende des 19. Jahrhunderts gab es in Jütland einen Stiftsamtmann – dessen Frau dem Hausfrauentyp in Reinkultur entsprach –, der hatte einen Gärtner namens Larsen. Eines Tages erschien Larsen hochoffiziell im Hause des Stiftsamtsmannes und bat ihn um ein Gespräch unter vier Augen. »Ich finde, ich muß das dem Stiftsamtmann mitteilen«, sagte er. »Ich habe heute nacht im Traum die Frau Stiftsamtmann splitternackt gesehen.« Der Stiftsamtmann geriet bei der Entgegennahme dieses Bekenntnisses in ebenso große Verlegenheit wie Larsen beim Ablegen seines Geständnisses. Man weiß nicht genau, wie seine Antwort ausgefallen ist – es wird erzählt, sie habe folgendermaßen gelautet: »Es ist ganz richtig, Larsen, daß Sie mir das mitteilen. Aber es darf sich natürlich nicht wiederholen.« Wenn man sich in die Situation des Stiftsamtmannes hineinversetzt, wird einem klar, daß sie leichter zu bewältigen gewesen wäre, wenn die Frau Stiftsamtmann mehr dem Schutzengel- oder dem Bajaderentyp entsprochen hätte.

Und nun zur Bajadere. Ja, die hatte jedenfalls Beine, und das machte beinah ihre ganze Bedeutung aus. Aber diese Tatsache stößt keineswegs das heilige Tabu um, sie bekräftigt es in Wirklichkeit, oder sie stellt das Tabu mit umgekehrtem Vorzeichen dar.

Denn hier wird das Tabu praktisch in Zahlen bewertet, und zwar in Zahlen, die der jetzigen Zeit unbegreiflich hoch vorkommen müssen. Man kann sagen, daß die Loyalität des wahren Gentleman gegenüber der Würde der Frau in den Summen ihren Ausdruck fand, die er sich den Anblick der Beine der Bajadere kosten ließ.

Mein alter Freund Mr. Bulpett*, der sich selbst mit dem besten Gewissen an einer Bajadere – La belle Otéro – ruiniert hatte, hat mir oft von den großen Kokotten erzählt, die in Frankreich während des zweiten Kaiserreiches bis zur Jahrhundertwende eine wichtige Rolle gespielt haben. Millionen gingen Jahr für Jahr durch ihre Hände. Wie Zolas »Nana« fuhren sie vierspännig zu den Rennen, ihre Juwelen übertrafen mit ihrem Glanz die des Schutzengels und die der Hausfrau bei weitem. Gaby Deslys, sagte er, sei die letzte der wirklich großen Kokotten gewesen. Als ich ihn nach dem Grund fragte, weshalb sie jetzt fast gänzlich von der Bildfläche verschwunden sind, antwortete er mir nach einigem Nachdenken: »Es gibt heutzutage zu viele Amateure.« Im übrigen war er, auch in seiner Eigenschaft als wirklicher Sportsmann, mißvergnügt, sehen zu müssen, wie die Grenze zwischen Amateuren und Professionals verwischt wurde. Ich erinnere mich, wie ich ihm einmal mitteilte, was ich in einem Modebericht aus meiner Heimat gelesen hatte: daß der Fächer gerade wiederentdeckt würde. Diese Neuigkeit freute ihn so, daß er sich die Hände rieb, und als ich ihn nach der Ursache seiner Genugtuung fragte, antwortete er mir, etwas verwundert über meine Unwissenheit, das sei doch sonnenklar. Ein Fächer sei, neben einem Blumenstrauß, das einzige Präsent, das ein Gentleman einer Dame *comme il faut* schenken dürfe. Wie kostbar er dann sei, spiele in diesem Zusammenhang keine Rolle. »Es hat uns«, sagte er, »wirklich etwas gefehlt, als Ihr so lange keine Fächer getragen habt.«

Selbstverständlich konnten der Schutzengel und die Hausfrau die Existenz der Bajadere unmöglich billigen. Und doch muß es für sie eine gewisse Genugtuung bedeutet haben, auf diese Art – schwarz auf weiß und in handgreiflichen Zahlen – Belege dafür zu haben, was der Einsatz ihrer eigenen Weiblichkeit wert war.

In Wirklichkeit war er noch mehr wert, als das Papier ausweisen konnte. Denn die Bajadere war, in ihrem Vierergespann und mit ihren Juwelen, eine aus der Gesellschaft – wenn nicht gar aus dem Paradiese – Ausgestoßene.

Ich habe vorhin gesagt, daß die Männer des neunzehnten Jahrhunderts offiziell ihre Frauen unter drei Blickwinkeln oder in drei Gruppen geteilt sahen. Und ich habe das Wort »offiziell« benutzt, weil sie in Wirklichkeit noch einen Typus der Frau in ihrem Bewußtsein mit sich herumtrugen, der ihnen allen sicher überaus nah und lebendig vorkam, der aber bei Tageslicht nicht recht benannt oder anerkannt wurde.

Der Schutzengel, die Hausfrau und die Bajadere – sie alle hatten ihre Berufung, ihre Berechtigung und ihre Bedeutung im Verhältnis zum Manne. Sie retteten und führten ihn, oder sie sorgten für sein Wohlergehen oder sein Ansehen, oder sie rissen ihn hin und begeisterten ihn. Eva war aus Adams Rippe erschaffen worden, um des Mannes willen gab es die Frau, und Søren Kierkegaard definiert das Wesen der Frau als »Dasein für Anderes«*.

Aber es gab eine Frau, die, lange bevor das Wort »Frauenemanzipation« in Umlauf kam, unabhängig vom Mann existierte und ihren Schwerpunkt in sich selbst trug. Das war die Hexe.

Die Hexe hat in den verschiedenen Zeitaltern mal eine größere, mal eine kleinere Rolle gespielt, aber sie ist nie ganz aus dem Leben verschwunden. Es ist anzunehmen, daß die meisten Männer der Ansicht sind, eine Frau, die den Mann entbehren kann, kann selbstverständlich auch Gott entbehren oder eine Frau, die nicht Besitz des Mannes sein will, muß vom Teufel besessen sein. Die Hexe hatte keinerlei Skrupel, ihre Beine zu zeigen, sie setzte sich gänzlich ungeniert rittlings auf den Besenstiel und sauste durch die Luft davon. Und doch — trotz all dem Unheimlichen und der Gotteslästerlichkeit, die ihr anhafteten, kann man der Hexe nicht nachsagen, sie habe auf die Würde der Frau verzichtet oder sie verraten. Sie bekräftigte — auf dämonische Weise, aber mit Nachdruck — das fundamentale Dogma: »Die geheimnisvolle Kraft des Weiblichen ist das Erahnte.«

Die Richter des Hexenprozesses, die mit allen Mitteln der Hexe das Bekenntniss entlockten, sie habe auf Samsø den Zaubertrank gebraut, der Prinzessin Anna* daran gehindert habe, zu ihrem Bräutigam, dem König Jacob VI. von Schottland, hinüberzureisen, schreckten davor zurück, sich das eigentliche Rezept des Zaubertrankes von ihr mitteilen zu lassen.

In Afrika glaubt man, alle alten Frauen könnten hexen. Mehr noch: sie verwandelten sich des Nachts in Hyänen und liefen unter schallendem Gelächter im Dunkeln auf den Ebenen umher, um Aas zu suchen. Ich habe einmal in dem Buch eines großen englischen Reiseschriftstellers diese Theorie allen Ernstes vertreten und entwickelt gesehen. Ich habe meinem Bruder, der auf einer Safari im Somaliland gewesen war, von ihr erzählt. Er wurde ganz still, erst später berichtete er mir, daß er eines Nachts — weil er Hyänen von einem Köder wegjagen wollte, den er für Löwen und Leoparden ausgelegt hatte — ein paar Schüsse abgegeben und gegen seinen Willen eine Hyäne getroffen habe. Sie war am nächsten Morgen nicht zu finden, er konnte ihre Blutspur ein Stück weit verfolgen, dann hätte sie sich verloren. Als er aber in das Somali-Dorf zurückkehrte, hörte er schon von weitem Klagegeschrei und Jammern. Eine hochangesehene alte Dame, eine Groß- und Urgroßmutter, war in der Nacht auf unerklärliche Weise zu Tode gekommen.

Ich habe mich einmal – auch in Afrika – mit einer alten in Frankreich geborenen Freundin über unser Thema unterhalten. Sie behauptete steif und fest, alle Männer ohne Ausnahme glaubten an Hexen. Es bestünden nur Gradunterschiede, wie sehr sie sie fürchteten. »Je mehr von einem wirklichen Mannsbild in einem Mann steckt, meine Liebe«, sagte sie, »desto offener wird er seinen Glauben an Hexen bekennen, aber desto weniger wird er sie eigentlich hassen oder fürchten. Seeleute werden gestehen, daß sie im Laufe ihres Lebens Bekanntschaft mit mehr als einer Hexe gemacht haben, aber sie werden einiges Wohlwollen ihnen gegenüber an den Tag legen, gelegentlich sogar zugeben, daß sie ihnen Dankbarkeit schulden. Stubengelehrte Männer erkennen die Existenz der Hexe nicht gerne an, aber die Furcht vor der Hexe sitzt ihnen tief im Blut. Und die Männer, die selbst in langen Kleidern gehen – die Pfarrer –, die hassen und fürchten die Hexe, mehr als sie deren Herrn und Meister hassen und fürchten.

Wenn die Hexe auch eine einsame Gestalt ist, so versteht sie sich doch ganz gut mit ihren Mitschwestern. Sie ist ein schwarzer Schutzengel, eine Fledermaus in einer stockfinsteren Nacht, wo das Nordlicht den flackernden Widerschein jener Zeit spiegelt, zu der Luzifer noch ein Morgenstern war. Hausfrau ist sie mit Haut und Haaren, das Feuer und die Feuerstelle sind ihr kostbar und der Kochtopf unentbehrlich. Bajadere ist sie und Verführerin, selbst als Sibylle und Mumie –

> Von Phoebus Liebesstichen braun,
>   und durch die Zeit gealtert...*

Und wenn die gelehrten Herren sich in ihrer maskulinen Würde gekränkt fühlen bei dem Gedanken daran, daß sie den Teufel dem Manne vorzieht, so finden die Laien und die der freien Natur verbundenen Männer einigen Trost in folgender Überlegung: Grundlage, ja, Bedingung des ganzen Wirkens der Hexe ist doch der Umstand, daß der Teufel ein Maskulinum ist.«

Die alte Dame fuhr fort: »Wir Frauenzimmer, mein Kind, sind oft sehr einfältig. Daß aber ein Weibsbild so unklug sein kann, sich darauf einzulassen, mit einer Mannsperson zu raisonieren, das geht über meinen Verstand! Sie hat doch die Schlacht verloren, mein liebes Kind, sie hat doch die Schlacht verloren, ehe sie sie begonnen hat! Nein, wenn eine Frau ihren Willen einem Mann gegenüber durchsetzen will, dann muß sie ihm direkt in die Augen sehen und etwas sagen, in dem er schlechterdings keinerlei Sinn entdecken und worauf er beim besten Willen nicht antworten kann. Dann ist er sofort erledigt!«

Sie untermauerte ihre Theorie mit Beispielen aus der Geschichte. Die englischen Frauen, sagte sie, »hätten lange Zeit hindurch versucht, das Wahlrecht zu bekommen, und ihre Argumente und Vernunftsgründe hätten den Widerstand der englischen Parlamentarier um keinen Deut ins Wanken gebracht. Als aber um die Jahrhundertwende die *Suffragetten* ihre Manöver außerhalb von Recht und Ordnung und ohne jeden Sinn und Verstand in die Wege leiteten – als sie auf die Dächer kletterten, Stricke über die Landstraßen spannten und sich beim Derby vor das Siegerpferd warfen –, da packte die guten Herren im Parlament die Angst, da knarrte ihre alte Überzeugung in allen Fugen. Und kurze Zeit darauf bekamen die Frauen das Wahlrecht.«

»Und ich kann dir versichern«, sagte Lady Colville*, »Frauenvereine und Frauenorganisationen würden viel mehr erreichen, ja schnurstracks an ihr Ziel kommen, wenn sie, anstatt Komitees zu gründen, Reden zu halten und Artikel zu schreiben – alles in zahmer, einfältiger Nachahmung der Mannsleute –, durchblikken ließen, daß sie sich im ganzen Land bei abnehmendem Mond auf Heide- und Tingplätzen träfen.«

Meine jungen weiblichen Hörer, die die Geduld gehabt haben, mir bis hierher zu folgen, werden sich vielleicht in diesem Augenblick gegen mich wenden und mit Bestimmtheit erklären: »Wir wollen aber gar keine Mysterien sein. Wir sind Realitäten und wollen es auch bleiben. Und wir verzichten auf alle heimlichen Kräfte!«

Ich habe gesagt, daß die Ansichten, die ich hier vor Ihnen ausbreiten werde, nicht meine eigenen sind und daß ich nicht für sie zur Verantwortung gezogen werden kann. Und ich hatte selbst –

damals vor vielen Jahren, in Afrika – meine Einwendungen gegen Lady Colvilles Glaubensbekenntnis. Als aber nun meine alte Freundin und Lehrerin in der Hexenkunst ein wenig über meinen Protest nachgedacht hatte, antwortete sie:

»Es steht dir natürlich frei, *ma jolie*, deine eigene Wahl zu treffen. Ich will dir nur in diesem Zusammenhang eine kleine Geschichte erzählen.

Meine Schwester kam als junges Mädchen von einer Italienreise nach Hause und erklärte der versammelten Familie: ›Ich würde keine fünf Francs für sämtliche Gemälde der Uffizien geben!‹ Mein halberwachsener Bruder rief ihr auf der Stelle zu: ›Um Gottes willen, Marie-Louise, behalte diese Einstellung für dich. Du verrätst nur einen völligen Mangel an Geschäftssinn!‹«

Ja, all das ist in gewisser Weise eine Fortsetzung des Gespräches, das in einer Sommernacht vor fünfzig Jahren auf Katholm unter fünf jungen Mädchen geführt wurde. Es ist ein Versuch, die verärgerte Frage zu beantworten: »Was bildet der Onkel sich ein? Was ist das für ein Recht, das er zu haben glaubt?«

Und das ist die erste alte Daguerreotypie aus meiner Kommodenschublade.

II

Meine zweite Daguerreotypie, die ich Ihnen heute abend zeigen werde, ist älter als meine erste. Der Auftritt, den sie schildert, muß stattgefunden haben, ehe ich geboren wurde. Der Abstand hat jedoch seine Wirkung nicht gemindert, sie im Gegenteil eher verstärkt. Ich glaube, er hat auf mich so einen tiefen Eindruck gemacht, weil ich gespürt habe, welchen tiefen Eindruck er einmal auf die gemacht hat, die ihn persönlich erlebt hatten.

Ich kann nicht dafür bürgen, daß die Begebenheit sich ursprünglich ganz genau so zugetragen hat, wie ich sie wiedergebe. Meine jugendliche Phantasie hat sich mit ihr so lange beschäftigt, bis sie ihre jetzige Gestalt angenommen hat. Ich stelle sie Ihnen jetzt in Form einer kleinen Geschichte dar.

Eine junge Tante von mir hatte erst vor kurzem auf einen Hof in Jütland geheiratet. Auf einem Nachbarhof – den ich hier Vindingegård nennen will – lebte eine gute Freundin, die Margrethe hieß und wie sie jung und jungverheiratet war. Eines Tages kam Margrethe zu meiner Tante herübergefahren, offensichtlich in heftiger Gemütsbewegung; sie trug ihr ein Problem vor, das sich ihr vor einiger Zeit gestellt hatte und für dessen Lösung sie Rat und Hilfe von meiner Tante erhoffte. Meine Tante konnte ihr nicht raten oder helfen, aber die beiden jungen Frauen erörterten das Problem miteinander, und meine Tante gab es danach ungelöst an ihre beiden Schwestern weiter, durch die es also zu mir gelangte.

Auf Vindingegård sollte Jagd sein. Die heutige Zeit kann sich kaum vorstellen, welche Rolle die großen Herbsttreibjagden damals für das Leben auf den Gütern spielten, sie waren in Wirklichkeit die größten und heiligsten Festzeiten des Jahres. Die junge Dame des Hauses war dabei, die Menüs der Jagdessen mit der Wirtschafterin zu besprechen, die sich großen Vertrauens und allgemeiner Wertschätzung erfreute. Plötzlich machte die Wirtschafterin, Jungfer Sejlstrup, eine Pause, sah die Herrin des Hauses an und fragte sie: »Würde die Frau Hofjägermeister einmal sagen, warum die Leute weniger gutes Essen bekommen sollen als die Herrschaften?«

Die Pause nach diesem Ausspruch wurde sehr lang. Die Dame des Hauses war auf die Frage nicht vorbereitet, das ließ sie verstummen. Nachdem einige Zeit vergangen war, wurden die Verhandlungen über die Menüs wieder aufgenommen, als wäre die Frage nie gestellt worden.

Aber sie *war* gestellt worden, und von dem Augenblick an konnte diejenige, an die sie gerichtet worden war, nicht von ihr loskommen. Sie tauchte immer wieder vor ihr auf. Margrethe war, wie gesagt, sehr jung, und sie war es gewohnt, in den Konflikten, die sie nicht selber lösen konnte, Hilfe bei den älteren zu finden.

Nach einiger Zeit, als ihr klarwurde, daß sie allein nicht weiterkommen konnte, ging sie zu ihrer Schwiegermutter, die auf dem Witwensitz des Hofes lebte, und legte ihr die Angelegenheit dar. Ihre Schwiegermutter sagte: »Na, die gute Jungfer Sejlstrup ist also schon etwas zu lange hier – oder ich muß tatsächlich annehmen, sie hat eine Schraube los! Du mußt dir in Zukunft auf das bestimmteste derartig impertinente Fragen verbitten!« Die Schwiegertochter drehte und wendete ihren Bescheid in Gedanken hin und her, aber sie fand, er sei keine wirkliche Antwort auf die Frage der Jungfer Sejlstrup.

Darauf schrieb sie nach Hause an ihre eigene Mutter: »Die Jungfer Sejlstrup hat mich, als wir die Jagdmenüs durchgingen, gefragt, warum die Leute weniger gutes Essen haben sollten als die Herrschaften, und mir ist überhaupt nichts eingefallen, was ich ihr hätte antworten können. Schreib mir doch, bitte, was Du selbst geantwortet hättest.« Ihre Mutter schrieb zurück: »Ich bin sehr traurig, hören zu müssen, daß die gute Jungfer Sejlstrup sich über die Kost in Deinem Haus beklagt hat. Unser eigenes Haus hat immer in dem Ruf gestanden, für gute und reichliche Verpflegung, auch in der Gesindestube, zu sorgen. Ich bin der Ansicht, Du hättest Dich bei ihr erkundigen müssen, inwiefern sie an der Kost der Leute auf Vindingegård etwas auszusetzen hat, und gegebenenfalls mit ihr die Haushaltsführung gründlich überprüfen und versuchen müssen, die Fehler zu beseitigen.« Die Tochter las den Brief viele Male und konnte sich selbst nicht erklären, wieso er ihr keine Antwort auf Jungfer Sejlstrups Frage zu geben schien. Sie hatte sich wirklich Mühe gegeben, daß die Leute auf Vindingegård genauso gut und reichlich zu essen hätten wie in ihrem Elternhaus. Aber der Unterschied, über den Jungfer Sejlstrup Bescheid zu wissen wünschte, existierte in dem einen Haus wie in dem anderen.

Einige Tage später ging sie zu ihrem Mann, den sie sonst nicht gern mit Haushaltsangelegenheiten plagte. »Frederik«, sagte sie, »Jungfer Sejlstrup hat mich neulich gefragt, warum die Leute hier im Hause weniger gutes Essen als die Herrschaft bekämen, und mir ist überhaupt nichts eingefallen, was ich ihr hätte antworten können. Was meinst du, was ich hätte sagen sollen?« Ihr Mann lachte sie aus – oder an. »Mein süßes Mädchen«, sagte er, »gebe Gott, daß dir niemals eine schwierigere Frage gestellt wird! ›Ja, meine gute Jungfer Sejlstrup‹, hättest du sagen sollen, ›das kommt daher, daß es nun mal die Herrschaft ist, die auf dem Geldbeutel sitzt und bestimmt, wie das Geld ausgegeben werden soll.‹« Sie behelligte ihn nicht weiter, aber bald darauf, als die Frage wieder in ihren Gedanken auftauchte, hatte sie das Gefühl, auch bei ihm keine Antwort bekommen zu haben.

Es verging noch einige Zeit, in der sie dem Blick der Jungfer Sejlstrup auswich. Dann ging sie zu dem etwas verkommenen alten Hauslehrer ihres Mannes, der den Winter über auf dem Gut wohnte, um Ruhe zum Schreiben einer Abhandlung über Erik Glipping* zu haben. Er kannte sich auf allen möglichen Gebieten aus und war immer gut gelaunt und bereit, ihr etwas von seinem Wissen mitzuteilen.

»Magister«, sagte sie zu ihm, »Jungfer Sejlstrup hat mich gefragt, warum die Leute hier im Hause weniger gutes Essen als die Herrschaften bekämen, und mir ist überhaupt nichts eingefallen, was ich ihr hätte antworten können. Was hätte ich sagen sollen?« Der alte Mann legte den Federhalter beiseite, betrachtete lächelnd das ernste junge Gesicht vor sich und sagte: »Kleine Frau Margrethe! Sie können Jungfer Sejlstrup von mir sagen, daß sie sehr viel besser lebt als König Erik Glipping zu seiner Zeit. Sein Tisch war bedauernswert einförmig. Kaffee – den sich Jungfer Sejlstrup meines Wissens des öfteren im Laufe des Tages zu Gemüte führt –, war damals bei Hofe ebensowenig bekannt wie Schokolade, und mit dem Zucker wurde sehr gespart. Reis, Sago, Rosinen, Zwetschgen und Zitronen waren seltene Kostbarkeiten, und Columbus hatte die Kartoffel noch nicht entdeckt. Brotsuppe, Kohl und Pökelfleisch kehrten immer wieder an der königlichen Tafel. Und was Beleuchtung und Wärme betrifft, da erntet Jungfer Sejlstrup Früchte unserer Zivilisation, von denen der König nicht einmal hat träumen können!« – »Ja«, dachte Margrethe, »es war ganz interessant, das mal zu erfahren. Und Erik Glipping kann einem im Grunde leid tun – obwohl er es auch nicht besser verdient hat nach der Geschichte mit Frau Ingeborg in »Die erste Jugend Erik Menveds«*. – War das nun aber eine Antwort auf Jungfer Sejlstrups Frage? Nein, doch nicht.«

Als sie wieder gehen wollte, wandte sich der alte Magister mit leuchtenden Augen und erhobenem Zeigefinger nach ihr um. »Außerdem dürfen wir nicht vergessen, daß Erik Glipping König von Gottes Gnaden war!« Das hörte oder verstand Margrethe nicht, sie ging mit der gleichen Ungewißheit von dannen, wie sie gekommen war.

Da sie nun vergebens Rat gesucht hatte bei denen, die besser Bescheid wissen sollten als sie, versuchte sie, sich in der Einfalt ihres Herzens vorzustellen, was sie selber, wenn sie des Wortes mächtig – und mutig – gewesen wäre, Jungfer Sejlstrup geantwortet haben könnte. Sie hatte keine Übung im Argumentieren, sie hätte ihre Rede vom rein Praktischen her anlegen müssen. Und dann wäre sie ungefähr so ausgefallen:

»Um Gottes willen, Jungfer Sejlstrup, ich bin doch ein Christenmensch! Es ist nicht mehr als vier Jahre her, seit ich konfirmiert worden bin. Und ich weiß sehr wohl, wenn dich jemand um deinen Rock bittet, dann laß ihm auch den Mantel, und es ist schwerer für einen reichen Mann, in den Himmel zu kommen, als für ein Kamel, durch ein Nadelöhr zu gehen. Ich möchte ja, daß mein Haus ein christliches Haus ist. Aber wie sollen wir uns damit in der täglichen Haushaltsführung einrichten, Jungfer Sejlstrup?

Lassen Sie uns gemeinsam die Haushaltskosten durchgehen, wie wir es so oft getan haben. Der Herrschaftstisch hier oben kostet in barem Geld jeden Tag 10 Kronen pro Person, und alltags sind wir nur zu zweit. Unten in der Gesindestube kostet es in barem Geld täglich eine Krone für jeden – und ihr seid zehn. Addieren und Dividieren habe ich immerhin gelernt – mit Prozenten kann ich auch noch rechnen –, wir könnten ja die Kosten von oben und von unten zusammenlegen und die Summe durch zwölf teilen. Das sieht dann folgendermaßen aus:

2 Personen à 10,00 Kr. = 20,00 Kr.
10 Personen à 1,00 Kr. = 10,00 Kr.
                    30,00 Kr. : 12 = 2,50 Kr.

Und die Kosten für die Leute würden dabei um 150 Prozent angehoben, während sie bei der Herrschaft nur um 75 Prozent weniger würden – das sähe ja soweit ganz gut aus.

Aber Sie müssen zugeben, daß dann die Lebensweise hier auf dem Hof gänzlich verändert werden müßte. Viele Dinge würden sich als entbehrlich erweisen und verschwinden. Und als allererstes – ja, wahrscheinlich Sie, Jungfer Sejlstrup. Sie haben in der königlichen Küche gelernt. Sie verstehen sich besonders gut auf die französische Küche. Wenn wir aber alle miteinander Frikadellen und Eierkuchen essen werden, haben wir gar keine Verwendung für all das, was Sie gelernt haben, das Küchenmädchen Stine kann dann mit Leichtigkeit das ganze Kochen besorgen. Das wäre dann doch gar keine Aufgabe, die man Ihnen zumuten könnte, und ich weiß nicht einmal, ob Sie sich mit ihr begnügen würden.

Und dann müssen Sie wohl oder übel begreifen, daß der Hofjägermeister und ich alle Geselligkeit hier auf dem Hof einstellen müßten. Wir könnten doch den Gästen von den Nachbarhöfen, wo wir Schildkrötensuppe und Gänseleber bekommen haben, hier nicht süße Suppen und gebratene Kalbsleber anbieten. Es würde keine Jagdessen und keine Jagden mehr geben – und die nächsten Personen, die überflüssig würden, wären der Diener und der Jäger. Dann würden die Treibhäuser und die Blumendekorationen überflüssig, also könnten der Gärtner und der Gärtnersjunge gehen. Und wenn ich keine Gäste mehr hierher einlüde, könnte ich auch zu keinen Gesellschaften mehr gehen, und dann könnte ich die Kammerjungfer Madsen sehr gut entbehren. Wir brauchten weder Gäste von der Bahn zu holen, noch selbst auf Besuch irgendwohin zu fahren, so daß der Hofjägermeister sicher dem Kutscher Jens kündigen würde!

Ich will Ihnen nämlich mal was sagen, Jungfer Sejlstrup: Mir würde es gar nichts ausmachen, mein Leben so einzurichten. Der Hofjägermeister und ich könnten es so gemütlich miteinander haben. Aber viele Menschen würden uns das furchtbar übelnehmen und behaupten, wir benähmen uns ganz unmöglich. Und ich weiß nicht, ob nicht die erste von denen Sie selbst sein würden, Jungfer Sejlstrup.«

Margrethe war ziemlich überrascht, daß sie so eine lange und vernünftige Rede an Jungfer Sejlstrup zuwege bringen konnte! Ob sie aber eine wirkliche Antwort auf die schicksalsschwere Frage darstellte? Sie wußte es nicht.

Sehen Sie, das war, wie ich Ihnen sagte, eine Geschichte. Aber es ist mehr als eine Geschicht: es ist *Historie*.

Als Jungfer Sejlstrup in der Vorratskammer auf Vindingegård sich an die Herrin des Hauses wandte und ihr ihre Frage stellte, da begann eine Uhr zu schlagen. Man sagt etwas Bedeutungsschweres, wenn man sagt, daß einem Menschen oder einer Epoche die Stunde geschlagen hat.

Wir, die wir heute abend die alte Daguerreotypie hergenommen haben, um sie zu betrachten, fragen nun wiederum die Menschen der alten Zeit:

»Warum konnte keiner von euch – weder der konventionell eingestellte noch der nicht-reflektierende, noch der gewissenhaft suchende Mensch – die Frage der Jungfer Sejlstrup beantworten?«

Es liegt sehr nah – und das ist die für uns einfachste Lösung – zu behaupten, daß die damaligen Menschen sehr wohl die Frage hätten beantworten *können*, es aber nicht *wollten*. Es liegt sehr nah – und das ist für uns die einfachste Lösung – zu behaupten, daß die wenigen, die damals im Besitz der Güter des Lebens waren, in ihrem eigenen Gewissen sehr wohl wußten, daß sie gegenüber den vielen, die sie nicht besaßen, Unrecht taten. Aber sie zogen es vor, die Ohren vor der Stimme des Gewissens zu verschließen und sich mit dem Unrecht, aus dem sie selbst Nutzen zogen, zu arrangieren. »Jetzt sitzen wir alle gut, sagte die Katze, denn sie saß auf dem Speck.«

Ich selbst glaube allerdings nicht, daß das die Erklärung ist. Die Menschen der alten Zeit von der Art der Bewohner des Vindingegårds, die ich persönlich gekannt habe, waren ebenso redliche Menschen wie die, die heute für Prinzipien und Ideen aufstehen. Oder, wenn man überhaupt Vergleiche anstellen will, der Standard dessen, was man Redlichkeit und Anständigkeit nennt, lag damals eigentlich etwas höher.

Und wenn wir nun schon auf das Gewissen zu sprechen gekommen sind, hätte ich große Lust, einige diesbezügliche Worte einzufügen:

Ich habe in meinem Leben erfahren, daß es ganz erstaunlich leicht sein kann, das Schuldgefühl der Menschen zu wecken und ihnen ein schlechtes Gewissen zu machen. Aber zu allen Zeiten muß doch das, was das Gewissen eines Menschen ihm zu tun befiehlt, in einer gewissen Relation zu dem stehen, was seine Vernunft, Erfahrung oder Phantasie anerkennen und für machbar halten können.

Stellen wir uns einmal vor – in Gedanken kann man sich ja vorstellen, was man will –, die Forderung nach Gleichheit würde auch auf solche Güter des Lebens wie Schönheit, Begabung oder Talent ausgeweitet.

Dann würden die Verwandten und Freunde zu dem schönen, jungen Mädchen kommen und sagen: »Wie kannst du nur Tante Maren mit der Figur, die sie hat, so sitzen lassen, oder die Frau General Løvenheim mit ihrer Nase, während du selbst alle Vorteile deiner eigenen Nase und Figur genießt? Was sagt denn dein Gewissen dazu?« Der Lehrer würde zum Vater seines Schülers gehen und sagen: »Ihr Sohn löst mit Leichtigkeit Gleichungen dritten Grades, und Peter Købke sitzt direkt neben ihm und kann nicht einmal eine Gleichung ersten Grades in seinen Kopf bekommen. Was sagt denn Ihr Gewissen dazu?«

Und der Kritiker würde zum Dichter kommen und sagen: »Sie schreiben jeden Monat, ja, jede Woche, ein herrliches Gedicht. Aber Tür an Tür mit Ihnen wohnt ein Poet, der niemals über das Mittelmaß hinauskommt. Was sagt denn Ihr Gewissen dazu?«

Es ist sehr gut möglich, daß das schöne junge Mädchen, nachdem ihm diese Frage gestellt worden ist, zu vermeiden sucht, sich selbst im Spiegel zu betrachten. Es ist sehr gut möglich, daß der Vater das Zeugnisheft seines Sohnes nicht mehr voller Stolz, sondern mit schlechtem Gewissen durchlesen wird. Und es ist auch möglich, daß der Dichter unter Schmerzen das nächste Gedicht, das in seinen Gedanken Form angenommen hat, verdrängt.

Verschiedene Probleme, die nicht direkt unser Thema berühren, könnten in diesem Zusammenhang auftauchen. Ich erwähne sie, weil denkbar wäre, daß sie meinen Hörern selbst schon aufgefallen sind. Einer von Ihnen wird vielleicht fragen: »Wieviel bliebe dann für jeden?« Und ein anderer: »Würde ich mich wohl freuen – und wäre es für mich von Vorteil – wenn ich mehrere Regale mit Werken mittelmäßiger Dichter bekäme statt eines einzigen vollkommenen Gedichtes?« Ein junger Hörer könnte ausrufen: »Soll ich denn nie wieder ein wirklich schönes Mädchen zu sehen bekommen!« Ich beende diese Betrachtungen, denn es würde zu weit führen, wenn ich weiter auf sie einginge.

Aber ein einziges Problem müßten die Schuldbewußten – das hübsche Mädchen ebenso wie der stolze Vater und auch der Dichter – unweigerlich demjenigen vorlegen, der ihnen gegenüber die Forderung nach unbedingter Gleichheit geltend machte. Sie müßten ihn fragen: »Ist das denn überhaupt durchführbar? Und, wenn ja, wie?«

Wir suchen heute, mit einem gewissen Mißtrauen und einiger Verärgerung, eine Erklärung dafür, wie das Gewissen einer entschwundenen Zeit sich mit der ungleichen Verteilung der Güter dieses Lebens hat abfinden können. Nicht frei von Eigenlob notieren wir uns, daß das letzte Jahrhundert das Gewissen der Gesellschaft erneuert hat. Aber lassen Sie uns die Möglichkeit in Erwägung ziehen, daß die Erklärung dort zu finden ist, wo wir sie gar nicht gesucht haben. Stellen wir uns vor – denn man kann sich ja alles vorstellen –, daß nicht der Begriff *Gewissen*, sondern der Begriff *Güter dieses Lebens* einer Revision unterzogen worden ist. Stellen wir uns vor – denn man kann sich ja vorstellen, was immer man will –, daß die entschwundene Zeit, in Wirklichkeit und ihrer Natur entsprechend, das Problem richtig gesehen hat und daß die Güter des damaligen Lebens, in Wirklichkeit und ihrer Natur entsprechend, sich überhaupt nicht gleichmäßig verteilen ließen.

Denn eine neue Gottheit – die wohl auch zu Jungfer Sejlstrups Zeit nicht unbekannt war, damals aber einen bescheideneren Platz unter den Mächten einnahm, die das Leben der Menschen bestimmten – hat sich seither mit gewaltiger Kraft zu Wort gemeldet, den ersten Platz unter den Göttern erobert, Werte umgestürzt und andere an ihre Stelle gesetzt und menschliches Streben von einer Spur in die andere gelenkt. Der Name dieser Gottheit ist Komfort, man kennt ihn in allen Sprachen, bei uns kann man ihn wohl am besten mit Wohlbefinden und Bequemlichkeit umschreiben.

Aldous Huxley sagt in seinem Essay »Comfort«*:

»Die Hotelbesitzer in Frankreich machen mit ›le confort moderne‹ – dem ›modernen Komfort‹ – Reklame. Und das ist eine genau zutreffende Bezeichnung. Denn Komfort ist eine neue Erscheinung, die jünger ist als die Dampfmaschine, nur wenige Jahre älter als die Telegraphie und nur eine Generation älter als das Radio. Unser Streben nach Komfort und unsere Wertschätzung des Komforts als eines der höchsten Lebensgüter sind Produkte unserer eigenen Zeit, und es hat im Laufe der Geschichte seit den Tagen der alten Römer nie ähnliche Erscheinungen gegeben. Wir haben uns an den Komfort unserer Zeit gewöhnt, und es fällt uns schwer, uns vorzustellen, daß es in unserer Geschichte Epochen gab, in deren Bewußtsein er keine Rolle gespielt hat. Und doch waren gepolsterte Stühle und Sofas, Federkernmatratzen und Zentralheizungen vor dreihundert Jahren selbst den größten Potentaten Europas unbekannt.«

Er fährt fort: »Wenn wir den Mangel an Komfort bedenken, mit dem unsere Vorväter lebten, erstaunt uns zuallererst, daß sie ihn weitgehend freiwillig auf sich nahmen. Zugegebenermaßen setzt ein Teil unseres heutigen Komforts die Entdeckungen und Erfindungen des vorigen Jahrhunderts voraus, und wir könnten nicht mit gummibereiften Rädern fahren, wenn wir nicht zuvor Südamerika, und damit den Gummibaum, entdeckt hätten. Im großen ganzen jedoch gibt es nichts Neues unter den rein materiellen Grundlagen für ›le confort moderne‹.«

Dieser Sachverhalt wurde mir klar, als ich die alten norwegischen Höfe und Häuser in den Sandvigschen Sammlungen in Lillehammer besuchte. Die Menschen in Norwegen konnten vor 300 Jahren vielerlei schöne und kunstfertige Dinge herstellen: Schmuck, Trinkgefäße, Schnitzereien und gewebte Teppiche. Aber genau dieselben Menschen ließen es sich einfach gefallen, von dem Augenblick an, wo sie zur Welt kamen, bis zu dem, wo sie sie wieder verließen, für unsere Begriffe unmenschlich unbequem sitzen und liegen zu müssen. Es muß doch aber jederzeit möglich gewesen sein, einen Stuhl anzufertigen, dessen Rückenlehne nicht, wie die der alten norwegischen Stühle, genau senkrecht stand und dessen Sitz vom Rücken zur Vorderkante etwas mehr als 20 Zentimeter maß. Das wirklich Wichtige und Begehrenswerte an einem Stuhl oder einem Bett müssen für die Menschen im alten Norwegen die Verzierungen gewesen sein, für die sie fast unbegrenzt viel Zeit und Überlegung zu opfern bereit waren. Die Bequemlichkeit spielte eine viel kleinere Rolle.

Huxley schreibt weiter:

»Die Menschen, die in alten Zeiten ihre Wohnhäuser ganz nach ihren eigenen Wünschen bauen und ausstatten konnten – die Fürsten und die sehr reichen Leute –, errichteten sie in Dimensionen, die zu Giganten gepaßt hätten. Sie empfingen ihre Gäste in Räumen, die so riesig waren wie Bahnhofshallen, sie wanderten von ihren Schlafgemächern zu ihrem Speisesaal über Galerien, die ebenso lang und von eisigem Zugwind durchweht waren wie Tunnelschächte in den Alpen, und mehrere Male am Tag schritten sie majestätische Treppen hinauf und hinab, die für unsere Begriffe aussahen, als seien die Katarakte des Nils zu Marmor erstarrt.«

»Vor einigen Jahren«, fährt er fort, »besuchte ich einen Amerikaner, der vielfacher Millionär war, in seinem Haus bei Chicago. Das Gebäude hatte ausgesprochen vernünftige, menschliche Dimensionen, war aber mit allen erdenklichen, teils überraschenden, modernen Bequemlichkeiten ausgerüstet. Als ich mich in dem Haus umsah, erinnerte ich mich an die riesigen italienischen Paläste, in denen ich früher zur Miete gewohnt hatte – zu einem weit geringeren Preis als dem, den ich in Chicago für einen Garagenplatz für meinen Ford entrichten mußte. Ich rief mir die unendlichen Reihen von hohen, imponierenden marmorbelegten Räumen ins Gedächtnis. Als mir dabei aber auch der eiskalte Wind, der im Winter vom Appenin herabweht, wieder in Erinnerung war, war ich doch geneigt, anzunehmen, daß der Millionär in Chicago den besseren Teil erwählt habe.«

Er hatte den besseren Teil erwählt. Es dreht sich hier allerdings um eine Wahl, die die Begüterten innerhalb der Gesellschaft – denn Reichtum oder Macht waren in dem einen wie in dem anderen Falle Voraussetzung – nach eigenem Gutdünken treffen konnten. Die Generation des amerikanischen Millionärs trifft, wo es ihr freigestellt ist, überall die gleiche Wahl wie er. Warum, müssen wir uns fragen, wählten die Menschen vor 300 Jahren dort, wo es ihnen wirklich freigestellt war, ihre eigene Wahl zu treffen, überall und bedingungslos den anderen Teil?

Huxley meint, uns in seinem Essay eine Erklärung geben zu können.

Ja, sagt er, für die vergangenen Zeiten waren Wohlbefinden und Bequemlichkeit ohne wesentliche Bedeutung. Die höchsten Güter des Lebens waren für sie Rang – Vorrang –, Würde, Hoheit und Glanz. Er nennt es »Grandiosity« – Großartigkeit. Wir hier können vielleicht alle diese Begriffe in dem Ausdruck *Prestige* zusammenfassen.

Um überzeugend zu beweisen, daß sie Übermenschen waren, mußten Könige und Fürsten und Kardinäle ihr Leben in übermenschlichen Umgebungen verbringen. Um ihre eigene Würde aufrechtzuerhalten, mußten sie ihr Leben wie eine Folge von Prozessionen und Balletten arrangieren. Und in ihren Augen war das zweifellos der Mühe wert. Den Hang zum angenehmen Leben und zur Bequemlichkeit hielten sie für eine Schwäche, die es zu überwinden galt.

Es leuchtet ein, daß die Menschen, die an eine gleichmäßige Verteilung der »Lebensgüter« glauben und für sie kämpfen, diese Lebensgüter hauptsächlich in Form eines angenehmen Lebens verwirklicht sehen.

Wir können uns einen glücklichen Zustand der Dinge vorstellen und uns auf ihn freuen, wo jeder Mensch in einem guten Bett liegt, in einem bequemen Stuhl sitzt, ein geheiztes Zimmer, reichlich Essen und die Möglichkeit zur Unterhaltung und zur schnellen und sicheren Beförderung von Ort zu Ort hat.

Aber nicht jeder Mensch kann auf einem Thron sitzen, ohne daß der Wert des Thrones sich verringert oder ganz bedeutungs-

los wird. Jeder Mensch kann im Auto oder Flugzeug schnell be-
fördert werden, aber nicht jeder Mensch kann an erster Stelle
stehen. Rang – beziehungsweise Vorrang – kann nicht gleichmäßig verteilt werden, ohne daß der Begriff selbst ausgelöscht
würde. Nicht jeder Mensch kann sich auszeichnen, und es ist unvorstellbar, daß jeder Mensch jedem anderen Menschen imponieren könnte.

> *Du bist mehr als deine eigne Macht,*
> *und mein Trost ist das, was du bedeutest…*
>
> Sophus Claussen*

Aldous Huxley sagt in seinem Essay, Komfort sei »an end in it-
self« – Selbstzweck. Er hat keine symbolische Bedeutung, er ist,
was er ist, oder: »Man kann ihn anfassen und fühlen.« Diese
Aussage Huxleys hat aber doch wohl nur begrenzte Gültigkeit –
nur sehr wenige Menschen sind in der Lage, die Liebe zum »Ding
an sich«*, die jene Aussage voraussetzt, zu empfinden, und in
vielen Fällen haben die großen Autos gerade als Symbole ihren
höchsten Wert: sie sind ein Zeichen für, sie bedeuten, Erfolg.

Im Gegensatz zu anderen Zeiten, hat die Komfort-Zeit Symbolen und Ritualen konsequent abgeschworen. Frühere Zeitalter haben um das Recht, drei Kronen in das Reichswappen setzen zu können, Kriege geführt. Die Komfort-Zeit hat gemeint,
beweisen zu können, daß eine Nationalflagge in Wahrheit eine
Zusammenfassung von so und so vielen Stücken verschiedenfar-
bigen Stoffes ist.

Wer kommt der Wirklichkeit am nächsten – derjenige, der
beim Anblick der Trikolore ausruft: »Da ist Frankreich«, oder
derjenige, der sagt: »Hier haben wir fünf Meter rotes, blaues und
weißes Fahnentuch«? Mir selbst kommt es so vor, als ob die
menschliche Intelligenz nie einen entscheidenderen Schritt getan
hat, als den, mit dem sie vom Rechnen mit konkreten Zahlen – 1,
2, 3, 4 – zum Operieren mit abstrakten Größen – a und b, x und y
– übergegangen ist. Zu den konkreten Summen kann man durch
Zählen gelangen, sie sind, was sie sind, »man kann sie anfassen
und fühlen« – die Symbole sind allgemeingültig und lassen das
Rechnen zur Wissenschaft werden.

Dem Leugnen der Symbole in der Komfort-Zeit steht das Bekenntnis zu ihnen in der Prestige-Zeit gegenüber. In ihrer reinsten und klarsten Form haben die Privilegien – die Lebensgüter, die ihrer Natur nach nicht gleichmäßig verteilt werden können – Symbolcharakter.

Das Privileg ist seinem Wesen nach eine Gnade. Und es ist von untergeordneter Bedeutung, welche konkrete Gestalt die Gnade annimmt. In seiner reinsten Ausprägung ist das Privileg niemals persönliches Eigentum, sondern wird vom Inhaber nur verwaltet. Es kann verscherzt, aber nie veräußert werden. Kronjuwelen, die goldenen Monstranzen und die Meßgewänder der Kirchen, Lehen und Fideikommisse können von ihren Besitzern nicht zu Geld gemacht werden. In seiner reinsten Form hat das Privileg nichts mit dem angenehmen Leben und der Bequemlichkeit zu tun.

Harakiri – der rituelle Selbstmord durch Aufschlitzen des Bauches, der eine Kränkung auszulöschen vermochte und den zu Unrecht Angeklagten rehabilitierte – war das Privileg des japanischen Adels. Die alten japanischen Adelsfamilien hatten besondere, rituelle Messer für die Ausübung dieses Privilegs bereitliegen. Ob das Harakiri eine bequeme Methode ist, sich das Leben zu nehmen, wurde nie in Betracht gezogen.

Bei den Somali-Stämmen, die alle sehr stolz auf ihre Familienzugehörigkeit sind und ihre Ahnen genau zurückverfolgen, ist es das Privileg sehr alter Familien, eine besondere Form von Steigbügeln uralter Machart zu benutzen. Sie bestehen ganz einfach aus einem Ring, in den der Reiter den großen Zeh hineinsteckt. Ich selbst habe diese alten Steigbügel ausprobiert, und kein Mensch wird mich je dazu bringen, damit einen langen Ritt zu unternehmen. Farah erzählte mir, daß ein junger Mann geringerer Herkunft einmal bei einer Brautwerbung solche Steigbügel benutzt habe. Die alten Familien hätten daraufhin einen Rat zusammengerufen und beschlossen, die großen Zehen an beiden Füßen des frechen jungen Reiters abzuhacken, damit er nicht noch einmal ein legitimes Vorrecht entweihen könnte. In dieser Ratsversammlung hatten, entgegen den üblichen Gepflogenheiten, auch die alten Frauen Sitz und Stimme.

Ein spanischer Grande hat das Recht, in Gegenwart des Königs den Hut aufzubehalten. Ich weiß allerdings nicht, ob jemals – außer in Victor Hugos Tragödie »Hernani«* – von diesem Recht Gebrauch gemacht worden ist. Wenn man in der besten Absicht, Gleichheit durchzusetzen, allen Leuten das Recht einräumte, in Gegenwart des Königs den Hut aufzubehalten, ebenso wie man ihnen jetzt erlaubt, die Schuhe anzubehalten, würde man die wenigen Auserwählten einer Gnade berauben, ohne daß die vielen dadurch reicher würden. Ein wirklicher Grande von Spanien geht heute die Straßen eines königslosen Madrid entlang, sieht die riesigen Autos der großen neuen Reichen vorbeifahren und läßt sich davon nicht beeindrucken. Denn er trägt das Wissen in sich, daß, wenn es heute einen König von Spanien gäbe und er, der Grande, sich möglicherweise in dessen Nähe befände, er dort das Recht hätte – von dem er nie Gebrauch machen würde –, den Hut aufzubehalten. Und dieses Lebensgut würde er gegen kein Auto eintauschen.

In Italien war es im achtzehnten Jahrhundert Privilegium des Adels, sich schwarz zu kleiden, und die düstere Farbnegation behauptete sich gegen den ganzen Regenbogen als Kennzeichen der Elite. Damals, in der Zeit der gepuderten Perücken, konnte auch der Eindruck entstehen, die Auserwählten bestreuten ihre Häupter mit Asche.

Als man in Kopenhagen noch mit Pferd und Wagen fuhr, bestand ein Privileg des Adels darin, mit »Blinker« zu fahren, einem kleinen Spiegel auf dem Zaumzeug des Pferdekopfes. Ich habe als Kind gehört, wie alte Leute sich allen Ernstes heftig empörten, weil eine Parvenüfamilie gegen dieses Privileg verstoßen hatte. Ebenso war es das Vorrecht adeliger Damen, eine Stirnlasche am Trauerhut zu tragen, und beim Tode Christians IX.* war es jedenfalls noch von großer Bedeutung, welche Damen es sich erlauben durften, »mit Lasche zu trauern«.

Man sprach in früheren Zeiten – in den Tagen der Jungfer Sejlstrup – von den »Herrlichkeiten« eines Gutes. Ich kann mich erinnern, wie mein alter Onkel, als ein junger Mann der Familie einen Hof gekauft hatte, sich gleich erkundigte: »Hat er irgendwelche Herrlichkeiten?« Diese Herrlichkeiten der Höfe waren niemals etwas zum Anfassen und Fühlen, sie konnten auch nicht zu Geld gemacht werden. Das eine Mal war es ein Aussichtspunkt, von dem aus man elf Kirchen zählen konnte, das andere Mal eine Reihe von Hünengräbern oder ein Stück Wald mit sehr alten Eichen, die nie gefällt werden durften. Es konnte auch mit der Jagd zu tun haben und Kronenwild oder Wildschweine oder eine besondere Art von Wildvögeln bedeuten, die es auf dem Nachbargut nicht gab. Zur Not konnte es auch eine Sage sein, die mit dem Hof verbunden war – und schließlich vielleicht auch ein Gespenst, eine »weiße Dame«.

Ich weiß noch, daß ein Hof in Jütland »der Hof mit den sieben mal sieben Herrlichkeiten« genannt wurde.

Ich habe gesagt, daß die Frage der Jungfer Sejlstrup in eine Übergangszeit fiel. Der neue mächtige Begriff Komfort begann gerade, seinen Einzug zu halten und drang auch in die den Ritualen und Privilegien vorbehaltenen Gebiete vor. Selbst die Besitzer der alten Privilegien schwankten unter dem Druck des Zeitgeistes und erwogen, ihr Erstgeburtsrecht für ein Linsengericht zu verkaufen.

Der Zusammenhang war in dem Augenblick, als die Frage gestellt wurde, auch für die Bewohner des Vindingegårds nicht zu durchschauen: nicht für die Jungfer Sejlstrup, die sich in ihrer Unsicherheit erkundigte, ebensowenig für die Hofjägermeisterin, die ihr in ihrer Unsicherheit die Antwort schuldig blieb. Auge in Auge balancierten sie, dort in der Vorratskammer, jeder mit einem Bein in einem anderen Zeitalter.

Und man kann auch sagen, daß die Frage der Jungfer Sejlstrup mitten in den Schnittpunkt der beiden Zeitalter traf. Denn sie galt *dem Essen* – einem der Güter dieses Lebens und einer Lebensnotwendigkeit.

Die Prestige-Zeit hätte sich Voltaires alte Sentenz* »C'est le superflu qui est le nécessaire« – »gerade das Überflüssige ist das Notwendige« – zum Motto wählen können. Aber dann hätte hier das Wort »überflüssig« nicht für ein Übermaß von Notwendigem stehen müssen, sondern für sein Gegenteil. Es hätte dann kein Gradunterschied, sondern ein Wesensunterschied zwischen beiden Begriffen bestehen müssen.

Wenn das Privileg sich gegenüber einer Lebensnotwendigkeit behauptet, verstößt es nicht nur gegen menschliche Gerechtigkeit, sondern auch gegen sein eigentliches Wesen. Das Ritual kann sehr wohl das Brot zum höchsten Symbol erheben, dann aber nur in seiner einfachsten, uralten Gestalt. Mit dem dick belegten Butterbrot kann das Ritual nichts gemein haben.

Klare Verhältnisse herrschten, und der Sinn der Rituale und Symbole kam deutlich zum Ausdruck, als man – einige hundert Jahre vor der Szene in der Vorratskammer – das Hauptgewicht auf die üppige Dekoration des Tisches legte, auf Gold- und Silberteller, auf Livreen und Tressen für die aufwartende Dienerschaft, und riesige Summen für Schaugerichte ausgab.

Klare Verhältnisse herrschten auch, als ein paar Menschenalter nach der Szene, ausgerechnet die Komfort-Zeit – möglicherweise in einer Art Übersättigung, vielleicht auch von der gewaltigen Szenerie des Ersten Weltkrieges überrumpelt und beeindruckt – sich in die Entsagung verliebte und der Üppigkeit in allen ihren Formen abschwor. Sie beschränkte die Bekleidung der Frauen auf ein Minimum, schnitt ihnen das Haar kurz und verlangte von ihnen, die senkrechte Linie einzuhalten. Als ich 1920, auf dem Weg von Afrika nach Dänemark, in Paris war und versuchte, mich über die neueste Mode und die Regeln des guten Tones zu orientieren, erklärte mir eine französische Freundin, daß man zur Zeit eine wirkliche Dame niemals in einer Konditorei sitzen sehe. »Und wenn man zum Essen eingeladen wird«, sagte sie, »nehmen wir eine Tasse Consommé und drei Stangen Spargel zu uns! Aber ich kenne auch«, schloß sie in vollem Ernst, »mehr als eine, die vor Hunger gestorben ist.« Diese wirklichen Damen waren unbarmherzig einem ewigen Hunger preisgegeben. Erlitten sie einen Rückfall in die Sünde und nahmen beim Nachmittagstee einen Keks zu sich, mußten sie beim Dinner auf den Spargel verzichten. Und es waren nicht tausend oder zehntausend Frauen, sondern Hunderttausende, die dieses Gesetz einhielten.

Eine Mode hat immer eine Bedeutung. Und die Mode oder der

Stil der Entsagung hatte wahrhaftig etwas zu bedeuten. Diese Mode war vom Krieg inspiriert, oder sie verlief parallel zu ihm, und sie wäre ohne den Krieg nicht denkbar gewesen. Sie war sozusagen die Komfort-Zeit mit umgekehrtem Vorzeichen. In der Kunst wurde sie zum Kubismus. Sie drückte das gleiche aus wie Rupert Brookes Kriegsgedicht* »Now God be thanked, who matched me with this hour!« – »Gelobt sei Gott, der mich in dieser Stunde hat zur Welt kommen lassen« –, in dem der junge, schöne, gefeierte Dichter voller Begeisterung alles, was das Leben ihm bis dahin geboten hat, fortwirft. Diese Mode verherrlichte die Opferbereitschaft – falls man die unbedingte Bereitschaft, alles zu verwerfen, als Opferbereitschaft bezeichnen kann. Sie war arrogant und elegant zynisch – denn es ist arrogant und elegant zynisch, wenn der Hunger zum Symbol der Elite wird. Das Überflüssige eliminierte hier gerade das Notwendige. Sie war in ihrem Innersten Todesverachtung. Die jungen, kurzhaarigen weiblichen Skelette hatten mit den Soldaten, die noch den Pulvergeruch von Zeebrügge in der Nase hatten und am nächsten Morgen zu den Schlachtfeldern von Flandern aufbrechen mußten, die ganze Nacht hindurch getanzt. Je mehr sich aber der Gehalt des Lebens verflüchtigte, eine desto geringere Rolle spielte die Todesverachtung. Der große Befreiungskrieg, der die Mode inspiriert hatte, war – oder wurde – »The Great War for Civilization«: »Der Krieg für die Zivilisation«. Und die Zivilisation war – oder wurde – gleichbedeutend mit dem allgemeinen Zugang zu einem angenehmen Leben. Die Entsagung als Mode oder Stil verlor an Bedeutung.

Klare Verhältnisse herrschten, wie schon gesagt, für die Jungfer Sejlstrup noch nicht. Ob sie wohl in ihrem Herzen schon sicher war, was sie sich wünschte, das angenehme Leben oder das Prestige dort oben? Wenn wir uns vorstellen, eine echte Tochter der Komfort-Zeit hätte sich fünfundzwanzig Jahre später aussuchen können, ob sie lieber in den Schuhen der Frau Hofjägermeister oder in denen der Jungfer Sejlstrup stehen wollte, dann müssen wir allerdings annehmen, daß sie um des guten Lebens und der Bequemlichkeit willen die der Jungfer Sejlstrup gewählt hätte.

Die Kleidung ist immer schon ein Bereich des menschlichen Lebens gewesen, in dem sich das Ritual ganz besonders hat entfalten können. Das Gewand der Priester wird vor dem Altar gewechselt, und die Könige werden bei den Krönungsfeierlichkeiten mehrmals von den höchsten Geistlichen des Landes aus- und angezogen. Polonius sagt zu Laertes:

>»Die Kleidung kostbar, wie's dein Beutel kann,
>…
>Denn es verkündigt oft die Tracht den Mann,
>Und die vom ersten Rang und Stand in Frankreich
>Sind darin ausgesucht und edler Sitte.«*

Die Bekleidung der alten Oberschicht war solide und konsequent rituell – das Überflüssige war hier niemals ein Übermaß des Notwendigen. Die Kleidung der Privilegierten war in keiner Weise wärmer oder zweckmäßiger als die der gewöhnlichen Leute, der Überfluß, der sie auszeichnete, war symbolisch.

Die Korsetts, die die Damen jener Zeit trugen und die bis zur Achselhöhle hinaufreichten, waren richtige Folterinstrumente; sie glichen fast den geschnürten Schuhen der alten Chinesinnen und galten, genau wie jene, als anerkanntes Symbol für wahre, feine Weiblichkeit. Ebensowenig wie ein Ritter ohne die Hilfe seines Knappen den Plattenharnisch anlegen konnte, gelang es einer Dame ohne die Hilfe einer handfesten Kammerzofe, die die Schnüre bis zum äußersten zusammenzog, sich in ihr Korsett zu zwängen. Keine wirkliche Dame konnte damals vom Aufstehen an bis zum Zubettgehen sich auch nur einen Augenblick lang einigermaßen frei bewegen. Zu der weiblichen Kulturuniform gehörten noch andere Abzeichen: hohe Hacken, mit Fischbein versteifte Kragen und Rockschleppen. Zwar war das Ritual, dem sich ein Gentleman in seiner Bekleidung unterwerfen mußte, etwas milder als das der Frau, aber auch das erlaubte keine Lässigkeit oder Bequemlichkeit. Es gestattete zu keiner Zeit weiche Kragen, Manschetten oder Hüte, und das Kleidungsstück, das wir Smoking nennen, trat erst nach der Jahrhundertwende in Erscheinung.

Der englische Politiker Gladstone* besuchte als alter Mann seine frühere Universitätsstadt Oxford und betrachtete mit Erstaunen, vielleicht auch mit Mitleid, die Studenten der neuen Zeit. Zu seiner Zeit besaß jeder Student, der etwas auf sich hielt, mindestens eine Hose, mit der er sich niemals hinsetzte – die besser gestellten hatten zwei oder drei für solche Zwecke reserviert und wurden darob von den weniger glücklichen beneidet.

Das Ritual bestimmte auch in anderer Hinsicht das tägliche Leben einer wirklichen Dame und eines Gentleman. Keine Dame durfte beim Sitzen die Beine übereinanderschlagen. Ein Gentleman stellte beim Besuch den Stock im Flur ab, nahm aber Hut und Handschuhe mit ins Zimmer und mußte lernen, diese auf den Knien und die Teetasse in der Hand zu balancieren. Das Zeremoniell erstreckte sich vom Kirchgang zu den Pflichtvisiten über die Hoftrauer bis hin zu den sprachlichen Ausdrucksformen.

Und klare Verhältnisse herrschten nicht für die Frau Hofjägermeister, die mit Hilfe von Addition und Division das Essen und das Prestige gleichmäßig verteilen wollte.

Denn in jener Übergangszeit haftete auch den Mahlzeiten noch ein gewichtiges Prestigemoment an. Wenn die langen Menüs komponiert wurden, stand die Ehre von Vindingegård auf dem Spiel.

Der Hofjägermeister selber, der die Freuden der Tafel hochschätzte, hätte lieber auf eine Mahlzeit am Tage verzichtet als auf das Privileg, daß jeder Passant den Hut zog, wenn der Wagen von Vindingegård auftauchte. Und die alte Kammerherrin, seine Mutter, hätte eher ihre Morgenschokolade und wohl auch ihren Nachmittagstee aufgegeben als den Anspruch, von ihrer Umgebung in der dritten Person angeredet zu werden. Und der Gastgeber und die Gastgeberin an dem langen Tisch im Speisezimmer hätten lieber auf den Genuß sämtlicher Gerichte eines Essens verzichtet, wenn sich das mit Anstand hätte machen lassen, als durch das Auslassen auch nur eines Ganges die Ehre Vindingegårds geschmälert zu sehen.

Und an dieser Stelle lassen Sie uns zu dem Menü zurückkehren, das der Anlaß für die historische, schicksalsschwere Frage der Jungfer Sejlstrup gewesen ist.

Ich besitze ein altes Kochbuch aus dem Jahre 1875, also fast
genau aus der Zeit der Jungfer Sejlstrup. Ich werde hier nicht auf
die Menüs für die großen Essen, die Soupers und Bälle eingehen.
Aber das Buch liefert gegen Schluß eine Sammlung von Speise-
plänen für den alltäglicheren Bedarf. Der Verfasser schreibt:
»Wir hoffen, daß unsere Leserinnen jedenfalls hier die eine oder
andere Anregung für eine Speisenfolge erhalten, die den Beifall
der Herren Ehemänner, die nicht selten ziemlich weitgehende
kulinarische Anforderungen stellen, finden wird.« Ich gebe hier
zwei der Menüvorschläge wieder.

I.
Pürierte Wildsuppe
Austern in der Schale
Lachskotelettes à la Genevoise
Hammelrücken mit Makkaroni
Küken mit Trüffeln
Sellerie mit Jus
Gebratene Brachvögel mit Kompott und Salat
Plum-Pudding
Eis

II.
Schildkrötensuppe
Kabeljau mit Austernsauce
Pasteten mit Kalbsbries
Rehrücken mit Gelée und gebräunten Kartoffeln
Küken à la Marengo
Artischocken
Gebratene Ente mit Kompott und Salat
Pudding »Nesselrode«
Obst

Mir selbst scheint sonnenklar, daß, wer mit der nötigen Gelas-
senheit zu dieser Mahlzeit Platz nahm, zumindest über einigen
Sinn für das Ritual verfügen mußte.
Jungfer Sejlstrup konnte am Abend – zu dem Zeitpunkt, wo

man oben bei den gebratenen Brachvögeln mit Kompott und Salat angekommen war – den Ofen ihrer kleinen Kammer tüchtig anheizen, das Korsett lösen, in die Schlappen schlüpfen, sich mit einem Zeitungsroman auf dem Stuhl zurücklehnen und Kaffee aus der Untertasse trinken.

Aber die Frau Hofjägermeister oben in dem großen Speisezimmer – wo es in der Nähe des großen alten Kachelofens sehr heiß sein konnte, wo es aber an den Tischenden immer kalt war – waltete als Priesterin einer heiligen Weltordnung. Nicht nur die Ehre Vindingegårds stand auf dem Spiel, sie bewachte zugleich den großen Tempel der menschlichen Würde.

Und die Jungfer Sejlstrup umfaßte, wie Samson, die zwei Mittelsäulen, auf denen das Haus ruhte, und neigte sich mit aller Kraft, und da fiel das Haus auf die Fürsten und auf alles Volk, das darin war. Und, wie Samson, zerschmetterte sie dabei sich selbst.

> Andre Zeiten, andre Vögel!
> Andre Vögel, andre Lieder!
> Sie gefielen mir vielleicht,
> Wenn ich andre Ohren hätte!
> Heine*

Aldous Huxley beschließt seinen Essay mit der Voraussage, die ganze Welt werde eines Tages in ein riesiges, ungeheuer komfortables Federbett verwandelt sein, unter dem der Geist des Menschen, wie seinerzeit Desdemona, erstickt werde.

Aber Huxleys Essay ist heute 25 Jahre alt. Schon jetzt haben wir neue Zeiten – und ich meine, feines Flöten heraushören zu können, schwache Töne von wiederum neuen Vögeln.

Ich war in diesem Sommer in Paris. Ich reiste sehr komfortabel mit dem Flugzeug dorthin, und ich wohnte sehr komfortabel in einem Hotel mit Sesseln, die so breit waren wie Betten, und mit Betten, die so breit waren wie Galakutschen. Meine französischen Freunde unternahmen mit mir Ausflüge in riesigen, bequemen Automobilen.

Aber – wie war das eigentlich? Begann nicht alles den Schimmer des Zurückliegenden, des Abgelegten zu bekommen? Waren nicht heute die Essen bei Maxim in erster Linie Nachahmungen der Essen bei Maxim vor dem Ersten Weltkrieg? Waren nicht die Triumphe der Komfort-Zeit dabei, einen schwachen Duft von Anno Tobac anzunehmen?

Ich habe einen jungen Neffen, der in die vorletzte Klasse des Gymnasiums geht, der hat diesen Sommer mit einem Freund zusammen auch eine Fahrt nach Paris gemacht – ich muß gestehen, teilweise per Anhalter – mit einer sehr kleinen Reisekasse. Er kam begeistert und sehr beeindruckt zurück. »Es war großartig«, sagte er, »wir haben unter den Brücken geschlafen. Unser Essen haben wir auf der Straße gekauft, da kann man einfach alles kriegen. Wir haben auf der Straße getanzt, das war toll. Du – in Paris ist es herrlich!« Die beiden Freunde sind dann per Anhalter weitergefahren, und ein Lastwagen hat sie gegen Hilfe beim Auf- und Abladen über Genf bis nach Mailand mitgenommen. »Und du kannst dir gar nicht vorstellen, wie fabelhaft man die Alpen sehen kann, wenn man auf diese Art über die Pässe fährt. Schade, daß du nie anders als durch einen Tunnel von der Schweiz aus nach Italien gekommen bist. Womöglich noch dazu im Schlafwagen!«

Er hofft, wenn er das Abitur bestanden hat, mit seinem Freund einmal um die ganze Erde reisen zu können, per Anhalter und mit Gelegenheitsjobs auf Frachtdampfern. Ich wollte ihm gerne etwas mitgeben, das ihm auf der Fahrt eine Hilfe und von Nutzen sein kann, ich habe ihm einen Tätowierkursus geschenkt.

Das kleine Gezwitscher ertönt rings um uns her, und es macht Spaß, ihm zu lauschen. Hat es eine Bedeutung? Das große Spiel des Vogelzuges über unseren Köpfen zur Tagundnachtgleiche hat eine Bedeutung, es kündet die kommende neue Jahreszeit an. Können wir wohl auch in diesen kleinen, leichten Trillern ein Motiv erkennen – können sie stärker werden und sich zu einer Melodie vereinen?

»Nein, das ist nur Gepiepse, das bedeutet nichts«, hat man mir geantwortet. »Das ist die Komfort-Zeit mit umgekehrtem Vorzeichen. Das ist nur die Wiedergabe einer Schallplatte, die mit der Natur und der Wirklichkeit nicht mehr gemein hat als das

Wort, das sich die Darsteller aus einer zweifelhaften Kartothek entliehen haben: ›Wandervögel‹ – ein Wort ohne Sinn, denn es gibt keine Vögel, die wandern. Das ist so eine Mode.«

Aber eine Mode hat immer irgendeine Bedeutung.

Der Neffe der Frau Hofjägermeister hätte nicht auf die gleiche Art wie meine jungen Reisenden nach Paris fahren können. Er hätte vielmehr, wenn er aus dem einen oder anderen Grund dazu genötigt worden wäre, ein ungutes Gefühl dabei gehabt und mit seinen Freunden und seiner Tante nicht weiter darüber gesprochen. Auch die Jungfer Sejlstrup hätte, wenn ihr Neffe diese Tour unternommen hätte, sich in ihrem Bekanntenkreis nicht weiter darüber ausgelassen.

Stellen wir uns einmal vor – denn man kann sich ja vorstellen, was immer man will –, die Frau Hofjägermeister und die Jungfer Sejlstrup sprechen im Himmel, wo sich die beide guten Frauen jetzt vermutlich befinden, über die Angelegenheit und sind gleichermaßen ratlos.

»Ja, ich hatte einmal«, sagt da plötzlich die Jungfer Sejlstrup, »einen alten Onkel, der ist in Deutschland auf der Walze gewesen als wandernder Handwerksgeselle. Der konnte was erzählen von seinen Reisen, das kann ich Ihnen sagen! Die wandernden Handwerksgesellen damals, die nannten sich Naver, und die hatten ihre eigenen Sitten und Gebräuche. Sie lebten auf der Wanderschaft von ihrem Handwerk, und so eine Wanderzeit, die bedeutete noch was! Wo sie auch hinkamen, wurden sie von den Leuten freundlich aufgenommen. Mein alter Onkel hatte eine Tätowierung auf dem Arm: R.V.G.G. Das war Deutsch, das heißt: Reisender von Gottes Gnaden.«

Margrethe horcht auf. »Von Gottes Gnaden«, wiederholt sie langsam, die Worte klingen in ihren Ohren wie ein Echo, aber sie kann sich nicht erinnern, von was.

»Ja, das war nun mal so eine Redewendung bei denen«, erklärt Jungfer Sejlstrup.

Margrethe, deren Gedankengänge nicht so fix sind wie die der Jungfer Sejlstrup, muß überlegen. Nach einer Weile sagt sie: »Ja, eine Redewendung! Wissen Sie was, Jungfer Sejlstrup? – Wenn ich jetzt so darüber nachdenke, dann glaube ich, daß ich damals wirklich der Ansicht war, ich sei Herrin auf Vindingegård von Gottes Gnaden. Und das wird's wohl gewesen sein, da lag mein großer Fehler!«

»Das darf die Frau Hofjägermeister so bestimmt auch nicht sagen«, sagt Jungfer Sejlstrup, »ich habe selber über verschiedene Dinge nachgedacht in letzter Zeit, nachdem ich mehr mit Gottes Gnaden zu tun habe. Ich will der Frau Hofjägermeister mal etwas sagen – ich glaube, ich habe damals vergessen, daß ich von Gottes Gnaden die Jungfer Sejlstrup auf Vindingegård war!«

Margrethe überlegt noch einmal, und dann sagt sie: »Der Magister war der Klügste, Jungfer Sejlstrup.«

Ich selbst setze mein Vertrauen auf die Kunst des Tätowierens. Sie ist eine rituelle Kunstform, ein Kult. Sie ist von den Medizinmännern der Indianer auf uns gekommen. Als ich wegen des Sohnes meines Bruders nähere Auskunft über die Ausübenden dieser Kunst suchte, zeigte es sich, daß sie eine geheimnisvolle Gilde bilden, eine Art Freimaurerei. Ihre wichtigste Klientel sind Seeleute und Könige, Leute, die auch heutzutage noch Sinn für das Ritual haben. Diese Kunst hat ihre besonderen, tief traditionellen, mystischen Motive. In der Tierwelt ist ihr ehrwürdigstes Sinnbild die Schlange, in ziemlich unheimlicher Darstellung – man fühlt sich an Chingachgook*, die große Schlange, den Vater des letzten Mohikaners, erinnert. Aber auch das uralte, einfache und dreifache Symbol für Glaube, Hoffnung und Liebe ist in dieser Kunst hoch angesehen.

Und hiermit lege ich meine letzte alte Daguerreotypie zurück in die Kommodenschublade.

Übersetzt von Sigrid Daub

Eine Festrede am Lagerfeuer,
mit vierzehn Jahren Verspätung gehalten

Über den Gegenstand meiner heutigen Ansprache habe ich vor einiger Zeit schon vor den Studierenden des Zahle-Seminars einen Vortrag gehalten. Bei der Gelegenheit hätte ich fast einen Gruß von Nathalie Zahle* selbst überbringen können.

Meine Beziehung zu Fräulein Zahle ist von besonderer Art, ihre Wurzeln reichen bis in die Zeit vor über hundert Jahren zurück. Fräulein Zahle bekam ihre allererste Stelle als Lehrerin im Hause eines Müllers, namens Van der Merwede, in Bjerre Mølle in Jütland. Bjerre Mølle gehört zu dem Gut Matrup, drei Meilen westlich von Horsens, dem Elternhaus meiner Mutter, und die freundschaftlichen Beziehungen zwischen den Familien auf dem Gut und in der Mühle haben viele Jahre überdauert. Das alte Fräulein Ida Merwede kam, als ich Kind war, jeden Sommer für einen Monat zu Besuch zu uns nach Seeland. Und Tante Ida Merwede, wie ich sie nannte, ist die erste Schülerin der blutjungen Nathalie gewesen, sie erinnerte sich genau an ihre Lehrerin, sie erzählte uns Kindern, als stünde sie noch immer unter ihrem Eindruck, die Geschichten aus der Bibel und aus den Sagen, von Homer und aus der dänischen Geschichte, so wie die angehende große Pädagogin im Jahre 1843 sie ihr selbst in den winzigen Wohnräumen der Mühle erzählt hatte.

Als ich aufgefordert wurde, an Fräulein Zahles eigenem Seminar einen Vortrag zu halten, fand ich, ich sei es ihr schuldig, dieser Aufforderung nachzukommen, und ich wünschte mir, über etwas sprechen zu können, das eine Verbindung zu der 110 Jahre zurückliegenden Zeit hätte – etwas, von dem ich mir vorstellen konnte, daß es auch dem jungen, begeisterungsfähigen und ehrgeizigen Mädchen auf den mir so wohlvertrauten jütländischen Wegen und Stegen durch den Kopf gegangen sein muß. Ich durfte hoffen, daß sie, wenn sie zur Stelle gewesen wäre, nicht völlig mißbilligt oder verworfen hätte, was ich über eine Sache zu sagen hatte, die ihr ihr ganzes Leben lang am Herzen gelegen hat – über das, was man die Frauenfrage nennt.

Wenn ich nun über die Frauenfrage spreche, muß ich gleich zu Anfang betonen, daß das eine Materie ist, von der ich nichts verstehe und mit der ich mich niemals aus eigenem Antrieb beschäftigt habe.

Wenn Sie nun einwerfen würden: »Dann wird Sie auch keiner darum gebeten haben, über diesen Gegenstand zu sprechen!«, dann müßte ich Ihnen antworten, doch, genau darüber. Ich bin von Frauen, die etwas von der Frauenbewegung verstanden und sich das ganze Leben hindurch mit ihr beschäftigt haben, gebeten worden, über diese Bewegung zu sprechen. Und obwohl diese Aufforderung vermutlich unter falschen Voraussetzungen zustande gekommen ist, haben diese Frauen möglicherweise unbewußt nach etwas gerufen, was ihnen not tat. Zuzeiten kann das Wort eines gänzlich unbefangenen und ehrlichen Laien gerade für gestandene Theologen hörenswert sein.

Im Sommer 1939 fand in Kopenhagen ein großer internationaler Frauenkongreß statt. Hervorragende Frauenrechtlerinnen aus allen Ländern sprachen eine nach der anderen über die Entwicklung und Probleme der Frauenbewegung. Wenn ich mir diese Vorträge, zu denen ich eingeladen war, angehört hätte, wäre ich heute klüger als ich es bin.

Aber es traf sich gerade so, daß in jenen Tagen der englische Schauspieler John Gielgud, ein alter Freund von mir, auf Kronborg den Hamlet spielte. Statt zu den aufschlußreichen Vorträgen zu gehen, lebte ich eine Woche lang Tag und Nacht im Zuschauerraum und hinter der Bühne mit den englischen Schauspielern – in einer Shakespeareschen Welt, und als ich »Schwachheit, dein Nam' ist Weib!«* verkünden hörte, dachte ich nicht daran zu protestieren, sondern nahm es hin.

Trotzdem erwies mir das Komitee des Kongresses, vertreten durch unsere eigene hervorragende Frauenrechtlerin Estrid Hein*, die Ehre, mich dazu aufzufordern, bei der Schlußveranstaltung des Kongresses die Festrede am Lagerfeuer zu halten. Ich dankte Frau Hein vielmals, antwortete aber: »Ich kann diese Aufgabe nicht übernehmen, denn ich bin keine Frau der Frauenbewegung.« – »Bist du denn gegen die Frauenbewegung?« fragte Frau Hein. »Nein«, sagte ich, »das kann ich nicht gerade sagen.« – »Wie stehst du denn nun wirklich zur Frauenfrage?« fragte mich Frau Hein noch einmal. »Ja, darüber habe ich noch nicht nachgedacht«, antwortete ich. »Dann denk jetzt nach«, sagte Frau Hein.

Und das war ja eigentlich ein guter Rat, den ich auch befolgte, wenn ich dafür auch so viel Zeit gebraucht habe, daß ich die Festrede am Lagerfeuer nie habe halten können.

Aber diese Betrachtungen, die ich, ohne Voraussetzungen und ohne Voreingenommenheit, in aller Bescheidenheit angestellt habe und die ich hier in aller Bescheidenheit zum ersten Mal einem Publikum vorlege, sind sozusagen das Resultat von Frau Heins Aufforderung.

Sie wirken jetzt, nachdem vierzehn Jahre vergangen sind, etwas weniger ungewöhnlich, als sie es damals getan hätten. Dadurch werden sie an Interesse für andere Menschen verloren haben. Für mich selbst bedeutet es jedoch eine Genugtuung, festzustellen, daß das Denken der Zeit meinem eigenen Gedankengang gefolgt ist.

Da ich nun versuchen mußte, mir selbst erst einmal Klarheit zu verschaffen, wollte ich ganz von vorn anfangen, und ich stellte mir als erstes die Frage: »Warum gibt es zwei Geschlechter?«

Oder – anders ausgedrückt: »Warum hat es den Anschein – zumal es doch in der Natur Arten gibt, bei denen sich jedes einzelne Individuum selbständig durch Knospung vermehren kann –, daß die Spaltung in zwei Geschlechter innerhalb einer Art entweder Voraussetzung für die höhere Entwicklung der Art oder ein Resultat ihrer höheren Entwicklung ist?«

Nun, ein Wissenschaftler könnte Ihnen hier eine Erklärung

liefern, und auf jeden Fall eine sehr viel bessere Erklärung als ich. Ich meine aber, wie ich Ihnen schon gesagt habe, daß der Wert meiner Betrachtungen – falls sie überhaupt einen Wert haben – darin liegt, daß ich von der Sache nichts verstehe.

Dann habe ich mir verschiedene Möglichkeiten vor Augen geführt.

Als erste die folgende. Bei einer Rasse, die über Generationen durch das einzelne Individuum fortgepflanzt worden ist – ohne die Möglichkeit einer Erneuerung von außen – müssen die Individuen im Laufe der Zeit furchtbar einseitig geworden sein und die Gegensätze der Individuen untereinander eine unheimlich starke Ausprägung erfahren haben. Die ganze Gesellschaft müßte zu einer grauenvollen Ansammlung von einzelnen werden, die sich schließlich gegenseitig totschlagen.

Wenn, wie es jetzt ist, zwei Individuen dazu nötig sind, ein drittes hervorzubringen, sind in zehn Generationen tausend mit der Aufgabe befaßt, und in ein paar tausend Jahren sind es Millionen. Wir sind heute in Europa alle miteinander blutsverwandt.

Als ich die Sache weiter durchdachte – vielmehr mich in ihr weiter vortastete –, erschien mir diese Erklärung nicht zufriedenstellend.

Ich legte mir eine andere Erklärung zurecht:

Im Laufe der, wie wir es nennen, Weiterentwicklung der Arten wächst der Grad der Schwierigkeit, die die Erhaltung und Fortpflanzung der Art mit sich bringt, beträchtlich.

Fische und Kriechtiere streifen ihre Eier im Wasser, auf einem Stein oder im Sand ab und lassen es dabei bewenden. Die Vögel haben schon mehr Arbeit, sie müssen mehr Zeit aufwenden, Vorbereitungen zu treffen, indem sie Nester bauen, bei den Eiern bleiben während des Ausbrütens und eine Zeitlang für ihre Jungen sorgen, nachdem sie aus den Eiern geschlüpft sind. Bei den Säugetieren steigert sich mit ihrem Rang die Mühe. Kaninchen und Mäuse multiplizieren sich im Laufe ihres Lebens einige hundert Male – eine Löwin wirft nicht einmal jedes Jahr, und in einem Wurf sind nicht mehr als zwei oder drei Junge. Wenn wir zum Menschen kommen, und dort zu den hochentwickelten, verantwortungsbewußten Menschen, sehen wir, daß nur von einem einzigen Wurf – oder von ganz wenigen Würfen – die Rede sein kann.

Unter diesen Umständen könnte es sich als notwendig erweisen, daß der eine Teil des Menschengeschlechtes sich ganz seiner Erhaltung und Fortpflanzung widmete, während der andere Teil die Aufgabe der Entwicklung und des Fortschritts übernähme.

Es scheint so, als sei das die in früheren Zeiten übliche Sicht der Dinge gewesen – zumal doch im Laufe der Zeit die Mission der Frau von der bloßen Zuständigkeit für Wochenbett und Kinderzimmer ausgedehnt wurde auf alles, was mit dem Liebesleben zu tun hat, das das Weiterbestehen des Menschengeschlechtes garantiert.

Der alte Kaiser Wilhelm markierte, wie man weiß, das Programm für die Lebensaufgabe der Frau mit den drei K's: Kirche, Kinder, Küche*. Ich persönlich bin der Ansicht, wenn das ernstgemeint gewesen wäre, so wäre es ein Angebot gewesen, das man hätte in Erwägung ziehen können. Aber es war keinesfalls ernstgemeint. Wenn die Kirche wirklich Wirkungsfeld der Frau gewesen wäre, hätten wir selbstverständlich weibliche Pastoren und Bischöfe haben müssen und auch weibliche Päpste – aber da kenne ich nur die Päpstin Johanna, die ja zugegebenermaßen leider keine gute Repräsentantin des Geschlechtes war und die wohl von späteren skeptischen Zeiten bedauerlicherweise zu einer Sagenfigur reduziert worden ist. Aber die Amtsträger der Kirche sind immer ausschließlich männlichen Geschlechtes gewesen, und die Rolle der Frau hat sich genaugenommen auf die der Kirchgängerin beschränkt, die man ihr ja nicht gut vorenthalten konnte. Wäre der Bereich »Kinder« ganz in die Hände der Frauen gelegt worden und hätten die Schulen und das Erziehungswesen zu ihm gehört, hätte die Welt sicher anders ausgesehen als Kaiser Wilhelm sie sich vorgestellt und gewünscht hat. Er selbst verband mit dem Begriff wohl mehr die Wiegen und die Windeln, um derentwillen es ja nie ein besonders heftiges Konkurrenzstreben von seiten der Männer gegeben hat. Was schließlich das dritte K, die Küche, betrifft – das Gebiet, auf dem, wie man annehmen sollte, die Frauen einigermaßen überlegen waren –, so hat es den Anschein, als hätten sie gerade hier eine schöne Selbstlosigkeit an den Tag gelegt. Der männliche Geschmack dominiert gleichermaßen an den Familientischen wie in den Restaurants – dort wo Frauen allein miteinander essen und frei das Menü bestimmen können, hat es einen ganz anderen, leichteren und abwechslungsreicheren Charakter. An dieser Stelle muß ich jedoch die Bemerkung einfügen, daß Negerinnen und Somalifrauen sehr schnell bei der Hand sind, ihre Männer mit den Gerichten, die sie ihnen vorsetzen, zu vergiften, und deshalb großen Respekt genießen.

Aber wenn sich auch einiges zugunsten von Kaiser Wilhelms Programm sagen ließe, glaube ich doch nicht, daß es als Naturgesetz – als Begründung oder Ausdruck der Weiterentwicklung der Arten – eine Rolle gespielt hat.

Wenn ich hier meine eigene Auffassung von der Zweckmäßigket, die in der Spaltung in zwei Geschlechter liegt, darlegen soll, dann komme ich auf meinen alten Glauben an die Bedeutung von dem großen Reichtum und den unbegrenzten Möglichkeiten, die die Gemeinsamkeit und das Zusammenspiel zwei verschieden gearteter Einheiten bieten.

Ich habe schon über das gleiche im Verhältnis Herr und Diener und im Verhältnis Alte und Junge gesprochen. Aber keine Wechselwirkung – wenn man die Wechselwirkung Gott und Mensch ausnimmt – hat so entscheidende Bedeutung gehabt wie die Wechselwirkung zwischen Mann und Frau. Der alte englische Pastor Robertson* hat gesagt: »Zwei Dinge entscheiden über den Wert und das Schicksal eines Menschen: sein Verhältnis zu Gott und sein Verhältnis zum anderen Geschlecht.«

Ich selbst betrachte *die Inspiration* als das höchste menschliche Glück. Und die Inspiration erfordert immer zwei Elemente. Ich glaube, daß die gegenseitige Inspiration von Mann und Frau die mächtigste Antriebskraft in der Geschichte unseres Menschengeschlechtes gewesen ist und vor allen anderen das geschaffen hat, was uns adelt: Unternehmungsgeist, Poesie, Kunst und Geschmack. Ich denke mir, einer der Faktoren, mit deren Hilfe die Menschen sich über die Tiere erhoben haben, ist folgender: die Menschen haben das ganze Jahr über Paarungszeit – ein

Gemeinwesen, in dem die Anziehungskraft der beiden Geschlechter aufeinander auf eine bestimmte kurze Periode beschränkt wäre, müßte seltsam stumpf werden. Ja, ich glaube, je
mächtiger diese gegenseitige Inspiration zur Wirkung kommt,
desto vielfältiger und lebendiger wird eine Gesellschaft sich entwickeln.

Ich will nicht versuchen zu bestimmen – und ich glaube nicht,
daß man das überhaupt bestimmen kann –, inwieweit die Inspiration vom Grad des Unterschiedes zwischen den beiden Geschlechtern abhängt.

Wenn man zum Vergleich die Beziehung zwischen Herr und
Diener betrachtet, gewinnt man die Einsicht, daß das Zusammenspiel am ergiebigsten ist, wo die beiden Partner einander einigermaßen nahestehen – man kann eher von einem Zusammenspiel zwischen Leander und Heinrich reden als von einem zwischen Leander und Arv*. Aber ich habe zwischen den Krieger-
stämmen der Massai und der Somali gelebt, wo das Dasein der
Männer grundverschieden von dem der Frauen war und die gegenseitige Anziehungskraft ganz offensichtlich den einzig maß-
geblichen Faktor des Lebens darstellte.

Ich erinnere mich, wie ich im Museum auf Fanø versucht
habe, mir vorzustellen, wie sich das Leben in einem Gemeinwesen abgespielt hat, wo so gut wie alle Männer auf den großen
Meeren umherfuhren und die Welt umsegelten, während nur
ganz wenige von den Frauen – wenn überhaupt – einmal während ihres Lebens aus Fanø herauskamen. Über den Mädchen
und den jungen und alten Frauen von Fanø hat sich sicher das
Blau der fernen Himmel gewölbt, und das Echo vom Rauschen
der fernen Weltmeere klang ihnen in den Ohren, wenn sie in ihren niedrigen Stuben mit den sonderbaren Muschelgehäusen auf
der Kommode beim Spinnen saßen oder im harten Westwind die
Schafe heimtrieben. Der Stolz auf die Weltenumsegler, die Angst
um sie, die Sehnsucht nach ihnen hat ihre Gedanken erfüllt und
bewegt. Und möglicherweise erfuhren die weitgereisten Männer
eine ganz besondere Inspiration durch die Frauen in der strengen
Fanøer Tracht mit dem umwickelten Kopf, die, wenn die Männer von ihren Fahrten zu ihnen heimkehrten, nur mit halbem

Ohr auf die Berichte von Schiffbrüchen, Menschenfressern und Meeresschlangen hörten, selber aber darauf brannten, ihnen zu erzählen, daß des Pastors Kuh zwei bunte Kälber bekommen hatte. Und ich begreife, daß Fanø damals eine harmonische und glückliche Zeit erlebt hat, als das Gemeinwesen im wesentlichen von der Schiffahrt lebte. Ähnliches muß es bei allen seefahrenden Nationen geben, und im allgemeinen hat sich das Leben dort, meine ich, reich und blühend entwickelt – ja, gerade auf seine Art inspiriert gezeigt, wie in Venedig, Holland und England zu der Zeit, als der Rang einer Nation – unter den anderen Nationen – von ihrer Tüchtigkeit auf See bestimmt wurde.

Rein persönlich kann ich sagen, daß ich es beim Betrachten des männlichen Teils der Menschheit im allgemeinen mit Mussolini halte, der gesagt hat: »Non amo i sedentari! – ich kann die Stubenhocker nicht leiden.«

Und eines steht fest: Ich bin überzeugt, daß im täglichen Leben und bei allem, was dazugehört, ein Konkurrenzkampf zwischen Mann und Frau ein Unding ist und zu nichts führt. Es gibt Ausnahmen, und Atalanta und Gefion* sind ja herrliche Gestalten, aber im allgemeinen erweist sich dieser Wettkampf im Leben selbst als ebenso unsinnig und zwecklos, wie er in einem Stadion wirken würde.

Es bringt einer Frau kein Glücksgefühl, einen Mann an die Wand zu spielen; es bedeutet keine Demütigung für einen Mann, vor der Frau zu knien. Aber es ist demütigend für die Frauen eines Gemeinwesens, dessen Männer nicht achten zu können, es ist demütigend für die Männer eines Gemeinwesens, dessen Frauen nicht ehren zu können.

Aldous Huxley* verwendet in einem seiner Romane im Hinblick auf eine unerfüllte und schmerzliche Beziehung den Ausdruck: »the love of the parallels« – die hoffnungslose Liebe zwischen den zwei parallelen Linien, die nebeneinander verlaufen, aber nicht zusammenkommen können.

Nun ja, Wechselwirkung. Nun ja, Inspiration. Wo liegt denn, genau genommen, der Unterschied zwischen den beiden Geschlechtern, der das Zusammenspiel am meisten bereichert und die Inspiration am ehesten weckt?

Im Laufe der Zeit hat jedes Geschlecht – mit gleich großer Überzeugung und Beredsamkeit – das andere gelobt und besungen oder verdammt und bekämpft. Die Frau ist edler als der Mann, schlechter als der Mann – Ewald* vereint beide Ansichten, indem er verkündet, daß ein Mann nie so hoch emporsteigen und nie so tief sinken kann wie eine Frau –; sie ist dümmer als der Mann, sie ist gewitzter – oder weiser – als er. Sie ist treuer, treuloser – in den Volksliedern ist es wechselweise einmal die Treue der jungen Burschen, einmal die der jungen Mädchen, auf die viel Verlaß ist wie auf eine morsche Brücke. Und Søren Kierkegaard* sagt, es wäre recht interessant, falls man den einen oder andern »abständigen literarischen Klepper« veranlassen könnte, abzuzählen, ob in der Dichtung aller Zeiten öfter der Mann die Frau oder die Frau den Mann verlassen hat. Sie ist schwächer, und sie ist stärker, den hohen Geistern steht sie ferner, den Engeln ist sie näher. Jeder muß sich sein eigenes Urteil bilden, bis zum heutigen Tage ist es nicht geglückt, der Frau einen festen Status einzuräumen.

Wenn man mit einem Menschen über seine Eltern spricht, wird er im allgemeinen mitteilen, was sein Vater in der Welt *geleistet* hat. »Mein Vater hat die Brücke über den Storstrøm gebaut, mein Vater hat das Buch soundso geschrieben, mein Vater hat die und die große Firma gegründet.« Und fragt man ihn nach seiner Mutter, antwortet er: »Mutter war so schön.«

Selbst wenn das nun mehr für meine eigene Generation als für die ganz jungen Leute gilt, so möchte ich doch annehmen, daß selbst derjenige, der eine Chefärztin oder eine Justizministerin zur Mutter gehabt hat, uns, ehe er sie durch ein solches Faktum charakterisiert, erzählen wird, daß seine Mutter eine selten begabte, aufrichtige, geistreiche oder schöne Frau *gewesen* sei.

Damit soll gesagt werden, daß der Mann sein Werk von sich aus, aber außerhalb seiner eigenen Person erschafft und es sehr oft, wenn es dann fertig ist, verläßt und aus seinem Bewußtsein verdrängt, um ein neues zu beginnen. Das Wirken der Frau besteht darin, ihr eigenes Wesen zu erweitern. Es kann sich sehr weit ausbreiten, wie die Krone eines Baumes, aber es behält stets seine Wurzel in ihrem eigenen Ich. Ein Mann, der keine Taten

vollbringt und kein Werk vollendet, wird nicht hoch eingeschätzt. Aber ich habe viele Frauen gekannt – vielleicht vorwiegend in der Generation, die meiner eigenen voranging –, die keinerlei Werk vorzuweisen hatten, die aber sehr viel Macht besaßen, entscheidenden Einfluß ausübten und die Lebensverhält-
nisse um sich her prägten. Ich denke dabei an mein altes Kindermädchen, dem man wahrhaftig keine besonderen Fähigkeiten
nachsagen konnte, dessen Persönlichkeit aber unser Haus und
unsere Familie mit einer stillen, unwiderstehlichen magnetischen
Kraft durchdrang, wodurch sich sozusagen alles verwandelte.
Ich glaube, daß die großen Frauen der Geschichte, die Königin-
nen und Heiligen, im Besitz der gleichen magnetischen Kraft gewesen sind. Weder von Maria Theresia noch von Elisabeth und
Victoria von England kann man sagen, sie hätten irgendwelche
Taten vollbracht, vielleicht noch nicht einmal, daß sie eine
große, eigenständige Idee in die Welt gesetzt hätten, sie haben
aber mit Hilfe dieser Kraft ihr Wesen so weit ausgedehnt, daß es
schließlich ein Königreich und ein Imperium – und ein Zeitalter,
das ihren Namen trägt – geprägt hat.

Es gibt ein altes englisches Liebesgedicht, in dem der Liebende
zur Geliebten sagt:

> Wherever you walk, cool gales shall fan the glade,
> trees where you sit shall crowd into a shade –*

»Wo du gehst, folgen dir Kühle herbeifächelnde Winde, wo du
sitzt, vereinigen sich große Bäume, um Schatten zu spenden.« –
Wo du gehst, erfüllen neue Gedanken und Erlebnisse das Leben,
um deinen Platz bildet sich ein Heim, ein Kreis, eine glückliche
Welt.

Ein Mann zeichnet sich in seiner Zeit und in der Geschichte
schon durch eine einzige Tat aus. Columbus entdeckte Amerika
– sehr viel mehr weiß ich jedenfalls nicht von ihm – und wurde
damit unsterblich. Wenn wir aus der Geschichte von einer Frau
hörten, die Amerika entdeckt hätte, dann wäre es denkbar, daß
wir in den Ruf ausbrächen: »Das muß doch ein verrücktes Frauenzimmer gewesen sein, wozu mußte die denn Amerika entdek-

ken?«» Nein, war sie denn hübsch, war sie liebenswert, was bedeutete sie für die Menschen ihrer Umgebung?

Unser größtes oder wohl eigentlich einziges, strategisches Genie wird nicht nach einer einzelnen Tat oder Leistung benannt – sie wird weder als Siegerin von Patay noch als Königsmacherin von Reims bezeichnet –, sondern nach dem, was sie ganz einfach und passiv *war,* die »Jungfrau von Orléans«.

Und wenn wir noch höher hinaufgehen, zu der Frau, die von allen Frauen in der ganzen Weltgeschichte am meisten bedeutet hat, die die meisten großen Kunstwerke inspiriert, die Seelen am tiefsten ergriffen und bewegt und die Sinne und Sitten am nachhaltigsten verwandelt hat, zur Jungfrau Maria – ganz gleich, ob man nun annimmt, daß es sie wirklich gegeben hat oder nicht – so gilt für sie das gleiche. Ihre Macht beruht auf dem, was sie *ist*. Gott erschuf Himmel und Erde, Christus erlöste die Menschheit. Aber die Jungfrau Maria vollführte keine Großtat über das eine hinaus: vollkommen passiv Christus zu gebären, ihr ganzes Wesen für Gottes Menschwerdung hinzugeben. Die Menschen erwarten nichts anderes und wünschen sich nichts anderes von ihr. Ich habe auf meinen Reisen in den Süden den Eindruck gewonnen, daß in unseren Zeiten die Jungfrau Maria das einzige himmlische Wesen ist, das von Millionen wirklich geliebt wird. Aber ich glaube, daß genau die gleichen Millionen keinerlei Verständnis aufbringen, es mir sogar übelnehmen würden, wenn ich ihnen erzählte, die Jungfrau Maria hätte eine große Erfindung gemacht, schwere mathematische Aufgaben gelöst oder den Hausfrauenverein von Nazareth ganz fabelhaft organisiert und verwaltet. Nein, sie soll ganz einfach nur *da sein*. Die Himmelskönigin breitet ihr Wesen über die ganze Menschheit und die ganze Erde aus, sie unternimmt keinen Flug zum Mond, sie steht nur ruhig da, den Mond zu ihren Füßen.

Die Umgebung spielt für eine Frau eine weit größere Rolle als für einen Mann, denn sie besteht für sie nicht aus zufälligen, von ihr selbst unabhängigen Dingen, sie ist eine Erweiterung ihres eigenen Wesens. Ein Mann kann, meiner Erfahrung nach, wenn man ihn in Ruhe der Arbeit überläßt, die ihm am Herzen liegt, seine Umgebung völlig ignorieren – für ihn ist sie verschwunden, er kann mitten in Dreck und Unordnung, Durchzug und Kälte vollkommen selig sein. Den meisten Frauen ist es unerträglich, in einem Zimmer zu sitzen, dessen Farbzusammenstellung ihnen widersteht. Ebenso spielt die Bekleidung für eine Frau eine größere Rolle als für einen Mann. Man sagt, die Frauen schmückten sich für die Männer oder sie schmückten sich füreinander, aber ich glaube, keins von beiden stimmt ganz. Die Kleider einer Frau sind für sie eine Erweiterung ihres Wesens.

Die Handarbeit kann man als ein besonderes Zeichen oder Symbol für diesen Sachverhalt ansehen. Handarbeiten, die der Verzierung dienten, sind zu allen Zeiten keine Arbeit oder Tätigkeit an sich gewesen, sondern eine Begleitung der eigentlichen Arbeit und Tätigkeit der Frau – und in gewissem Sinne eine Art Koketterie. Die Frauen haben mit den Handarbeiten viele schöne und bleibende Dinge geschaffen, aber der eigentliche Wert der Handarbeit liegt tiefer, und deshalb konnten die aktivsten und bedeutendsten Frauen sich mit dem Strümpfestopfen begnügen – ja, Penelope trennte jede Nacht wieder auf, was sie am Tage gewebt hatte*, und doch, oder gerade dadurch, wurde Penelopes Webarbeit die berühmteste der Welt. Die Handarbeit war eine Beschäftigung, neben der viel größere Arbeiten vorbereitet, begleitet und vollendet wurden – die über einer Handarbeit Sitzende, die Stickerin oder Strümpfestopferin, lauschte vertraulichen Mitteilungen, unterhielt und ermunterte begabte Freunde, intrigierte, erzählte Mitgliedern der jungen Generation Geschichten und erteilte ihnen Belehrungen.

Jetzt ist die Rede davon, daß man Jungen Handarbeitsunterricht geben will – und natürlich ist es gut und nützlich, wenn ein junger Mann selbst einen Knopf annähen und einen Strumpf stopfen kann. Aber in Wirklichkeit *kann* man einem Jungen das »Handarbeiten« nicht beibringen – in seinen Händen wechselt die Arbeit ihren Charakter, sie eilt dem Resultat entgegen. Ein kleiner Junge kann sich voller Begeisterung bemühen, einen Bauernhof aus Karton zusammenzukleben, und dabei sich und das ganze Zimmer mit Kleister verschmieren, aber es interessiert ihn nur das *Fazit*. Eine Beschäftigung, die zu keinem Fazit führt, liegt ihm fern. Ein kleines Mädchen zieht seine Puppe aus und wieder an, diese Tätigkeit führt zu keinem sichtbaren Ergebnis, aber während sie ihr nachging, hat sie gelebt, intensiv gelebt.

Ich muß hier wohl noch eine besondere Betrachtung einfügen. Ich glaube, Künstler – Dichter, bildende Künstler und Komponisten – stehen in gewisser Weise ihrem Werk anders gegenüber als die Männer im allgemeinen und nähern sich damit dem weiblichen Modus vivendi. In der Kunst entfaltet der Künstler sein eigenes Wesen, und sein Werk existiert nicht außerhalb seines Selbst, sondern es *ist* er selbst.

Zwischen dem Künstler und der Frau besteht eine eigenartige Beziehung. Goethe hat gesagt*, die Natur der Frau sei der Kunst eng verbunden, und es stimmt sicher, daß die Durchschnittsfrau mehr von einem Künstler hat als der Durchschnittsmann. Aber nur wenige Frauen sind große Künstler gewesen, außer auf Gebieten, wo sie nicht Kunstwerke *erschaffen,* sondern sozusagen zu Kunstwerken *werden* – das heißt als Schauspielerinnen, Sängerinnen oder Tänzerinnen. Hier haben sie, die selbst inspiriert worden sind, ihr Publikum so mächtig inspiriert, wie es einer Malerin oder einer Schriftstellerin nie gelingen kann. Ich glaube, wenn ich ein Mann wäre, wäre es mir unmöglich, mich in eine Schriftstellerin zu verlieben – ja, selbst wenn ich einer Frau begegnet wäre und mich von ihr zutiefst angezogen fühlte, würde die Mitteilung, sie sei Schriftstellerin, mein Gefühl erkalten lassen. Ich weiß sehr wohl, daß das nicht immer der Fall sein muß. Es hat wohl selten einen größeren *man-eater* gegeben als George Sand, aber in diesen von beiden Seiten künstlerisch geprägten Liebesaffären – denn die meisten ihrer Liebhaber waren selbst Künstler – liegt ein Moment des »Widernatürlichen«!

Und viele Frauen verspüren anscheinend einen ekstatischen Drang hin zu den großen Künstlern, ein mystisches Gefühl der Verwandtheit, und sie hegen den mystischen Glauben, dort so verstanden zu werden wie sonst nirgends. Im allgemeinen ist es jedoch ein Unglück für eine Frau, einen Künstler zu lieben – und sie wäre *every time* mit Kapitän Carlsen besser bedient.

In Ost-Afrika, das zu meiner Zeit ein Pionierland war, wurde das Wirken einer Frau, wie ich es beschrieben habe, die Ausbreitung ihres eigenen Wesens, so hoch eingeschätzt, wie man es sich hier zu Hause nur schwer vorstellen kann. Ein Blumengarten oder ein Blumenstrauß wurde, glaube ich, von den Männern, die von harter Arbeit auf dem Felde oder von einer Expedition heimkamen, als Geschenk, ja, als Labsal empfunden. Sie fragten uns: Habt ihr es tatsächlich geschafft, daß der Lavendel angegangen ist? Aber zu meiner Zeit wäre es keinem Mann dort draußen eingefallen, selbst einen Blumengarten anzulegen. In Wirklichkeit, glaube ich, bestand für die Männer dort der eigentliche Wert des Blumengartens darin, daß er Ausdruck oder Bestätigung unseres Vorhandenseins war. Im Gegenzug brachten wir, bei unserem gemeinsamen Spiel, der Arbeit und dem Tun der Männer weit höhere Wertschätzung entgegen als die Frauen in Europa. Wenn meine Freunde sich zu Besuch angesagt hatten, freute ich mich besonders darauf, daß sie sich an meinen Maschinen in der Kaffee-Fabrik zu schaffen machen und sie in Ordnung bringen würden – was sie auch immer mit offensichtlichem Vergnügen taten.

Ein französischer Offizier, der hier oben bei uns die Verhältnisse in den Kasernen studierte, brach in den Ruf aus: »Comment donc! Sie dekorieren Ihre Kasernen in charmanten Farben, hängen Bilder an die Wände, setzen Blumen in die Fenster! Sie erwecken in Ihren jungen Soldaten Erwartung, Hoffnung auf Trost und Inspiration! Und dann – dann *sind* gar keine Frauen da!«

Wenn nun die Frauen, die mich vor dreizehn Jahren aufforderten, die Festrede an ihrem Lagerfeuer zu halten, heute hier unter uns säßen und mir bis hierher gefolgt wären, dann würden sie mich wahrscheinlich an diesem Punkt unterbrechen und sagen: »Besten Dank, mehr brauchen wir nicht zu hören. Wir sehen, daß Sie, trotz allem, was Sie zu Anfang hinsichtlich ihrer Unparteilichkeit versichert haben, in Wirklichkeit *gegen* die Frauenbewegung sind.«

Ja, es ließe sich denken, daß selbst das alte Fräulein Zahle – obwohl ich fest annehme, daß sie an vielen Punkten in mir eine Gesinnungsgenossin sehen würde – ein wenig den Kopf schüttelte und sagte: »Die Frauen der Generation vor meiner eigenen richteten sich in Gestalt von Frau Heiberg* persönlich gegen mich. Soll ich denn jetzt erleben, daß Frauen der dritten oder

vierten Generation nach mir versuchen, das einzureißen, was ich
aufgebaut habe?«

Es würde mir sehr leid tun, wenn dem so wäre. Ich müßte sofort widersprechen und sagen:

»Ich weiß, in wie tiefer Schuld ich gegenüber den Frauen der
frühen Frauenbewegung stehe, die jetzt in ihren Gräbern liegen.
Wenn ich selbst in meinem Leben habe studieren können, was
und wo ich wollte, wenn ich alleine überall auf der Welt habe
umherreisen können, wenn ich meine Ideen ganz frei habe im
Druck erscheinen lassen können, ja, wenn ich heute auf einem
Rednerpult stehe, dann verdanke ich das diesen Frauen, und es
gibt wenige Menschen, die ich mehr ehre und achte. Ich weiß,
daß sie in ihrem eigenen Leben viel durchmachen und auf noch
mehr verzichten mußten, um solche Freiheiten für noch ungebo-
rene Generationen von Frauen zu erreichen, daß sie es ertragen
mußten, dem allgemeinen Zorn und der Lächerlichkeit preisgegeben zu werden und daß sie unaufhörlich gegen Vorurteil und
Mißtrauen kämpfen mußten. Wir denken heute voller Hochach-
tung an das Gerechtigkeitsgefühl, die Tapferkeit und die unver-
brüchliche Treue, die sie auf den Barrikaden bewiesen haben.

Es sind aber heute mehr als hundert Jahre vergangen, seit der
Begriff der Frauenfrage zum ersten Male auftauchte und die großen alten Frauen die erste Schlacht für uns schlugen. Ob sie
selbst es nicht als Triumph, als einen Beweis für den von ihnen
errungenen Sieg, ansehen würden, daß wir heute die Waffen nie-
derlegen können, die sie selbst seinerzeit ins Feld führten.

Denn die frühen Verfechterinnen der Frauenemanzipation
waren nicht nur aufrichtig, tapfer und unbeirrbar treu – sie waren auch listig! Als sie von den uralten Zitadellen der Männer zu-
rückgewiesen wurden: den Hochburgen Kirche, Wissenschaft
und Gesetzgebung, da schlichen sie sich, wie ehedem die Achäer
in Troja, in einem Holzpferd verborgen in das Innere des Mauer-
ringes. Oder sie hielten ihren Einzug in einer Verkleidung, in gei-
stiger und psychischer Männertracht. – Man konnte sich vor
hundert Jahren beim besten Willen keinen Pfarrer, Arzt oder
Richter ohne die überkommenen und anerkannten maskulinen
Insignien vorstellen. Deshalb legten die aufrichtigen, tapferen,

treuen und listigen Frauen diese Insignien an und zeigten der Welt, daß sie ebensogut ein Examen machen, für den Doktorgrad disputieren und eine Operation durchführen konnten wie jeder männliche Kandidat. Sie erlernten den höchst ehrwürdigen kirchlichen, medizinischen und juristischen Jargon und demonstrierten, in wie hohem Maße sie für die hohen Ämter qualifiziert seien, indem sie sich steife Kragen, Schlipse und Zigarren zulegten. Hätten sie sich auch noch einen Bart zulegen können, hätte ihnen das den Weg zur Kanzel, ins Labor oder auf den Richterstuhl erleichtert.

Aber heute *ist* die Frau ja aus dem Versteck im Holzpferd herausgeschlüpft und ins Innere der Zitadelle vorgedrungen. Und sie hat doch wohl in den alten Burgen so fest Fuß gefaßt, daß sie freimütig ihr Visier öffnen und der Welt zeigen kann, daß sie eine Frau und kein vermummter Schelm ist.

Sie kann heute vor aller Welt darauf bestehen, daß der Herrgott keineswegs angeordnet hat, der Ärzte-, Pfarrer- und Richterstand sei nur mit bestimmten, auf uns überkommenen Examina zu erreichen und sei unlösbar mit bestimmten, auf uns überkommenen Uniformen verbunden. Er hat nicht verkündet, daß der Einsatz auf diesen Gebieten aus einer *Reihe von Resultaten* bestehen muß, sondern es läßt sich sehr wohl vorstellen, daß er milde auf seine Dienerinnen herabsieht, wenn sie in aller Stille den höheren gesellschaftlichen Institutionen ihr Wesen einflößen und in ihnen aufgehen.

Um die Ordination von Frauen zu Pfarrerinnen hat es viele Diskussionen gegeben. Die Frauen könnten jetzt sagen: »Wir sind als Kandidaten der Theologie verkleidet in die Kirche hineingekommen. Setzt doch aber nicht so ernste Mienen auf beim Gedanken an unsere geringere Leistungsfähigkeit – oder die Konkurrenz, die wir möglicherweise darstellen. Unter unserer Verkleidung sind wir, was wir sind und was wir zu allen Zeiten gewesen sind. Denn wir sind, unserer weiblichen Wesensart getreu und in Übereinstimmung mit unserer weiblichen Würde, einige tausend Jahre lang Priesterinnen und Vestalinnen gewesen, wir sind tausend Jahre hindurch Äbtissinnen gewesen, mündige Oberhäupter von großen religiösen Orden, deren Macht und

Einfluß weit über die Landesgrenzen hinausreichten. Und wir sind Pfarrersfrauen gewesen. Während der Pfarrer predigte, taufte, traute und beerdigte, war die Pfarrersfrau vor Ort in der Gemeinde, so daß die Küche des Pfarrhauses oftmals mehr Christentum ausstrahlte als die Kanzel.

Die Frauen haben sich, um in die Festung der medizinischen Fakultät einzudringen, mit Erfolg einen Teil des traditionellen medizinischen Zynismus angeeignet und gezeigt, daß sie in der Lage sind, Blut zu sehen. Heute ist ihre Position dort so gefestigt, daß sie ganz offen aussprechen können: »Fürchtet euch nicht vor uns. Wir sind nicht gekommen, um euch eurer Lorbeeren zu berauben. Wir wollen gerne glauben, daß die großen medizinischen und chirurgischen Verdienste euch zukommen. Wir selbst – wir wollen Ärzte *sein*. Wir wollen unser Wesen so weit ausdehnen, daß es die Bereiche Krankenhaus, Labor, Krankheit und Heilung umfaßt. Könnt ihr uns innerhalb dieser Bereiche nicht als das wiedererkennen, was wir immer waren? Denn wir sind Krankenpflegerinnen und barmherzige Schwestern gewesen, von den Leidenden dankbar gepriesen. Wir sind Hebammen gewesen – und haftet diesem Wort nicht die Vorstellung von etwas besonders Entschlußfreudigem, Furchtlosem und Gemütlichem an: wenn ein Wagen losfuhr, um die Hebamme zu holen, konnten die Pferde nicht stürzen, wie wild es auch immer zuging. Und wir sind die klugen Frauen gewesen! Die klugen Frauen schauten sich lange jeden einzelnen von den Menschen an, die sie um Rat fragten, vertieften sich in das Leben und die Lebensumstände jedes einzelnen und sammelten Erfahrungen auf allen Gebieten des Lebens. Auf jeden Fall wäre ein Teil der Patienten in unseren Krankenhäusern froh, wenn sie wüßten, die Frau, die in dem Kittel der Chefärztin in Macht und Herrlichkeit und mit großem Gefolge Visite macht, ist die kluge Frau.

Wahrscheinlich wird die Juristerei die Domäne sein, die dem allgemeinen Bewußtsein nach die stärkste Veränderung des Wesens der Frau verlangt – möglicherweise könnte sie ihrerseits eine Veränderung des Wesens der Juristerei, wie es bisher verstanden wird, für wünschenswert halten. Ich will zur Erklärung dessen, was ich meine, eine Gestalt heranziehen, die nicht aus der

Geschichte, sondern aus der Welt der Dichtung und Phantasie stammt; denn ein Sprung innerhalb eines Gedankenganges erfordert Phantasie – ich will von Porzia im »Kaufmann von Venedig« sprechen. Und ich möchte Sie bitten, mir zu verzeihen, wenn ich etwas länger über sie rede, als es mein Thema gestattet – es ist Ihnen sicher bekannt, wie schwer es Shakespeare-Liebhabern fällt, sich zu beschränken, wenn sie sich erst mit ihm eingelassen haben.

Bei den Aufführungen des »Kaufmanns von Venedig«, die ich gesehen habe, ist Porzia für meine Begriffe falsch gespielt worden. In der Gerichtsszene* ist sie allzu feierlich und doktrinär – das heißt, viel zu sehr Jurist. Was sie in der ganzen Komödie ausstrahlt, ihre Sanftheit und Heiterkeit, sollte auch in der abgeschlossenen, streng maskulinen Welt des Gerichtssaals zur Geltung kommen. Sie ist dort hingerufen worden, um einen vernunftwidrigen, festgefahrenen Rechtsfall zu entwirren, angesichts dessen die Gelehrten ratlos die Flinte ins Korn geworfen haben. Und ihr Zauber lebt ja gerade von ihrem Doppelspiel, dem vorgetäuschten tiefen Respekt vor den Paragraphen, hinter dem sie ihr wahres Herz und ihre furchtlose Ketzerei verbirgt. In ihrer Rolle als belesener junger Richter Balthasar läßt sie gleich in der ersten Replik beide Seiten aufblitzen:

»Von wunderlicher Art ist Euer Handel,
Doch in der Form, daß das Gesetz Venedigs
Euch nicht anfechten kann, wie Ihr verfahrt.«

Ihr eigener Vorschlag lautet, der Jude solle Gnade walten lassen. Höhnisch gibt Shylock zurück: »Wer kann mich dazu zwingen?« – Und man sieht geradezu, wie sich die Blicke der Paragraphenkundigen ihrem Gesicht zuwenden: »Nein, wer sollte ihn wohl zwingen können?« – Doch sofort kommt ihre Antwort. »Niemand kann dich zwingen«, sagt sie, »aber ich kann dir versichern, daß es für dich selbst das Beste wäre.« Während ihrer großen Rede über das Wesen der Gnade – die keine Predigt ist, sondern eine inspirierte menschliche Darlegung – gerät sie in Feuer, und mit den Worten:

»Erwäge dies:
Daß nach dem Lauf des Rechtes unser keiner
Zum Heile käm';«

ebenso wie später:

»Es steht nicht da: allein was tut's?«

ist sie gefährlich nah daran, ihr Inneres zu enthüllen. Sie fängt
sich aber und nimmt ihre Rolle wieder auf:

»Es darf nicht sein. Kein Ansehn in Venedig
Vermag ein gültiges Gesetz zu ändern.«

Und nachdem sie, wie man sieht, vergebens ihre Hoffnung auf
den lebendigmachenden Geist gesetzt hat, beweist sie, daß sie
den Buchstaben ebensogut zu handhaben weiß wie jeder Schrift-
gelehrte und mit Hilfe von noch vernunftwidrigeren orthodoxen
Paragraphen grausame Rache an dem grausam Rachgierigen
nehmen kann. »Der Kaufmann von Venedig« ist jedoch ein
Lustspiel, Porzia kehrt nach Belmont, in ihre eigene Welt, zurück, dorthin wo »trees crowd into a shade« und wo jede Figur
der Komödie veredelt wird und der Musik- und Mondscheinakt
das Spiel beschließen kann. Im Einklang mit dieser Welt hat die
Heldin in der Gerichtsszene – wenn auch in erhabenerem Sinn
als unser aller Meister Holberg* und gleichsam mit dem Speer
der Athene in der Hand – in Wirklichkeit gesagt: »Geht hin und
vergleicht euch, ihr Schafsköpfe.«

Und nun zurück zu meinem eigentlichen Thema. Wenn ich
auch keine Namen berühmter weiblicher Juristen aufzählen
kann, so möchte ich doch feststellen, daß die meisten Zwistigkei-
ten und Streitfragen innerhalb des Hauses und der Familien zu
allen Zeiten weiblichen Richtern vorgelegt und von ihnen beige-
legt worden sind. Hier muß ich noch einmal an mein altes Kindermädchen denken und daran, wie sich in der Welt des Kinder-
zimmers sogar meine Kampfhähne von Brüdern ihren Worten
beugten, die vielleicht weniger rein moralische Urteile als viel-

mehr eine Art mythischer Entscheidungen darstellten. Über Odins gerechtem Urteil standen die Beschlüsse der Nornen.

Denjenigen, die behauptet haben, die Weiblichkeit müsse auf der Kanzel und dem Richterstuhl Schaden nehmen, kann man nur empfehlen, ihre Aufmerksamkeit der Tatsache zuzuwenden, daß die männlichen Fachleute, die so selbstverständlich dort Platz genommen haben, nur zu gern – wie von einem sonderbaren Instinkt getrieben – ihr äußeres Erscheinungsbild zum Weiblichen hin verändert haben. Unser Pastorentalar mit der weißen Halskrause ist ja eine hübsche würdevolle Frauentracht, die Kittel der Ärzte und der Hausfrauen haben viel Ähnlichkeit miteinander, und die hohen Richter tragen bei der Ausübung ihres Amtes faltenreiche Gewänder und steigern in manchen Ländern ihre Würde noch mit langen, gelockten Perücken.

Vielleicht werden die wirklich rechtgläubigen Verfechterinnen der Frauenemanzipation noch immer behaupten, man brächte eine Geringschätzung der Frau zum Ausdruck, wenn man sozusagen davon ausgeht oder dem beipflichtet, daß sie im Leben nicht soviel leisten könne wie der Mann, nicht so große Vorhaben bewältigen und nicht so konkrete Resultate erzielen könne wie er.

Daraufhin würde ich zum Schluß eine Person hier zitieren, die weiser ist als ich, indem ich eine Betrachtung von Goldschmidt* anführe: »Die Gelehrten nehmen an, was für den Mann ideal sei, sei für die Frau Natur. Die Frau ist in gewisser Hinsicht vollkommener als der Mann. Wird man ihrer ansichtig, fragt man nicht nach dem Namen, dem Stand oder Beruf, denn sie ist sie selbst, die Frau, und beschließt alles Wesentliche in sich. Tritt dagegen ein Mann hervor, selbst wenn er sich aufs Höchste ausgezeichnet hat – je mehr er sich ausgezeichnet hat, desto eher werden wir fragen: Worin?«

Und ich will auf jeden Fall aus einer tiefen persönlichen Überzeugung heraus hinzufügen: Gerade unsere eigene Gesellschaft – in der die Menschen in dem, was sie ausrichten und an konkreten Resultaten vorweisen können, so weit vorangekommen sind, braucht Menschen, die *sind*. Ja, selbst von unserem Zeitalter könnte man sagen, daß es seinen Ambitionen eine andere Richtung geben müßte: nicht immer mehr leisten, sondern *sein*.

Ich habe mich eine Zeitlang mit einer Vorstellung beschäftigt, die mich sehr gefangengenommen hat, wahrscheinlich ohne daß ich sie anderen schon ganz klar darlegen kann. Es ist *der Gedanke der Identität von Wesen und Kraft*.

Daß eine Eichel zu einer Eiche mit schwerem Stamm und breiter Krone werden kann, das ist ja eine Kraft- und Energieleistung höchsten Grades. Aber hier sind Kraft und Wesen eins. Die Kraft und die Energie selbst finden ihren Ausdruck und nehmen Gestalt an als Holz und Rinde, Zweige und Laub und neue Eicheln. Kraft und Energie können nicht abgekoppelt und für andere Zwecke verwendet werden, sie sind ihrem eigenen Wesen vollkommen treu, und diese besondere Art, Kraft und Energie zum Ausdruck zu bringen, nennt man: wachsen.

Ein Motor aber kann dazu verwendet werden, Wärme und Licht zu erzeugen, zu pflügen oder zu sägen oder ein Boot anzutreiben. Hier bleibt es der Willkür überlassen, welche Wesensart Kraft und Energie annehmen.

Gelegentlich kann der Eindruck entstehen, als ob unsere Zeit aus Stolz auf ihre gewaltigen Leistungen die Überlegenheit des Motors über den Eichbaum, der Maschine über das Wachsen, beweisen will. Aber es ist auch denkbar, daß wir mit dieser Bewertung bei unserem Verständnis der Theorie vom *survival of the fittest* in die Irre gehen. Denn es ist ja wohl klar, daß der Motor die Eiche sprengen kann – während die Eiche unmöglich den Motor zerstören kann –, aber was folgt daraus? Derjenige, der kein eigenes selbständiges Wesen besitzt – oder diesem eigenen Wesen gegenüber nicht treu ist –, vermag nicht, etwas zu erschaffen. Nun habe ich natürlich nicht sagen wollen, die Frauen seien Bäume und die Männer Motoren, denn ich möchte den Frauen unserer Zeit ebenso wie den Männern unserer Zeit dieses eine ans Herz legen: nicht nur daran zu denken, was sie ausrichten wollen, sondern zutiefst zu wissen, was sie sind.

Denn mir scheint, wir brauchen heute Handwerker, die die Welt nicht nur durch das in Erstaunen versetzen, was sie produzieren können, sondern solche wie jene alten Handwerker, über die Kaj Hoffmann* schreibt:

Du güldener Spiegel aus Großmutters Zeit,
so schön und stolz
hat des Künstlers Fleiß voll Freude
dich geschaffen.

Handwerksmann, der für kargen Lohn
das Werk erschuf,
du warst, vom Schönen begeistert,
einst stark und treu.

Wir brauchen in unserem Lande Menschen, die nicht nur mit
Hilfe von Traktoren und Mähdreschern Rekordresultate vorweisen können, sondern die Bauern *sind*. Die nicht nur in Re-
kordzeit den Atlantik überqueren können, sondern Seeleute
sind. Die nicht nur große Examina abgelegt haben und alles
mögliche Wissen vorweisen können, sondern die Lehrer *sind*.
Die nicht nur ein Stück Literatur schreiben können, sondern
Dichter *sind*.

Und Paul la Cour* schreibt: Ein Dichter zu sein, bedeutet
nicht, ein Gedicht zu verfassen, sondern eine neue Form des Lebens zu entdecken.

Ja, hier habt Ihr Eure Rede am Lagerfeuer, meine hochbegabten
und aktiven Kongreßfrauen des Jahres 1939. Ihr habt mich aufgefordert, sie zu halten, ich bin nach langem Zögern, wohl wis-
send, daß ich dieser Aufgabe nicht würdig bin, endlich Eurer
Aufforderung nachgekommen. Könnt Ihr dem, was ich gesagt
habe, keinen Beifall zollen, so schenkt ihm Nachsicht.

Übersetzt von Sigrid Daub

Von Laie zu Laie

I

Ja, haben Sie vielen Dank, daß Sie Ihr Radio angeschaltet haben. Ich werde Ihnen doppelt dankbar sein, wenn Sie mit dem Abschalten warten, bis ich fertig bin. Denn heute abend rede ich nicht, um Sie zu unterhalten. Ich spreche über eine Sache, die mir am Herzen liegt und von der ich möchte, daß auch Sie darüber nachdenken und sich für sie interessieren. Ich habe gesagt, daß ich als Laie zu Laien spreche. Und das Wort »Laie« kann ja, negativ gesehen, den Nicht-Sachkundigen bezeichnen, aber man kann es auch positiv sehen und das Allgemein-Menschliche damit umschreiben. Allein an dieses Allgemein-Menschliche, das es, wie ich weiß, rings um mich her in Dänemark gibt, appelliere ich.

Das will ich Ihnen sagen: Sie haben es jedenfalls besser als ich. Denn Sie können, wenn Sie wollen, das Zuhören bleiben lassen, aber ich nicht das Reden. Ich hatte geglaubt, ich könnte es, ich hatte mir gedacht, das würde das beste sein – denn ich habe mich schon früher einmal auf diese Sache eingelasssen* und dabei kein Glück gehabt, und ich habe gedacht: »Ich bin ihr nicht gewachsen.« Wenn ich dann aber versucht habe, die Angelegenheit auf sich beruhen zu lassen, dann ist sie von selbst wieder auf mich zugekommen, ich kann mich ihr nicht entziehen oder sie nicht loslassen. Also muß ich jetzt das, was ich auf dem Herzen habe, sagen, so gut ich es kann. Vielleicht ist es ganz gut so, daß ich Sie nicht sehe und nicht verfolgen kann, wie viele Empfänger – einer nach dem anderen – abgestellt werden. Und wenn sie auch alle ausgeschaltet werden und ich hier ganz allein im Äther sitzen bleibe, muß ich doch zu Ende bringen, was ich nun einmal angefangen habe!

Nun ja, um was geht es?

Im vorigen Jahr wurde ein neues Gesetz vorgelegt über die Vivisektion, das heißt: über wissenschaftliche Versuche an lebenden Tieren. Damals waren wir eine große Anzahl von Leuten, die weniger aus rein wissenschaftlichen als vielmehr aus allgemein menschlichen Gründen Vorschläge unterbreiteten. Es glückte uns auch, eine Entschließung über die Kontrolle der Versuche von außen durchzubekommen. Darüber hinaus forderten wir, daß Versuche, die dem Tier Schmerz verursachen, nur unter Betäubung durchgeführt werden dürften und daß das Versuchstier getötet werden müßte, bevor die Betäubung nachläßt. Diese Forderungen haben wir nicht durchsetzen können. Ärzte und Wissenschaftler haben noch immer das Recht, dort, wo ihrer Meinung nach der Versuch es erfordert, schmerzverursachende – ihrer eigenen Aussage nach *hochgradig schmerzverursachende* – Tierversuche ohne Betäubung vorzunehmen und die Versuchstiere langsam sterben zu lassen.

Ich weiß nicht, ob Sie sich darüber im klaren waren. Ein Mitstreiter in dieser Sache hat während einer Unterschriftensammlung festgestellt, daß nur sehr wenige Menschen eine Vorstellung von den wirklichen Zuständen hatten.

Im vergangenen Jahr habe ich mich dann aus Anlaß des Vivisektionsgesetzes an einer Zeitungsdebatte mit hochrangigen Wissenschaftlern beteiligt. Ich hatte dabei, wie gesagt, kein Glück, und ich verlor den Mut und gab auf. Aber im Verlaufe der Diskussionen machte ich so meine Erfahrungen – einige davon zu meinem Erstaunen. Und Erfahrungen zu sammeln ist ja immer der Mühe wert.

Meine erste Erfahrung war die, daß es überaus schwer ist, eine Diskussion auch nur halbwegs auf das Thema zu konzentrieren, das zur Debatte steht. Offensichtlich gewinnt unweigerlich zu irgendeinem Zeitpunkt ein ominöses zentrifugales Prinzip die Oberhand, das die Aufmerksamkeit von der Sache selbst ab-

lenkt. Ich will Ihnen ein Beispiel nennen, keineswegs aus Bitterkeit, sondern um Ihnen zu erklären, was ich meine.

Ich schrieb in einem Zeitungsartikel: »Erik Knudsen* hat
Ethik als Verantwortung für alles Lebende definiert.« Ein Organ
für junge angehende Ärzte gab hierauf zurück: »Es ist nicht unsere Aufgabe, Ethik zu dozieren für Frau Blixen. Aber es könnte
vielleicht angebracht sein, in aller Bescheidenheit darauf hinzu-
weisen, daß Erik Knudsen nicht der einzige ist, der sich mit Ethik
beschäftigt hat. Wir würden gerne die gnädige Frau auf solche
Namen wie Høffding* und Kant aufmerksam machen.« Wahrscheinlich haben die jungen Mediziner diese Replik triumphie-
rend hingeschmettert, und vielleicht haben auch ihre Leser das
Gefühl gehabt, daß ich hier mal richtig an die Wand gespielt
worden sei. Ist denn solch eine Beweisführung etwas anderes als
Verschwendung von Zeit und Zeilenplatz? Die jungen Mediziner müssen sich doch eigentlich darüber im klaren sein, daß ich
schon mal etwas von Kant und Høffding gehört habe. – Ja, die
Replik könnte einige Berechtigung haben, wenn ich unentwegt
Erik Knudsen zitiert hätte. Aber dieses ist, soweit ich weiß, das
erste Mal, daß ich das getan habe. – Diese zentrifugale Tendenz
verstimmt, weil sie die Neigung hat, sich auszubreiten, sie fordert eine Antwort im gleichen Ton heraus. Wenn ich ganz direkt,
wie es angemessen gewesen wäre, geantwortet hätte: »Ja, ich
kenne diese Namen«, hätte meine Antwort keinerlei Schlagkraft
gehabt. Ich hätte antworten können: »Ich bin Ihnen ganz außerordentlich dankbar, daß Sie sich freundlicherweise meiner ethischen Erziehung annehmen. Ich habe auf Ihren Rat hin umge-
hend Kants und Høffdings ›Gesammelte Werke‹ angeschafft,
und ich habe bei Høffding gelesen: ›Ethische Urteile sind nicht
bare theoretische Kuriositäten.‹ Und bei Kant*: ›Der oberfläch-
liche und schadenfrohe Witz, mit dem man seinen Widersacher
zunichte zu machen gedenkt, macht sehr viel häufiger sowohl den
Urheber des Witzes selbst als auch die Sache, um die es ihm geht,
zunichte.‹ « – Und es ist möglich, daß die Leser den Eindruck gewonnen hätten, ich hätte es »ihnen, bei meiner Seel', ordentlich
gegeben«*. Aber in der Zwischenzeit wäre die Sache an sich, die
Diskussion, um die es sich drehte, fast aus dem Bewußtsein ent-

schwunden. Ich wollte, es gehörte in Zukunft zum guten Ton, sich in einer Diskussion ablenkender Witzchen zu enthalten.

Eine weitere Erfahrung, die mich in weit größeres Erstaunen versetzte, war die, daß die Wissenschaft – oder hier die medizinische Wissenschaft – aus eigenem freien Willen und sogar mit einer gewissen Genugtuung auf ihre angesehene Stellung als feste Burg des Humanismus verzichtet zu haben scheint, so daß ihre Repräsentanten nun nicht mehr im Bewußtsein der Menschen als die weiseren und allgemein einsichtigeren unter uns dastehen wollen, sondern als im höchsten Grade tüchtige und im höchsten Grade spezialisierte Techniker.

Die Ärzte haben einmal als eine Art Seelsorger gegolten – große menschliche Probleme sind ihnen vorgelegt worden, und ihre Aussagen zu diesen Fragen hatten Gewicht. Wenn aber die Wissenschaft meint, die Gedanken- und Gefühlswelt der großen Masse des Volkes ginge sie gar nichts an und sie wolle deshalb mit ihr nicht behelligt werden, und wenn sie behauptet, das Recht zu haben, das Volk konsequenterweise von ihren eigenen Vorhaben auszuschließen, weil diese außerhalb seiner Begriffswelt lägen, dann ändert sie ihre Stellung und ihr Wirkungsfeld innerhalb des Volkes von Grund auf. Ich kann sehr wohl verstehen, daß der tüchtige Elektriker es sich verbittet, daß ich mich in seine Arbeit an meiner elektrischen Anlage einmische, aber ich betrachte selbst den tüchtigsten Elektriker nicht als Autorität für das Menschenleben als Ganzes, und ich erteile ihm keine Vollmacht über Leben und Tod, auch nicht über das meines Hundes oder meiner Katze.

Es kommt mir fast so vor, als habe die medizinische Wissenschaft Bilanz gezogen und eine Entwicklung erkannt, die während des letzten Menschenalters in aller Stille stattgefunden hat: die Idealisierung der medizinischen Wissenschaft gehört der Vergangenheit an. Und eine solche Bilanzierung kann nur gut sein. Ich selbst aber erinnere mich noch gut an die tiefe Verehrung und Liebe, mit denen die Alten aus der Generation vor meiner eigenen von ihrem Arzt sprachen, und ich habe mir die Vorstellung bewahrt, daß sich zu ihrer Zeit, wenn der Hausarzt das Haus betrat, der Horizont erweiterte. Ich sehe, daß etwas verlorengegangen ist, wenn wir jetzt, indem wir unsere eminent tüchtigen Spezialisten aufsuchen, uns innerhalb der engstmöglichen Grenzen halten. Und ich selbst habe noch immer so viel Glauben an den humanistischen Arzt und Zutrauen zu ihm in mir, daß ich mich in dieser Sache auf die Zustimmung eines hochangesehenen Arztes und Wissenschaftlers stütze. Für diese Zustimmung, die mir etwas ironisch erteilt wurde und auf die ich später zurückkommen werde, bin ich zutiefst dankbar.

Ich war der Ansicht, ich hätte ein besonderes Recht, in dieser Sache, die das Verhältnis zwischen Menschen und Tieren betrifft, mitzureden, weil ich in Afrika spezielle Erfahrungen in bezug auf das Verhältnis zwischen Weißen und Schwarzen gemacht habe. Ich schrieb im vorigen Winter: »Wenn ich in Afrika einen Übergriff gegen die Eingeborenen rügte, antworteten meine weißen Gegner immer: Sie reden als ob es sich um weiße Menschen handelte, es handelt sich aber um Schwarze. Und mit dem gleichen überraschten und indignierten Tonfall haben meine Gegner in der Vivisektionssache zu mir gesagt: Sie reden, als ob es sich um Menschen handelte. Es handelt sich aber um Tiere.«
Ich wurde mit jener Argumentation mißverstanden und habe nichts erreicht. Aber hier möchte ich den Vergleich wieder aufnehmen.
In Afrika wurde ich als *pro-native* bezeichnet – als jemand, der es mit den Eingeborenen hielt –, dort galt das als schlimmes Wort, das einen Feind der Zivilisation bezeichnete oder einen Menschen mit ausschließlich gefühlsbetontem Denken, der sich sentimentalem Mitgefühl mit den Leiden der Eingeborenen hingab. Ich sah mich selbst nicht in diesem Licht. Es war nicht Mitleid, was mich bewegte – ich bin kein Spezialist für Mitleidsgefühle und habe mir oftmals überlegt, daß sie in unserer modernen Mentalität eine zu große Rolle spielen –, sondern eine Forderung an meine eigene Rasse und ein starker Widerwille dagegen, mitansehen zu müssen, wie sie ihre Würde preisgab.
Es erschütterte mich nicht – ich begriff, daß es zu den Bedingungen des Lebens gehörte –, wenn einige hundert Eingeborene bei einer Überschwemmung umkamen, wenn das Ausbleiben

des Regens zu einer Hungersnot führte, die in einer abgelegenen Gegend viele Tote kostete, oder wenn ein Stamm nach einer Epidemie bei den Viehherden alte liebgewordene Weideplätze verlassen mußte. Wenn aber ein weißer Mann – wie geschehen – einen Stein an den Hals seines schwarzen Stalljungen band und ihn in den Fluß warf, wenn weiße Menschen – wie geschehen – in Notzeiten Lebensmittel und Wasser lieber wegschütteten, als sie mit den Farbigen zu teilen, wenn wir um des eigenen Vorteils willen – wie geschehen – den ganzen Stamm der Massai aus seinem alten Land in fremde Gebiete umsiedelten, dann erschütterte mich das, und ich schämte mich unsäglich.

Ich habe das letzten Winter folgendermaßen ausgedrückt: »Es *handelt* sich um weiße Menschen, um die Tradition der weißen Rasse, ihre Würde und ihren guten Namen.« – Ich hätte auch schreiben können: »um ihre Ehre«, aber es ist mir gesagt worden, dieses Wort sei veraltet. Ich weiß nicht, ob auch das Wort »Scham« veraltet ist oder ob man noch davon sprechen kann, daß ein Mensch »Scham hat« – oder auch nicht hat. Ich fuhr fort: »Die weiße Rasse ist die meines Vaters und meine eigene. Sollte nicht der gute Name meiner Rasse, meines Vaters und mein eigener guter Name mir am Herzen liegen?«

Und in gleicher Weise muß ich nun hier – wenn zu mir gesagt wird: »Sie reden, als ob es sich um Menschen handelte, es handelt sich aber um Tiere« – antworten: »Nein, es handelt sich um Menschen.« Es erschütterte mich nicht sehr – ich begreife, daß es zu den Bedingungen des Lebens gehört –, wenn Vieh in großen Mengen, wie vor einiger Zeit in Holland, durch eine Überschwemmung umkommt oder eine Rentierherde in einem Schneesturm auf dem Fjell vernichtet wird. Wenn aber die Leiden der Tiere durch den Unverstand, die Rücksichtslosigkeit oder den Eigennutz des Menschen verursacht werden, schäme ich mich und sage: »Sollte nicht die Würde des Menschen und des Menschlichen – seine Ehre oder seine Scham – mir am Herzen liegen?«

In Afrika gehörte es zum Bilde von uns *pro-natives* – wie es hier zum Bilde der Gegner der Vivisektion gehört –, daß wir Phantasten ohne Sinn für das Praktische seien. Nun glaube ich selber, die erste Bedingung, sich praktisch verhalten zu können, ist, Phantasie zu haben – das soll heißen: man muß eine Sache auf einigermaßen lange Sicht betrachten können. Eine Problemlösung kann im Augenblick sehr praktisch erscheinen, in der Zukunft aber große Schwierigkeiten verursachen. Ich habe in Afrika auch solche Dinge mitangesehen, dort wo die weißen Neusiedler die Wälder abholzten. Zunächst einmal schien das ein gutes, praktisches Vorgehen zu sein, es brachte Brennholz und Bauholz. Es mag auch dem Anschein nach eine gute und praktische Vorgehensweise gewesen sein, Schwellen zu legen und Holz herbeizuschaffen für die Befeuerung der Eisenbahnzüge, die die Produkte des Landes zur Küste bringen sollten. Aber nach einem halben Jahrhundert, wenn die Wälder gefällt sind und die Erde weggespült ist und das Klima sich verändert hat, sitzen wir da mit den Eisenbahnschwellen und den Lokomotiven – doch Produkte, die zur Küste gefahren werden müßten, gibt es nicht mehr. Und heute erschallt aus vielen Gegenden Afrikas ein Klageruf: »Wir haben dieses Land verödet! Wir haben es verspielt!«

Ich werde Ihnen eine kleine Geschichte erzählen, die ich bisher für mich behalten habe, weil mir klar war, daß man über mich lachen würde, wenn sie herauskäme.

Vor dreißig oder fünfundzwanzig Jahren schrieb ich aus Sorge über die Entwicklung in Kenia und im Übermut meiner jüngeren Jahre einen Brief an den englischen Premierminister Lloyd George*. Ich legte ihm dar – ich hoffe, in einigermaßen ehrerbietiger Form –, daß die Kolonie schlecht regiert werde und daß man das Verhältnis der Weißen zu den Eingeborenen ganz anders regeln müsse. Der große Herr war tatsächlich so freundlich, mir auch zu antworten. Natürlich gab er, wenn auch in höchst eleganter Form, zu erkennen, wie gleichgültig es ihm war, was eine Dame – noch dazu eine Nicht-Engländerin – in einer englischen Kolonie über die Art und Weise dachte, wie diese Kolonie regiert wurde. Dann schrieb ich an Dean Inge*, der antwortete mir überhaupt nicht, und dann gab ich es auf. Nun, ja – vor ein paar Jahren aber kaufte ich dann in Mailand eine Nummer der »Continental Daily Mail«. Sie enthielt einen Leitartikel mit der

Überschrift »Plenty of Trouble« – »Große Schwierigkeiten«
oder »Sturm kommt auf« –, der sich mit Kenia und dem Verhältnis zwischen Weißen und Schwarzen beschäftigte und fast wortwörtlich meinen Brief von vor 35 Jahren wiedergab. Das war
eine Art Triumph, aber ein tragischer Triumph. Wie ist es Kenia
in der Zwischenzeit ergangen, und wie soll es mit ihm in Zukunft
weitergehen? Einsichtige, praktisch denkende Leute sagen jetzt:
»Das Verhältnis muß auf menschlicher Basis in Ordnung gebracht werden – warum haben wir nicht so weit vorausschauen
können?«

In allen zivilisierten Nationen gilt es als selbstverständlich,
daß bei einem Schiffbruch Frauen und Kinder erst in die Boote
gebracht werden. Das geschieht nicht aus einer momentanen
praktischen Wertung heraus, wir glauben nicht, daß Frauen und
Kinder an sich wertvoller als die Schiffsmannschaft und die
männlichen Passagiere sind. Es geschieht eher unter einem weiteren Blickwinkel, zur Bewahrung unseres Männerideals, das ein
großes praktisches Aktivum und der Erhaltung wert ist. Wie
würde sich die Nation unter den anderen Nationen ausnehmen,
in der die Mannschaft und die männlichen Passagiere sich zu den
Booten durchkämpften und die Frauen und Kinder niedertram-
pelten und dann wegruderten? Je schärfer man diese Gegeben-
heiten umreißt, desto klarer kommt jener unpraktisch-prakti-
sche Gesichtspunkt zum Vorschein. Man denke sich eine ausgesucht gute englische Schiffsbesatzung mit einem Transport spa-
stisch gelähmter Kinder auf dem Weg zu den Salomoninseln,
würde man es nicht für selbstverständlich halten, daß die Schiffsmannschaft, wenn sich herausstellte, daß die Anzahl der Ret-
tungsboote nicht ausreichte, ihre bejammernswerten Passagiere
in die Boote bringt und – ja, ich muß wohl, da ich vor logisch geübten Leuten stehe, noch einfügen: nachdem sie für navigato-
risch ausgebildete Bootsführer gesorgt hat – selbst zurücksteht.
Oder wenn nun das Gegenteil geschähe und die Mannschaft
wohlbehalten heimkäme und von der Begebenheit erzählte –
könnte Englands Seemannsstand, könnte England als Ganzes
ein solches Kapitel in seiner Geschichte verkraften?

Wenn ich jetzt Verhältnisse von Menschen zueinander – von

Weißen zu Schwarzen, starken und schwachen Individuen – mit dem Verhältnis von Menschen zu Tieren vergleiche, dann muß ich wohl, da ich vor logisch geübten Leuten stehe, einfügen, daß ich nicht annehme, unsere Versuchstiere würden sich plötzlich zu einer Mau-Mau-Verschwörung zusammenschließen und mit Waffen auf uns losgehen. Aber ich bin ja auch nicht der Ansicht, daß Englands größte Einbuße die Menschenleben und materiellen Werte sind, die verlorengegangen sind, auch England selbst wird das nicht so empfinden. Der größte Verlust ist Englands Prestigeverlust in Afrika. Dieser spielt auf lange Sicht eine Rolle, es kann hundert Jahre dauern, ehe er wieder wettgemacht ist, er hat praktische Bedeutung, er senkt den Sterlingkurs.

Bargeld, das man aus der Tasche in die Hand nehmen kann, ist eine nützliche Sache im praktischen Leben, aber den Kredit – den man nicht hernehmen und befühlen kann –, den kann niemand, ohne Schaden zu nehmen, verlieren. Der Respekt, den wir bei unserer Umgebung genießen, ist ein großer praktischer Aktivposten, unser Selbstrespekt ist das auch. »Fürchte den Mann, der Gott fürchtet«, sagte man in alten Zeiten. Es ist unpraktisch, es ist unwirtschaftlich, sich mit Hilfe von Maschinengewehren behaupten zu müssen, weil das eigene Wort seine Kraft verloren hat.

»Wissen ist ein großer Wert, aber nur als Mittel, das Ziel aller Erkenntnis ist menschliche Lebensfülle und das Verständnis für die Zusammengehörigkeit aller Dinge.« Albert Schweitzer, der Arzt und Philosoph, hat das etwa so vor vielen Jahren in London* zu mir gesagt. – Ich hatte ihn dort aufgesucht, weil ich damals die Absicht hatte, ein Kinderhospital im Massai-Reservat zu errichten, denn ich kam, im Gegensatz zu anderen Weißen, mit dem Kriegervolk der Massai gut aus.

Unsere Zeit ist auf dem Gebiet des Wissens weitgekommen, und wir haben dafür bezahlt. Wir haben, glaube ich, viele Male gerade mit menschlicher Lebensfülle und mit der Erkenntnis der Zusammengehörigkeit im Universum und der Kontinuität in der Zeit bezahlt. Unser modernes Dasein ist wie ein Tag im Radio geworden, der zusammengesetzt ist aus vierzig Bestandteilen ohne irgendeinen Zusammenhang, außer dem, daß sie miteinander ein Programm bilden. Das ist keine Kritik am Radio, hier ist das sicher ein vortreffliches Prinzip. Aber ein Menschenleben sollte in einem Zusammenhang stehen, der mehr bedeutet, als nur dieses, daß die Dinge aufeinander folgen.

Es wird heute viel über die Gemeinsamkeit der Menschen untereinander gesprochen. Aber ich glaube nicht, daß eine wahre menschliche Gemeinsamkeit erreicht werden kann, ohne daß sie eine größere Gemeinsamkeit umfaßt – und in sie eingebettet ist –, eine Zusammengehörigkeit mit der Vergangenheit und Zukunft und mit dem, was uns umgibt, mit der Natur.

Ich bin froh darüber, daß ich in meinem Leben ein so gutes Verhältnis zu dem gehabt habe, was man in früheren Tagen die Elemente nannte: Erde, Wasser, Luft und Feuer. Für mich war es während meiner vielen Jahre in Afrika ein besonderes Glück, daß ich eins war mit der Erde; was für die Erde gut war, war auch gut für mich – es macht mich traurig, wenn ich mir vorstelle, daß die Kinder in den Städten aufwachsen, ohne je die Hände in anderer Erde gehabt zu haben als in dem Sand einer Sandkiste. Es war ein besonderes Glück, das Wasser zu erleben, wenn todmüde, durstige Menschen und Tiere nach einem langen, glühendheißen Tag auf den Hochebenen es schon von ferne rochen und dann endlich bei dem Fluß oder der Quelle anlangten – und es ist traurig, sich vorzustellen, daß Kinder in den Städten das lebendige, klare, erquickende Element nur von dem Metallhahn her kennen, den sie aufdrehen. »Wo kommt das Wasser her?« – »Von den Stadtwerken.« Es war ein besonderes Glück, ein Feuer auf der Hochebene anzuzünden, wo es eine Frage von Leben und Tod sein konnte, ob man es zum Brennen brachte, und wo es, wenn es endlich zündete und aufflammte, sich in weit offenen Augen spiegelte, die in einigem Abstand von der Feuerstelle im Dunkeln wachten – jetzt sehen die Kinder in den Städten das Feuer selbst nie mit eigenen Augen, es ist ein Heizkörper und eine elektrische Birne. Unser Dasein ist durch die Anwendung unseres Wissens leichter geworden, wir vermeiden viel Arbeit und Mühe. Aber indem wir unsere Kraft darauf verwenden, zu *vermeiden*, statt zu *erreichen*, stehen wir möglicherweise in Zukunft mit weniger geschundenen und abgearbeiteten Händen da – aber mit leeren Händen.

Ich glaube, daß unser Verhältnis zu den Tieren sehr viel tiefer wurzelt und weit bedeutungsvoller ist, als wir es heutzutage im allgemeinen wahrhaben wollen. Sie sind der lebendige, bewegliche und bewußte Teil der Natur, der Übergang von den Elementen zu uns selbst. Es gibt wenige Dinge, die die Nerven so beruhigen, wie ein gutes, glückliches Verhältnis zu Tieren. Ich weiß aus Erfahrung, welchen starken, klärenden Rhythmus das tägliche Leben gewinnt, wenn wilde Tiere – die, die »in einer direkten Beziehung zu Gott stehen« – in unser Dasein einbezogen sind. Einen besonderen Rhythmus haben uns über Tausende von Jahren unsere Pferde vermittelt, wir brauchen uns nur die alten assyrischen, ägyptischen und griechischen Skulpturen anzusehen, um das zu erkennen. Es gibt Eigenschaften bei den Menschen, die der Umgang mit Pferden hervorbringt: Entschlossenheit, Munterkeit, Autorität und Verantwortungsbewußtsein gegenüber einem Wesen, das stärker ist als wir selber. Ich habe meinen Pferden immer nahegestanden und mich mit ihnen eins gefühlt – in guten Zeiten bedeutete das eine Steigerung des Glücks, in schweren Zeiten eine Stärkung. Jetzt ersetzen unsere Traktoren die Arbeit der Pferde auf dem Feld, aber sie ersetzen nicht das Erlebnis der Zusammengehörigkeit. Ich weiß aus Erfahrung, was ein Hund für einen einsamen Menschen bedeutet, ich weiß auch, was Hunde früher für alle Kinder auf dem Lande bedeuteten. Nur selten gehe ich mit meinem Hund den Strandvej entlang, ohne daß ein Kind begeistert ausruft: »Sieh mal, Mutter, ein großer Wauwau!« und ganz entzückt fortfährt: »Darf ich den Wauwau wohl streicheln?« Einen Hund zu streicheln, der sich über das Streicheln freut, ist für ein Kind ein Erlebnis, das Freude und Wärme spendet.

Wir werden für die Erleichterungen in unserem Dasein eine Menge bezahlt haben, wenn es erst so weit ist, daß wir den Tieren nur auf dem Mittagstisch und in Form unserer Garderobe begegnen und die Lämmer, die einmal für die Kinder auf dem Lande das lustigste und niedlichste Frühlingsanzeichen waren, nur noch als Lammkoteletts oder den Stier, das gewaltige, abgrundtief brüllende Symbol ganzer Völkerstämme, nur noch als Aktenmappen und Einkaufstaschen kennen.

Nun ja, aber unseren Kindern ist sogar der Äther zugänglich gemacht worden, sie haben die dritte Dimension als Spielplatz geschenkt bekommen. Unsere Enkelkinder können möglicherweise größere Safaris zu anderen Planeten unternehmen und neue lebendige Erfahrungen sammeln in einer wirklich schönen neuen Welt.

Wir wissen das sehr wohl, und auch wir, die wir zu der alten Welt gehören, möchten uns auf etwas Zukünftiges freuen. Aber wir möchten uns nicht gerne in Unfrieden von der alten Welt trennen, nur auf Eigennutz bedacht und ohne Dank. – »Ich lasse dich nicht, du segnest mich denn«* –, das ist ein altes Wort, dem noch viel Lebenskraft innewohnt; es zu bedenken und bei jedem endgültigen Abschied im Sinn zu haben, tut sehr gut. Beim Weitergehen können wir einen Segensgruß von dem, was wir verlassen, gut gebrauchen.

Wenn es denn nun so sein soll, daß wir von den Tieren getrennt werden oder uns selber der Tiere und dessen, was sie in unserem Dasein bedeutet haben, entledigen, dann sollte es nicht so weit kommen, daß die als letzte überlebenden Tiere um unserer Nerven willen außer Sichtweite gehalten werden, ja, am Ende, hinter verschlossenen Labortüren eingesperrt aus unserem Bewußtsein verschwinden müssen.

Ich spreche hier nicht in erster Linie für die Tiere. Ich glaube, daß die Menschen das nicht ertragen würden.

II

Nachdem wir nun soweit gekommen sind, werden Sie, meine Hörer, mich fragen: »Worauf wollen Sie mit dem, was Sie gesagt haben, hinaus? Das ist alles ganz schön und gut – ein bißchen abstrakt war es. Was wollen Sie von uns? Was sollen wir tun? Wir haben den Eindruck gewonnen, wir sollen Ihnen bei irgend etwas helfen – und was ist das nun?«

Ich kann Ihnen sehr wohl eine konkrete Anweisung geben. Zum Glück kann ich sie folgendermaßen formulieren: Sie können mir helfen, indem Sie sich um einen hoch angesehenen Repräsentanten ausgerechnet der medizinischen Wissenschaft scharen.

Denn der Professor der Anatomie an der Kopenhagener Universität Harald Okkels schrieb in der »Berlingske Tidende« vom 29. März 1953:

»Die eifrigsten, die fanatischsten Tierschützer sind zu Taten aufgerufen, weil es in der Vivisektionsdebatte auch um Hunde geht. Psychologisch gesehen ist diese Tatsache verständlich, in Dänemark wird zum Teil Abgötterei mit Hunden getrieben – der Hund ist Dänemarks ›heilige Kuh‹. Man sieht den Hund als Freund an. Er geht auf den Menschen zu und sieht uns direkt ins Gesicht – dieser Zug wird von vielen als Zeichen der Ehrlichkeit angesehen. Außerdem ist der Hund im allgmeinen kleiner als der Mensch, deshalb muß er den Blick wie bittflehend nach oben richten, das wird von vielen als Ausdruck für den Respekt des Tieres vor seinem Herrn gedeutet. Das Verhältnis zwischen Hund und Mensch hat noch viele andere interessante psychologische Züge. Lassen wir es hier bei der Zusammenfassung bewenden, daß alle diese Dinge miteinander kombiniert überwältigend schmeichelhaft für den Menschen sind. Und dem können viele – ja wohl die meisten Dänen – nicht widerstehen. Der Mensch will glauben und glaubt, das Freundschaftsverhältnis beruhe auf Gegenseitigkeit. Schon aus dem Grund muß ein seelischer Konflikt bei den Leuten aufbrechen, wenn sie mit der Tatsache konfrontiert werden, daß die Wissenschaft es sich erlaubt, Experimente am Hund vorzunehmen, an unserem bellenden guten Freund.

Aber es gibt keinen zwingenden Grund, gerade den Hund als Versuchstier zu benutzen, kein besonders zwingendes Argument spricht dafür. Ich habe deshalb auch schon vor mehreren Jahren für das Institut, dessen Leiter ich bin, ein kategorisches Verbot erlassen, Hunde als Versuchstiere zu verwenden.

Und ich meine, es wäre viel gewonnen, wenn es möglich wäre, in das Vivisektionsgesetz einen Passus einzufügen, der besagt, daß hier in Dänemark keine wissenschaftlichen Experimente an Hunden vorgenommen werden dürfen.

Ich glaube nicht, daß der biologischen Forschung durch eine

solche Ausnahmebestimmung irgendein Schaden erwachsen kann. Und man würde auf diese Weise weite Kreise innerhalb der Tierschutzbewegung beruhigen.«

Nun ist mein eigener Gedankengang ein anderer als der von Professor Okkels. Ich glaube wirklich, daß ein Hund ein Freund ist, und mein Glaube stützt sich nicht auf die von dem Professor angeführten spezifischen Illusionen. Der Professor schreibt, der Hund sei kleiner als der Mensch – er fügt vorsichtshalber: »im allgemeinen« hinzu, dessen hätte es kaum bedurft –, deshalb müsse er den Blick wie bittflehend nach oben richten. Das gilt doch aber für die meisten Tiere, die wir kennen, selbst dem Pferd sehen wir fast direkt in die Augen. Ich habe allerdings einem wilden Elefanten gegenübergestanden, der nicht kleiner als ich war und dessen Blick ganz bestimmt nicht bittflehend war oder als Ausdruck von Respekt vor mir mißdeutet werden konnte, aber das war ein auch für mich einzigartiges Erlebnis. Es muß etwas anderes in den Augen eines Hundes sein, das uns veranlaßt, gerade in ihm einen Freund zu sehen.

Aber ich bin Professor Okkels auch, ja, ganz besonders, dankbar für seine Ironie. Denn seine unsentimentale, wissenschaftliche Beweisführung bringt ihn zu der menschlichen Schlußfolgerung, daß, wenn der seelische Konflikt bei uns Laien wirklich existiert, man darauf Rücksicht nehmen muß. Er rechnet wohl nicht damit, daß der Hund als Tier einen besonderen Wert hat, aber er rechnet damit, daß – auch – Laien Menschenwürde besitzen, die sie nicht durch die Erkenntnis, zum Verrat an einem Freund beigetragen zu haben, verletzt sehen dürfen.

Und ich bin Professor Okkels zutiefst dankbar, weil er klar zum Ausdruck bringt und begründet, daß viel gewonnen und nichts verloren wäre, wenn in das Vivisekionsgesetz ein Passus eingefügt würde, wonach in Dänemark keine wissenschaftlichen Experimente an Hunden vorgenommen werden dürfen.

»Was denn, ist das alles?« sagen Sie. »Deshalb haben Sie eine halbe Stunde lang geredet und uns zuhören lassen.« Ja, das ist alles. Und mir scheint, es ist der Mühe wert, eine halbe Stunde lang darüber zu sprechen, mir scheint, für mich ist es das Risiko wert, das Wohlwollen der Hörer zu verlieren, das ich laut freundlicher

Versicherung des Radios besitze und über das ich sehr froh bin –
mir scheint beinah auch, es sei für Sie eine halbe Stunde Zuhö-
rens wert, wenn es uns hilft, in der Beziehung zu jemandem, der
uns von Natur aus Vertrauen entgegenbringt, redlicher dazustehen.

Ich möchte einige Bemerkungen hinzufügen als Antwort auf
die Einwände, die ich erwarte und hier schon im voraus auf-
nehme.

Gegenüber Herrn Professor Okkels selbst muß ich meinem
Dank noch hinzufügen: »Sie bringen Ihre Hoffnung zum Ausdruck, der vorgeschlagene Passus werde weite Kreise innerhalb
der Tierschutzbewegung beruhigen, und jetzt werden Sie mich
vielleicht fragen: Werden Sie nun den Mund halten und uns in
Ruhe lassen? Sie gehen uns nämlich auf die Nerven. Ich muß Ihnen antworten: Nein, das kann ich nicht versprechen. Aber ich
verspreche, Ihre Hilfe nicht zu vergessen. Denn in dieser Hilfe,
mitsamt Ihrer eigenwilligen ironischen Motivierung, sehe ich
eine Möglichkeit für eine wirkliche Verständigung zwischen
Wissenschaft und Leben, irgendwann einmal in der Zukunft.«

Weiterhin glaube ich, daß mir von seiten der Wissenschaftler
gesagt wird: »Die Versuche, denen Sie sich widersetzen, können
notwendig werden. Warum etwas diskutieren, was gar nicht anders sein kann?«

»Ja, was ist notwendig?« Es ist einmal gesagt worden – nicht
von Erik Knudsen – nur eines ist notwendig*. Wenn die physische Gesundheit der Menschheit wirklich als das eine Notwendige anerkannt würde, dann würde man absolut alle Mittel anwenden, sie zu fördern. Und dann müßte man sich auch entschließen, an Menschen zu experimentieren. Das ist, wie wir
wissen, vor nicht allzu vielen Jahren gemacht worden, von Leuten, die gerade physische Gesundheit und Stärke über alle anderen Werte setzten. Man kann sich sehr wohl vorstellen, daß diese
Versuche schnellere und sicherere Resultate als die Tierversuche
erbracht haben, da man ja wahrscheinlich mit größerer Sicherheit vom Menschen auf den Menschen schließt als vom Tier auf
den Menschen. Und ebenso wie unsere Wissenschaftler jetzt sagen: »Wir können nicht eine Million Menschen – an dieser oder

jener Krankheit – leiden und sterben lassen, wenn das mittels Tierversuchen vermieden werden kann«, könnten dann Wissenschaftler aus jenen Laboratorien sagen: »Wir könnten mit Hilfe von Versuchen an Menschen im Laufe von fünf Jahren erreichen, was ihr durch Tierversuche in zehn oder fünfzehn Jahren erreicht. Wir können nicht im Laufe dieser Jahre einige hunderttausend Menschen – an dieser oder jener Krankheit – leiden und sterben lassen, wenn das mit Hilfe von Versuchen an ganz wenigen minderwertigen Menschen vermieden werden kann.«

Das würde in der Tat nichts ausmachen. Unsere Wissenschaftler würden trotzdem sagen: »Wir wollen diese Versuche nicht anstellen.« Fragt man sie: »Warum denn nicht?«, werden sie sicher antworten: »Weil wir im Menschlichen einen Wert sehen, mit dem zu experimentieren wir uns nicht gestatten können.«

Ja, das ist das, was ich gedacht und gesagt habe und was ich unter dem »Notwendigen« verstehe.

Und nun will ich einige Worte zu meinesgleichen, zu den Laien, sagen.

Die Laien als Ganzes haben wohl heute den alten tiefsitzenden Glauben an die Wissenschaft der Ärzte verloren und sind sich in ihrem Innern über den Rückzug im klaren, von dem ich gesprochen habe – dem freiwilligen Aufgeben des hohen Postens als Wächter des Humanismus –, und doch sind viele Laien den Dekreten der Medizin gegenüber unsicher und voller Minderwertigkeitsgefühle. Wenn die Wissenschaft auf den Tisch haut, halten sie brav den Mund, sozusagen aus alter Gewohnheit.

Es gibt ein Argument – wenn man das überhaupt so bezeichnen kann –, eine imaginäre Situation, die die Vorkämpfer der Vivisektion gelegentlich als Trumpfkarte ausspielen. Sie sagen: »Es geht um das Leben Ihres Kindes – oder um das eines Tieres. Welches von beiden werden Sie retten? Ist es denn vorstellbar, daß unsere Gegner, die warmherzigen Tierfreunde, von Ihnen verlangen, daß Sie Ihr Kind hergeben?«

Das ist innerhalb der Diskussion ein sehr wirkungsvolles Argument, aber kein faires Argument. Man gestatte mir, einige Worte dazu zu sagen, wenn ich auch nicht damit rechnen kann, daß sie in der Realität irgendeine Wirkung haben werden.

Ich kann mir sehr wohl eine Situation vorstellen, in der man zwischen dem Leben eines Kindes und dem eines Tieres wählen muß. In einem Boot – oder auf einem Schlitten in einer abgelegenen Gegend – ist kein Platz für beide, oder das Kind und das Tier sind beide von einem tollwütigen Hund gebissen worden, und das Serum reicht nur für einen von ihnen. Kein Mensch würde bei seiner Wahl zögern, jeder von uns würde das Kind retten und das Tier aufgeben. Aber diese Situationen sind mit der, die man uns als entscheidendes Argument in dieser Angelegenheit vorgelegt hat, nicht vergleichbar.

Denn auf das Kind und auf das Tier wartet nicht das gleiche Schicksal, das wissen wir alle sehr wohl. Wenn es sich um das Kind handelt, werden sicher vor einer *hochgradig schmerzhaften* Behandlung längere Überlegungen angestellt. Es wird nie die Rede davon sein, einem Kind die Stimmbänder durchzutrennen, um seiner Umgebung Ruhe zu verschaffen.

Und es ist keineswegs das gleiche, was *wir selbst* dem Kind und dem Tier gegenüber unternehmen. Wir wollen das Kind retten und vor Leiden bewahren, aber von einer Rettung des Tieres kann gar keine Rede sein – denn es braucht gar nicht gerettet zu werden, sondern wir selbst ziehen es in die Kette von Leiden hinein, die es durchmachen muß. Wir kämpfen für das Kind, stehen ihm bei und helfen ihm, das Tier aber machen wir krank, wir experimentieren mit ihm, nutzen es aus und richten es zugrunde.

Ich habe ein ungutes Gefühl, wenn ich höre, daß die Wissenschaft sich eines so gefühlsbetonten Argumentes bedient. Eine Mutter mit ihrem gepeinigten, sterbenden Kind – es gibt nicht viele Bilder im ganzen Dasein der Menschen, die stärker an das Gefühl appellieren. In einem solchen Fall kann für die Mutter *kein* Gesetz Gültigkeit haben, und wir können sie nicht verdammen, wenn sie, um schnell für das Kind einen Arzt herbeizuholen, die Verkehrsregeln übertritt – aber wir legen ihre Situation nicht bei der Gestaltung des Verkehrsrechtes zugrunde. Das Argument gibt sich den Anschein, sonnenklar zu sein, aber es enthält ein gut Teil alter Dunkelheit. Es verführt die Mehrzahl der Menschen zu einer Denkweise, die dem diametral entgegensteht, was die Mehrzahl der Menschen als allgemein verbindlich anerkannt hat. Es kommt der orthodoxen Formel »Der Zweck heiligt die Mittel« sehr nah, und diese haben die Menschen in ihrer allgemeinen verbindlichen Ethik verworfen, womit sie einem einigermaßen sicheren Instinkt gefolgt sind.

Denn diese Formel zeigt eine gewisse Schwäche und Hohlheit. Wo sie verkündet wird, ist das gute Verhältnis zwischen Zweck und Mitteln von vornherein zweifelhaft, und die Heiligung hat weniger den Charakter einer Taufe als den des bekannen Rituals: Wasser, – Weihwasser? – auf eine Gans zu sprühen*. Denn kaum hat der Zweck seinem Mittel zur Rechtmäßigkeit verholfen, kehrt sich das Mittel auch schon um und verrät den Zweck. Wenn man dort, wo diese Formel angewendet wird, die Dinge näher betrachtet, wird man entdecken, daß nicht das Mittel, sondern der Zweck der Verteidigung bedarf. Die *Zwecke*, die wirklich durch Konzentrationslager, Folter, Unterdrückung oder verlogene Propaganda gefördert werden können, sind es selten wert, gefördert zu werden.

Ein guter, ehrlicher, hehrer Zweck heiligt natürlich seine Mittel – aber das besagt nur, daß er mit unwürdigen Mitteln unmöglich erreicht werden kann. Albert Schweitzers Zielvorstellung – »menschliche Lebensfülle und Verständnis für die Zusammengehörigkeit aller Dinge« – erfordert Wissen als eines der Mittel zum Erreichen des Ziels, und das ist ein schönes und redliches *Mittel*.

Und um dem erwähnten Argument zu begegnen, leihe ich mir Worte von anderen. Ich nehme einen Ausspruch von Charles Lindbergh*, dem eminent tüchtigen Techniker:

»Auf kurze Sicht kann man behaupten, das Wissen der Atomphysiker ist entscheidend für unser Überleben. Aber auf lange Sicht ist es *der Charakter des Menschen*... Wir haben eine ganze Stadt mit einer einzigen Bombe ausgelöscht. Wie können wir diese Tatsache zur Entwicklung unserer Zivilisation verwenden?«

Ich kann auch einige Worte von besagtem Høffding zitieren:

»Die entsetzliche Isolation, die dort entsteht, wo das Teil sich an die Stelle des Ganzen setzt.«

Aber ich habe eingangs gesagt, daß ich mir keinerlei Wirkung von meinen Einwänden verspreche.

Ich akzeptiere also diese imaginäre Situation: Die Notwendigkeit besteht. Sie müssen Ihr Kind oder Ihren Hund hergeben. Wäre es dann vorstellbar, daß wir von Ihnen verlangten, Ihr Kind herzugeben? Nein, das werden wir nicht verlangen.

Aber wir könnten verlangen, daß Sie Ihren Hund hergeben. Denn so haarscharf kann die Grenze des »Notwendigen« nicht gezogen werden, daß unser eigener lieber Hund, unser bellender, guter Freund, ruhig verschont werden kann, der arme, herrenlose Hund aber hergegeben werden muß. Darauf können wir nicht mit mehr Anstand bestehen als auf der Behauptung, wenn es um die Verteidigung des Landes geht, sollten Heimkinder zu Soldaten ausgebildet werden, während »besserer Leute Kinder« davon befreit werden müßten. Das ist weder ein tierfreundlicher noch ein menschenwürdiger Standpunkt, uns selbst gegenüber sind wir zartfühlend, und unsere eigenen Gefühle wollen wir unter allen Umständen schonen.

Sie können sich vielleicht an eine Begebenheit erinnern, die ein paar Jahre zurückliegt. Es ging um einen Hund, der Monty hieß, er war krank und sollte an der Landwirtschaftlichen Hochschule operiert werden. Er lag schon auf dem Operationstisch mit einem Gummischlauch um die Schnauze, als er auf unerklärliche Weise vom Tisch herunter und aus dem Saal heraus gelangte und verschwand. Man wußte, daß er jetzt, vor Schreck völlig verwirrt und außerstande, zu fressen oder zu trinken, umherlaufen würde. Die Zeitungen schrieben, er sei mal hier, mal dort gesehen worden, und einer fragte den anderen: »Wie steht's um Monty?« Und als er dann, wohl im letzten Augenblick, gerettet wurde, herrschte eitel Freude im ganzen Land: Monty ist gefunden worden! Natürlich konnte man die Angst und die Freude nachempfinden. War das denn aber nun reine Tierliebe, die hier zum Ausdruck kam, und nicht bloß eine Art Sympathiekundgebung der Hundebesitzer füreinander? Haben wir die Hunde vergessen, die mit einem Gummischlauch um die Schnauze auf den Operationstisch kommen – nicht, wie bei Monty beabsichtigt, für eine kurze Operation und eine glückliche Heimkehr, sondern dazu bestimmt, einen langsameren und traurigeren Tod zu sterben als den, der Monty zeitweise drohte? Oder können wir sagen: »Aber Monty war doch ein Hund, der einen Namen hatte, auf den er hörte, und gute Freunde unter den Menschen, ebenso wie mein Hund. Die vielen Hunderte von armen, namenlosen, herrenlosen Hunden, die keiner leiden kann, an die wollen wir nicht denken müssen?«

Nein, wir sind von der Vorstellung ausgegangen, die *Notwendigkeit* besteht, dann muß ich Pasop dem Laboratorium geben, und Sie müssen Duke, Treu, Teddy und Betsy, Mustapha, Greif und Picon hingeben. Das muß nun mal sein.

Das muß nun mal sein. Aber wir haben das Gefühl, daß wir, auch in dieser Notsituation, Forderungen stellen können und daß Genehmigungen bei uns eingeholt werden müssen.

Wenn unsere eminent tüchtigen Techniker uns sagen: »Sie sind kein Fachmann und können infolgedessen keine Forderungen stellen, und wir brauchen Ihre Genehmigung nicht«, dann können wir, wenn wir es aufgegeben haben, mit ihnen in anderer Form zu argumentieren, ruhig antworten: »Wir leben in einem demokratischen Land. Wenn jeder Versuchshund, sagen wir, 50000 Kronen kostete, dann müßten die Labore abwarten, ob wir der Bewilligung dieses Geldes für sie zustimmen. Ein Versuchshund kostet nicht annähernd 50000 Kronen, er ist das billigste große Versuchstier, das wir haben, und ist manchmal schon für zehn Kronen zu haben. Aber wir können nicht für das, worum es hier eigentlich geht – unser gutes Gewissen und unsere menschliche Selbstachtung –, einen sehr viel niedrigeren Preis ansetzen.«

Als erstes werden wir dann fordern, daß man uns die Notwendigkeit des Versuches so erklärt, daß wir sie selbst einsehen. Es liegt ein Bericht vor über Versuche, bei denen Hunde am Einschlafen gehindert und Stunde für Stunde wachgehalten worden sind, bis sie »zwischen dem fünften und zehnten Tag nach schweren Atembeschwerden starben«. Wir wollen, ehe wir Treu und Greif abliefern, zu der Einsicht gelangt sein, daß die zu gewinnende Erkenntnis diesen Versuch notwendig macht.

Unser zweiter Punkt ist folgender: Wir wollen keine Doppelversuche zulassen – das heißt, der gleiche Versuch darf nicht in mehreren Laboratorien durchgeführt werden. So etwas geschieht wohl am häufigsten auf Grund der persönlichen oder nationalen Ambitionen einzelner Wissenschaftler. Ein dänischer Wissenschaftler erzählt in einem Interview von Versuchen, in deren Verlauf man mehreren hundert Ratten die Beine gebrochen hat, und äußert sich dann: »Das war eine ziemlich enervierende Zeit. Es hätte ja sein können, daß andere im Ausland auf die gleiche Idee gekommen waren, und mit den Geldmitteln, die ihnen zur Verfügung stehen, schneller zu einem Resultat gekommen wären – und dann wäre alle unsere Mühe umsonst gewesen.« Wir wollen unsere Hunde nicht für private wissenschaftliche Wettrennen hergeben. Konkurrenz fördert das Geschäftsleben, aber Wissenschaft, die sich mit Leben und Tod beschäftigt, ist kein Geschäft. Und selbst im Geschäftsleben müßten, wo es Leben oder Tod gälte – während eines Krieges oder einer Epidemie –, zwei konkurrierende Firmen anständigerweise auf das Konkurrieren verzichten und auf dem Wege der Zusammenarbeit Erfahrungen austauschen. An der Ehre, die dieser dänische Wissenschaftler für unser Land durch einen Sieg in dem Wettlauf gewonnen haben mag, wollen wir nicht teilhaben.

Die dritte Forderung lautet, die Versuche, die mit unseren Hunden vorgenommen werden, sollen von verantwortungsbewußten Wissenschaftlern selbst oder unter deren genauer Aufsicht durchgeführt werden. Unsere Hunde sollen nicht als Material für ungeübte, rein theoretisch interessierte junge Leute dienen.

Und zum Schluß wollen wir verlangen, daß unsere Hunde, während sie die Versuche über sich ergehen lassen müssen, wie Patienten behandelt werden und nicht wie bei lebendigem Leibe weggeworfenes Strandgut. Eine Gemeinheit wie die, daß ihre Stimmbänder zur Schonung unserer Nerven durchtrennt werden, wollen wir nicht zulassen. In der Not, die wir ihnen zugefügt haben, sollen unsere Hunde jammern dürfen.

Hinsichtlich der Dinge, die ich hier aufgeführt habe, würden wir absolute und unbedingte Sicherheit verlangen, bevor wir mit ansähen, daß sich die Labortür hinter unseren eigenen Hunden schlösse. Und die gleiche unbedingte Sicherheit müssen wir fordern, ohne Ausnahme, heute und solange Hunde, solange die namenlosen Hunde zu Versuchen benutzt werden.

Denn in einem zivilisierten Land ist jeder Versuchshund mein Hund.

Ja, damit danke ich Ihnen, die Sie Ihr Radio noch immer eingeschaltet haben.

Übersetzt von Sigrid Daub

Rungstedlund

Eine Ansprache im Radio

Guten Abend, meine Zuhörer! Mittlerweile ist es schon lange her, seit Sie mir die Freude gemacht haben, mich auf Rungstedlund zu besuchen.

Und während des größten Teils dieses langen Zeitraums habe ich selbst geglaubt, wir würden einander nie wieder begegnen! Ich habe mehr als ein Jahr im Krankenhaus gelegen und mehrere Operationen durchmachen müssen. Vor der letzten war ich selbst fest davon überzeugt, daß ich sie nicht überstehen würde. Man erklärte mir dort, was ich beim Erwachen aus der Narkose für ein Gefühl haben würde, ich dachte: »Was soll das ganze Gerede? Ich weiß doch, daß ich nicht wieder aufwachen werde.« Später hörte ich dann zufällig, einer der Ärzte soll gesagt haben: »Wenn sie diese Operation übersteht, ist das das Genialste, was sie je in ihrem Leben geleistet hat«, ich kann also nicht annehmen, daß man auf seiten der Mediziner dem Unternehmen sehr viel mehr Vertrauen entgegengebracht hat.

Und dann muß ich Ihnen noch erzählen, daß ich am Tag vor der Operation auch noch die fixe Idee hatte, das Radio überreden zu wollen, mir einen Wagen zum Krankenhaus zu schicken, damit ich einen – wie ich glaubte, letzten – Gruß an die Hörer in Dänemark auf Band sprechen könnte. Damals hatte ich vor, Ihnen folgendes zu sagen: »Es ist nicht schlimm zu sterben, es ist gut. Ich habe im Laufe meines Lebens viele Menschen sterben sehen, viele afrikanische Eingeborene sind sozusagen in meinen Armen gestorben, und keiner von ihnen scheint Angst empfunden zu haben. Und jetzt spüre ich selbst, daß der Tod kein Abbruch des Lebens ist, sondern seine Erfüllung.« Aber meine Kräfte reichten nicht, meinen Plan zu realisieren. Und dann bin ich ja gar nicht gestorben, wodurch die eigentliche Pointe ausgeblieben ist.

Heute abend will ich Ihnen aber noch etwas anderes von dem sagen, was ich mir damals zu sagen vorgenommen hatte: daß ich finde, das Verhältnis zwischen Ihnen und mir war beglückend und amüsant, und dafür bin ich Ihnen dankbar. Meinen Lesern gegenüber empfinde ich gleichermaßen Dankbarkeit. Aber ich habe stets einen gewissen Widerwillen gegen Papier und Drukkerschwärze gehabt. Als ich mit zwanzig Jahren einige Erzählungen im »Tilskueren« veröffentlichte und unser alter Kritiker Valdemar Vedel* mich aufforderte, weiterzuschreiben, antwortete ich ihm, das hätte ich nicht vor, den ich wollte nicht zu einer Drucksache werden. Er lachte darüber, jedesmal, wenn er mich später wiedersah: »Sie sind das doch, die keine Drucksache werden wollte – das werden Sie wohl auch niemals.« Ich wollte aber auch sagen, daß ich mir immer gewünscht habe, dazusitzen mit einem Kreis von Menschen um mich herum und Geschichten zu erzählen, wie sie mir meine Phantasie gerade so eingab. In Afrika tat ich das, denn die Eingeborenen wollten gerne Geschichten hören, und es war ihnen ziemlich gleichgültig, wie gut sie durchdacht waren. Wenn ich anfing: »Es war einmal ein Mann, der hatte einen Elefanten mit zwei Köpfen« – dann stimmten sie voller Interesse ein: »Ganz recht, Msabu, so weit, so gut. Wie hat er denn das gemacht: hat er beide Köpfe auf einmal gefüttert, oder jeden einzeln?« Von den vier Elementen ist mir immer die Luft das liebste gewesen, und ich bin gerne eine Stimme im Äther.

In den vergangenen zehn Jahren hat es mich immer wieder überrascht und erheitert, wenn Menschen mich in Taxis, Eisenbahnabteilen und Geschäften, sobald ich mich nach etwas erkundigte oder Anweisungen gab, mit »Guten Tag, Karen Blixen!« begrüßten und mir erzählten, daß sie meine Stimme vom Radio her wiedererkannt hätten. Einmal hat sich allerdings auch eine wütende Dame mitten auf der Rolltreppe des S-Bahnhofes Vesterport nach mir umgedreht und gesagt: »Was ist das nur für ein Gefasel, das Sie im Radio von sich geben?« Aber auch das war in meinen Augen eine Begegnung, eine persönlichere und menschlichere als die Zurechtweisung in einer gedruckten Kritik. Im »Kaufmann von Venedig« sagt Lorenzo des Nachts bei Belmont: »Wenn nicht alles / Mich trügt, ist das die Stimme Porzias.« Und Porzia antwortet: »Er kennt mich wie der blinde Mann den Kuckuck / An meiner schlechten Stimme.«* Wenn man selbst von Kind an jedes Frühjahr im Walde still gehorcht und beim ersten Kuckucksschrei die Freude des Wiedererkennens laut hinausgerufen hat, dann will man diese Rolle gern übernehmen. Es war, als hätte ich mit einem ganzen Volk Freundschaft geschlossen, genauso wie es in Afrika war, wo auf meinen Safaris die Eingeborenen durch eine Art Instinkt mich schon kannten, wo immer ich auftauchte. Das ist für jeden Menschen eine Bereicherung seines Daseins.

Heute, wo wir uns wieder auf Rungstedlund treffen, wo jeder einzelne von Ihnen, die Sie Ihr Radio angeschaltet haben, mir am Feuer gegenübersitzt, wird es Zeit, meine ich, daß ich Ihnen etwas über das Haus erzähle, in dem wir uns befinden. Ich selber habe mir in den letzten Jahren aus einem bestimmten Grund viele Gedanken über Rungstedlund gemacht. Übrigens bitte ich Sie, wenn es irgend geht, sich Papier und Bleistift zurechtzulegen. Denn, bevor Sie das Radio wieder abschalten, werde ich Sie bitten, sich etwas zu notieren, das Rungstedlund betrifft.

Wir sitzen in dem alten Rungsteder Krug, einem der ältesten Häuser – vielleicht dem allerältesten Haus – zwischen Kopenhagen und Helsingør.

Nordseeland ist auf eine andere Weise als das übrige Land mit unserer Vergangenheit der letzten fünfhundert Jahre verbunden. Hier geht es nicht, wie in Jütland oder auf Fünen, um die Vergangenheit einzelner großer Güter und Familien – Nordseeland war Besitz der Krone und wurde von »des Königs Kopenhagen« geprägt. Die Wälder waren königliche Jagdparks, und die großen Landstraßen hier hießen Königswege. Wo immer man in Nordseeland von einer Anhöhe aus über das Land schaut, kann man Stätten der dänischen Geschichte und der dänischen Literaturgeschichte ausmachen. Hier liegt Gurre*, wie eingehüllt in einen Schleier dänischer Liebeslyrik von den Volksliedern an bis hin zu Holger Drachmann. Hier lagerten vor dem Sturm auf Kopenhagen die Truppen von Karl X. Gustav* wie die Raubvögel vor einem Vogelnest, und dramatische Ereignisse in der Widerstandsbewegung der damaligen Zeit zogen Verbindungslinien zwischen Søllerød, Humlebæk und Kronborg. Karl XII.* ging hier in Humlebæk an Land. Hier auf dem Königsweg von Kopenhagen nach Helsingør fuhr die unglückliche Caroline Mathilde* in der Karrete nach Kronborg, und von hier aus konnte man den Flammenschein am Himmel sehen beim Bombardement Kopenhagens im Jahre 1807. Und dann gehört der Dyrehavs-Bakke* noch dazu mit romantischen und munteren Tönen aus Oehlenschlägers »Johannisabend-Spiel«*. Hier, den ganzen Strandvej von Kopenhagen bis Helsingør entlang, suchten vor fünfzehn Jahren die Juden Zuflucht in Villen und Reihenhäusern, und hier half man ihnen, an Bord von kleinen Fischerbooten nach Schweden überzusetzen. Der Fuhrmann Juul hier in Rungsted – der deshalb in das Konzentrationslager Frøslev kam – und die anderen Fuhrleute des Ortes gingen von Haus zu Haus und klingelten: »Heute nacht versuchen sie, bei Snekkersten ein Boot auslaufen zu lassen. Morgen gibt's eine Möglichkeit in Skovshoved.«

Man kann auch überraschende Zeugnisse aus viel früherer Zeit finden, aus der man keine Namen einzelner Menschen kennt. Als der Strandvej hier bei Rungsted begradigt wurde, mußte ich einen alten Steinwall verlegen, und mein treuer Kutscher Alfred Petersen, der 65 Jahre auf Rungstedlund gearbeitet hat, rief mich herbei und zeigte mir einen Stein, der bis dahin mit der flachen Seite nach innen gelegen hatte; er meinte, auf dem Stein »wäre etwas«. Ich bezweifelte das, aber Alfred blieb bei seiner Feststellung, bis ich Professor Brøndsted* im Nationalmuseum anrief und ihm sagte, ich hätte einen Stein »mit etwas drauf« – einem Arm und einer Hand, einer Linie, die sich zu fünf Linien verzweigte, deren eine wie ein Daumen im rechten Winkel zu den anderen verlaufe. »Ich komme sofort raus«, sagte Professor Brøndsted. Er wollte den Stein gern für sein Nationalmuseum haben, aber ich fand, er sollte dort bleiben, wo irgendein Mensch früher einmal gesessen und ihn bearbeitet hat. Der Professor hat ihn dann ausgeliehen und für eine Abhandlung fotografiert. Er hat mir erzählt, die Ritzzeichnung auf dem Stein sei zwischen 2500 und 3000 Jahre alt; er sagte auch, das Zeichen sei wirklich eine Hand, eine Götterhand und ein Schutzzeichen. »Merkwürdig«, sagte ich, »nach der Stellung des Daumens zu urteilen, ist es eine linke Hand.« – »Nein, das ist keine linke Hand«, sagte er. »Es ist eine rechte Hand von der Handfläche aus gesehen. Das Göttliche befindet sich im Innern des Steins.« Jetzt liegt der Stein unter einem großen Baum im Garten, Archäologen aus Norwegen und Schweden sind hiergewesen, um ihn sich anzusehen.

Die eigentliche »Küste« hat sich im Laufe der Zeit verändert, sie ist gezähmt worden und wirkt heute sehr brav und wohlerzogen. Früher war sie ein Streifen vom Winde zerzausten Landes mit einer Vegetation aus Pappeln und Heidekraut, der Strandvej war ein unsicherer Fahrweg, der direkt am Meer entlangführte, vorbei an strohgedeckten Häusern und Netztrockenplätzen der Fischer – heute hat sie sich in eine fast ununterbrochene Reihe von schmucken Villen und Gärten verwandelt, deren Besitzer in Kopenhagen ihren Geschäften nachgehen.

Aber das Fahrwasser davor sieht heute so aus wie in den allerältesten Tagen. Es ist der Øresund, »Dänemarks Landstraße, das Tor zum Norden«. Ich habe in meinem Leben die verschiedensten Meerengen kennengelernt, die Straße von Gibraltar und das Bab Al Mandab. Wenn ich dann aber den Øresund wiedersah, dachte ich: »Du unterscheidest dich von allen anderen, denn nur du hast den dir eigenen blauen offenen Blick.« Es ist ein Privileg, am Øresund zu wohnen.

Der Krug von Rungsted lag etwa auf der Mitte des Weges zwischen Kopenhagen und Helsingør und ist sicher von Anfang an Ausspann und Ruheplatz für die Wagen der Frachtleute und Reisenden gewesen. Schon unter Christian II.* erhielt er das königliche Privileg, und Christian IV.* erteilte Villum Carram Brief und Siegel auf »den neuen Runsti Krug mit allen Äckern und Wiesen, die daran liegen, samt 100 Wagenladungen Holz aus Windbruch und freie Waldmast für die eigenen Schweine, wogegen er Herberge halten solle für Inländer und Ausländer, so daß wegefahrende Männer nichts zu beklagen hätten.« Später schenkte die Königin Sophie Amalie* ihrem Kammermädchen Philix »das Rundstedte Wirtshause«, wogegen sie eine jährliche Abgabc in Form von zweieinhalb Tonnen Dorsch leisten mußte. Der Fischbestand auf dem Anwesen selbst wurde mit 4500 Karpfen und 18000 Karauschen veranschlagt – ich weiß nicht, was sie mit diesen Karauschen angefangen haben, die Teiche im Garten sind noch heute voll davon, aber wenn man sie ißt, hat man das Gefühl, mit Stecknadeln gespickte Watte im Mund zu haben.

Ein gelehrter französischer Reisender auf dem Wege nach Schweden schrieb im Jahre 1700, der Krug von Rungsted sei der hübscheste auf der ganzen Wegstrecke. Besonders lobt er die Hundekammer, so daß man annehmen darf, daß Hunde damals wie heute eine Sonderstellung auf Rungstedlund einnahmen. Hinter dem Haus, sagt er, lag ein großer Garten von seltener Schönheit mit einer Anhöhe.

Der Krug besaß die Lizenz, Branntwein zu brennen – während der Pest von 1710, wo alle Dörfer abgesperrt waren, erhielt der Krüger Matthias Frigast die Erlaubnis, Bier und Branntwein draußen vor dem Krug auf dem Strandvej zu verkaufen. Von der Lizenz hat man im Laufe der Jahre in dem Krug so ausgiebig Gebrauch gemacht, daß der *Alderman* der Branntweinbrennergilde von Hørsholm sich eines Tages mit seinen Knechten einstellte und den Branntweinkessel versiegelte. Der Krugwirt bekam ihn jedoch bald darauf zurück. Sicher sind hier so manche deftige Witze und Weisen abgefeuert und so manch ein Zinnbecher mit Branntwein – und manch ein dralles Schankmädchen – geschwungen worden, große Schlägereien hat es gegeben, und lästige, torkelnde Gäste wurden vor die Tür gesetzt. Aber mich freut der Gedanke, daß müde Fuhrmannspferde die letzte Wegstrecke vor Rungstedlund wiedererkannt und gewußt haben, wo

sie bald durch das Tor einbiegen und zu Tränke und Krippe geführt werden. Damals gehörte Landwirtschaft zum Krug, und
ein Pferdestall, ein Kuhstall, ein Schweinekoben und eine
Scheune bildeten ein unregelmäßiges Viereck um das Gebäude
herum, das nun als einziges übriggeblieben ist und dessen Flügel
und Grundmauern sicher die gleichen sind wie im Jahre 1600.
Die Wirtschaftsgebäude von Rungstedlund brannten alle in einer Sommernacht des Jahres 1898 nieder, ich selbst sah sie ab-
brennen. Als Kind habe ich noch die Pferde des Hofes an ihnen
vorbei zur Schwemme geritten.

Das Wohnhaus selbst ist sicher nie von einem Architekten geplant oder entworfen worden, es ist gewissermaßen von alleine
gewachsen und je nach dem wechselnden Geschmack der verschiedenen Generationen verschönert worden. Immer wieder
bricht es über mir zusammen, und immer wieder stütze ich es ab.
Professor Steen Eiler Rasmussen*, mein Nachbar in Rungsted,
hat Rungstedlund besonders viel Interesse und liebevolles Verständnis entgegengebracht; er erklärt mir, diese und jene Einzel-
heit stamme aus dem Jahre 1800 oder 1850. Als plötzlich eine
Decke herunterfiel und darüber eine merkwürdig primitive Kon-
struktion zum Vorschein kam, erzählte mir der Professor, so
habe man in den Jahren nach dem Staatsbankrott 1813 gebaut,
und das leuchtete mir sehr ein. Es ist ein für heutige Begriffe
höchst unpraktisches Haus mit ebensoviel »Niemandsland« –
Gängen, Treppen und Anrichten – wie Wohnräumen.

Trotzdem muß Rungstedlund etwas bewahrt haben von der
Süße seiner hundert Sommer und der Gemütlichkeit seiner Win-
ter. Schon oft haben Ausländer, die hier zu Besuch waren, in ih-
ren Briefen von meinem »unvergeßlichen Haus« gesprochen.
Ein amerikanischer Intelligence-Officer, der nach der Befreiung
mein erster Gast aus der großen Welt war, schrieb: »Ich bin drei
Wochen lang in Ihrem Land gewesen, ohne irgendeinen eigentli-
chen Eindruck von ihm gewonnen zu haben. Als Sie mir aber Ihr
Haus und Ihren Garten zeigten, gaben Sie mir den Schlüssel zu
Dänemark.«

Zu Rungstedlund gehören sechzig Morgen Garten, Gehölz
und Grasland, das Ganze wirkt – inmitten der gepflegten Gärten

des Strandvejs – eher wie eine Wildnis. Um den Teich herum und am Graben im Garten wuchert ein ganzer Wald von den gleichen großen Kletten, wie die, unter denen »Die glückliche Familie« H. C. Andersens wohnte. Auf einer großen friedlichen windgeschützten Koppel laufen Pferde und Kühe frei herum. Unter den vielen alten Bäumen hat sich ein besonders üppiger Pflanzenteppich gebildet, der einem Waldboden gleicht, mit Anemonen, Schlüsselblumen und Veilchen. Das ganze Gelände steigt nach Nordwesten hin an, dort liegt die »Ewalds Höhe«.

Das Kaminfeuer in der Gaststube des Rungsteder Krugs ist vor mehr als vierhundert Jahren zum ersten Mal angezündet worden, und im Laufe der Jahre verlosch es so manches Mal und wurde wieder angezündet. Aber es hat doch stets auf die gleiche Weise Licht und Schatten in diesem Raume spielen lassen. Es hat auf viele unterschiedliche Menschen geschienen, die über vielerlei Dinge miteinander geredet haben.

Hørsholms Heimatforscher Rosted berichtet in einer merkwürdigen Geschichte über Gespräche, die hier stattgefunden haben. Kirstine Munk*, Christian IV. Gemahlin zur Linken, entdeckte, daß der König den Verdacht hegte, nicht er, sondern der Rheingraf sei der Vater des Kindes, das sie erwartete. Sie wählte mehrere Male den Rungsteder Krug für ihre Treffen mit dem schwedischen Residenten Johann Fegræus*, um ihm von ihren Schwierigkeiten mit dem königlichen Gemahl zu berichten, ja, um anzudeuten, daß sie bereit sei, ihm mitzuteilen, was sie über dessen geheime Pläne gegen Schweden wüßte, wenn ihr dafür Zuflucht beim schwedischen König gewährt würde. Der Feuerschein ist über das rote Brokatkleid der schönen ränkevollen Frau und über die aufmerksame Miene des schwedischen Diplomaten gehuscht.

Von Zeit zu Zeit meinte ich, die dunkle, steife, schmale Gestalt eines Mannes vor der Feuerstelle zu erblicken. Er hat dort sicher nicht viel gesprochen, er war eine der einsamsten Gestalten der ganzen Weltgeschichte und wird vermutlich schweigend in die Glut gestarrt haben. Der achtzehnjährige König Karl XII.* von Schweden – derjenige, der, um mit Frans G. Bengtson* zu sprechen, »in der Fabrik entstanden ist, wo noch Könige gemacht wurden und die heute stillgelegt ist« –, er hatte sich auf seinem allerersten Adlerflug auf Dänemark gestürzt und im Rungsteder Krug Quartier genommen. Ob er wohl in der Glut gewaltige Bilder von dem Siegeszug durch Europa gesehen hat, der Schweden zum »Mittelpunkt des Universums« machen sollte? Den furchtbaren, weißen russischen Winter und die Gefangenschaft in der Türkei hat er vermutlich nicht darin erblickt – sah er seinen einsamen wilden »Königsritt« nach Hause in ein verarmtes Land, das vierzehn Jahre lang ohne König gewesen war, und seinen einsamen, mysteriösen Tod vor Frederikssten?

Und dann ereignete sich vor hundertfünfundachtzig Jahren, ohne daß das Haus selbst es bemerkte, das für den Rungsteder Krug Bedeutendste in seiner ganzen Lebenszeit, das, was ihm ein langes, in die kommenden Jahrhunderte hineinreichendes Leben schenken sollte.

An einem Tag im zeitigen Frühjahr kam, vermutlich mit einem der Frachtwagen aus Kopenhagen, ein schmaler junger Mann beim Krug an und bezog Logis beim Fischermeister Ole Jacobsen und seiner Frau. Wahrscheinlich waren dem einige Verhandlungen mit seiner Familie, die ihn hier herausschickte, vorausgegangen; diesen hatten sie entnommen, daß ihr Gast wohl so etwas wie das schwarze Schaf der Familie war – fast noch ein Kind, war er von zu Hause fortgelaufen, um in ausländische Kriegsdienste zu gehen, und jetzt trat er in Kopenhagen als Müßiggänger, Dichter und Zechbruder auf. Ihre Aufgabe war es, ihm den Branntwein abzugewöhnen – das scheint ihnen allerdings nie gelungen zu sein. Es waren aber gute, verständnisvolle Menschen, sie gewannen mit der Zeit ihren Gast lieb. Er hieß Johannes Ewald*. Im Krug von Rungsted, sagt er, hatte er Umgang mit »dem gemeinen Mann, Seeleuten und Fischern«, der Klasse Menschen, die in gewissem Sinne die geringste genannt wird, die aber in einem anderen, und zweifellos wahreren, Sinne die höchste ist. Den Fischern von Rungsted und ihren Frauen und Kindern war seine junge schwächliche Gestalt wohlvertraut, wenn er im Frühlingswind den Strand entlanging, nach den Schiffen Ausschau hielt und die fremden Flaggen zu benennen wußte, oder ganze Sommertage lang auf der Bank auf der Anhöhe im Garten des Kruges saß und die Arbeit und den Gesang des Melkers auf der Weide beobachtete. Sie sahen oder ahnten, daß etwas in ihm war, dem sie bis dahin bei Menschen noch nicht begegnet waren: Unsterblichkeit. Und die Gabe, die Landschaft um sich her unsterblich werden zu lassen, den Gesang der Vögel, die Rosen, das leuchtende oder dunkel drohende Meer und sie selbst mit ihm. So arm, krank, einsam und vor Liebeskummer unglücklich er auch war, er hatte doch die Kraft in sich, mit der Unsterblichkeit, die er dem allen verlieh, eines der hinreißendsten Worte der Sprache zu verbinden: Glückseligkeit. »Rungsteds Glückseligkeit«*. Die meisten von Ihnen kennen sicher Teile dieses Gedichtes, das so leicht und frei wie der Gesang im Baum beginnt: »Wo Vöglein auf Matten, / Das Nestchen verrathend, hinschweben«; das dann wie ein dröhnendes Unwetter über die Landschaft hinwegzieht und in der letzten Strophe in der Hinwendung zu der einen in unvergleichliche Süße und Innerlichkeit mündet. Er wohnte drei Jahre als Pensionsgast im Krug von Rungsted, mein Arbeitszimmer, das nach Osten geht, heißt »Ewalds Stube«. Er hat den Rungsteder Krug schweren Herzens verlassen, heute hat man das Gefühl, man könnte ihm jederzeit auf der Koppel begegnen oder seine Schritte durch das Haus gehen hören.

Die Zeit ging weiter über das alte Gasthaus hinweg. Hundert Jahre später kam ein anderer junger Mann aus fremden Landen heim und ließ sich in Rungstedlund nieder. Das war Wilhelm Dinesen, mein Vater, der als siebzehnjähriger Leutnant bei der Danevirke und bei Düppel gestanden, später als französischer Offizier den französisch-deutschen Krieg mitgemacht und unter der Pariser Kommune gesehen hatte, wie Barrikaden errichtet wurden und französisches Blut in französischen Straßen floß. Er hatte Europa und seiner Zivilisation den Rücken gekehrt und drei Jahre unter Indianern in Nordamerika gelebt, ohne einen einzigen Weißen zu Gesicht bekommen zu haben. Er war ein tüchtiger, erfolgreicher Pelzjäger gewesen, gab aber das Geld, das er verdiente, wieder für seine indianischen Freunde aus. Die

Indianer nannten ihn »Boganis«. Unter diesem Namen schrieb er hier auf Rungstedlund seine »Jagdbriefe«* – das Tagebuch eines Jägers, voller Liebe zur Natur, zu den Jahreszeiten, dem Wild und den Vögeln, zum Kampf, zur Einsamkeit und zur Frau. Er heiratete die schöne junge Ingeborg Westenholz von dem Gut Matrup bei Horsens, meine Mutter. Mutter hat mir erzählt, als sie von der Hochzeitsreise nach Hause kamen und unter den Bäumen an der Koppel entlanggingen, sagte er zu ihr: »Was immer in Zukunft geschieht, denke daran, daß wir am letzten Tag des Monats Mai hier angekommen sind und es hier wunderschön war und du glücklich gewesen bist.«

Ich war zehn Jahre alt, als mein Vater starb. Sein Tod war für mich ein Schmerz, wie ihn wohl nur Kinder empfinden. Ich glaube, ich war sein Lieblingskind, und er meinte, ich sei ihm ähnlich. Er nahm mich mit, wenn er über seine Felder ging, wenn er im Wald einen Rehbock durch Blatten anlockte oder das Moor nach Schnepfen durchstöberte mit seinen beiden Griffon-Hunden Osceola und Matchitabano, die nach zwei alten ihm befreundeten Indianer-Häuptlingen benannt waren. Ich erinnere mich deutlich, wie er mich lehrte, die einzelnen Vogelarten zu unterscheiden, und mir von den Zugvögeln erzählte – auch an seinen spontanen Ausdruck von Freude beim Anblick eines seltenen Vogels; die Entdeckung einer Gabelweihe machte ihn so glücklich wie andere Menschen ein gutes Glas Wein. Eine ganze Welt tut sich einem auf, wenn man vom Vogelzug hört, dem riesigen Netz, das um den Erdball gesponnen wird auf Grund eines uns unbegreiflichen Rufes, der die Vögel zwingt, ihr Leben einzusetzen. Ich erinnere mich, wie verwundert ich war, als er mir von den Störchen erzählte; daß das Männchen sich in den Tropen acht Tage vor dem Weibchen auf den Weg nach Dänemark macht und die Störchin deshalb erst nach ihm hier auf dem Nistplatz ankommt. »Wenn eine Dame«, dachte ich, »so hinter ihrem Ehemann herreisen müßte, würde sie ihn bitten, ihr ja aufzuschreiben, welchen Zug sie nehmen und wo sie umsteigen müsse. Wie finden die beiden einander ausgerechnet auf einem Strohdach auf der Insel Fünen?« Später habe ich dann selbst die Störche im Winterhalbjahr während ihres Junggesellenlebens auf den afrikanischen Ebenen beobachtet.

Die Nachtigall trifft fast auf den Tag genau am achten Mai auf Rungstedlund ein. Was haben wir Kinder sehnsüchtig auf ihre Ankunft gewartet, und doch waren die ersten goldenen Töne von einem Baum im Gehölz immer wieder eine Überraschung. Es war eine Art ungeschriebenes Gesetz für uns, in jedem Jahr eine Nachtigall beim Singen beobachten zu müssen. Ich bin deshalb auch jedes Frühjahr, seit ich wieder in Dänemark bin, durch das lange feuchte Gras und die Brennesseln gewatet und habe, solange es gerade noch hell genug war, die kleine, sehr schlanke Vogelsilhouette gesucht, bis ich sie zu Gesicht bekam, meist auf einem Zweig über einem Tümpel – denn Nachtigallen lieben Gestrüpp und Nesseln und feuchten Untergrund, allzu gepflegte Gärten mögen sie nicht. Und welch eine unglaubliche Kraft liegt in dieser kleinen Kehle, die zitternd vor- und zurückspringt! Wenn der Mensch ein solches Stimmvolumen im Verhältnis zu seinem Gewicht hätte, könnte man Nina und Frederik*, wenn sie auf dem Rathausplatz sängen, in Amsterdam, Prag und Oslo hören.

So hallt den Mai und die erste Hälfte des Juni hindurch der Garten von Rungstedlund wider vom Gesang der Nachtigallen, der eine Vogel antwortet dem anderen, es ist ein lang andauerndes ekstatisches Sängerfest.

Und jetzt werde ich Ihnen eine merkwürdige und wahre Geschichte von einer Nachtigall erzählen.

Im dritten Jahr des Ersten Weltkrieges wollte ich nach einem Besuch in Dänemark zurück nach Afrika. Es war schon schwierig genug gewesen, nach Dänemark zu kommen, das Schiff, auf dem ich von Mombasa nach Marseille gefahren war, wurde auf der Rückreise torpediert. Und als ich im Herbst nach Hause fahren mußte, war die Passagierschiffahrt im Mittelmeer wegen der Unterseeboote ganz eingestellt worden; unsere Route führte uns deshalb ganz nach Süden um das Kap herum und dann wieder nach Norden an der Ostküste Afrikas entlang bis zu unserem am Äquator gelegenen Hafen Mombasa. Die Fahrt von Southampton bis zum Kap dauerte sechs Wochen, weil auch hier Unterseeboote zu befürchten waren und unser Schiff, um sie zu umgehen, wohl fast bis nach Südamerika ausgewichen ist. Davon einmal abgesehen, war es eine herrliche Tour, denn das Kap ist ein wunderbares Fleckchen Erde. Und ich beobachtete hier in den zwei Tagen, in denen wir im südlichsten Bereich unserer Route kreuzten, die Albatrosse mit ihrer unglaublichen Flügelspanne und dem unbegreiflichen Gleitflug. Ich blieb zwei Tage lang an Deck – wenn die anderen zu mir sagten, »komm doch runter zum Frühstück«, antwortete ich: »Nein, frühstücken kann ich immer, aber Albatrosse bekomme ich nie wieder zu sehen.« Mein guter Freund, der schwedische Dichter Harry Martinson*, und ich haben einmal die Hochs und Tiefs in unser beider Leben Revue passieren lassen, und, als hätten wir einen wichtigen Posten auf der Haben-Seite entdeckt, sagten wir beide plötzlich wie aus einem Mund: »Und dann haben wir noch Albatrosse gesehen!« Als wir um die Weihnachtszeit in Durban ankamen, das ungefähr in der Mitte zwischen dem Kap und Mombasa liegt, erhielt unser Schiff dort Ordre, nach England zurückzukehren, und wir mußten warten, bis sich eine Mitfahrgelegenheit auf einem anderen Schiff bot. Durban gefiel mir nicht, weil es so eine Art Badeort für die Millionäre aus Johannisburg war. Nachdem ich dort einige Zeit verbracht hatte, kaufte ich mir ein Auto, fuhr in das Hochland um Pietermaritzburg und besuchte alte Buren auf ihren großen Viehfarmen; das waren hochinteressante Tage. Um den Wagen einzufahren, fuhr ich einige Male in eine etwa eine Stunde von Durban entfernte Gegend namens Amanzimtoti, wo es einen kleinen Wald gab. Eines Tages, als ich dort mit einigen Mitpassagieren vom Schiff spazierenging, blieb ich plötzlich stehen und rief: »Hört mal, das ist eine Nachtigall!« Die anderen lachten mich aus. »Das ist ganz bestimmt eine Nachtigall«, sagte ich. »Ihr denkt wohl, ich hätte mich verhört? Nur zur Brutzeit bei uns im Norden singen die Vögel ihre Strophe ganz bis zu Ende – die Nachtigall, die wir eben hören, ist dabei, ihr Instrument zu stimmen.« Wir schlossen Wetten darauf ab, soweit ich mich erinnere mit hohem Einsatz, freilich konnten wir die Frage nicht klären. Zwanzig Jahre später sprach ich in Dänemark mit einem Ornithologen, der schon als Junge das Vogelleben auf Rungstedlund studiert hatte, und fragte ihn, wie weit nach Sü-

den der Zug der Nachtigallen ginge.»Sie überqueren den Äquator«, sagte er. »Denn die erste Nachtigall, die ich auf Rungstedlund beringt habe, wurde noch weiter südlich gefunden. Ich
kann mich an den Namen des Ortes nicht erinnern, ich habe ihn
aber in meinem Notizbuch.« Und er holte sein Notizbuch aus
der Tasche, schlug nach und sagte:»Amanzimtoti hieß er.«

Nun kann das nicht die beringte Nachtigall gewesen sein, die
ich dort unten habe singen hören, aber es ist zu vermuten, daß es
sich hier um eine bestimmte Nachtigallenfamilie handelt, deren
Winterquartier in Amanzimtoti liegt und die am achten Mai in
Rungstedlund eintrifft.

Ich habe den Eindruck gewonnen, daß Rungstedlund vorwiegend den Zugvögeln gehört. Die Jahreszeiten werden hier in erster Linie von deren Ankunft und Abreise geprägt. Wie oft habe
ich nicht in den Nächten um die Frühjahrs- und Herbsttagund-
nachtgleiche vor dem Haus gestanden und gehört, wie ihr Zug
über das Dach hoch in den Himmel stieg.

Auch die menschlichen Bewohner des Hauses waren Zugvögel. Sie reisten weit fort und kamen hierher nach Hause zurück.
Der junge Johannes Ewald ist auf sehr unfertigen Flügeln nach
Deutschland und Österreich geflogen und nach Rungstedlund
heimgekehrt – ein Singvogel, der am schönsten sang, wenn es
stockfinster war –, und es war wunderschön hier, und er war
glücklich. Der junge Wilhelm Dinesen, Boganis, ist hinausgeflo-
gen zu den Schlachtfeldern Europas und den Prärien Amerikas
und nach Rungstedlund heimgekehrt. Ich selbst bin fortgereist,
um ein halbes Menschenleben auf dem afrikanischen Hochland
zu verbringen, und bin zurückgekommen.

In den Jahren nach meiner Rückkehr aus Afrika, als ich sah, wie
das große Kopenhagen Rungstedlund immer mehr umzingelte,
habe ich darüber nachgedacht, wie ich es erhalten und den alten
Krug und seinen Garten als ein Stück dänischer Natur und Geschichte bewahren könnte. Trauer befiel mich, wie bei einem
schweren Verlust, und eine Leere tat sich vor mir auf, wenn ich
mir vorstellte, daß es völlig umgewandelt werden, ja, verschwin-

den und verlorengehen könnte. Möglicherweise entstünde hier mit der Zeit ein asphaltierter Villenweg, der »Boganisweg« genannt würde, ebenso wie es jetzt eine Villengegend in Rungstedlund gibt, die »Ewaldsweg« heißt, womit ja die Zukunft dann der Vergangenheit hinreichend Pietät entgegengebracht hätte. Aber was würde aus Ewalds und Boganis' grünem Laubdach werden? Jeden Sommer, wenn ich den Kuckuck im Wäldchen hörte, dachte ich: »Wie soll ich ihm einen großen Baum im Garten bewahren, auf dem er sich verstecken und rufen kann?« Mir wurde gesagt, es sei »undemokratisch«, ein Areal, auf dem dreihundert Reihenhäuser Platz hätten, nur so daliegen zu lassen – »ungenutzt«, wie man so sagt.

Manchmal kommt es mir so vor, als hielte die dänische »Demokratie« die Hand über Leute, die das eigentlich nicht nötig haben, und nicht über die, die es wirklich nötig hätten – ich finde, sie schützt die Autos mehr als die Radfahrer. Ich weiß sehr wohl, daß sich in den dreihundert Reihenhäusern viel Unternehmungslust und Familienglück entfalten könnten. Aber wo werden dann die vielen Menschen bleiben, die kein Stückchen Erde besitzen und nur an den Feiertagen dem Pflaster entrinnen können? Reihenhausbesitzer sind eifrige Wächter des Eigentumsrechtes, ihren Grund und Boden dürfen Unbefugte nicht betreten; die versäumen da allerdings auch nicht viel. Wenn ganz Nordseeland einmal in Grundstücke für Reihenhäuser aufgeteilt wird, dann kann man sich gerade noch einige Flieder- und Goldregenbüsche, Rosen- und Radieschenbeete leisten, große Bäume wird es aber nicht mehr geben. Und all die vielen Leute, die selbst keinen Boden besitzen, werden immer auf Betonplatten entlanggehen, ohne je Gras unter sich oder Laub über sich zu spüren und ohne irgendwo der Stille zu begegnen, die früher einmal den Menschen ermöglichte, »den Gesang der Vögel zu hören, der das Herz rühren konnte«.

Die große Zahl der Leute, die keinen eigenen Grund und Boden besitzen, zeichnet sich durch eine Eigenschaft aus: es macht Spaß, sie für etwas zu begeistern; denn es sind wache Menschen, die mitmachen, wenn man sich gemeinsam etwas vornimmt – sie haben meiner eigenen Ansicht über die Mission Rungstedlunds beigepflichtet. Der Garten von Rungstedlund ist seit Menschengedenken nie abgesperrt gewesen, jedermann hat frei ein und aus gehen können. Es muß heute viele gestandene Familienväter geben, die sich daran erinnern, als Jungen im Winter auf dem Teich Schlittschuh gelaufen zu sein und im Sommer als Indianer in den Höhlen unter den Büschen des Wäldchens gehaust zu haben, und Paare, die schon goldene Hochzeit gehabt haben und noch wissen, wie sie als Liebespaar Hand in Hand die grünen Wege im Gehölz entlanggegangen sind. Zum Strandvej hin habe ich überhaupt keinen Zaun, und doch sind meine schönen Rosen und Hyazinthen, die bis an den Fußweg heran wachsen, nie abgepflückt worden, man hat eingesehen, daß sie zur Freude der Allgemeinheit dort stehen. Ich bin einmal an einem Sonntagnachmittag über die Koppel von oben herabgekommen, als ich plötzlich unter einem alten Eichenbaum einen Spieltisch aufgebaut sah, und vier hemdsärmelige vergnügte Spieler knallten die Karten auf den Tisch.

Einen einzigen abscheulichen Frevel hat es gegeben, den ich Ihnen schildern muß. Wir haben im Garten große eßbare Weinbergschnecken, die vermutlich vom Grafen Stolberg* vor einundhalb Jahrhunderten nach hier eingeführt worden sind. Eines Tages kam ich mit englischen Gästen, denen ich den Garten zeigen wollte, zur Ewaldshöhe. Da waren ein paar Jungen – ja, ich nehme an und sage: ein paar Jungen, denn im allgemeinen können wohl nur Jungen derartig Amok laufen – dort gewesen und hatten einige Hundert Schnecken gesammelt, sie auf die Bänke auf der Anhöhe gelegt und so lange auf ihnen herumgetrampelt, bis das Ganze ein einziger Matsch aus Schalen, Schleim und zerquetschten Schneckenteilen war. Das mußte wohl am Tag zuvor passiert sein, der Gestank in der Umgebung der Anhöhe war entsetzlich. Es war eine widerliche und gemeine Tat, nicht nur weil hier – wenn Schnecken wohl auch nicht sehr viel fühlen – immerhin auf etwas Lebendigem herumgetrampelt worden war, sondern auch weil das Massaker offensichtlich gerade auf den Bänken veranstaltet worden war, damit Liebespaare im Dunkeln oder ein paar kurzsichtige alte Damen sich mitten in den Matsch setzen sollten. Ja, ich schämte mich meinen englischen Gästen gegenüber und war so wütend und verzweifelt über die Mentalität, die hier zum Vorschein gekommen war, daß ich mir sagte: »Jetzt will ich den Garten verriegeln, und es soll in Zukunft niemand mehr von draußen Zutritt erhalten.« Aber ich muß sagen, dies ist mehr oder weniger eine Ausnahme von der Regel geblieben.

Ich sähe es gern, wenn Rungstedlund in Zukunft viele Jahre lang ein Atemloch mitten in der großen Stadt bleiben könnte.

Und weil die Zugvögel auf Rungstedlund viel für mich bedeutet haben, habe ich mir überlegt, es müßte ein Vogelreservat werden, ein richtiges Paradies für Vögel, das sie quer über die Weltmeere immer wieder ansteuerten.

Aber ich habe bis jetzt meinen Traum nicht verwirklichen können.

Ein Grundstück unter Schutz zu stellen ist teuer. Man muß sich ja zuallererst entschließen, auf die Einnahmen zu verzichten, die es brächte, wenn man es parzellieren ließe und verkaufen würde; und ich wußte nicht, ob ich mir das in meiner Situation leisten konnte. Eine Institution wie die Ornithologische Gesellschaft konnte Rungstedlund nicht einfach als Geschenk von mir und denjenigen meiner Geschwister, die Miteigentümer waren, annehmen. Außer dieser Schenkung hätte sie auch Kapital gebraucht für die Steuern, den Unterhalt, die Einfriedung, die Neuanpflanzungen, das Futter, die Nistkästen und viele andere Dinge, die diese Aufgabe mit sich bringt.

Ich weiß, daß ich als Schriftstellerin ausgesprochen viel Glück habe. Schriftsteller verdienen jedoch nicht so viel, wie die Leute wohl im allgemeinen annehmen, und zu der Zeit, als ich meine drei ersten Bücher schrieb, galt für die Einkünfte dänischer Autoren in Amerika die Doppelbesteuerung.

In diesem Jahr, wo es mir endlich, trotz aller Widrigkeiten, gelungen ist, mein jüngstes Buch erscheinen zu lassen, und wo hoffentlich zum Herbst ein weiteres Buch herauskommt, habe ich die große Freude gehabt, meinen Plan verwirklichen zu können. Der »Rungstedlund-Fonds« ist errichtet und als Stiftung anerkannt worden. Aufgabe des Fonds ist es, Rungstedlund als Vogelreservat unter der Aufsicht der Ornithologischen Gesellschaft zu bewahren. Rungstedlund wird von nun an unter Schutz gestellt, und es dürfen keine Veränderungen vorgenommen werden, es sei denn, sie dienen dem Wohl der dort lebenden Vögel.

Das habe ich folgendermaßen erreicht: Ich habe dem Rungstedlund-Fonds alle Einnahmen aus dem Verkauf meiner Bücher übertragen vom Tage der Errichtung des Fonds an bis zu dem Zeitpunkt, wo die Urheberrechte erlöschen, nämlich fünfzig Jahre nach meinem Tod. Die Regelung betrifft gleichermaßen alle Film- und Bühnenrechte und überhaupt alles, was ich durch das, was ich geschrieben habe und möglicherweise in Zukunft noch schreiben werde, verdiene. Damit habe ich alles, womit ich rechnen und worauf ich hoffen kann, eingebracht und kann nun weiter nichts mehr hergeben.

Ich werde bis zu meinem Tode auf Rungstedlund wohnen und einen Teil der Mittel des Fonds zu meinem Lebensunterhalt in Anspruch nehmen können.

Was das alte Haus, in dem wir sitzen, angeht, so ist über seine Zukunft noch nicht entschieden. Es ist möglich und sinnvoll, daß der Teil, den die Ornithologen nicht beanspruchen werden, als Museum für die Geschichte Rungstedlunds und als Volksbibliothek genutzt wird. Auf diese Art und Weise würde es, seiner Tradition gemäß, Natur und Literatur miteinander verbinden.

Die Fachleute in Dänemark, an die ich mich gewendet habe, brachten meinem Vorhaben das allerfreundlichste Interesse und Verständnis entgegen. Die Besten unter ihnen sind meine Verbündeten.

Zu Anfang hatte ich Sorge, das Areal, das ich anbieten konnte, sei für den Zweck zu klein, und ich bat Dr. Salomonsen von der Ornithologischen Gesellschaft, hier heraus zu kommen und es sich anzusehen. Dr. Salomonsen erklärte, Rungstedlund sei groß genug, um hier alle bekannteren dänischen Singvögel anzusiedeln. Und als er dann mit mir durch den Park und das Wäldchen gegangen war und gesehen hatte, wie friedlich es hier ist, meinte er, wenn man das Gebiet unter Naturschutz stelle und besondere Pflege aufwende, dann könne man vielleicht auch seltenere Arten hierher gewöhnen. Ich weiß aus eigener Erfahrung, wie merkwürdig sensibel Tiere auf Naturschutzmaßnahmen reagieren. Als ich noch Kind war, wurde vom Strand aus auf die Schwäne geschossen, und damals bekam man nur selten einen Schwan im Øresund zu Gesicht. Vor ungefähr dreißig Jahren wurden die Schwäne unter Schutz gestellt, und jetzt sieht man jedes Frühjahr viele Hunderte von Schwänen direkt bis an den Strandvej herankommen. In Afrika habe ich erlebt, wie das Wild fast auf den Meter genau die Grenze des Wildreservates kannte – nur selten sah man einen Büffel oder eine Antilope jenseits dieser Scheidelinie.

Dr. Syrach-Larsen, der in der ganzen Welt als Fachmann für Bäume und Pflanzen große Autorität genießt, hat dem »Rungstedlund-Fonds« viel Wohlwollen entgegengebracht und will helfen, solche Gewächse und Grassorten anzusiedeln, die von den Vögeln bevorzugt werden und sie anlocken.

Wir haben in diesem Frühjahr damit begonnen, auszuholzen und neu zu pflanzen und Nistkästen aufzuhängen. Der »Rungstedlund-Fonds« trägt die Kosten, aber die Ornithologische Gesellschaft plant und überwacht die Arbeiten zusammen mit Dr. Syrach-Larsen. Zu meiner Freude riet mir Dr. Syrach-Larsen, hauptsächlich, wo immer es ginge, wilde Rosen zu pflanzen – so wird eine direkte Linie von der Zeit vor zweihundert Jahren bis zu den heutigen Aktivitäten führen: »In kühlenden Schatten, / Von rosigem Dunkel umgeben«*.

Ich hoffe, das Resultat der Bemühungen wird so schön und gut für die Vögel, daß das Vogelreservat von Rungstedlund sich unter anderen behaupten kann und daß Ornithologen aus fremden Ländern einmal hierherkommen werden, um das dänische Vogelleben zu studieren.

Soweit sich das mit den Lebensbedingungen der Vögel vereinbaren läßt, wird Rungstedlund der Allgemeinheit offenstehen.

Aber fünfzig Jahre sind ja keine Ewigkeit. Ich will mich nicht mit dem hochseligen König Christian V.* vergleichen, der den Dyrehave gegründet hat, aber ich möchte gern, daß Rungstedlund in aller Bescheidenheit ebenso wie der Dyrehave Teil des Lebens und Bewußtseins der Leute, zumindest der näheren Umgebung, für mehr als hundert Jahre wird und daß die Vogelzüge auch in einer fernen Zukunft noch hierher führen werden.

Deshalb wende ich mich an Sie, meine Hörer, und bitte Sie, sich an dem Vorhaben zu beteiligen. Ich bitte jeden Hörer, der Interesse am Schutz und Erhalt besonderer Werte in Dänemark hat, und ebenso jeden Hörer, der im Laufe der Jahre ein wenig Freude an unseren Begegnungen im Radio gehabt hat, mir heute beizustehen.

Ich sähe es gern, wenn sich das folgendermaßen machen ließe: Jeder von Ihnen, der eben sein Radio angeschaltet hat, würde dem »Rungstedlund-Fonds« eine Krone zukommen lassen. Dabei wäre es für mich besonders interessant, auch noch zu erfahren, wie viele verständnisvolle und wohlmeinende Hörer ich gehabt habe und wie viele von Ihnen sich mit einiger Freude an mich erinnern und dafür auch mir eine Freude machen wollen. Ich bitte jeden einzelnen von Ihnen, die Sie mir jetzt zuhören, eine Krone auf das Girokonto des »Rungstedlund-Fonds« einzuzahlen, das Ihnen nach dem Ende meines Vortrags mitgeteilt werden wird.

Eine Schwierigkeit bei diesem Verfahren bedaure ich sehe: Damit der »Rungstedlund-Fonds« eine Krone erhält, werden Sie darüber hinaus dreißig Øre Porto und zwei Øre für die Zahlkarte, das heißt 1,32 Kronen im ganzen, einzahlen müssen. Ich habe viel darüber nachgedacht, welche Möglichkeiten es geben könnte, diese bedauerliche Erschwernis zu vermeiden, aber es ist mir nichts eingefallen. Ich bin mir durchaus darüber im klaren, daß es lästiger ist, 1,32 Kronen statt einer runden Krone einzuzahlen. Aber ich bitte Sie: Gehen Sie morgen oder übermorgen zu Ihrem Postamt, füllen Sie eine Zahlkarte mit der Nummer, die Sie noch erfahren werden, aus, und legen Sie dann die ungewöhnliche Summe von 1,32 Kronen auf den Tisch.

Ich bitte Sie, meine Hörer in Dänemark, die Sie jetzt das Radio angeschaltet haben, sich dieser Ausgabe und dieser Mühen aus drei Gründen zu unterziehen.

Der erste Grund ist folgender: Wenn die Zugvögel im Frühjahr aus Amanzimtoti kommen, sollen sie nicht Asphalt und Steinplatten vorfinden, wo früher Waldboden war. Rungstedlund soll vielmehr jeden Sommer, auch in ferner, ferner Zukunft, aufs neue vom Gesang der Vögel erfüllt werden, damit »die Sängerin baut / und zwitschernd ihr Nest uns verrät«.

Der zweite Grund ist der: In hundert Jahren sollen die Kinder und Kindeskinder der Hörer, zu denen ich jetzt spreche, in demselben Wäldchen spazierengehen, in dem auch Johannes Ewald umhergegangen ist. In dem »Hörerpark« von Rungstedlund sollen auch in hundert Jahren Kinder auf dem Gras Fangen spielen, junge Menschen einander küssen und alte Leute sich im Schatten ausruhen. Und alle sollen sie denken, daß es hier wunderschön ist und daß sie glücklich sind.

Der dritte Grund ist der: Ich persönlich werde jede einzelne Krone, die eingezahlt wird, als Händedruck des einzelnen Hörers empfinden – gerade von Ihnen, zu denen ich eben spreche.

Das Radio hat mich gebeten, heute in vier Wochen wiederzukommen und Ihnen eine Geschichte zu erzählen. Zu dem Zeitpunkt kann ich Ihnen dann Rechenschaft darüber ablegen, wieviel der »Rungstedlund-Fonds« durch die Hörer eingenommen hat, und ich werde die Möglichkeit nutzen, denen, die etwas beigetragen haben, zu danken.

Wenn Sie, wie ich hoffe, nun Papier und Bleistift bereitliegen haben, dann raten Sie doch gleich einmal, wieviel die Sammlung bei den Hörern dem Vogelreservat einbringen wird, und schreiben Sie die Zahl auf. Dann können Sie heute in vier Wochen sehen, wie nah Sie an den richtigen Betrag herangekommen sind. Ich werde das gleiche tun, auf gut Glück, denn ich habe überhaupt keine Ahnung, wie die Zahl aussehen wird.

Ja, ich hoffe ja, daß ich auf jeden Fall einige Kronen – und zweiunddreißig Øre – auf dem Tisch klingeln höre. Außerdem möchte ich, daß wir heute abend, wenn wir das Radio abgeschaltet haben, noch das Echo eines Vogelgesanges im Ohr behalten.

Hier bei mir auf Rungstedlund lebt ein Junge, der als ganz kleines Kind mit seiner Mutter, die mir den Haushalt führt, hierhergekommen ist. Er ist jetzt zwölf Jahre alt und spielt Blockflöte. Ich werde ihn bitten, zu mir an den Kamin zu kommen und die alte Volksmelodie vom »Gesang der Vögel« für Sie zu spielen. Ein anderer Mitbewohner wird dazu singen.

Übersetzt von Sigrid Daub

Die Mottos meines Lebens

Vor kurzem fragte mich ein Interviewer, ob ich – da ich jetzt viele Jahre gelebt, mich in mehr als einem Lande und zwischen verschiedenen Rassen heimisch gefühlt und Gunst wie Mißgunst erfahren hätte – die Begebenheiten und die Erfahrungen meines Lebens in dem zusammenfassen könne, was man ein Motto nennt.

Sicherlich war es klug von ihm, diese Frage einem Menschen meiner Generation zu stellen. Was man »ein Motto« nennt, ist jungen Menschen heutzutage vermutlich ein ferner Begriff. Blicke ich von einem Zeitalter zum andern, so stelle ich fest, daß dieser Begriff: das Wort – *le mot*, das Motto – eine jener Erscheinungen im Leben ist, die im Laufe der Zeit entschieden an Wert verloren haben. Für meine Altersgenossen *war* der Name das Ding oder der Mann; es war sogar die beste Seite an ihm, und es war ein Lob, wenn man von einem Manne sagte, er sei so gut wie sein Wort.

Für die jüngere Generation wird es sicherlich schwer zu verstehen sein, in wie hohem Maße wir in einer Welt von Symbolen lebten. Stellen wir uns vor, wir hätten in diesem Augenblick einen ganz gewöhnlichen Gegenstand vor uns, ein Stück Stoff, und versuchten, uns über eine Definition und eine Einordnung für ihn einig zu werden. Ein junger Mann oder eine junge Frau würde zu mir sagen: »Du kannst diesem Ding ruhig einen willkürlichen Namen geben, aber tatsächlich und wirklich, und was praktische Verwendbarkeit betrifft, ist es ein Stück Fahnentuch von den und den Maßen und von den und den Farben, zu einem Preis von so und soviel je Meter.« Ein Mensch, der mit Symbolen aufgewachsen ist, würde wirklich erstaunt und verärgert sein und protestieren: »Was meinst du? Du hast ganz und gar unrecht. Das Ding, das wir hier vor uns haben, ist wirklich und, was praktische Verwendbarkeit betrifft, ein Ding, das unermeßlich viel Kraft birgt. Stell es im wirklichen, praktischen Leben auf eine Probe – es kann in jedem beliebigen Augenblick Hunderte von Millionen Menschen herbeirufen und sie zum Marschieren bringen. Es ist *Stars and Stripes, Old Glory,* es ist die Vereinigten Staaten von Amerika.«

Zu meiner Zeit hatten Kinder, selbst in großen Häusern, sehr wenig Spielzeug. Spielzeuggeschäfte waren nahezu unbekannt; das moderne technische Spielzeug, das von selbst funktioniert, gab es noch kaum. Natürlich konnte man sich ein Steckenpferd kaufen, aber ein knotiger Stecken, den man sich im Walde selber ausgesucht hatte und mit dem die Phantasie frei weiterarbeiten konnte, wurde meist höhergeschätzt. Wir waren nicht Beobachter, was Kinder heutzutage von Geburt an zu sein scheinen, und auch nicht Verbraucher und Benutzer, wozu sie erzogen werden, wir waren Schöpfer. Was praktischen Gebrauch, Aussehen und Pferdekräfte angeht, kam unser knotiger Stecken näher an Bukephalos*, an den achtbeinigen Sleipnir* oder gar an Pegasus* heran als irgendein prächtig geschmücktes Pferd aus einem feinen Geschäft.

Auf ähnliche Weise benannten wir gerne ein Unternehmen, eine Epoche oder eine Aufgabe dadurch, daß wir darüber unsere Fahne in Gestalt eines Mottos hißten, das der ganzen Welt kundtun könnte, was mit diesem Unternehmen beabsichtigt war. *In hoc signo vinces.** Das Wort, das Motto, war hier Startschuß oder Programm wie auch zusammenfassender Rückblick. Es existierte schon vor der Aktivität oder der Handlung, und es stand noch immer da, wenn sie abgeschlossen war. Es war der Anfangsvers, »im Anfang war das Wort«*, und das letzte Wort über die Sache, das heilige Amen – »so ist es«.

Und das Wort hat Macht, wenn es so ernstgenommen wird. Man wählt sein Motto und setzt es in sein Siegel, doch ehe man sich's versieht, hat das Motto einen selbst besiegelt und geprägt. In Dänemark gibt es Familien, die Jahrhunderte hindurch unter dem Einfluß eines Mottos gelebt haben; ich habe Mitglieder mehrerer Generationen von ihnen gekannt und habe sie auf vielerlei Art und Weise verschieden gefunden, aber die Prägung war bei jedem von ihnen zu erkennen, und die Menschen, die unter dem Zeichen *Nobilis est ira leonis* gelebt haben, sind ihrer Physiognomie, ja sogar ihren Instinkten nach anders als die mit *Amore non vi**. Ich bin verwandt und bin befreundet gewesen mit alten und jungen Mitgliedern einer Familie, wo man unter dem Motto »Dennoch« geboren wurde und aufwuchs. Alle waren sie eigensinnige Menschen, und mit ihnen zu diskutieren war schwierig.

Wenn ich jetzt die Mottos in meinem eigenen Leben durchgehe, die ich zu verschiedenen Zeiten gewählt, die ich als meinen Besitz betrachtet habe und die am Ende wahrscheinlich mich besessen haben, dann ist mir, als wandelte ich in Jacques' Fußstapfen*:

> »Die ganze Welt ist Bühne,
> Und alle Frau'n und Männer bloße Spieler.
> Sie treten auf und gehen wieder ab,
> Sein Lebenlang spielt einer manche Rollen,
> Durch sieben Akte hin.«

Oder, wie in meinem eigenen Fall, nur fünf solche Akte.

Denys Finch Hatton, mein englischer Freund in Afrika, lachte mich gerne aus und nannte mich »the Great Emperor Otto«. Denn

> *The great Emperor Otto*
> *could never decide on a motto.*
> *He hovered between*
> *»l'Etat c'est moi« and »Ich dien'«.*

In meinem besonderen Fall nahm Denys an, der erste Ausspruch drücke meine Haltung zu Menschen meiner eigenen Rasse aus und der zweite meine Einstellung, wenn ich mit den Eingeborenen zu tun hatte, und damit hatte er wohl recht.

Das kleine Mädchen im Hause seiner Mutter empfand das Dilemma des großen Kaisers Otto als einen Reichtum, eine Vielfalt an Möglichkeiten. Auf den Umschlag alter Aufsatzhefte, die jetzt auf dem Dachboden auftauchen, sind mit rotem und blauem Stift Mottos geschrieben, die kommen und gehen. Am häufigsten kommt ein höchst lobenswerter Grundsatz vor: *Essayez!* Andere, in einem Latein, das ich jetzt leider vergessen habe: »Noch bin ich nicht besiegt« oder: »Oft in Schwierigkeiten, nie verzagt«, sind, wie ich annehme, in einer Art Bitterkeit oder Aufruhr gegen höhere Mächte geschrieben worden, die über dem Kind saßen – wahrscheinlich unsere Hauslehrerinnen, denn ich bin nie zur Schule gegangen, sondern wurde daheim von Hauslehrerinnen unterrichtet, was wohl der Grund dafür ist, daß ich in vielen Dingen, die für andere Menschen ganz gewöhnliche Kenntnisse sind, völlig unwissend bin. Dabei waren diese jungen oder älteren Frauen ehrgeizig genug; im Alter von zwölf Jahren bekamen wir die Aufgabe, eine Abhandlung über Racine zu schreiben – was ich mir heute nicht zutrauen würde – und Walter Scotts »*The Lady of the Lake*«* in dänische Verse zu übersetzen; meine Schwestern und ich pflegten noch Jahre danach dieses Werk einander aufzusagen. Andere Mottos, die als solche meinem jetzigen Alter besser entsprachen als dem Alter von elf, zwölf Jahren, wo sie niedergeschrieben wurden, habe ich vermutlich aufgrund der Schönheit in den Worten selbst gewählt: *Sicut aquila juvenescam**.

Daß die reichen Möglichkeiten sich zu einer einzigen verfestigten und ich das erste wirkliche Motto meiner Jugend wählte – das muß, glaube ich, damals gewesen sein, als ich mit siebzehn Jahren mehr Selbständigkeit erlangt hatte und dabei war, mich an der Kopenhagener Kunstakademie zur Malerin ausbilden zu lassen.

Navigare necesse est, vivere non necesse!* Dieser kühne Befehl wurde von den Lippen des Pompejus seiner ängstlichen sizilianischen Schiffsmannschaft hingeschleudert, als sie sich weigerte, dem Sturm und der aufgewühlten See zu trotzen, um Getreideladungen nach Rom zu bringen.

Dieses Motto zu wählen, ist nicht originell; ohne Zweifel haben viele junge Menschen es übernommen. Die Sehnsucht und der Wagemut in ihren Herzen warten darauf, daß die Magie *des Wortes* sie erlöse. Für mich lag es nahe, die Unternehmungen meines Lebens als eine Seefahrt zu betrachten, denn mein Zuhause liegt knapp hundert Meter vom Meer entfernt, und in unserer Jugend hatten meine Brüder Schiffe im Fahrwasser zwischen Kopenhagen und Helsingør.

Doch für junge Menschen, die in Paradoxen denken, wird das Paradox des Pompejus – und ein solches ist es, da der Zweck der so überaus wichtigen Reise nach Rom die Aufrechterhaltung des Lebens war und da man jedenfalls nicht zur See fahren kann, wenn man nicht mehr am Leben ist – als die wahre, klare Logik des Lebens dastehen. Keine Kompaßnadel der Welt war für mich so unfehlbar wie der ausgestreckte Arm des Pompejus; mit unerschütterlicher Zuversicht richtete ich den Kurs nach ihm, und hätte eine klügere Person behauptet, mein Motto habe keinen irdischen Sinn, hätte ich antworten können: »Nein, aber einen himmlischen Sinn«, und hätte vielleicht hinzufügen können: »Und einen maritimen!«

Diese Brise trieb mich, kurz vor dem Ersten Weltkrieg, mit vollen Segeln nach Afrika. Ich war damals mit meinem Vetter, Bror Blixen, verlobt; ein gemeinsamer Onkel war von einer Großwildsafari ins damalige Schutzgebiet Britisch-Ostafrika zurückgekommen und hatte uns eine Fata Morgana von ungeheuren landwirtschaftlichen Möglichkeiten da draußen heraufbeschworen. Ganz im Geiste des Pompejus zogen wir los: »Eine Farm haben tut not, leben tut nicht not.«

Wirkliche Herzenseinfalt ruft bei den lenkenden Mächten des Universums bisweilen unerwartete Nachsicht hervor. Sie kann sogar die Göttin Nemesis dazu vermögen, einen sanfteren Kurs zu steuern. Die Göttin hätte mir antworten können: »Gut, du sollst deinen Willen bekommen. Fahr zur See und gib das Leben auf!« Das war, wie ich vermute, ihre Antwort an den Fliegenden Holländer. Für mich hatte sie eine andere Antwort: »Du große Närrin. *Ich* werde deine Segel setzen, und *ich* werde dein Steuermann sein, und ich werde dich geradewegs ins Leben hineinfahren lassen!« Unter der Fahne meines ersten Mottos fuhr ich geradewegs in das Herz Afrikas und in eine *Vita Nuova* hinein, in das, was für mich mein wirkliches Leben wurde. Afrika nahm mich auf und machte mich zu der Seinen – so gründlich, daß ich dem Motto, das uns vereint hatte, untreu wurde und es gegen ein anderes vertauschte.

Die englische Familie Finch Hatton hat in ihrem Wappen den Wahlspruch *»Je responderay«*, »Ich werde antworten«. Offenbar hat sie ihn schon lange geführt, da er in so altem Französisch geschrieben ist; es ist auch lange her, daß Hatton Garden in London ein Garten war, und lange her, daß es über ein Mitglied der Familie, einen Günstling von Elisabeth I., hieß:

> *Sir Christopher Hatton he danced with much grace,*
> *He had a fine form and a very sweet face,*

daß es aber dennoch ein trauriges Ende mit ihm nahm, denn der Teufel holte ihn.

Mir gefiel dieses alte Motto so gut, daß ich Denys, einen früheren Afrika-Pionier, als ich selber es war – obwohl wir Neusiedler aus der Vorkriegszeit uns alle als eine einzige Familie, als eine Art Mayflower-Leute betrachteten –, fragte, ob ich es als mein eigenes übernehmen dürfe. Er schenkte es mir großzügig und ließ für mich sogar ein Petschaft anfertigen, in das die Worte eingeritzt waren. Der Wahlspruch war mir aus vielen Gründen lieb und bedeutsam, insbesondere aus zweien.

Der erste war die hohe Einschätzung der Antwort als solcher. Denn eine Antwort ist etwas viel Selteneres, als man sich geheimhin vorstellt. Es gibt viele hochintelligente Menschen, die überhaupt keine Antwort in sich haben. Ein Gespräch oder ein Briefwechsel mit solchen Menschen ist nichts anderes als ein doppelter Monolog – ob man sanft streichelt oder hart zuschlägt, von ihnen kann man nicht mehr Echo erwarten als von einem Holzklotz. Und wie kann man dann selber weitersprechen?

In den langen Tälern der afrikanischen Steppen war ich umgeben und gefolgt von lieblichen Echos wie von einem Resonanzboden. Mein tägliches Leben drüben war erfüllt von Stimmen, die antworteten; ich sprach niemals, ohne Antwort zu erhalten; ich sprach, frei und ungehemmt, selbst wenn ich schwieg. *Eine* Erklärung dafür war, glaube ich, daß ich so hoch oben lebte, mehr als 6000 Fuß überm Meer, sozusagen auf dem Dach der Welt, wo die Luft sich wie das herrschende Element anfühlt und dazu neigt, alle Herzen in Äolsharfen zu verwandeln. Eine andere Erklärung war, daß ich hier in Berührung mit den afrikanischen Eingeborenen und mit dem afrikanischen Großwild stand. Ich habe Tiere immer sehr gerne gehabt, und ihnen jetzt auf ihrem eigenen Boden zu begegnen, nicht in das Dasein der Menschen hinüberversetzt – mitten in eine Herde von Zebras oder Antilopen hineinzureiten und von meinem Bett aus das ferne gewaltige Brüllen des jagenden Löwen zu hören –, das empfand ich als eine Rückkehr zu den glücklichen Zeiten, als Adam im Garten Eden den Tieren Namen gab. Den Eingeborenen Afrikas war ich vorher nicht begegnet; dennoch kamen sie in mein Leben hinein wie eine Art Antwort auf einen Ruf in meiner eigenen Natur, auf Kindheitsträume vielleicht oder auf Dichtung, die ich vor langem gelesen und geliebt hatte, oder auf Gefühle und Instinkte tief im Gemüt unten, denn immer habe ich empfunden, daß ich den Eingeborenen mehr ähnelte, als andere Weiße im Schutzgebiet es taten. Vom allerersten Tag an kam eine Verständigung zwischen ihnen und mir auf, so daß ich sagen kann: meine Liebe zu ihnen, zu beiden Geschlechtern und zu allen Lebensaltern wie auch zu allen Stämmen – vor allem zu dem Kriegerstamm der Massai, die meine Nachbarn waren, wenn ich über den Fluß ritt –, war eine so starke Leidenschaft, wie ich sie jemals empfunden habe. Die dunklen Gestalten um mich antworteten mir, auch ohne zu sprechen, in ihren lautlosen sanften Bewegungen und ihren ruhigen, wachsamen Blicken. Wenn wir allein zusammen waren, wurde das Echo stärker. Ich bin auf Safari gewesen, Hunderte von Meilen von anderen Weißen entfernt, nur mit eingeborenen Reisebegleitern, und bin eins geworden mit meinen Umgebungen, mit der Landschaft, den Tieren und den Menschen und mit den Tages- und den Nachtstunden. Dieses Gefühl wurde dadurch verstärkt, daß die Eingeborenen uns Weißen Eingeborenen-Namen gaben, wodurch sie uns mit Worten in ihrer eigenen

Sprache charakterisierten. Die meisten davon waren Tiernamen, obwohl es von dieser Regel Ausnahmen gab, und einer meiner Nachbarn, der sehr ungesellig war, ging unter dem Namen *sahani modya*, Einzelteller oder -gedeck, und mein schwedischer Freund Eric von Otter* bekam den ehrenvollen Namen *resarsi modya*, eine einzige Patrone, weil er für ein Stück Wild nie mehr als eine brauchte. Mein Mann und ich hießen *wauhaga*, die Wildgänse. Später, als ich alleine war auf der Farm, schrieb mein alter Somali-Gewehrträger mir aus seiner Heimat einen Brief, der an »Lioness Blixen« adressiert war und mit »Honourable Lioness« anfing, was dazu führte, daß alle meine Freunde in der Kolonie mich »the Lioness« nannten. Ich bin völlig überzeugt davon, daß zumindest für eine Frau das Vorhandensein von Echos in ihrem Leben eine Voraussetzung für Glück ist oder doch in sich schon das Bewußtsein reicher Schätze zeitigt. Jedem Ehemann rate ich: antworte deiner Frau, bring sie dazu, dir zu antworten.

Zweitens mochte ich den Wahlspruch der Finch Hattons wegen seines ethischen Gehalts. Ich werde *ver*antworten, was ich sage oder tue; ich will dem Eindruck, den ich mache, entsprechen. Ich werde verantwortungsbewußt sein.

Ich bin nicht ganz in der Lage zu erklären, wie die Wörter und die Begriffe Antwort und Verantwortung ineinandergreifen. Vielleicht können meine Zuhörer, von denen so vielen die Etymologie sicherlich besser vertraut ist als mir, den Grund angeben. In den Sprachen, die ich kenne, besteht der Zusammenhang – in *responsability* wie in dem dänischen Wort »Ansvar«. In einer Kolonie ist es betrüblich zu sehen, in welchem Maße Menschen, die sich in ihrem eigenen Lande nach einem ungeschriebenen Gesetz für richtiges Verhalten gerichtet haben, in Umgebungen, wo sie gar nicht zur Rechenschaft gezogen werden können, sich von jedem solchen Gesetz frei fühlen. Dort ist es von großem Wert, sicherlich ist es überall von großem Wert, *Je responderay* harmonisch im Blut zu haben.

Sollte ich jetzt, nachdem ich von den glücklichen Jagdgründen zurückgekehrt bin, einem Menschen raten, der ein Motto sucht, würde ich dem Betreffenden sagen, daß *Je responderay* ein glückliches Zeichen ist, darunter zu leben. Wenn ich auf meine fast zwanzig Jahre Afrika zurückblicke, dann fühle ich: die Tatsache, daß alle Dinge einem Menschen zum Guten ausgeschlagen sind, ist ein Beweis dafür, daß dieser Mensch Gott wirklich geliebt hat.

Leser meines Buches »Afrika, dunkel lockende Welt« werden indes wissen, daß dieser Zustand der Dinge für mich nicht anhielt. Als zu Beginn der dreißiger Jahre die Kaffeepreise fielen, mußte ich meine Farm aufgeben. Ich reiste in mein eigenes Land zurück, in Höhe der Meeresoberfläche, außer Hörweite der Echos von der Steppe – ihre großen, wilden, sorglosen Bewohner und die dunklen, freundlichen Gestalten in den Manyattas verschwanden um mich und sanken unter den Horizont. In dieser Periode war mein Dasein ohne eine Antwort irgendwoher. Viele Male in meinem Leben war es geschehen, daß ich mir Dinge vorgestellt und dann auf die eine oder andere Weise gefunden hatte, daß sie in der Wirklichkeit schwer auszuführen waren. Hier war es umgekehrt: allenthalben verwirklichten sich Dinge, und das sogar sehr anhaltend, ohne daß es mir im mindesten möglich gewesen wäre, sie mir vorzustellen.

Unter diesen Umständen verstummte ich selber. Ich hatte, in jeder Bedeutung des Wortes, nichts zu sagen.

Und doch mußte ich sprechen. Denn ich hatte meine Bücher zu schreiben.

Während meiner letzten Monate in Afrika, als mir klarwurde, daß ich die Farm nicht behalten konnte, fing ich nachts zu schreiben an, um die Gedanken von den Dingen, die sie tagsüber hundertmal durchlaufen hatten, auf eine neue Spur zu lenken. Meine Squatter auf der Farm hatten sich damals angewöhnt, zu meinem Haus heraufzukommen und stundenlang schweigend darumzusitzen, als wollten sie ganz einfach warten und sehen, wie die Dinge sich entwickelten. Ihre Anwesenheit dort empfand ich mehr als eine freundliche Geste denn als einen Vorwurf, dennoch von so großem Gewicht, daß es schwierig für mich wurde, mit einer anderen Beschäftigung anzufangen. Doch wenn es Nacht wurde, gingen sie weg, heim zu ihren eigenen Hütten. Und wie ich so im Hause saß, allein, oder vielleicht mit Farah, dem unverbrüchlich Getreuen, in seinem langen weißen arabischen Gewand reglos mit dem Rücken zur Wand stehend, schwärmten allmählich Gestalten, Stimmen und Farben von weither um meine Petroleumlampe. Ich habe dort zwei meiner »Sieben phantastischen Geschichten« geschrieben.

Jetzt war ich wieder in meinem alten Zuhause, bei meiner Mutter, die die verlorene Tochter mit der ganzen Wärme ihres Herzens aufnahm, die aber nie ganz verstand, daß ich älter war als fünfzehn und daß ich während der letzten achtzehn Jahre ein Leben in ganz außergewöhnlicher Freiheit gewohnt gewesen war. Mein Zuhause ist ein reizender Fleck; ich hätte dort von Tag zu Tag in einer Art sanften Idylls leben können; aber ich konnte keinerlei Zukunft für mich sehen. Und ich hatte kein Geld; was sozusagen meine Mitgift gewesen war, das war mit der Farm verloren. Ich war den Menschen, von denen ich abhing, schuldig, mir irgendeine Existenz zu schaffen. Die phantastischen Geschichten verlangten allmählich danach, geschrieben zu werden, und zuallererst verlangten sie nach einem Motto für das Buch, das sie ausmachen sollten. »Gib uns«, riefen sie, »ein Zeichen« – keines, darin zu siegen, denn ich konnte damals keinerlei Vorstellung von Sieg enthalten, sondern – »darin zu laufen, uns zu bewegen!«

Unerwartet, wie von selbst, war mein drittes Motto plötzlich über mir. Im Augenblick verstand ich nicht einmal seine Bedeutung, es nahm mich ganz einfach in Besitz.

In der Gypsy-Moth, dem Flugzeug, in dem ich mit Denys über Afrika flog, war nur für zwei Platz, und der Passagier saß vor dem Piloten, vor sich nur die Luft. Dort konnte man gar nicht anders als fühlen, daß man, wie eine der Personen aus Tausendundeiner Nacht, auf den Händen eines Dschinn durch den Himmelsraum getragen wurde. Morgens oder zum Nachmittag hin, wenn ich keine Angst vor der Sonne zu haben brauchte, pflegte ich meinen Fliegerhelm abzusetzen, und der afrikanische Wind packte mich am Haar und zog meinen Kopf so weit zurück, daß ich es schwierig fand, ihn auf seinem Platz zu halten. So wurde ich jetzt, in Dänemark, von einem der Ströme des Lebens erfaßt,

der zu wissen schien, was er vorhatte, obwohl ich selber es nicht
wußte.

Es ging so vor sich, daß ich in den Zeitungen von dem Schiff einer französischen wissenschaftlichen Expedition las, das mit we-
hender Flagge bei Island untergegangen war. Und der Name des
Schiffes war gewesen *Pourquoi pas?* – »Warum nicht?«

Nun hat auch dieses Motto ganz den Charakter eines Paradox, und ich kann seine Bedeutung nicht unmittelbar erklären.
Aber es wirkte. Es war ermutigend und inspirierend. »Warum?«
allein ist ein Jammern oder ein Klagen, ein Ruf aus dem Herzen;
es scheint in der Wüste zu ertönen und in sich negativ zu sein, die
Stimme einer verlorenen Sache. Doch wenn dann ein Negativ,
pas, »nicht«, dazugesetzt wird, dann wird die pathetische Frage
in eine Antwort verwandelt, in eine Direktive, ein Signal, das
eine wilde Hoffnug ausdrückt.

Unter diesem Zeichen – zeitweise in starker Unsicherheit über
das ganze Unternehmen, aber dennoch in gewisser Weise in den
Händen eines fordernden wie auch glücklichen Geistes – schloß
ich mein erstes Buch ab. Und dieses mein drittes Motto steht,
kann man sagen, über all meinen Büchern. Es wird, glaube ich,
auch über den Büchern stehen, die ich möglicherweise noch
schreibe.

Mein Freund in Afrika, Hugh Martin*, antwortete mir, als ich
ihm meine erste Erzählung geschickt hatte, um seine persönliche
Ansicht darüber zu hören, mit einer Strophe von Kipling*:

> *Old Horn to all Atlantic said:*
> *Now where did Frankie learn his trade?*
> *For he ran me down with a three-reef mainsail,*
> *All round the Horn.*

> *Atlantic answered: Not from me.*
> *You'd better ask the cold North Sea.*
> *For he ran me down under all plain canvas,*
> *All round the Horn.*

Diese Antwort könnte ich mir zu eigen machen. Ich hatte damals keinen Lehrer oder Berater; es wäre damals unmöglich gewesen, mich zu belehren oder zu beraten. Ich wurde mitgenommen und vorangeführt von dem französischen Schiff, das im kalten Meer vor Island gesunken war: *Pourquoi pas?*

»Sie gehen und kommen…« Das gilt auch für Programme und Mottos. Aber in einem guten Theaterstück heißt die Bühne verlassen nicht: ganz verschwinden – selbst wenn eine Person zum letztenmal hinausgegangen ist, dann ist sie noch immer ein Teil des Stücks. Das nächste Motto meines Lebens betrat es ganz leise, ohne *Pourquoi pas?* zu verjagen, wie durch ein Naturgesetz, wie der Wechsel der Jahreszeit – etwas, das in Wirklichkeit niemand zu ändern wünscht.

Um eine alte englische Stadt waren drei Stadtmauern. In jeder Mauer war ein Tor und über jedem Tor eine Inschrift. Über dem ersten Tor stand geschrieben: *Be bold**, über dem zweiten: *Be bold,* über dem dritten: *Be not too bold.*

Klingt das jetzt, in den Ohren meiner Zuhörer, wie ein Rückschritt? Ich selber empfinde es nicht so. Ein Mensch, der zeitlebens mit Mussolini erklärt hat: »*Non amo i sedentari*« – »ich mag keine Sitzmenschen« –, erkennt dennoch, wann der Augenblick gekommen ist, sich einen Stuhl auszusuchen und sich darin zurechtzusetzen, im Vertrauen darauf, daß »*trees where you sit will crowd into a shade*«*. Der Drang danach, der Welt seinen Willen und sein Wesen aufzudrücken, verwandelt sich in eine Sehnsucht danach, imstande zu sein, hinzunehmen, sich dem Universum zu ergeben – Dein Wille geschehe. Welche der beiden Haltungen birgt die wirkliche Kühnheit? Ich bin sehr stark gewesen, außergewöhnlich stark für eine Frau, imstande, weiter zu gehen oder zu reiten als die meisten Männer; ich habe einen Massai-Bogen gespannt und mich im Entzücken des Augenblicks mit Odysseus verwandt gefühlt. Die Freude darüber, stark gewesen zu sein, empfinde ich noch immer; die heutige Schwäche ist die natürliche Fortsetzung der Kraft früherer Zeiten. Nietzsche hat geschrieben*: »Zum Segnenden bin ich worden und zum Ja-sagenden: und dazu rang ich lange und war ein Ringer, daß ich einst die Hände frei bekäme zum Segnen.« Die zweite Haltung steht nicht in Widerspruch zur ersten, sondern ist eine Folge aus ihr.

Kann ein Mensch, der hinter und vor sich vollauf die Ewigkeit spürt, vollauf die flüchtige Stunde schätzen und würdigen? Eine Stunde, in der man den Wald oder den See betrachtet oder sich Musik anhört, eine Stunde, die dem freundschaftlichen Geplauder mit Freunden gewidmet ist? Ungefähr wie der Vogel im Gedicht, der sich auf einen brüchigen Zweig setzt, wohlwissend, daß der Zweig ihn nicht tragen kann, zugleich aber in dem Bewußtsein, daß er Flügel hat, die das tun werden, wenn der Augenblick gekommen ist. Ja – *Pourquoi pas?* Das ältere Motto stützt, nachdem es zurückgetreten ist, das neue.

Hierher, nach Amerika, bin ich unter diesem Zeichen gekommen: *Be bold. Be bold. Be not too bold.* Ich wünschte, ich wäre in der Lage gewesen, früher zu kommen, in jenen Jahren, als die Notwendigkeit, zur See zu fahren, mir mehr einleuchtete als die Notwendigkeit zu leben. Und doch fühle ich, daß das Arrangement keinen Rückschritt bedeutet – es ist vielleicht sogar auf seine eigene Weise ein Scherz. Es ist sicherlich gut für mich, daß ich in diesem Augenblick und während ich zu Ihnen spreche, davor gewarnt werde, wo nicht allzu kühn, so doch allzu langatmig zu werden.

Was ich über die Mottos meines Lebens zu sagen habe, will ich mit einer kurzen Geschichte beschließen, die einer meiner Freunde mir erzählt hat.

Ein alter chinesischer Mandarin hatte während der Minderjährigkeit des jungen Kaisers für ihn das Reich gelenkt. Als der Kaiser mündig wurde, gab der alte Mann ihm den Ring zurück, der als Zeichen seiner Statthalterschaft gedient hatte, und sagte zu seinem jungen Monarchen:

»In diesem Ring habe ich eine Inschrift setzen lassen, die Eure liebe Majestät vielleicht nützlich findet. Sie ist in der Stunde der Gefahr, des Zweifels und der Niederlage zu lesen. Sie ist auch in der Stunde des Sieges, des Triumphs und der Ehre zu lesen.«

Die Inschrift in dem Ring lautete: »Auch dies nimmt ein Ende.«

Der Satz darf nicht so verstanden werden, als verschwänden Tränen und Gelächter, Hoffnungen und Enttäuschungen im leeren Raum. Sondern er sagt uns, daß alles in eine Ganzheit aufgehen wird. Bald werden wir sie als integrierende Bestandteile des ganzen Bildes des Mannes oder der Frau sehen.

Auf den Lippen des großen Dichters nimmt dieses Wegzeichen die Gestalt von gewaltiger, harmonischer Schönheit an:

Nothing of him doth fade,
but doth suffer a sea-change
*into something rich and strange.**

Wir können von diesen Worten – auch wenn wir über uns selbst sprechen – ohne Eitelkeit Gebrauch machen. Jeder unter uns wird in seinem Herzen fühlen, wie reich und wundersam dieses eine Ding ist: mein Leben.

Übersetzt von Hanns Grössel

Anmerkungen

Die Anmerkungen erstellte Sigrid Daub, mit Ausnahme derjenigen, die sich auf den Essay »Moderne Ehe und andere Betrachtungen« beziehen; sie sind der im Suhrkamp Verlag erschienenen Übersetzung von Walter Boehlich entnommen (Frankfurt a. M. 1987).

Seite 18 *contemptibles:* Bezeichnung für die englischen Expeditionssoldaten unter General French. Anspielung auf ein Wort Wilhelms II. vom 24. 9. 1914.

20 *Nora:* in Ibsens Theaterstück »Ein Puppenheim«.

Klister und Malle: Protagonisten in Johan Ludvig Heibergs Vaudeville »De Uadskillige« (»Die Unzertrennlichen«), 1827, »Poetiske Skrifter«, vol. 7 (1862), S. 347 ff.

Carpentier: Georges Carpentier (1894–1975), Halbschwergewichtsweltmeister 1920–1922;

Dempsey: Jack Dempsey (1895–1975), Schwergewichtsweltmeister 1919–1926.

21 *Martensen:* H. Martensen-Larsen, Domprobst in Roskilde (1867–1929). »Tvivl og Tro«, 1909.

23 *Harald Schönhaar:* norwegischer König, gest. 933.

25 *The confusion:* Bernard Shaw, »Man and Superman«, 3. Akt.

29 *geh hin:* Lukas 10, 37.

31 *Fylgie:* in der nordischen Mythologie Schutzgeister der Menschen. Hier im Sinne von Schutzengel.

32 *aufs Bürgerglück:* Heiberg, »Poetiske Skrifter«, vol. 6 (1862), S. 180.

33 *dem Reinen:* Tit. 1,15

The great: vgl. den Essay »Die Mottos meines Lebens«, S. 308.

Kormak: aus dem gleichnamigen Fragment von J. P. Jacobsen, »Samlede Værker«, vol. 3 (1927), S. 77 ff.

Seite 42 *der Buchstabe:* 2. Kor. 3, 6.

  43 *Raffles:* A. J. Raffles ist der Held mehrerer Romane von E. W. Hornung (1866–1921), eben ein gentleman mit der Neigung zu Verbrechen.

  45 *Rohan:* Maria von Rohan (gest. 1679), verheiratet mit Claude von Guise (gest. 1657).

  47 *cette douce amitié:* Choderlos de Laclos, »Die gefährlichen Liebschaften«, Brief CIV.

  48 *Morbihan:* Stammschloß der Rohans im Departement Morbihan.

  50 *Chambord:* Henri von Artois, Graf von Chambord (1820–1883), von den Legitimisten zum Prätendenten erklärt, hatte sich 1873 geweigert, die Trikolore statt des Lilienbanners anzuerkennen und sich auf die Verfassung zu verpflichten. Die Kutschen bleiben daher unbenutzt.

  51 *gewogen:* Daniel 5, 27.

  52 *Frederik VI.:* 1768–1839. In seinen ersten Lebensjahren nahm Struensee Einfluß auf seine Erziehung; harte Kissen gehörten zu Struensees »deutschen« pädagogischen Prinzipien.

  55 *Ewald:* Johannes Ewald (1743–1781). Die Verse aus seinen Sørge-Sange 1766 (auf den Tod Frederiks V.), »Samlede Skrifter«, vol. 1 (1914), S. 102.
      Idafeld: annähernd so berichtet es die Vǫluspá (Der Seherin Gesicht) in den Versen 47 f. der Edda.

  57 *Himmelreich:* Matth. 18, 3.
      Franz I.: König von Frankreich (1494–1547), starb an Syphilis.

  59 *Zarathustra:* Die Reden Zarathustras von alten und jungen Weiblein, in Friedrich Nietzsches »Also sprach Zarathustra.«

  61 *Liebeshof:* daß es in der Provence ›Minnehöfe‹ gegeben habe, ist eine bis auf Nostradamus (1575) zurückgehende, seit 1825 widerlegte Legende.
      Gräfin von Provence: gemeint ist entweder Béatrix, verheiratet mit Raimon-Berenger IV., oder deren Tochter Béatrix (1233–1267); kaum Garsende de Forcalquier (geb. ca. 1180), verheiratet mit Alphonse II.

  62 *auf dem Lebensfelde:* eine aus Reimzwang bedingte, ungenaue Wiedergabe von Shelleys Versen:
      in life's green grove
      Sports like tame beasts, none knew how gentle they could be!
      im 4. Akt des »Prometheus Unbound«.

  65 *if a man:* Samuel Butler, »The Way of all Flesh«, Shrewsbury Edition, vol. 17 (1925), S. 276.
      B.s Roman ist zwar erst 1903 erschienen, aber ab 1872 entstanden.

Seite 68 *make thee:* Shakespeare, Sonett X.

No love: Shakespeare, Sonett IX.

70 *Paolo:* Dante, Inf. V.

Nathan: bezieht sich auf Davids Ehebruch mit dem Weibe des Uria, dessen Frucht Salomo (= Salomo, Sohn des David) und Nathans Bußpredigt im 11. und 12. Kap. 2. Sam.

72 *nicht dein:* Luk. 22, 42.

Habr Yunis: ein Klan der Somalis.

73 *Eric von Otter* (1889–1923): schwedischer Offizier, ab 1914 in Britisch-Ostafrika.

Gustav Mohr (1898–1936): Farmer in Kenia.

74 *»Wir freien Menschen...«:* »Vi fri folk fra Norden /...«.

75 *im dänischen Vaterunser:* Der aus der altkirchlichen Liturgie übernommene Zusatz zum Vaterunser heißt im Dänischen »thi dit er riget og magten og æren«, also »Macht und Ehre«, wo es im Deutschen »Kraft und Herrlichkeit« heißt.

79 *torpare oder statare:* schwedisch; »torpare« sind Kätner, »statare« Landarbeiter mit Deputat.

mit Nietzsche zu sprechen: »Also sprach Zarathustra«, Werke, hg. von Karl Schlechta, Berlin 1979, Bd. 2, S. 602.

81 *Professor Østrup:* Johannes Elith Østrup (1867–1938), dänischer Orientalist, Kenner des Islam und der arabischen Kultur, auch im Tagesjournalismus tätig.

»Besitz stirbt...«: aus der »Edda«, hier zitiert nach der Übersetzung von Felix Genzmer, Jena 1933, S. 112.

83 *»Du bist mehr...«:* Verse von Sophus Claussen (1865–1931) aus dem Gedicht »Trøst« der Sammlung »Djævlerier« (1904).

84 *»Der Fall Kitosch«:* Kapitelüberschrift in »Afrika – dunkel lockende Welt«, Zürich 1986, S. 335.

85 *Galbraith Cole:* Galbraith Lowry Egerton Cole (1881–1929), seit 1903 in Kenia, Besitzer einer Farm in Elmenteita, Bruder von Berkeley Cole.

96 *Tamerlan:* d. i. Timur-Leng (1336–1405), türkisierter Mongolenherrscher, für seine Grausamkeit bekannt.

Harun Al Raschid (766–809): wegen seiner Macht- und Prachtentfaltung berühmter Kalif von Bagdad.

Iwan der Grausame: Iwan IV. Wassiljewitsch (1530–1584), ließ sich als erster russischer Herrscher zum Zaren krönen.

Ludwig XI.: auch Ludwig der Grausame (1423–1483), König von Frankreich.

Cesare Borgia (1475–1507): italienischer Renaissancefürst, Vorbild für Machiavellis »Principe«.

Seite 98 *Klejner:* in heißem Fett gebackenes dänisches Weihnachtsgebäck.

100 *Kipling:* Joseph Rudyard Kipling (1865–1936), englischer Schriftsteller und Journalist.

Cecil Rhodes (1853–1902): britischer Politiker, 1890–1896 Premierminister der Kapkolonie.

105 *Reisestipendium von Tagea Brandt:* 1905 von Morton Vilhelm Brandt (1854–1921) zur Erinnerung an seine Frau gestiftet. Wurde an Frauen von ›liberaler Überzeugung mit leicht konservativer Tendenz‹ vergeben.

Hasager: Niels Hasager (1886–1969), seit 1918 Redakteur der »Politiken«, hegte große Sympathien für England.

106 *Minister Renthe-Finck:* Cecil Renthe-Finck (1885–1964), seit 1936 deutscher Gesandter in Dänemark.

107 *bis zum 9. April:* Am 9. April 1940 wurde Dänemark von deutschen Truppen besetzt.

»Heretica«: 1948–1953 führende dänische Literaturzeitschrift.

108 *General von Lettow-Vorbeck:* Paul von Lettow-Vorbeck (1870–1964), 1913 Kommandeur der Schutztruppe von Kamerun, 1914–1918 von Deutsch-Ostafrika.

109 *»nothing left remarkable …«:* Shakespeare, »Antony and Cleopatra«, 4, 13.

110 *General Smuts:* Jan Christiaan Smuts (1870–1950), südafrikanischer Politiker, 1945 Mitbegründer der UN.

Nis Kocks Buch: »Sønderjyder vender hjem fra Østafrika«, Kopenhagen 1938.

111 *Chesterton:* Gilbert Keith Chesterton (1874–1936), englischer Essayist und Romanschriftsteller. Zitat nicht identifiziert.

113 *Professor Horn:* Carl Horn (1874–1943), Stiefvater von Ilse Hess, geb. Pröhl, Leiter der Kunsthochschule in Bremen.

115 *Denkmal:* das jetzt umgewidmete Deutsche Kolonial-Ehrenmal des Bildhauers Fritz Behn von 1932.

116 *Elephantenorden:* Diesen Ritterorden gab es schon lange vor König Christian V., er hat ihm jedoch 1693 neue, sehr detaillierte Statuten gegeben.

117 *»Navigare necesse est …«:* vgl. Anm. zu S. 309. Früher Inschrift über einem Portal des Hauses Seefahrt in Bremen.

123 *Carlyle:* Thomas Carlyle (1795–1881), »The Hero as Prophet« in »On Heroes, Hero-Worship, and the Heroic in History« (1841), dort heißt es: »The sword indeed: but where will you get your sword! Every new opinion, at its starting, is precisely in *a minority of one …* One man alone of the whole world believes it; there is one man against all men. That *he* take a sword, and try to propa-

gate with that, will do little for him. You must first get your
sword!«

Seite 124 *honette Ambition:* Zitat aus Holbergs Komödien, die den Begriff
zur Bezeichnung falschen Ehrgefühls einsetzen.

125 *Abd-el-Rhaman:* d. i. Abd Ar Rhaman Ibn Abd Allah, ab 730 ara-
bischer Statthalter in Spanien, wurde 732 bei Tours und Poitiers
von Karl Martell geschlagen.

126 *Prinzessin Louise von Schaumburg-Lippe* (1875–1906): Tochter
des dänischen Königs Frederik VIII., war verheiratet mit dem Prinzen Friedrich von Schaumburg-Lippe.
»*Ich bin die Prinzessin Ilse …*«: Heine, »Buch der Lieder«. Vertont
von Lachner.
»*Ich hör …*«: Müller/Schubert, »Die schöne Müllerin«.

127 »*Komm mit …*«: Heine, »Buch der Lieder«. Vertont von Lachner.
le superflu le nécessaire: Voltaire, »Le Mondain« in »Satires«.

130 »*So fühlt man Absicht …*«: Goethe, »Tasso« 2,1.

131 »*Es ist gut …:* Prosaversion eines Verses von Piet Hein. Zum Autor
vgl. Anm. zu S. 187.

133 *Dr. Coué:* Émile Coué (1857–1926), französischer Apotheker,
entwickelte ein psychotherapeutisches Heilverfahren, das auf
Autosuggestion beruhte.

134 »*Jud Süß*«: Verfilmung des Stoffes durch Veit Harlan.

137 »*Und wenn alles …*«: Verse von Sophus Claussen (1865–1931)
aus dem Gedicht »Afrodites Dampe« der Sammlung »Djævlerier«
(1904).

138 »*Der große Klaus und der kleine Klaus*« und »*Der Schweinehirt*«:
beide von Hans Christian Andersen.
»*Old Tom of Bedlam's Song*«: Shakespeare, »King Lear« 1,2 und
3,4.
»*Carows Lachbühne*«: Kleinkunstbühne am Weinbergsweg, seit
1927 unter der Leitung von Erich Carow.
Sancho-Pansa-Gericht: in Miguel de Cervantes, »Don Quijote«,
2. Buch, 45. Kapitel.
»*Deutsches Theater*«: in der Schumannstraße, unter der Leitung
von Heinz Hilpert.
John Gielgud: Sir John Gielgud (geb. 1904), englischer Schauspieler, bis zu ihrem Tode mit Tania Blixen befreundet.

139 *Jens Baggesen* (1764–1826): »Labyrinten« (1792), Bd. 1 (dt.
»Das Labyrinth«, 1793–1795). B. beschreibt eine Aufführung
vom Juni 1789 mit Friedrich Ludwig Schröder in der Titelrolle.
Foersom: Peter Foersom (1777–1817), dänischer Schauspieler,
gab 1807–1816 vier Bände Shakespeare-Übertragungen heraus.

Seite 139 »*König Lear* dieses Mal:* Inszenierung von Heinz Hilpert, Büh-
nenbild von Caspar Neher.

140 »*Und ich will* …«:* Shakespeare, »König Lear« 3,6; zitiert nach der
Übersetzung von Schlegel/Tieck.

142 *Im Staatstheater:* Schauspielhaus am Gendarmenmarkt. Gründgens spielte selbst den Saint-Just.

143 »*Ich fühlte mich* …«:* Büchner in einem Brief an seine Braut, März
1834.

144 »*Als Blutegel* …«:* N. F. S. Grundtvig (1783–1872), »Napoleon
Bonaparte« in: »Krønike-Riim til Børnelærdom«, Kopenhagen
1829, S. 108.

146 »*Gösta Berlings Saga*« (1891): von Selma Lagerlöf (1858–1940),
dt. 1896, Verse aus dem 9. Kapitel.

148 »*What chariots* …«:* Rudyard Kipling (1865–1936), »An Astrolo-
ger's Song« in »Rewards and Fairies« (1910).

149 *Vogel Rok:* taucht in »1001 Nacht« mehrmals auf.

150 *Streitroß im Buch Hiob:* Hiob 39,22 f.
Aldous Huxley: »Sir Christopher Wren«, in: »Essays New and
Old«, New York 1927, S. 185.

152 »*Deshalb sollen sie* …«:* N. F. S. Grundtvig (1783–1872), »Ind-
skrivten paa Oddens Mindestøtte«. Der Gedenkstein erinnert an
die dänischen Gefallenen einer Seeschlacht gegen englische Kriegs-
schiffe im Jahre 1808 vor Sjællands Odde.

153 *H. C. Branner:* »*Der Reiter*«:* Hans Christian Branners
(1906–1966) Roman »Rytteren« erschien 1949 in Dänemark.
Alle hier im Text angeführten Zitate aus dem Roman sind der
deutschen Übersetzung von Fritz Nothardt entnommen.
Aus dem Koran: Diese Eingangszeilen sind im Koran nicht auf-
findbar; man könnte sie allenfalls als freie Variation einiger Zeilen
aus der 100. Sure ansehen.

154 *einem Kentauren:* Die Bezeichnung »Kentaur« kommt im Roman
nicht vor. Sie beinhaltet bereits eine Deutung der Titelfigur.

165 *Lied von der Jungfrau* …:* Svend Grundtvig, »Danmarks gamle
Folkeviser«, 1851–1890, Bd. 1–5, Nr. 56: »Jomfruen i Hinde-
ham« und »Jomfruen i Fugleham«, dt. in: »Dänische Lieder aus
der Vorzeit aus der Sammlung von Svend Grundtvig«, übers. von
Rosa Warrens, 1858, S. 88 ff. Hier neu übersetzt.
Axel Olrik (1864–1917): hat die Sammlung »Danmarks gamle
Folkeviser« fortgesetzt, sein Buch »Nordens Trylleviser« (»Zau-
berlieder des Nordens«) erschien 1934, keine deutsche Übersetzung.

169 »*Wir sind mit Recht hier* …«:* Lukas 23,41 f.

Seite 173 *Schrägbalken im Wappen:* In der Heraldik markieren ein Schräg-
rechts- und ein Schräglinksbalken Sektionen des Wappens, die der
Linie des jüngeren Sohnes und der unehelichen Nachkommen-
schaft vorbehalten sind.

König Lindwurm: dt. in: »Dänische Volksmärchen«, hg. von Lau-
rits Bødker, übers. von Anna Kjærgaard, München 1988, S. 12 ff.

»*Der Wandergefährte*«*:* Hans Christian Andersen, »Rejsekamme-
raten«, in »Eventyr I« (1835), zitiert nach »Sämtliche Märchen«,
übers. von Thyra Dohrenburg, Bd. 1, Darmstadt 1983, S. 57 ff.

176 *Thorkild Bjørnvigs Buch:* Thorkild Bjørnvig (geb. 1918), »Martin
A. Hansens Digtning«, Kopenhagen 1949.

Oberarzt Kjærgaard: Dr. Hans Kjærgaard (1892–1957), »De almindelige Symptomer«, 1951.

180 »*Du mußt verstehen...*«*:* Goethe, »Faust I«, Hexenküche.

183 *Redemüde ist der König...:* Jens Peter Jacobsen (1847–1885),
Samlede Værker, 1928, Bd. 4, S. 102 f., deutsch in »Sämtliche
Werke«, Insel, Leipzig o. J., S. 839. Das unvollendete Gedicht
wurde von E. von Mendelssohn übersetzt.

Frank Jæger (1926–1977): Lyriker und Prosaschriftsteller, war
Gast auf Rungstedlund. Die Sammlung »Hverdagshistorier«
(1951), ist nicht ins Deutsche übersetzt.

Leif E. Christensen (geb. 1924): gehörte zu dem Kreis um die Zeitschrift »Heretica«; »Over alle Bredder« aus der Sammlung »Ty-
ven i Tjørnstedet« (1951), keine deutsche Übersetzung.

Svend Aage Clausen (geb. 1917): »Øksehug og Flora« erschien in:
Heretica V, 1952.

185 *Jakob Knudsen* (1858–1917): »Noget om at digte« in dem Essay-
band »Livsfilosofi« (1908).

Kumbel: Pseudonym für Piet Hein (geb. 1905), unter dem er über
viele Jahre in einer Nonsens-Rubrik der Tageszeitung »Politiken«
seine »Gruk«-Verse veröffentlichte. Zitierte Verse aus dem Gedicht »Opskrift paa Trylleri« in der Sammlung »Gruk I«, keine
deutsche Übersetzung.

186 *Akademiezeit:* 1903–1905.

187 *Kammerherr Meldahl:* Ferdinand Meldahl. (1827–1908) hatte
entscheidenden Einfluß auf die dänische Architektur und Bau-
denkmalspflege, die Leitung der Kunstakademie war nur eine unter vielen künstlerischen und pädagogischen Aufgaben Meldahls.

Otto Benzon (1856–1927): dänischer Dramatiker.

188 *Die alte Frau aus dem Stift Vartov:* Das Original der Zeichnung
gilt als verschollen; Wiedergabe in »Berlingske Afternaris« vom
24. 6. 1950.

Seite 190 *Pola Gauguin* (1883–1961): Sohn des französischen Malers Paul Gauguin und dessen dänischer Ehefrau. Er und sein Bruder haben als bildende Künstler in Skandinavien gelebt und gearbeitet.

Professor Høffding: Harald Høffding (1843–1931), zu seiner Zeit bekannter dänischer Philosoph.

Zahrtmanns Schule: Abteilung der Kunstakademie für männliche Kunststudenten.

191 *Stift Vartov:* zu der Zeit noch Armenhospital und -stift.

reiste ich nach Paris: im Jahre 1910.

Mario Krohn (1881–1922): dänischer Kunsthistoriker, 1916–1921 Direktor des Thorvaldsen-Museums, bestärkte T. B. in ihren damaligen literarischen Anfängen, verhalf ihr zu den ersten Veröffentlichungen im »Tilskueren«.

192 *Millet:* Jean François Millet (1814–1875), französischer Maler der Schule von Barbizon.

Berkeley Cole: Reginald Berkeley Cole (1882–1925), englischer Offizier und Farmer in Nyeri.

193 *Bertha Dorph* (1975–1960): dänische Malerin.

»Die unbezwingbaren Sklavenhalter«: ›De standhaftige Slaveejere‹, dt. in: »Wintergeschichten«, Stuttgart 1985.

»Eine tröstliche Geschichte«: ›En opbyggelig Historie‹, dt. in: »Wintergeschichten«, Stuttgart 1985.

197 *Prinzessin Karoline* (1793–1881): heiratete 1829 ihren Vetter, Prinz Frederik Ferdinand, erlitt im Jahr darauf Verbrennungen, die sie sehr entstellten.

198 *Goethes Wort:* »Und wer franzet oder brittet« in »West-oestlicher Divan«.

199 *Estrup:* J. B. S. Estrup (1825–1913) hat während seiner Regierungszeit (1875–1894) vergebens durchzusetzen versucht, daß Kopenhagen, besonders zur Landseite hin, stärker befestigt würde.

der Zar von Rußland: Alexander III. besuchte mit seiner Gemahlin, die eine Tochter Christian IX. war, im August 1883 Dänemark.

»Ein Puppenheim«: »Et dukkehjem«, Drama von Henrik Ibsen, Uraufführung am 21. 12. 1879 in Kopenhagen, in der gleichen Saison noch zwanzigmal am Königlichen Theater gespielt (dt.: »Nora oder Ein Puppenheim«).

Emil Poulsen als Ambrosius: Emil Poulsen (1842–1911) war Schauspieler und Direktor des Königlichen Theaters. Das Schauspiel »Ambrosius« (1877) von C. K. F. Molbech war eines der erfolgreichsten Stücke im letzten Viertel des 19. Jahrhunderts in Kopenhagen.

Seite 199 *Admiralin Bardenfleth:* Ida Elise Catharina Bardenfleth, geb. Mel-
dal (1856–1946) war mit dem Konteradmiral F. Bardenfleth verheiratet.

201 *Kammerherren Dinesen:* Hofjägermeister, Kammerherr Laurent-
zius Dinesen (1843–1916).

Katholm: das in Mitteljütland gelegene Gut Katholm, das von
1839 bis 1916 im Besitz der Familie Dinesen war.

202 *Prinzessin Dagmar* (1847–1928): Ihre Trauung fand am 9. 11.
1866 in Petersburg statt. Als russische Kaiserin trug sie den Namen
Maria Feodorovna. Vgl. auch die Anmerkung zu S. 199.

205 *in Berlin König Lear:* März 1940, Inszenierung von Heinz Hilpert
am Deutschen Theater, vgl. »Briefe aus einem Land im Krieg«,
S. 138 ff.

Samuel Butler (1835–1902): »Memoir of the Late John Pickard
Owen 1.«, in: »The Fair Haven«, London 1873, S. 7 f.

Caroline Mathilde (1751–1775): war als 15 jährige mit ihrem Vetter, König Christian VII. von Dänemark, verheiratet worden. Ging
ein Liebesverhältnis mit dem Leibarzt und Ratgeber des schwachen Königs, J. F. Struensee, ein. Struensee wurde 1772 hingerich-
tet, Karoline Mathilde auf das Schloß Celle verbannt.

Carl Ploug (1813–1894): Verse aus dem Gedicht »Dronning
Mathilde«, in »En Samling Viser og Vers«, 1847 unter dem Pseudonym Povl Rytter erschienen, keine deutsche Übersetzung.

206 *Boganis »Jagdbriefe«:* A. Wilhelm Dinesen (1845–1895) gab unter dem Pseudonym »Boganis« 1889 und 1892 je einen Band
»Jagtbreve« heraus (keine deutsche Übersetzung), hier Nr. 25, vgl.
den Radio-Vortrag »Rungstedlund«, S. 293.

Karl Gjellerup (1857–1919): erhielt 1917 gemeinsam mit Henrik
Pontoppidan den Nobelpreis; hier Hinweis auf »Romulus« (1883,
dt. 1888), 8. Kapitel.

207 *der dem schlechten Ratschluß ...:* Adolph Wilh. Schack v. Staffeldt
(1769–1826), »Kong Frode og Gubben« in »Digte« (1804).

Goldschmidt: Meïr Aron Goldschmidt (1819–1887). Sein Roman
»Hjemløs«, 1853–1857 (dt. »Heimatlos«, 1854–1858), ist eine
kulturgeschichtlich aufschlußreiche Satire auf das Dänemark der
vierziger Jahre des achtzehnten Jahrhunderts. Zitat aus dem
2. Band.

208 *Viktor Rydberg* (1828–1895): schwedischer Kulturhistoriker. Zitat aus »Den nye Grottesången« in »Digter« (1891), Bd. 2.

»Trilby«: Roman von G. L. P. B. Du Maurier, London 1894 (dt.
1897), spielt in der Pariser Bohème, Bestseller der neunziger Jahre,
beeinflußte sogar die Damenmode (Trilby-Hüte).

Seite 208 *Bjørnson:* Bjørnstjerne Bjørnson (1832–1910), »Ved en Vens bryllop« in »Digte og Sange« (1880), dt.: »Das Kind in unserer Seele«, übers. von L. Fulda, in: Gesammelte Werke, hg. von J. Elias, Berlin 1911, Bd. 1, S. 72.

209 *Goldschmidt:* Meïr Aron Goldschmidt (1819–1887), »Fra Paris«, 1868, S. 4.
Jonas Lie (1833–1908): norwegischer Schriftsteller; Zitat aus »Familien paa Gilje«, Christiania 1883, S. 7 (dt. 1896).

210 *Mr. Bulpett:* Charles W. L. Bulpett (1851–1939), ein in den »Briefen aus Afrika« häufig erwähnter Globetrotter.

211 »*Dasein für Anderes*«: Søren Kierkegaard, »Enten-Eller: Forførerens Dagbog«; zitiert nach Gesammelte Werke, übers. von E. Hirsch, 1. Abt., 1. Tl., Düsseldorf 1956, Bd. I, S. 466.

212 *Prinzessin Anna* (1574–1619): Tochter des dänischen Königs Frederik II., konnte 1589 auf Grund heftiger Stürme nicht nach Schottland übersetzen, wurde deshalb in einem norwegischen Hafen mit Jacob VI. vermählt.

213 *Von Phoebus Liebesstichen…:* Shakespeare, »Antonius und Kleopatra« 1, 5, zitiert nach der Übersetzung von Schlegel/Tieck.

214 *Lady Colville:* Besitzerin eines Hotels in Mombasa, verheiratet mit Arthur W. Colville (1857–1942).

218 *Erik Glipping:* oder Klipping (ca. 1245–1286), dänischer König. *»Die erste Jugend Erik Menveds«:* »Erik Menveds Barndom« (1828, dt. 1829), Roman in der Manier S. W. Scotts von B. S. Ingemann (1789–1862).

224 *»Comfort«:* Essay von Aldous Huxley (1894–1963), erschienen in »Proper Studies«, London 1927, S. 283 ff. Tania Blixen hat das Zitat bei der Übertragung ins Dänische für ihre Zwecke gekürzt und leicht abgewandelt. Die deutsche Übersetzung folgt deshalb dem dänischen Text.

227 *»Du bist mehr…«:* vgl. Anm. zu S. 83.
»Ding an sich«: im Original deutsch.

229 *»Hernani«:* »Ernani ou l'honneur castillan« (1830), Drama von Victor Hugo (1802–1885).
Christian IX.: starb am 29. 1. 1906.

230 *Voltaires alte Sentenz:* vgl. Anm. zu S. 127.

232 *Rupert Brookes Kriegsgedicht:* das Gedicht »Peace« aus dem Band »1914« (1915) des englischen Dichters Robert Brooke (1887–1915).

233 *»Die Kleidung kostbar…«:* Shakespeare, »Hamlet« 1,3, zitiert nach der Übersetzung von Schlegel/Tieck.

234 *Der englische Politiker Gladstone:* William Ewart Gladstone

(1809–1898), A. Huxley erwähnt in dem genannten Essay Glad-
stones Besuch in Oxford.

Seite 236 *»Andre Zeiten…«:* Schlußverse des »Atta Troll« (1841) von
Heinrich Heine.

239 *Chingachgook:* aus James Fenimore Cooper (1789–1851), »The
Leatherstocking Saga« (1841 ff.), dt. »Lederstrumpferzählun-
gen«.

240 *Nathalie Zahle* (1827–1913): Vorkämpferin der dänischen Frauenbewegung, besonders auf dem Gebiet des Schulwesens.

241 *»Schwachheit…«:* Shakespeare, »Hamlet«, 1,2, zitiert nach der
Übersetzung von Schlegel/Tieck.

242 *Estrid Hein* (1873–1956): Augenärztin, Verwandte Tania
Blixens.

244 *Kirche, Kinder, Küche:* im Original deutsch.

245 *Pastor Robertson:* Frederick William Robertson (1816–1853).
Zitat nicht identifiziert.

246 *Leander, Heinrich, Arv:* häufig wiederkehrende Figuren in J. L.
Holbergs (1684–1754) Komödien, hier wohl die Konstellation
aus »Maskerade«.

247 *Atalanta und Gefion:* amazonenhafte Jägerin aus der griechischen
Mythologie und Göttin der nordischen Mythologie, die die Insel
Seeland durch Umpflügen aus dem schwedischen Festland heraus-
geschnitten haben soll.
Aldous Huxley: Der 3. Teil seines Romans »Those Barren
Leaves«, (1925) trägt den Titel »The Loves of the Parallels«.

248 *Ewald:* Johannes Ewald (1743–1781), hier Hinweis auf sein Lust-
spiel »Pebersvendene« (1772), 4,2.
Søren Kierkegaard: »Enten-Eller«, zitiert nach Gesammelte
Werke, übers. von E. Hirsch, 1. Abt., 1. Tl., Düsseldorf 1956,
Bd. 1, S. 409.

249 *Wherever you walk…:* Alexander Pope (1688–1744), »Summer«
in »Pastorals«. Der deutsche Text folgt T. B. ’s freier Übertragung
ins Dänische.

251 *Penelope trennte…:* »Odyssee«, 19. Gesang, Vers 139 ff.

252 *Goethe hat gesagt:* in »Der Gott und die Bajadere«.

253 *Frau Heiberg:* Johanne Luise Heiberg (1812–1890), gefeierte
dänische Schauspielerin, hatte ein gespaltenes Verhältnis zur
»Quinde-Emancipation«, gegen deren Vorkämpferinnen sich heftige Angriffe in ihren Schriften finden.

257 *Gerichtsszene:* Shakespeare, »Kaufmann von Venedig«, 4,1, im
folgenden nach der Übersetzung von Schlegel/Tieck zitiert.

258 *Meister Holberg:* Ludvig Holberg (1684–1754); Zitat aus »Den

politiske Kandestøber« (1722), 5,2; dt. »Der politische Kannen-
gießer«.

Seite 259 *Goldschmidt:* Meir Aron Goldschmidt (1819–1887); Zitat aus
dem 2. Band seines Romans »Hjemløs« (1853–1857), dt. »Heimatlos« (1854–1858).

260 *Kaj Hoffmann* (1874–1949): Zitat aus der Gedichtsammlung
»Hjem og Hjemland« (1915).

261 *Paul la Cour* (1902–1956): Zitat aus »Fragmenter af en Dagbog«
(1948), S. 30.

262 *Schon früher ... eingelassen:* Tania Blixens Beiträge zur Debatte
um Tierversuche in: Blixeniana 1982, S. 208–238.

264 *Erik Knudsen* (geb. 1922): gehörte zu Anfang seiner Zeit als Lyriker zum Kreis um die Zeitschrift »Heretica«.

Høffding: vgl. Anm. zu S. 190.

Kant: Zitat nicht identifiziert, aus dem Dänischen übersetzt.

»ihnen, bei meiner Seel’...«: Ludvig Holberg (1684–1954),
»Erasmus Montanus« 3,3.

268 *Lloyd George* (1863–1945): von 1916 bis 1922 britischer Premierminister.

Dean Inge: d. i. William Ralph I. (1860–1954), von 1911 bis 1934
Dompropst an St. Paul’s in London.

270 *vor vielen Jahren in London:* Tania Blixen hat sich im Winter
1934/35 mit Albert Schweitzer in London getroffen.

273 *»Ich lasse dich nicht...«:* 1. Mos. 32,27.

276 *nur eines ist notwendig:* Luk. 10,42.

279 *Wasser... auf eine Gans...:* dänische Redewendung, die die
Fruchtlosigkeit einer Ermahnung oder Strafe umschreibt.

Charles Lindbergh (1902–1974): unternahm 1927 den ersten Al-
leinflug von New York über den Atlantik nach Paris.

285 *Valdemar Vedel* (1865–1942): Schriftsteller und Professor für Literaturgeschichte an der Kopenhagener Universität, war viele
Jahre hindurch Herausgeber der Zeitschrift »Tilskueren«.

286 *Wenn nicht alles...:* Shakespeare, »Kaufmann von Venedig« 5,1,
zitiert nach der Übersetzung von Schlegel/Tieck.

287 *Gurre:* See und Schloß im Nordosten Seelands, Gegenstand der dänischen Poesie von den Volksballaden bis zu den Gedichten von
Jens Peter Jacobsen (1847–1885) und Holger Drachmann
(1846–1908).

Karl X. Gustav (1622–1660): König von Schweden, überquerte
im Winter 1657/58 den zugefrorenen Øresund.

Karl XII. (1682–1718): König von Schweden, nach einer Niederlage während des »Nordischen Krieges« floh er 1709, kehrte erst
1714 nach Schweden zurück.

Seite 287 *Caroline Mathilde:* vgl. Anm. zu S. 205.

Dyrehavs-Bakke: Vergnügungspark im Dyrehaven, dem ehemaligen königlichen Tiergarten im Norden Kopenhagens. Im Sommer Aufführungen auf der dortigen Freilichtbühne.

Oehlenschlägers »Johannisabend-Spiel«: »Sankt Hans Aftenspiel« (1803) von Adam Oehlenschläger (1779–1850), spielt im Dyrehaven.

Professor Brøndsted: Johannes Brøndsted (1890–1965), Professor für europäische Vorgeschichte, Direktor des Nationalmuseums.

289 *Christian II.* (1481–1559): von 1513 bis 1532 König von Dänemark.

Christian IV. (1577–1648): einer der volkstümlichsten Könige Dänemarks. In seiner Regierungszeit entstanden viele der Renaissancebauten Kopenhagens.

Königin Sophie Amalie (1628–1685): geborene Prinzessin von Braunschweig-Lüneburg, Gemahlin des Königs Frederik III. (1597–1659).

290 *Steen Eiler Rasmussen* (1898–1990): Architekt und Schriftsteller, bis 1975 im Vorstand des Rungstedlundfonds.

291 *Kirstine Munk* (1598–1658): hatte eine Affäre mit dem Rheingrafen Otto Ludwig von Salm; wer der Vater ihrer im September 1629 geborenen Tochter war, blieb ungeklärt.

Johann Fegræus: schwedischer Diplomat, der 1632 bei der Erhebung in den Adelsstand den Namen Strömfelt annahm.

Karl XII.: vgl. Anm. zu S. 287.

Frans G. Bengtson (1894–1954): schwedischer Dichter und Essayist.

292 *Johannes Ewald* (1743–1781): bedeutender dänischer Lyriker. Hier wird auf sein Singspiel »Fiskerne« (1779, dt. 1786 und 1817) hingewiesen, das das Leben einfacher Menschen heroisiert.

293 *»Rungsteds Glückseligkeit«:* »Rungsteds Lyksaligheder«, 1775, eine in Dänemark überaus bekannte Ode von Johannes Ewald, hier zitiert nach der Übersetzung von Edmund Lobedanz, in: »Album Nordgermanischer Dichtung«, Leipzig 1868, Bd. 1, S. 29 ff.

294 *»Jagdbriefe«:* vgl. Anm. zu S. 206.

295 *Nina und Frederik:* damals international bekanntes dänisches Gesangsduo.

296 *Harry Martinson* (1904–1978): schwed. Dichter, erhielt den Literaturnobelpreis 1974 zusammen mit Eyvind Johnson.

299 *Stolberg:* Graf Christian Günther Stolberg (1714–1765), dänischer Kammerherr, Vater der beiden Dichter Christian und Fried-

rich-Leopold zu Stolberg-Stolberg, verbrachte den Sommer oft in Hørsholm, nahe Rungstedlund.

Seite 302 »*In kühlenden Schatten*...«: Beginn der Ode »Rungsteds Lyksaligheder«, vgl. Anm. zu S. 292 und 293.

Christian V. (1649–1699): ab 1670 König von Dänemark und Norwegen.

307 *Bukephalos:* Streitroß Alexanders des Großen.

Sleipnir: Odins achtfüßiges Roß.

Pegasus: das geflügelte Pferd des Bellerophon.

In hoc signo vinces: »In diesem Zeichen wirst du siegen«, Eusebios (ca. 260–340), »Leben Konstantins«. Dies ist die lateinische Version eines griechischen Imperativs, der als Schriftzug neben dem Kreuzeszeichen dem Kaiser Konstantin vor der Schlacht gegen Maxentius (312) am Himmel erschien.

»*im Anfang war das Wort*«: Joh. 1,1.

308 *Jacques' Fußstapfen:* Shakespeare, »Wie es euch gefällt« 2,7, zitiert nach der Übersetzung von Schlegel/Tieck.

309 *Walter Scotts »The Lady of the Lake«:* Vers-Roman aus dem Jahre 1810 (dt. 1819).

Sicut aquila juvenescam: »Möge ich mich wie der Adler verjüngen.«

Navigare necesse est...: »Seefahrt ist notwendig, zu leben ist nicht notwendig!«, Plutarchos (ca. 46–120), »Bioi paralleloi«: Pompeius, Kapitel 50.

313 *Eric von Otter* vgl. Anm. zu S. 73.

316 *Hugh Martin:* Humphrey Trice Martin (1888–1931), seit 1917 in Ostafrika, Leiter des Land Office in Nairobi.

Strophe von Kipling: Die beiden Strophen sind der Beginn des Shanties »Simple Simon, Frankie's Trade« aus »Rewards and Fairies« (1910) von Rudyard Kipling (1865–1936).

317 *Be bold:* aus Edmund Spenser (ca. 1552–1599), »The Faerie Queene« (1590).

»*trees where you sit*...«: Verse aus Alexander Popes (1688–1744) Gedicht »Summer« der Sammlung »Pastorals«.

Nietzsche hat geschrieben: »Also sprach Zarathustra«, Werke, hg. von Karl Schlechta, Berlin 1979, Bd. 1, S. 689.

319 *Nothing of him doth fade...:* Lied des Ariel aus Shakespeare, »The Tempest« 1,2.

Bibliographie

Dieser Band enthält alle Essays der dänischen Ausgabe Karen Blixen, »Samlede Essays«, Gyldendal, Kopenhagen 1985, bis auf den Artikel »Om Retskrivning« aus dem Jahre 1938, der sich mit der damals anstehenden Rechtschreibreform in Dänemark befaßt.

Moderne Ehe und andere Betrachtungen
»Moderne ægteskab og andre betragtninger« wurde 1923/24 in Afrika geschrieben, das Manuskript trägt den Originaltitel »Om Ideal & Natur«. Der Essay wurde zum ersten Mal unter dem Titel »Moderne Ægteskab og andre Betragtninger« in »Blixeniana«, 1977, gedruckt, erschien dann mit einem Vorwort von Frans Lasson auch als Einzelausgabe (Kopenhagen 1981).

Die hier verwendete Übersetzung von Walter Boehlich ist, mit einem Nachwort von Hanns Grössel versehen, das erste Mal im Suhrkamp Verlag, Frankfurt am Main 1987, erschienen.

Schwarze und Weiße in Afrika
»Sorte og hvide i Afrika« ist ein Vortrag, der 1938 in Stockholm und Lund gehalten wurde. Zum ersten Mal gedruckt in »Blixeniana«, 1979.

Briefe aus einem Land im Krieg
»Breve fra et land i krig« wurden 1940 geschrieben und zum ersten Mal in der Zeitschrift »Heretica«, Nr. 4 und 5, 1948, veröffentlicht. Wiederabgedruckt in »Dansk skrivekunst«, Oslo 1955; »Essays«, Kopenhagen 1965; »Mit livs mottoer og andre essays«, Kopenhagen 1978.

Wiedersehen mit England
»Gensyn med England« wurde von Tania Blixen am 1. Juli 1947 im eng-

lischen Radio (BBC) gesprochen, das erste Mal in »En engelsk Bog. Tilegnet Kai Friis Møller«, Kopenhagen 1948, gedruckt. Aufgenommen in »Essays«, 1965, und »Mit livs mottoer og andre essays«, 1978.

H. C. Branner »Der Reiter«

»H. C. Branner: ›Rytteren‹« wurde bei Erscheinen des Romans im Jahre 1949 geschrieben, im »Bazar«, Nr. 1 und 2, 1958, zum ersten Mal gedruckt, aufgenommen in »Essays«, 1965, und »Mit livs mottoer og andre essays«, 1978.

Zu vier Kohlezeichnungen

»Til fire kultegninger« erschien das erste Mal in der »Berlingske Aftenavis« vom 24. Juni 1950, dann als »Karen Blixens tegninger«, hg. und eingeleitet von Frans Lasson, Kopenhagen 1969.

Daguerreotypien

»Daguerreotypier I–II« wurde am 1. und 7. Januar 1951 von Danmarks Radio gesendet und erschien 1977 als Schallplatte von Exlibris/ Gyldendal. Gedruckt wurden die beiden Essays das erste Mal als »Daguerreotypier«, Kopenhagen 1951, aufgenommen in »Essays«, 1965, und »Mit livs mottoer og andre essays«, 1978.

Eine Festrede am Lagerfeuer, mit vierzehn Jahren Verspätung gehalten

»En båltale med 14 års forsinkelse« wurde am 11. Januar 1953 von Tania Blixen in Danmarks Radio gehalten; der Text der Rede wurde das erste Mal in »Det danske Magasin«, Nr. 2, 1953, gedruckt und erschien im gleichen Jahr auch als Buch. Er wurde in die »Essays«, 1965, und in »Mit livs mottoer og andre essays«, 1978, aufgenommen.

Von Laie zu Laie

»Fra lægmand til lægmand« wurde am 10. Mai 1954 von Tania Blixen in Danmarks Radio vorgetragen und am 11. und 12. Mai des gleichen Jahres in der Tageszeitung »Politiken« veröffentlicht. Aufgenommen in »Essays«, 1965, und »Mit livs mottoer og andre essays«, 1978.

Rungstedlund, eine Ansprache im Radio

»Rungstedlund. En radiotale« hat Tania Blixen am 6. Juli 1958 in Danmarks Radio gehalten. Sie wurde zum ersten Mal in »Hilsen til Otto Gelsted«, 1958, gedruckt, aufgenommen in »Karen Blixen og Fuglene«, von Karen Blixen, Finn Salomonsen und Carl Syrach Larsen, Kopenhagen 1964 (Neue Ausgabe 1984), und »Mit livs mottoer og andre essays«, 1978.

Die Mottos meines Lebens

»On Mottoes of my Life« war Tania Blixens »Dinner Meeting Address« beim Jahresfest in »The National Institute of Arts and Letters«, New York, am 28. Januar 1959. Der Vortrag wurde auf Englisch das erste Mal in »Proceedings of the American Academy of Arts and Letters and the National Institute of Arts and Letters«, Reihe 2, Nr. 10, New York 1960, gedruckt, erschien, ebenfalls auf Englisch, in der »Louisiana Revy«, Nr. 3, 1961, und 1962 in Buchform, vom Außenministerium in Kopenhagen herausgegeben; er wurde dann in Isak Dinesen, »Daguerreotypes and other Essays«, Chicago und London 1979, aufgenommen. Die Übersetzung ins Dänische von Clara Selborn wurde zum ersten Mal in »Mit livs mottoer og andre essays«, 1978, gedruckt. Die Übersetzung aus dem Dänischen von Hanns Grössel wurde im Juni 1985 in den »Akzenten«, S. 276–287, veröffentlicht.